普通高等教育汽车与交通类专业"十二五"规划教材

交通运输工程概论

王润琪　主　编
解松芳　副主编
李翔晟　主　审

中国林业出版社

内 容 简 介

本书内容包括城市交通运输、水路交通运输、道路交通运输、铁路交通运输、航空交通运输、管道交通运输和物流工程概述共7章。各章分别用若干次较系统地介绍了城市交通运输和水路、道路、铁路、航空、管道这五种主要交通运输方式的基础设施、基本设备、载运工具及其生产、管理方式和物流工程等方面的专业知识和内容。

本书适合作为交通运输专业，交通工程专业，交通设备与控制工程专业、救助与打捞工程专业、物流工程与管理专业、交通管理专业、汽车服务工程专业、城市管理专业、汽车运用工程专业等汽车与交通类及其相关的本、专科专业课或专业基础课教材，也可作为其他专业的公共选修课和跨专业选修课教材，也可供相关从业人员学习和参考。

图书在版编目（CIP）数据

交通运输工程概论/王润琪主编. —北京：中国林业出版社，2011.12（2024.1 重印）

普通高等教育汽车与交通类专业"十二五"规划教材

ISBN 978-7-5038-6441-4

Ⅰ.①交… Ⅱ.①王… Ⅲ.①交通工程学—高等学校—教材 Ⅳ.①U491

中国版本图书馆 CIP 数据核字（2011）第 267334 号

中国林业出版社·教育分社

策划编辑：牛玉莲 杜 娟
责任编辑：杜 娟 田夏青
电　　话：83143553　　传真：83143516

出版发行	中国林业出版社（100009　北京市西城区德内大街刘海胡同7号） E-mail: jiaocaipublic@163.com　电话：(010) 83224477 http://www.forestry.gov.cn/lycb.html
经　　销	新华书店
印　　刷	三河市祥达印刷包装有限公司
版　　次	2012 年 5 月第 1 版
印　　次	2024 年 1 月第 4 次印刷
开　　本	787mm×1092mm　1/16
印　　张	24
字　　数	546 千字
定　　价	59.00 元

未经许可，不得以任何方式复制或抄袭本书之部分或全部内容。

版权所有　侵权必究

前　言

《交通运输工程概述》是以现代交通运输方式和产业为研究对象，主要研究和介绍现代交通运输方式以及城市交通运输的基础设施的布局及修建、基本设备的配置与使用、载运工具的运用、生产组织和管理的特征等专业知识和内容，同时还介绍了一些现代物流知识。现代交通运输主要包括水路、道路、铁路、航空和管道五种基本运输方式。它们的基础设施和设备、载运工具和线路、生产组织与管理等各不相同，在技术上、经济上也各有特征，都有适宜的使用范围。城市交通运输及物流工程是现代社会关注的重点，同时，也是现代交通运输的重要内容和组成部分。所以，以上内容主要按交通运输方式分章介绍。

本书是在现代经济全球化，交通运输业快速发展的新形势下，根据汽车与交通类及其相关专业的教学需求，在经过多年的教学实践和教材改革的基础之上编写。自从教育部1998年颁布《普通高等学校本科专业目录》以来，交通运输类从开始的6个专业增加到现在的9个专业，其中的多数及其他相关专业，包括交通运输专业、交通工程专业、物流工程专业、物流管理专业、城市规划专业等都开设了《交通运输工程概述》专业课或专业基础课。一些长期在教学第一线的老师认为：由于改革开放后我国国民经济持续快速发展，交通运输在国民经济中的地位和作用越来越重要，该课程普遍受学生和经济社会欢迎；当《交通运输工程概述》在普通高校作为其他专业的公共选修课和跨专业选修课时，选课学生特别多；由于各校同类专业的服务方向不同，选用教材有差异，而现有同类教材种类不多，其内容和形式也需要更新。故此，我们在教育部即将颁布新的《普通高等学校本科专业目录》之际，在我国第十二个五年计划开始之年，着力编写了此书作为普通高等教育汽车与交通类专业"十二五"规划教材。本书突出现代交通运输的时代性和发展趋势，注重理论与实用相结合，内容丰富，具有阅读和启发性，同时引用了大量图例和表格，旨在加强读者对现代交通运输概况及其专业知识的全面了解。

本书由中南林业科技大学王润琪任主编，内蒙古农业大学解松芳任副主编，中南林业科技大学李翔晟任主审。各章的主要编写人员是：绪论，由王润琪（中南林业科技大学）和张文会（东北林业大学）编写；第1章城市交通运输，由王润琪编写；第2章水路交通运输，由韩志刚（中南林业科技大学）编写；第3章道路交通运输，由王润琪编写；第4章铁路交通运输，由周永军（中南林业科技大学）编写；第5章航空交通运输，由汪洪波（中南林业科技大学）编写；第6章管道交通运输，由解松芳编写；第7章物流工程概述，由丁尚（河南交通职业学院）编写。全书由王润琪教授统搞，李翔晟教授审校、编写组集体讨论后定稿。同时，中南林业科技大学吴迎学教授、邓海英教授、陈德良教授，西南林业大学孟利清教授，株洲工业大学唐文平教授对本书给予了大力支持并提出了重要建议。

本书受中南林业科技大学委托和资助，得到"2011年湖南省普通高等学校教学改革研究项目"的支持和资助，由中国林业出版社论证并立项出版。本书编写过程中：参考和引用了国内外有关文献、论著的内容、文字和图表，在此谨向原作者表示衷心感谢；得到中国林业出版社认真指导和精心安排，在此深表感谢！由于本书包含的内容较广，涉及的法规较多，编者水平和经验有限，不当之处和缺点错误在所难免，欢迎读者批评指正。

编者

2011年10月

目 录

前 言
绪 论 ……………………………………………………………（1）
  0.1 交通运输的基本作用 ………………………………（2）
  0.2 交通运输的基本方式 ………………………………（3）
  0.3 交通运输的发展阶段 ………………………………（6）
  0.4 交通运输的行业特点 ………………………………（11）
  0.5 交通运输的发展需求 ………………………………（12）
  0.6 我国交通运输的基本概况 …………………………（14）
  0.7 交通运输工程的研究对象 …………………………（17）

第1章 城市交通运输 ………………………………………（19）
  1.1 城市交通运输概述 …………………………………（20）
      1.1.1 城市交通运输系统的组成、功能和特征 ……（21）
      1.1.2 城市交通的主要问题 ……………………（21）
      1.1.3 我国城市交通运输发展趋势 ……………（22）
  1.2 城市道路交通网络 …………………………………（24）
      1.2.1 城市道路 …………………………………（24）
      1.2.2 城市步行系统 ……………………………（25）
      1.2.3 城市道路交叉口 …………………………（26）
      1.2.4 城市公共停车场 …………………………（29）
      1.2.5 道路交通隔离设施 ………………………（29）
  1.3 城市道路交通信号 …………………………………（30）
      1.3.1 道路交通标志 ……………………………（30）
      1.3.2 道路交通标线 ……………………………（35）

1.3.3　道路交通信号灯 …………………………………………………… (38)
　　1.3.4　交通警察的指挥 …………………………………………………… (39)
1.4　城市交通方式和交通工具 ………………………………………………… (40)
　　1.4.1　城市交通方式 ……………………………………………………… (40)
　　1.4.2　城市交通工具 ……………………………………………………… (42)
1.5　城市交通规划 ……………………………………………………………… (50)
　　1.5.1　城市交通规划用地的分类 ………………………………………… (50)
　　1.5.2　城市道路广场的规划 ……………………………………………… (52)
　　1.5.3　城市道路网的可达性和连接度 …………………………………… (56)
　　1.5.4　城市交通调查 ……………………………………………………… (57)
1.6　城市公共交通 ……………………………………………………………… (58)
　　1.6.1　城市公共交通的管理与经营 ……………………………………… (58)
　　1.6.2　城市公共交通的分类 ……………………………………………… (60)
　　1.6.3　城市公共交通的车辆数和设施要求 ……………………………… (62)
1.7　城市交通管理 ……………………………………………………………… (65)
　　1.7.1　城市交通管理的原则与要求 ……………………………………… (66)
　　1.7.2　我国城市交通管理的主要问题 …………………………………… (66)
　　1.7.3　解决城市交通拥堵的途径 ………………………………………… (68)
　　1.7.4　城市交通需求管理策略 …………………………………………… (68)
　　1.7.5　城市道路交通的信号灯控制 ……………………………………… (70)
　　1.7.6　城市道路交通的行车管理 ………………………………………… (72)

第2章　水路交通运输 …………………………………………………………… (75)

2.1　水路交通运输概述 ………………………………………………………… (76)
　　2.1.1　水路运输的特点与分类 …………………………………………… (76)
　　2.1.2　水路运输的发展现状与趋势 ……………………………………… (77)
2.2　水路交通运输资源 ………………………………………………………… (79)
　　2.2.1　世界水运资源 ……………………………………………………… (79)
　　2.2.2　我国水运资源 ……………………………………………………… (83)
2.3　水路交通运输船舶 ………………………………………………………… (85)
　　2.3.1　民用船舶种类与特点 ……………………………………………… (86)
　　2.3.2　船舶基本结构 ……………………………………………………… (89)
　　2.3.3　船舶主尺度与船舶货舱容积 ……………………………………… (91)
　　2.3.4　船舶发展趋势 ……………………………………………………… (93)
2.4　水路交通运输设施 ………………………………………………………… (94)
　　2.4.1　水路运输港口设施 ………………………………………………… (94)
　　2.4.2　水路运输装卸设备 ………………………………………………… (96)
　　2.4.3　水路运输航标设施 ………………………………………………… (98)
　　2.4.4　水路运输港口现代化 ……………………………………………… (100)

2.5 海洋交通运输管理 (101)
2.5.1 国际航运的经营方式 (102)
2.5.2 航运市场的业务活动 (103)
2.5.3 海洋运输国际公约 (105)

2.6 水路运输的安全保障技术 (107)
2.6.1 船舶导航与定位 (107)
2.6.2 船舶交通管理系统 (108)
2.6.3 全球海上遇险和安全系统 (110)

第3章 道路交通运输 (114)

3.1 道路交通运输概述 (115)
3.1.1 基本概念 (115)
3.1.2 道路运输的特点、功能和作用 (116)
3.1.3 道路运输现状、主要问题与发展趋势 (118)
3.1.4 道路运输主要技术经济指标 (120)

3.2 公路的构造和几何要素 (121)
3.2.1 公路的分级 (121)
3.2.2 公路主要结构物 (123)
3.2.3 公路的桥涵和隧道 (125)
3.2.4 公路平面线形 (126)
3.2.5 公路纵断面 (128)
3.2.6 公路横断面 (130)

3.3 公路的设施和视距 (135)
3.3.1 公路沿线设施 (135)
3.3.2 汽车制动距离 (137)
3.3.3 车头间距和公路视距 (141)

3.4 公路的通行能力 (145)
3.4.1 公路设计的控制要素 (145)
3.4.2 公路交通流要素 (148)
3.4.3 速度、流量和密度的关系 (150)
3.4.4 公路的基本通行能力 (151)
3.4.5 各级公路的设计通行能力 (152)
3.4.6 各级公路适应的交通量 (154)

3.5 道路交通运输车辆 (156)
3.5.1 道路机动车的分类 (156)
3.5.2 汽车的分类和分级 (157)
3.5.3 汽车基本结构及总体布置形式 (159)
3.5.4 汽车行驶基本原理 (160)

3.6 道路交通安全管理 ······ (162)
3.6.1 机动车管理 ······ (162)
3.6.2 机动车驾驶人管理 ······ (163)
3.6.3 机动车驾驶证管理 ······ (164)
3.6.4 机动车通行管理 ······ (167)
3.6.5 高速公路行车管理 ······ (169)
3.7 公路路政管理 ······ (170)
3.7.1 公路建筑控制区管理 ······ (171)
3.7.2 超限运输车辆行驶公路管理 ······ (172)
3.7.3 道路交通费收管理 ······ (174)
3.7.4 车辆购置税 ······ (175)
3.7.5 成品油价格和税费改革 ······ (177)
3.8 道路运政管理 ······ (179)
3.8.1 道路客运管理 ······ (179)
3.8.2 道路货运管理 ······ (181)
3.8.3 道路运输相关业务管理 ······ (184)

第4章 铁路交通运输 ······ (190)
4.1 铁路交通运输概述 ······ (191)
4.1.1 铁路交通运输的特点 ······ (191)
4.1.2 世界铁路发展概况 ······ (193)
4.1.3 我国铁路发展概况 ······ (195)
4.1.4 我国铁路种类及其运输设施和设备 ······ (200)
4.2 铁路交通运输线路 ······ (201)
4.2.1 铁路技术标准及线型 ······ (202)
4.2.2 铁路路基 ······ (203)
4.2.3 铁路轨道 ······ (205)
4.2.4 铁路桥隧建筑物 ······ (212)
4.3 铁路机车 ······ (215)
4.3.1 铁路机车的种类 ······ (215)
4.3.2 内燃机车 ······ (216)
4.3.3 电力机车 ······ (221)
4.4 铁路车辆与列车 ······ (225)
4.4.1 铁路车辆 ······ (225)
4.4.2 铁路客车 ······ (227)
4.4.3 铁路货车 ······ (230)
4.5 铁路车站 ······ (231)
4.5.1 铁路车站的分类 ······ (231)

4.5.2　铁路车站的分级 ·· (234)
　　　4.5.3　铁路车站的布置图 ·· (236)
　　　4.5.4　铁路枢纽及驼峰编组场 ·· (238)
　　　4.5.5　铁路信号与通信设备 ··· (241)
　4.6　高速铁路与重载运输 ··· (244)
　　　4.6.1　高速铁路 ·· (244)
　　　4.6.2　气垫列车与磁浮列车 ··· (247)
　　　4.6.3　重载运输 ·· (249)

第5章　航空交通运输 ·· (253)
　5.1　航空交通运输概述 ·· (254)
　　　5.1.1　航空运输的体系与特点 ·· (254)
　　　5.1.2　航空运输的地位与作用 ·· (256)
　　　5.1.3　航空运输的现状与趋势 ·· (258)
　5.2　航空交通运输飞机 ·· (261)
　　　5.2.1　飞机的种类与性能 ··· (262)
　　　5.2.2　飞机的主要结构和设备 ·· (264)
　　　5.2.3　飞机燃气涡轮发动机 ··· (269)
　5.3　航空交通运输机场和航线 ·· (271)
　　　5.3.1　民用机场的构成 ·· (271)
　　　5.3.2　民用机场的设施 ·· (274)
　　　5.3.3　民用机场的分类 ·· (275)
　　　5.3.4　民用机场的等级 ·· (277)
　　　5.3.5　航空运输航线 ··· (279)
　5.4　航空交通运输管理 ·· (281)
　　　5.4.1　空中交通管制 ··· (281)
　　　5.4.2　空域管理 ··· (284)
　　　5.4.3　国际民航组织与法规 ·· (286)
　　　5.4.4　国际民航市场管理 ··· (289)

第6章　管道运输 ··· (294)
　6.1　管道运输概述 ··· (295)
　　　6.1.1　管道运输的作用、地位及特点 ································ (295)
　　　6.1.2　管道运输的历史、现状及发展趋势 ·························· (297)
　6.2　长距离输油管道 ··· (301)
　　　6.2.1　长距离输油管道的组成 ·· (301)
　　　6.2.2　长距离输油管道的主要设备 ··································· (304)
　　　6.2.3　长距离输油管道的运行控制 ··································· (306)
　　　6.2.4　多种油品的顺序输送 ··· (310)

6.2.5 易凝高黏原油的输送工艺 …………………………………………… (311)
6.3 长距离输气管道 ……………………………………………………………… (314)
 6.3.1 长距离输气管道的组成及设计 ………………………………… (314)
 6.3.2 输气管道的主要设备 …………………………………………… (319)
 6.3.3 长距离输气管道的运行管理 …………………………………… (320)
 6.3.4 供气调峰与储气设施 …………………………………………… (322)
6.4 固体料浆的管道运输 ………………………………………………………… (323)
 6.4.1 固体料浆管道运输的基本原理 ………………………………… (324)
 6.4.2 浆体管道运输的主要工艺技术问题 …………………………… (326)
 6.4.3 长距离浆体管道的主要技术经济特性 ………………………… (328)
6.5 城镇燃气管道 ………………………………………………………………… (329)
 6.5.1 城镇燃气管道系统 ……………………………………………… (329)
 6.5.2 城镇燃气管道安全管理 ………………………………………… (331)

第7章 物流工程概述 …………………………………………………………… (334)

7.1 物流与物流工程 ……………………………………………………………… (335)
 7.1.1 物流的概念与意义 ……………………………………………… (335)
 7.1.2 物流的分类 ……………………………………………………… (337)
 7.1.3 物流的功能 ……………………………………………………… (339)
 7.1.4 物流工程的研究对象 …………………………………………… (341)
 7.1.5 物流工程的作用和意义 ………………………………………… (342)
7.2 物流系统规划与设计 ………………………………………………………… (344)
 7.2.1 物流系统的概念 ………………………………………………… (344)
 7.2.2 物流系统的规划 ………………………………………………… (347)
 7.2.3 物流系统的分析 ………………………………………………… (349)
 7.2.4 物流系统的设计 ………………………………………………… (351)
7.3 物流工程的设施与设备 ……………………………………………………… (353)
 7.3.1 物流设施与设备的种类 ………………………………………… (353)
 7.3.2 货物集装箱 ……………………………………………………… (356)
 7.3.3 物流设施和设备的特点及选择原则 …………………………… (360)
7.4 物流信息系统与技术 ………………………………………………………… (361)
 7.4.1 物流信息系统的组成 …………………………………………… (361)
 7.4.2 物流信息系统的功能 …………………………………………… (363)
 7.4.3 物流信息技术 …………………………………………………… (364)
 7.4.4 物流信息技术的应用 …………………………………………… (367)

参考文献 ……………………………………………………………………………… (370)

绪　论

[本章提要]

　　交通是运输和邮电的总称。运输是人和物借助交通工具的载运，产生有目的的空间位移，邮电则是邮政和电信的总称。交通运输活动是指人们依靠交通运输基础设施，运用载运工具，将旅客和货物送达目的地，使其位置实现位移的服务活动。交通运输是经济发展的基本需要和先决条件，现代社会的生存基础和文明标志，社会经济的基础设施和重要纽带，现代工业的先驱和国民经济的先行部门，资源配置和宏观调控的重要工具，国土开发、城市和经济布局形成的重要因素，对促进社会分工、大工业发展和规模经济的形成，巩固国家的政治统一和加强国防建设，扩大国际经贸合作和人员往来发挥着重要作用。总之，交通运输具有重要的经济、社会、政治和国防意义。在特定的地域范围内，根据地区经济的发展和人们活动的需要，各种现代交通运输方式联合，各种交通运输线(如铁路、公路、航线)、点(如车站、码头、机场)交织，形成了不同形式、不同层次的交通运输网络和现代综合运输体系。

0.1 交通运输的基本作用

交通运输是人类社会生产、经济、生活中一个不可缺少的重要环节。随着社会的发展，人们对交通运输的需求迅速增长，从而形成了现代的交通运输业。交通运输是国民经济的重要组成部分，是一个相对独立的生产部门，是连接国民经济各部门、各地区以及社会再生产各环节的纽带，是确保社会生产和人民生活得以正常进行的重要条件，是国民经济的"动脉系统"，对国家经济、政治、文化、国防建设和国际间的合作具有十分重要作用。

1) 交通运输对社会经济发展的作用

在人类社会的经济活动中，交通运输是不可缺少的环节。根据马克思主义的社会发展理论和经济学说，交通运输在经济上具有二重性，即它一方面是社会生产和生活的必要条件，另一方面又是一个生产部门。国民经济所包括的物资生产部门和非物资生产部门统称为产业部门。通常将产业部门分为第一产业、第二产业和第三产业三个部分。根据我国统计局对三次产业的划分规定：第一产业是指以利用自然力为主，生产不必经过深度加工就可消费的产品或工业原料，为社会提供初级产品、满足人类最基本的食品需要的农业（我国包括林业、牧业、渔业等）部门；第二产业是指对初级产品进行再加工，为社会提供加工产品和建筑物，满足人类更进一步生活需要的工业（我国包括采掘业、制造业、电力、煤气及水的生产和供应业）和建筑业部门；第三产业基本是一种服务性产业，为人类提供满足物质需要以外更高级需要的其他行业和部门，包括流通和服务两大部门，具体分为 4 个层次，15 个门类，48 个大类。

第三产业的 4 个层次为：一是流通部门，包括交通运输业、邮电通信业、商业饮食业、物资供销和仓储业；二是为生产和生活服务的部门，包括金融业、保险业、地质普查业、房地产管理业、公用事业、居民服务业、旅游业、信息咨询服务业和各类技术服务业；三是为提高科学文化水平和居民素质服务的部门，包括教育、文化、广播、电视、科学研究、卫生、体育和社会福利事业；四是国家机关、政党机关、社会团体、警察、军队等，但在国内不计入第三产业产值和国民生产总值。由此可见，交通运输属于第三产业流通部门。

交通运输是社会经济发展的必要条件，对国民经济的重要作用主要表现在：它是实现流通的物质手段，担负着社会产品的流通任务，可以保证国家工农业生产和国内外贸易渠道的畅通以及市场供需的平衡，可以缩短企业流通时间和加速流动资金的周转；它是国土资源开发的先锋，担负着开发资源、优化资源配置、实现生产力合理布局和调整国民经济产业结构的交通任务，而且可以调整农牧业结构，推动农业现代化，改善投资环境和加速工业化进程；它是联结国民经济各部门的纽带，通过交通运输，国家才能把中央和地方、沿海和内地、工业和农业、城市和乡村、生产和消费，联结成为一个严密的有机整体；同时，它是国际间商品交换、贸易往来、实现经济全球化的必经渠道。总之，随着生产的社会化程度越高，商品经济越发达，生产对流通的依赖性越大，交通运输在社会经济发展中的作用越重要。

2) 交通运输对国家政治统一的作用

交通运输使国家政治、经济、军事等信息情报迅速传递，使国家政策法令迅速贯彻执行，使国家工作人员、警察、军队迅速执行任务，使国家会议迅速召开，使国家物资迅速调拨。现代化交通运输业不分昼夜、季节、全天候地从事正常运输，好比国家政治、经济的生命线，遇到非常时期，如发生地震、洪水、大火、海啸等灾难，人民生命财产受到威胁时，或发生战争国家利益受到侵犯时，交通工具都会用来抢救危亡和保卫祖国，恢复社会正常秩序。这种超经济的社会公益作用都是交通运输政治作用的突出表现。

我国的道路交通、铁路运输、河道运输、海洋运输、航空运输、管道运输、邮电通信等都有较完善的法规和行政管理机构，通过法制途径规范和管理交通运输的方方面面。正是因为如此，社会交通运输活动才能得以正常开展，交通事业才能不断向前发展。

3) 交通运输对社会文化交流的作用

交通运输是加强国内社会文化交流的纽带，为全国各族人民保持密切联系和团结一致提供了条件，为全国各地频繁交往和互相学习提供了机会，在联系城市和农村、巩固工农联盟、促进地区和民族之间的文化和信息交流、加强国家团结和统一方面起着重要的作用；交通运输是加强国际间文化交流的重要桥梁，为世界各国相互往来和增进了解提供了条件，为世界各地跨国跨地区求学和文体活动提供了机会，在加强各国之间的物资交换、促进经济发展、保持人民之间的友好往来、增进互信和友谊、实现和平共处方面起着重要的作用；交通运输还促进了旅游业的快速发展，旅游不仅是生活的休闲，也是传播文化、交流文化的有效形式，发达的现代交通带动了大规模的国内和国际旅游活动，使全国各地的文化风俗不断接近和融为一体，使世界各国人民之间加深了相互理解，使各国、各民族文化的兼容性大大增强；交通运输的发展使人口迁移活动也频繁起来，使教育、卫生、科技不断打破地区和国家界限快速发展；交通运输是推动语言一体化的重要力量。

4) 交通运输对加强国防建设的作用

加强国防建设是对外抵御外来侵略，维护国家尊严，对内保持安定团结，实行改革开放的有力保障。交通运输基础设施是国防力量的重要组成部分，在国防建设与防务方面有着不可低估的作用。它平时为经济建设服务，是国防的后备力量，战时为军事服务，是必要的军事手段，具有鲜明的军民两用性质，是国家战斗实力的重要组成部分。国防力量与政治、经济等许多因素有关，但交通运输能力具有关键作用，其国防意义关系到民族存亡、国家安危，绝非用经济尺度所能衡量。

0.2 交通运输的基本方式

现代交通运输业主要包括水路运输、道路运输、铁路运输、航空运输和管道运输五种基本的运输方式。它们在运输工具、线路设备和运营方式等方面各不相同，在技术上、经济上各有特征，都有适宜的使用范围。

1) 水路运输 (water transport)

水路运输是以船舶为主要运输工具、以港口或港站为运输基地、以水域 (海洋、河流、湖泊) 为运输活动范围的一种客货运输方式。因为水是天然载体，地球上水域面积比陆地面积大，水路运输具有自然优势，在各主要运输方式中兴起最早、历史最长，至今仍是世界许多国家最重要的基本运输方式之一。

与其他运输方式相比，水路运输的主要技术经济特征是：具有运载能力大、运输成本低、平均能耗少、设备投资省等优点；但因水域条件限制，存在受气候影响大、机动灵活性小、运送速度慢、送达连续性差等弱点；一般较适合于担负各种大宗、低值、笨重、远程、不急需的中长距离货物运输。水路运输的形式主要有内河运输、沿海运输、近海运输和远洋运输四种。其中：远洋运输是使用大型船舶跨大洋的长途运输形式，主要承担各种外贸货物的进出口运输；内河运输是使用船舶在陆地内的江、河、湖、川等水道进行运输，主要使用中、小型船舶。在国际货物运输中，运用最广泛的是海洋运输，目前，海运量在国际货物运输总量中占 80% 以上。

2) 道路运输 (road transport)

道路运输是以道路机动车为载运工具，在城市道路和城外公路上运送货物和旅客的一种运输方式。它既可供专业运输部门使用，也可以供社会和个人利用，在现代交通运输系统中应用最为普及和广泛。因为所用运输工具主要是汽车，现代道路运输一般是指汽车运输。

与其他运输方式相比，道路运输的主要技术经济特征是：具有机动灵活、覆盖面广、启运快速、可实现"门到门"直达运输、服务性强、运输设备原始投资少，生产资金周转快和掌握车辆驾驶技术较易等优点；但因道路和车辆受地理条件限制，存在运输能力小、运输能耗高、运输成本高、长距离持续运行能力较差、安全性较低、污染环境等弱点。道路运输的功能：一般适宜陆地短途旅客和货物运输，直接为社会提供"门到门"运输服务；为铁路、水路、航空运输集疏旅客和货物，在现代综合运输体系中发挥连接和纽带作用；可以深入山区及偏僻的农村进行旅客和货物运输，在远离铁路的区域从事干线运输。随着高速公路的大量修建，重型车、专用车和拖挂运输的发展，以及客运班车的高档化，道路运输逐渐形成短、中、长途运输并举的局面，其干线作用、快速作用和其他功能在不断变化，运输量所占的比重不断上升，具有强劲的发展势头。道路运输主要有城外公路运输和城市道路运输两个部分。

3) 铁路运输 (railway transport)

铁路运输是以两条平行的铁轨线路引导铁路列车，运送货物和旅客的一种陆上运输方式。铁轨能提供极光滑和坚硬的媒介让列车车轮在上面以最小的摩擦力滚动，使列车上面的人员感到舒适、货物保持稳定，并节省能量。而且，铁轨能平均分散列车的重量，使列车的载重力大大提高。

与其他运输方式相比，铁路运输的主要技术经济特征是：安全程度高、运输速度快、运输距离长、运输能力大、运输成本低、运输污染小、不受天气条件影响、可采用电气化、便于实现自动控制、不依赖可采量有限的石油能源等优点，这是其他运输方式无法比拟的；但铁轨线路造价高和建设周期长，铁路列车要求高，存在基础设施投资高、基本设备购买贵、管理调度复杂、灵活机动性差等缺点。铁路运输是一种最有效的已知陆上运输方式：一般每列客车可载旅客1 800人左右；一列货车可装2 000~3 500t货物，重载列车可装2万t货物；运行组织较好时，单线单向年最大货运能力达4 000万t，复线单向超过1亿t；铁路运输安全可靠，能保证全年运行，最适合于中长距离的大宗货物运输，也适宜短中长途旅客运输。

4) 航空运输(air transport)

航空运输是使用飞机、直升机及其他航空器为载运工具，航行于地面之上的空气空间，运送人员、货物、邮件的一种运输方式。航空器是指在大气层中飞行的飞行器，包括轻于空气的飞艇、气球和重于空气的飞机、滑翔机、直升机，以及其他任何借空气之反作用力，得以飞航于大气中之器物。目前，航空运输的载运工具主要是飞机。自从美国的莱特兄弟在1903年制造出了第一架依靠自身动力的载人飞机以后，飞机日益成为现代文明不可缺少的运载工具，深刻地改变和影响着人们的生活，同时也是人类现代生活中不可缺少的运输工具。

与其他运输方式相比，航空运输的主要技术经济特征是：载运工具在高空行驶，空气阻力小，不受其他交通工具和物体干扰，具有飞行速度快、不受地理条件限制、人员乘坐舒适、交通安全、机场等基础设施建设周期短等独特的优点和优势；但存在航班受天气影响、飞机购买贵、飞机驾驶技术要求高、燃油消耗大、运输成本高等缺点。航空运输是现代旅客运输，尤其是远程旅客运输的重要方式，同时也是贵重物品、鲜活货物、精密仪器和数量不大的急需货物不可缺少的重要运输手段。航空运输还为快速客运和快速报刊、邮件运输等提供了重要方式。航空运输企业的经营形式主要有班机运输、包机运输和专机运输，通常以班期运输为主。目前，航空运输已成为现代社会最重要的交通运输形式，成为国际间政治往来和经济合作的纽带。基于航空运输对发展国民经济和促进国际交往的重要作用和意义，多数国家都很重视发展航空运输事业。政府设立专门机构进行管理，如中国设立民用航空总局，美国设联邦航空局，前苏联设民用航空部等；实行多种优惠政策支持航空运输企业的发展，如政府直接投资、贷款、减免捐税、给予财政补贴等。

5) 管道运输(pipeline transport)

管道运输是用管道作为运输工具，用于长距离输送液体和气体物资，专门由开采地和生产地向市场输送石油、天燃气、煤、成品油和其他化学产品的一种高效运输方式，是统一运输网中干线运输的特殊组成部分。

与其他运输方式相比，管道运输的主要技术经济特征是：作为运输工具的管道，其口径和压力可大可小，其位置可地下敷设、地面铺装和高架安装，具有运输量大、连续、迅速、经济、安全、可靠、平稳以及建设周期短、投资少、占地少、能耗少、污染少、费用低，并可实现自动控制等独特的优点和优势；但存在运输方式灵活性差、运输货物单一、基础投资成本高等缺点。管道运输可省去水运或陆运的中转环节，缩短运输周期，降低运输成本，提高运输效率，除广泛用于石油、天然气、成品燃油的长距离运输外，还可运输矿石、煤炭、建材、化学品和粮食等。管道运输不如其他运输方式灵活，不容易随便扩展管线、实现"门到门"的运输服务，当大宗货源枯竭时可能废除，所以常常要与汽车运输、铁路运输、水路运输配合才能完成全程输送和长期使用。据估算，管道运输石油及其产品比水运费用高，但仍比铁路运输便宜和安全。当前管道运输在能源紧张、土地缺乏、货源充足的情况下仍属首选。

图 0-1 是航空运输与水路运输外景照片。

图 0-1　航空运输和水路运输

0.3　交通运输的发展阶段

交通运输发展阶段的划分目前主要有两种方法：一是从交通运输自身发展史的角度，以运输方式形成相对独立的生产部门的先后为依据，将交通运输方式的发展逐次分成水路运输发展阶段、铁路运输发展阶段、公路与民航和管道同时发展阶段、集装箱运输发展阶段和现代综合运输体系发展阶段五个主要阶段；二是从人类文明演进的角度，以交通运输与人类社会相互关系为依据，将交通运输的发展概括分成农业文明时代的交通运输、工业文明时代的交通运输以及信息时代的交通运输三个历史阶段。

1）交通运输方式的发展阶段

交通运输方式的发展与其载运工具的制造能力和基础设施的建设条件是分不开的，与现代工业和科学技术密切相联。纵观交通运输发展史，在世界范围内的各个历史时期，虽然都有几种运输方式同时并存，但从各种运输方式的发展侧重点和起主导作用的角度分析，并从各种运输方式形成相对独立产业的时间先后考察，可将交通运输逐次分为以下五个发展阶段：

（1）水路运输发展阶段：水路运输既是一种古老的运输方式，又是一种现代化的运输方式。在动力机械出现以前，即没有铁路、汽车和航空运输时，人类已运用木船或利用物体浮力，以人力、风力和水的流动为动力进行水上交通运输。这种早期的水上运输与同样以人力、畜力为动力的陆上运输工具相比，无论在运输能力和成本方面，还是在运输速度和方便省力方面，都处于优势地位。水路运输自从人类能够制造劳动工具开始，已经有几千年的发展历史了，对人类社会发展和工业布局的影响很大。动力机械出现以后，用于交通运输时，首先是用于水路运输工具的船舶之上，因为水域自然存在，不需要修路。在现代社会中，内河航道运输和沿海运输在我国及其他许多国家仍占有重要地位。特别是海洋运输，在全世界国际贸易运输中更是不可缺少，其运输总量和周转量一直占有绝对大的比重。水路运输是发展最早、运用时间最长、具有独特地位的运输方式，几乎不能被其他运输方式替代。在陆上其他运输方式规模还很小时，世界各地的船舶制造业、航运公司和远洋公司已经如雨后春笋般建立，水路运输市场和产业已经形成并不断扩大，水路运输在现代交通运输业中已占据垄断地位，使工业布局和城市发展对水路运输产生依赖，所以，水路运输发展阶段首先出现。

(2) 铁路运输发展阶段：蒸汽机的发明和锻铁铁轨的出现，使得人类能够制造铁路列车和建设铁道线路，促使铁路运输获得了迅速发展。1825年英国在斯托克顿至达灵顿修建世界第一条铁路并投入公共客货运输，标志着铁路运输方式的出现和铁路运输时代的开始。由于铁路能够快速、大容量运输旅客和货物，许多国家和地区大量修建铁路，大力发展铁路运输。从此，铁路运输公司和组织在世界各地不断出现，铁路运输市场和产业在现代交通运输业中形成。到了20世纪30年代，许多发达国家的铁路运输在陆地运输中已经占据垄断地位。铁路运输的快速发展极大地改变了陆上运输面貌，为工农业发展提供了新的、强有力的交通运输方式，使铁路客货运输总量和周转量超过了其他运输方式，使工业布局摆脱了对水上运输的依赖，在内陆腹地加速了工农业的发展。由于铁路运输在交通运输的这个发展时期发挥了主导作用，就形成了紧随水路运输发展阶段出现的铁路运输发展阶段。

(3) 道路、航空、管道运输同时发展阶段：汽车是1886年1月29日在德国获得发明专利，19世纪末开始生产，20世纪30年代迅速发展；飞机的发明未见专利时间，但人类渴望在空中飞行的愿望在20世纪初得以实现，民用航空运输自20世纪40年代开始；20世纪30~50年代，道路、航空和管道运输相继发展，与铁路运输进行了激烈的竞争。就公路运输来说，由于汽车工业的发展和公路网的扩大，使公路运输能充分发挥其机动灵活、迅速方便的优势。航空运输在速度上的优势，不仅在长途旅客运输方面占有重要的地位，而且在货运方面也发展很快。管道运输对液态和气态物体的连续运输具有特别优势。公路、航空、管道这三种运输方式同时竞争发挥的作用，成为交通运输发展的第三个阶段。

(4) 集装箱运输发展阶段：集装箱运输是指采用集装箱运输设备装载集装箱货物的运输方式。它是以集装箱这种大型容器为载体，将货物集合组装成集装单元，在现代流通领域内运用大型装卸机械进行装卸、搬运作业，运用大型载运设备完成运输任务，从而更好地实现货物"门到门"运输服务的一种新型、高效率和高效益的运输方式。20世纪50年代中叶，集装箱运输开始在海、陆运输中出现并得到发展。1966至1983年，集装箱运输的优越性越来越被人们承认，以海上运输为主导的国际集装箱运输发展迅速，是世界交通运输进入集装箱化时代的关键时期。虽然在20世纪70年代中期，由于石油危机的影响，集装箱运输发展速度减慢，但是这一阶段发展时期较长，特别是许多新工艺、新机械、新箱型、新船型以及现代化管理，都是在这一阶段涌现出来的，世界集装箱向多式联运方向发展也孕育于此阶段之中，故可称之为集装箱运输的发展阶段。20世纪80年代后集装箱运输发展尤为迅速，由铁路、公路、水路推广到航空领域,逐步形成了世界性的集装箱综合运输体系。据有关部门统计,到20世纪末,国际集装箱运输量已占到货物运输总量的65%,发达国家件、杂货运输的集装箱化程度已超过80%。这个时期的集装箱运输已逐步建立专用港口和专业组织,并形成相对独立的市场和产业。

(5)现代综合运输体系发展阶段:20世纪50年代,人们开始认识到在交通运输的发展过程中,铁路、水运、道路、航空和管道这五种运输方式是相互协调、竞争和制约的。因此,需要进行综合考虑,协调各种运输方式之间的关系,构成一个现代化的综合运输体系。综合运输体系发展阶段的重点之一是在整体上合理进行铁路、水运、道路、航空和管道运输之间的分工,发挥各种运输方式的优势。调整交通运输的布局和提高交通运输的质量则成为综合发展阶段的主要趋势。

2) 各个历史时代的交通运输

交通运输的发展与社会需求和生产力是分不开的。人类文明史,按物质生产方式划分,从古至今可分为采集文明时代、农业文明时代、工业文明时代和信息(知识)文明时代。各个历史时代的交通运输,可考察和理解如下:

(1)农业文明时代的交通运输:人类经历的采集时代和农业时代是最长的,人类产生以来,最近300多年才是工业文明,其余都是采集文明和农业文明。采集和农业时代初期,主要是利用天然材料和自然能量,人只能依靠自身的体能或直接运用风能、水能、生物能等自然的能量去改变周围环境和提高生产力,而且利用的水平和效率很低。社会经济基本上是自给自足的农、牧、渔、猎经济。人类社会活动频率不繁,范围不大。物资没有商品化,市场交易不多。社会对交通运输的需求不足,人类生产力对交通运输的促进有限。

农业文明时代到有了铁器、铜器等金属工具后,生产力提高,社会对交通运输的需求增加。人类开始改造河道,开辟运河,筑建路桥,并制造车、船等交通运输工具,繁荣了自足自给的经济,推动了农业文明的进步。但是,这个时代的交通运输动力还是凭借天然的自然力(人力、畜力、风力、水力等);交通运输方式还是步行、骑马、肩挑背驮、车拉船载等;交通运输工具还是简单的人力车、畜力车和风力帆船等;交通运输基础设施(道路、水域)简单,还未形成网络和体系。总之,农业文明时代所存在的交通运输,是附属于农业和社会政治文化的工具,还未从社会生产过程中分化出来形成产业。这个时代的交通运输内部结构十分简单,发展是缓慢的。

(2)工业文明时代的交通运输:人类进入工业社会,是以英国的工业革命为开端的。工业文明史上的第一次技术革命,主要标志是1782年瓦特蒸汽机的发明和应用。工业文明史上的第二次技术革命,主要标志是1870年以后电力的广泛应用。工业文明时代的主要特点表现在:科学知识日益进展,工业生产突飞猛进;科学革命促进技术革命,技术革命促进工业革命;人类发明和应用蒸汽机、内燃机、电动机等能量转换机器将热能和电能转换成机械能,自然能量的利用方式扩大,利用效率提高,社会生产力从根本上提升;生产规模扩大市场化,物资流动频繁商品化,经济结构复杂产业化;与农业文明时代相比,经济、政治、文化、精神,以及社会结构和人的生存方式等等,发生了翻天覆地的变革;社会对交通运输的需求不断增加,科学技术和制造能力促进了交通运输基础设施和载运工具的发展。

工业文明时代的交通运输与农业文明时代有着深刻的区别，主要表现在：交通运输的动力装置已进入到能量的人工变换阶段；交通运输运载工具和设施进入到机械化和电器化；交通运输已经从社会生产过程中分化出来，成为一个相对独立的生产领域和与其他行业并驾齐驱的产业；交通运输发展成为整个社会生活和生产的命脉。人类进入工业文明时代后，水路、铁路、道路、航空、管道五种交通运输方式先后逐步形成，水、陆、空交通网络和现代综合交通运输体系不断完善。交通运输的发展极大地提高了社会的组织程度，加速了社会生产的社会化进程。交通运输的社会作用得以突现：如果交通运输滞后于社会和经济发展，将会阻碍社会和经济的发展；如果交通运输超前于社会和经济发展，可以引导和促进社会与经济的发展；如果交通中断，将对社会造成全局性的影响，能使生产停顿，社会瘫痪。

总之，工业文明时代所造就的交通运输，是人类依靠近代以来的科学技术进步，在精心策划、组织和严格管理下，运用开辟的道路、铁路、河道、航空线、航海线、管道和制造的运载工具，而实现对时空跨越的社会行为，具有跨越时空的目的性、对工业生产的依存性、高度的社会组织性等的系统特征。

(3) 信息时代的交通运输：人类进入信息时代，是以工业文明史上的第三次科学技术革命(信息革命)浪潮开始的。信息革命是由现代电子信息技术的巨大变革引起的一场新的技术变革及其带来的社会经济结构的质的飞跃。其主要标志是20世纪50年代末，现代计算机的发明和普及、计算机与现代通信技术的结合，把信息对整个社会的影响逐步提高到一种绝对重要的地位，使人类社会进入到一个信息化新阶段。信息化提供给人类非常有效的交往手段，促进全球各国人们之间的密切交往和对话，增进相互了解，使人类以更快更便捷的方式获得并传递人类创造的一切文明成果。

信息化使人类社会从工业化阶段发展到一个以信息为标志的新阶段。信息化与工业化不同，它不是关于物质和能量的转换过程，而是关于时间和空间的转换过程，不是以体能和机械能为主，而是以智能为主。信息化是从有形的物质产品创造价值的社会向无形的信息创造价值的新阶段的转化，即由以物质生产和物质消费为主，向以精神生产和精神消费为主的阶段的转变。总之，信息时代主要以信息技术为主体，重点是创造和开发知识，从信息革命开始，一直延续到现在，并将继续发展。信息技术和其他高新技术一起联动，形成一股强大的科学技术潮，为人类提供了新的生产手段，带来了生产力的大发展和组织管理方式的变化，引起了产业结构和经济结构的变化，同时，也涌入交通产业，使交通观念发生了深刻变化。信息时代至少在三个方面给交通运输带来了巨大的变化：

① 带来了信息交通的繁荣：信息技术最直观的表现是信息的传递，给交通运输带来的最大变化是使信息交通一跃而成为最重要的交通生产方式和工具。信息交通是指运用通信线路、通信枢纽、发送和接收装置等通信设施，在不同地域的人们之间进行数据、文字、图片、声音等信息传递的一种流通形式，习称通信。信息交通是一种具有特性的交通方式，与实体交通相比，虽然在传递内容和手段上有明显差异，但在本质和主要标志上与实体交通是完全一致的，在经济性、文化性上也没有差别，完全符

合交通内涵的界定。它是现代交通系统的组成部分，也是现代交通形式多样性的体现。例如有线电话、无线电话、宽带互联网等，都是人们广泛使用的信息交通方式和工具。

宽带互联网，常称"信息高速公路"，是一种以数字化大容量光纤通信网络为基础设施，使用计算机为发送和接收工具，可以将政府机构、企业、大学、科研机构、家庭和个人的计算机联网，能在全球甚至更大的范围内传输声像和图文等信息的高速多媒体传输系统，在不到半个世纪内，数以亿万计的人们，拥上网络进行物质的和精神上的交往，使信息传递日益频繁和发达，人们对信息的关注和社会的参与度空前提高。这些信息传递的主要形式造就了现代通信产业的异军突起，并带来了信息交通的繁荣。

②促进了智能交通和物流技术的兴起：信息技术在交通运输领域的应用和拓展，使得智能交通和物流技术方兴未艾。智能交通是基于现代电子信息技术面向交通运输的服务，具有分布式神经网络的交通运输系统。它不是一种新的交通方式，而是交通的参与者利用现代信息技术等高科技使传统的实体交通模式变得更加智能化，更加安全、节能、高效。它具有以下两个特点：一是着眼于交通信息的广泛应用与服务；二是着眼于提高既有交通设施的运行效率。

它与传统的交通运输系统相比，具有如下显著特征：一是通过信息技术充分了解相关的宏观状态，对分散的交通运输活动进行引导整合，帮助和促使交通运输行为合理化，达到各种或多种运输方式一定程度上的整体协调；二是通过信息技术使得管理者及时得到各方消息，根据实际情况做出科学的决策，提高管理水平，达到提高系统运行效率的目的；三是通过信息技术实现交通运输与整个社会经济系统之间的有效衔接，使社会信息融入供应链真正成为供应链中的有机组成部分，使交通信息贴近居民生活将有利于各种社会资源的高效利用。智能交通和物流技术具有鲜明的整体性和社会实践性，极大地提高了交通运输的社会参与度，同时也对交通运输行业的组织形式、管理方式、发展观念等带来深刻变革，是交通史上具有革命性的创新，也是交通进入信息化时代的重要标志之一。

③实现了虚拟交通的应用：虚拟交通是相对于实体交通而言具有交通效果的概念交通。随着信息时代的到来，人们可以突破时间和空间的束缚，改变生产和生活方式，改变工作和休息安排，实现分散生产、家庭办公、网上交往和娱乐等，从而减少货物流动、节约出行时间、降低交通流量、缓解交通冲突和减少能源消耗等，但从实质上却产生了交通的效果。例如，由于信息技术突破了时间和空间的束缚，利用计算机交互联网信息高速公路和可视电话等多媒体，人们可以就地处理世界范围的业务，使企业 24h 办公成为可能；人们可以网上购物，坐在家中"逛超市"，挑选自己称心如意的物品；人们可以居家办公，使办公方式由集中走向分散，减少乘车上班；人们可以在家里或固定地点选择观看电视频道的节目；人们可以就地与亲朋好友及业务人员打电话"面谈"，进行思想交流或工作洽谈；人们可以实现远距离求医和"会诊"；学校可以进行远距离教学，即使是偏远地区的学生，也能享用最好的师资和课程安排。这些原本需要实体交通才能达到的效果，在信息社会由虚拟交通实现了。所以，信息技术在交通运输领域实现了虚拟交通的应用，使部分交通方式从现实走向虚拟。

0.4 交通运输的行业特点

交通运输业是一个不产生新的实物形态产品的特殊的生产部门，其按一定的生产关系联系起来的具有劳动技能的劳动者，使用道路、铁路等基础设施和汽车、火车、轮船、飞机等运载设备作为劳动工具，以旅客、货物和信息等为劳动对象进行生产经营活动，所创造的产品是交通运输对象有目的和要求的空间位移。交通运输业的产品：对旅客运输来说是人的位移，并以运输的旅客人数（客运量）和人公里数（旅客周转量）为计算单位；对货物运输来说是货物的位移，并以运输的货物吨数（货运量）和吨公里数（货物周转量）为计算单位；对电信来说是信息的传递。交通运输业按其在社会再生产中的地位、运输生产过程和产品的属性，与其他产业部门有很大区别。其主要特点表现为：

1）生产产品的无形性

交通运输业的生产过程不像工农业生产那样改变劳动对象本身的属性和数量关系，仅仅改变了运输对象（旅客、货物、信息）的空间位置，并不创造新的产品。在运输生产过程中所消耗的物化劳动和活化劳动则转移为运输对象价值的增值和使用价值的实现，及其对改变空间位置需求的满足。对旅客来说，其产品直接被人们所消费；对货物运输来说，它把价值追加到被运输的货物身上。这种劳动成果所满足的是一种没有实体形式的社会需求，其所产生的产品就不具备实体形态。生产产品的无形性是交通运输业与采掘业、种植业和其他加工制造业等行业之间的重要区别之一。这种产品的无形性，使得运输生产具有下列重要特征：生产和消费过程在时间和空间上是同时进行的，其产品不可储存；其供需矛盾不能用库存来调节，供求关系表现为运输能力和手段的不足或过剩；其生产和经营过程中产生的质量事故不能立即获得实物形态的补偿。

2）行业发展的依附性

交通运输业的市场需求要受制于经济活动和人民物质文化水平的发展，其本身的进步与发展离不开科学技术的进步与工业制造的发展。所以，交通运输业虽然能刺激和促进社会经济的发展，但却不能脱离社会经济发展的需求而自行发展，必须从属于依附于社会经济的发展。其发展水平可以相对地反映社会经济与国民生活和文化水平，因此，联合国科教文组织常用考察国家或地区人均年活动范围的大小，来间接地相对比较其经济发展程度和物质与文化生活水平的高低。但是，现代交通运输业不是简单地、消极地、静止地依附于社会经济的发展。两者具有相辅相成的从属与依附关系。历史和现实表明：交通运输业的发展如落后于国民经济综合水平，将阻碍经济活动的发展，而交通运输业本身的高速发展，又可对经济活动产生强烈的刺激和促进作用。这种依附性和超前性，是交通运输业本身所具有的相互矛盾和统一的特性。

3）市场竞争的多重性

交通运输不创造新的产品，重大基础设施由国家投资。一般来说，运输企业生产不需要原材料，生产环节较短，生产成本较低，资金回收较快，投资周期短。所以，市场竞争在交通运输业中表现得特别明显和强烈：一是运输行业不同的运输方式之间存在着竞争，如高铁与民航竞争；二是相同的运输方式中各企业之间的竞争也和其他行业一样存在；三是运输行业与非运输行业之间也存在着竞争。随着市场经济体制的建立和健全，法律法规手段逐步取代行政手段对经济活动的干预，交通运输业竞争的多重性特点将越来越明显和突出，运输企业的管理者对这一点必须要有清醒的认识。

4）生产过程的流动性

交通运输的生产过程是把产品从生产地运往下一个生产地或消费地，以满足运输对象改变空间位置的需求。所以，就整个社会生产过程来说，交通运输生产是在流通领域内继续进行的生产过程，而且是在流通过程中进行的。其活动领域必然不能局限于某一较为狭窄的地域，而是分布在有运输联系的广阔的空间里。随着市场商品流通量和时限要求的不断提高，流通地域的不断扩展，运输工具的性能和交通基础设施的不断完善，交通运输业所受到的地理条件限制越来越少，其活动范围几乎可以抵达人类活动的所有地域。交通运输业这种分散、流动的生产经营特性，有别于一般工厂企业生产活动局限于"围墙"之内，是没有"围墙"的企业，给生产组织和管理带来了许多困难。

5）经营活动的服务性

交通运输业提供的是一种运输服务，其生产经营的劳动对象（即货物与旅客）并不属于企业本身的资产。它对劳动对象只有生产权，没有所有权，这就决定了其经营决策的基点和行为准则必须以无条件满足客户需求为前提。由于市场竞争的多重性特点，意味着运输业生产经营业务具有较强的可替代性，因此服务质量又直接影响到各种运输方式和企业之间在竞争中的生存和发展能力。为扩大业务范围、招揽客户和加强市场竞争能力，交通运输业必须加强服务意识，这一点必须在企业管理工作中达成共识。

6）生产目的的一致性

旅客和货物的运输过程往往要由几种运输方式共同完成。各种运输方式虽然使用不同的技术装备，具有不同的技术经济性能，但各种运输方式都是实现旅客和货物空间的位移，其运输目的是一致的，生产的是同一的产品，对社会经济具有同样的效用。而国民经济中工农业生产部门则不同，其产品的形态和作用具有很大差异，这是交通运输生产的又一特征。应充分认识和运用这一特征，根据经济合理性、技术可行性、自然条件的有利性，合理规划交通运输网络，科学发展交通运输事业。

0.5 交通运输的发展需求

根据行业性质和产业特点，交通运输的发展需求可包括经济社会发展对交通运输的需求和交通运输业自身发展的需求两个方面。随着科学技术的进步和经济全球化的深入发展，我国经济社会发展呈现新的阶段性特征，工业化、信息化、城镇化、市场化、国际化深入发展，经济发展方式转变加快，经济社会发展长期向好的趋势不会改变。同时，必须清醒地看到，我国发展中不平衡、不协调、不可持续问题依然突出，深层次矛盾日益凸显。

面对国内外新的发展形势，交通运输行业的决策者和管理者必须科学判断和准确把握趋势，根据经济社会发展和自身发展的需求，以科学发展为主题、以科技进步和创新为重要支撑、以保障和改善民生为根本出发点和落脚点、以建设资源节约型环境友好型交通运输行业为着力点、以改革开放为强大动力，积极推进现代交通运输业的发展。根据交通运输部《交通运输"十二五"发展规划》要求，我国交通运输的发展需求主要是从进一步增强保障能力、提升服务水平、不断提高科技含量和信息化水平、构建绿色交通体系、强化安全与应急保障能力五个方面着力使交通运输进入新的发展时期。

1) 必须进一步增强交通运输保障能力

交通运输是国民经济发展的必要条件。我国经济平稳较快发展，城市化率逐步提高，外贸进出口年年增长，经济社会发展长期向好的趋势不会改变，交通客货运输需求将保持持续增长态势。此外，国土开发、民生改善、社会稳定、国家安全等方面，对交通运输保障提出了更高的要求。因此，要按照"适度超前"的原则，继续加强交通运输基础设施建设，保持适度规模，优化交通运输结构，推进综合运输体系建设，增强交通运输对国民经济发展和社会进步需求的保障能力。

2) 必须全面提升交通运输服务水平

我国加快转变经济发展方式必将加速产业结构和产品结构的优化升级，高附加值货物运量将进一步增加，经济社会要求提供安全、快速和可靠的货运服务，构建低成本、高效率的现代物流体系，以满足对运输速度、质量、服务品质的新要求。随着人民群众生活水平的不断提高，小汽车进入寻常百姓家庭，机动化社会进程加快，公众出行需求旺盛，预计到"十二五"末，民用汽车保有量将达到1.5亿辆，人均乘用交通工具次数明显增加，人们对运输服务的安全性、舒适性、快捷性等都将提出更高要求。广大西部地区、农村地区、"老少边穷"地区群众出行需求将进一步增加，提高基本公共运输服务均等化水平将成为交通运输发展的重要任务。因此，必须完善服务设施，加强市场管理，优化运输组织，提高运输效率，拓展服务领域，全面提升交通运输服务水平。

3) 必须努力提高交通运输科技含量和信息化水平

当今世界，科技进步和信息化发展势头迅猛，科技创新孕育新突破，物联网、计算机等新一代信息技术的出现，极大地促进着人类社会的发展和进步。交通运输应与经济发展同步并适当超前发展，要赶超世界先进水平，必须以科技进步和创新为重要支撑、实施"科技强交"战略、加快转变发展方式、发展现代交通运输业，必须不断吸收和消化新技术、加强技术创新、推进现代信息技术在交通运输领域的集成应用，极大地提升交通运输基础设施、运输装备、运输组织、运输管理的现代化水平。因此，交通运输行业要着力加强科技创新体系建设，提高自主创新能力，大力推进信息化建设，充分发挥科技引领作用，努力提高交通运输科技含量和信息化水平。

4) 必须加快构建绿色交通运输体系

根据联合国科教文组织公布，目前威胁人类生存的十大环境问题是：全球气候变暖、臭氧层的耗损与破坏、生物多样性减少、酸雨蔓延、森林锐减、土地荒漠化、大气污染、水污染、海洋污染、危险性废物越境转移等。所以，节能减排和低碳经济是世界经济发展总要求和总趋势。建设资源节约型、环境友好型社会是我国一项长期的战略任务。交通运输行业是能源、资源消费和温室气体排放的重点领域之一，节能减排要求和环境生态保护对交通运输绿色发展提出了更加迫切的要求。因此，交通运输发展必须落实资源节约型和环境保护型方针，推进建设"两型"社会的发展战略，根据国家对节能减排的总要求，树立绿色、低碳发展理念，以节能减排为重点，促进经济发展模式向高能效、低能耗、低排放模式转型，加快形成资源节约、环境友好的发展方式和消费模式，构建绿色交通运输体系，实现交通运输发展与资源环境的和谐统一。

5）必须强化交通运输安全与应急保障能力建设

人们在选择交通工具的时候，安全是首选。随着经济社会快速发展和人民生活水平提高，机动化水平迅速提升，立体交通体系形成，交通流量增大，营运车船及从业人员数量增长，对交通运输安全保障提出了更高的要求。全球气候变暖、极端恶劣天气增多，由此引发重特大自然灾害，势必对交通基础设施及运输安全构成严重威胁。社会结构深刻变动、利益格局深刻调整，社会矛盾和突发事件明显增多，公共安全和应急管理工作面临的形势更加严峻，对交通运输安全应急保障和反应能力提出了更高要求。安全问题应有"不怕一万，就怕万一；有偶然，就要防必然；有备无患"的思想准备，因此，要坚持预防与应急并重、常态与非常态结合的原则，建立健全应急管理组织体系，完善应急预案，加强应急队伍建设，切实强化交通运输安全和应急保障能力建设。

0.6 我国交通运输的基本概况

旧中国交通运输业十分落后，自1872年清政府创建招商局，到新中国成立前的70多年，运输发展极为缓慢，装备破旧，畜力车、人力车和木帆船等民间运输工具大量使用，运输布局很不合理，广大内地普遍处于十分闭塞的状态。1949年新中国成立后，我国迅速修复了被破坏的运输线路，恢复了水陆空运输。从1953年起，我国开始有计划地进行交通运输的规划和建设，至1978年，经过20多年自力更生和艰苦奋斗的建设，交通运输事业有了很大发展，基本形成了铁路、公路、水运、民用航空和管道五种运输方式共同组成的综合运输网。

1978年以后，我国开创了改革开放和社会主义现代化建设的新时代。在经济体制改革的推动下，交通运输事业进入了新的发展时期，经过30多年的加快建设和稳定发展，交通运输业的整体规模、质量、技术装备水平和管理方法发生了翻天覆地的变化，各种运输方式的基础设施建设、载运工具发展和运输生产业绩都取得辉煌的成就。现在，我国现代交通运输业的发展能基本适应和引导国民经济和社会发展的需要，为国民经济和社会发展奠定了坚实的基础。

1) 水路运输概况

至 2010 年年底，我国内河航道通航里程 12.42 万 km，其中，等级航道 6.23 万 km，各等级内河航道通航里程分别为：一级航道 1 385 km；二级航道 3 008 km；三级航道 4 887 km；四级航道 7 802 km；五级航道 8 177 km；六级航道 18 806 km；七级航道 18 226 km。各水系内河航道通航里程分别为：长江水系 64 064 km；珠江水系 15 989 km；黄河水系 3 477 km；黑龙江水系 8 211 km；京杭运河 1 439 km；闽江水系 1 973 km；淮河水系 17 246 km。通航建筑物中，有船闸 860 座、升船机 43 座。全国港口拥有生产用码头泊位 31 634 个，其中：沿海码头泊位 5 453 个；内河码头泊位 26 181 个。全国港口拥有万吨级及以上泊位 1 661 个，其中：沿海 1 343 个；内河 318 个。全国万吨级及以上泊位中专业化泊位 903 个，其中：通用散货泊位 299 个；通用件杂货泊位 310 个。

至 2010 年年底，我国拥有水上运输船舶 17.84 万艘，净载重量 18 040.86 万 t，平均净载重量 1 011.22 t/艘，其中：载客量 100.37 万客位；集装箱箱位 132.44 万 TEU（国际标准集装箱）；船舶功率 5 330.44 万 kW。船舶构成（按航行区域分）：内河运输船舶 16.57 万艘，净载重量 7 435.86 万 t，平均净载重量 449 t/艘，载客量 82.51 万客位，集装箱箱位 12.80 万 TEU，船舶功率 2 423.56 万 kW；沿海运输船舶 1.047 3 万艘，净载重量 4 978.87 万 t，平均净载重量 4 754 t/艘，载客量 15.82 万客位，集装箱箱位 18.58 万 TEU，船舶功率 1 406.02 万 kW；远洋运输船舶 2 213 艘，净载重量 5 626.13 万 t，平均净载重量 25 423 t/艘，载客量 2.04 万客位，集装箱箱位 101.07 万 TEU，船舶功率 1 500.86 万 kW。

2) 道路运输概况

1949 年新中国成立时，我国公路只有 8.08 万 km，其中路面有铺装的仅占 40%。至 2010 年底，我国公路总里程 400.82 万 km，公路密度为 41.75 km/100 km²，其中：高速公路 7.41 万 km，居世界第二位；一级公路 6.44 万 km；二级路 30.87 万 km；三级路 38.80 万 km；四级路 246.95 万 km。

至 2010 年年底，我国机动车保有量已达 1.99 亿辆，机动车驾驶人达 2.05 亿人，其中：民用汽车保有量达到 9 086 万辆（包括三轮汽车和低速货车 1 284 万辆）；汽车驾驶人 1.44 亿人；民用轿车保有量 4 029 万辆（其中私人轿车 3 443 万辆）。全国拥有公路营运汽车 1 133.32 万辆，其中：载货汽车 1 050.19 万辆、5 999.82 万吨位，平均吨位 5.71 t/辆（普通载货汽车 996.43 万辆、5 223.23 万吨位、平均吨位 5.24 t/辆，专用载货汽车 53.77 万辆、776.59 万吨位，平均吨位 14.44 t/辆）；载客汽车 83.13 万辆、2 017.09 万客位，平均客位 24.26 客位/辆（大型客车 24.78 万辆、1 031.79 万客位，平均客位 41.65 客位/辆）。

3) 铁路运输概况

1881 年，我国自主修筑的第一条铁路——唐山至胥各庄铁路，全长 9.7 km。1909 年，中国人自己勘测、设计、施工的第一条铁路——京张铁路，全长 200 km。1952 年，新中国成立后建成的第一条干线铁路——成渝铁路，路长 502 km。2008 年，中国第一条真正意义上的高速铁路（客运专线）——京津城际高铁诞生。2006 年

7月1日，"中国新世纪四大工程"之一，世界海拔最高、线路最长的高原铁路——青藏铁路全线通车，该路东起青海西宁，西至拉萨，全长1 956 km。

1949年新中国成立前，中国大陆仅有铁路22 600 km多。到2010年年底，我国铁路营业里程9.1万km，里程长度居世界第二位；路网密度95.0 km/万 km^2，其中：复线里程3.7万km；电气化里程4.2万km，电化率46.6%；西部地区营业里程3.6万km。至2010年底，全国铁路机车拥有量1.94万台，其中：和谐型大功率机车3 372台；内燃机车占56.6%；电力机车占43.1%；主要干线全部实现内燃、电力机车牵引。全国铁路客车拥有量达到5.21万辆，其中空调车3.66万辆，占70.3%。全国铁路货车保有量达到6.222 84万辆。国家铁路从业人员为211.36万人，运输业从业人员为150.41万人；职工人数为212.31万人，运输业职工人数为149.86万人。

4) 航空运输概况

至2010年年底，我国共有颁证运输机场175个，全部开通定期航班，其中：东北地区19个，占11%；东部地区46个，占26%；西部地区，占49%；中部地区25个，占14%。全国共有定期航班航线1 880条，按重复距离计算的航线里程为398.1万km，按不重复距离计算的航线里程为276.5万km。定期航班国内通航城市172个（不含香港、澳门、台湾），定期航班通航香港的内地城市43个，通航澳门的内地城市5个，通航台湾地区的内地城市32个。我国与其他国家或地区签订双边航空运输协定112个，其中：亚洲36个，非洲24个，欧洲40个，美洲8个，大洋洲4个。国内航空公司的国际定期航班通航国家54个，通航城市110个。我国共有运输航空公司43家，按不同类别划分：国有控股公司35家；民营和民营控股公司8家；全货运航空公司11家；中外合资航空公司16家；上市公司5家。

截至2010年年底，我国民航全行业运输飞机在册架数1 597架。2010年，我国航空运输总周转量538.45亿t·km，其中：旅客周转量359.55亿t·km；货邮周转量178.90亿t·km；国内航线完成运输周转量345.48亿t·km（其中港澳台航线完成11.59亿t·km）；国际航线完成运输周转量192.97亿t·km。"十一五"期间我国航空运输总周转量年均增速15.6%。

5) 管道运输概况

1949年新中国成立前，我国管道运输几乎是空白。1958年冬修建了中国第一条现代输油干线管道：新疆克拉玛依到乌苏独山子的原油管道，全长147 km。60年代以来，大庆油田相继开发，在东北、华北、华东地区先后修建20多条输油管道，总长度达5 998 km，其中原油管道5 438 km，成品油管道560 km多。从此，随着石油、天然气的开发利用，新疆、四川、西藏、广东等地的石油、天然气、燃油管道建成使用，我国管道运输发展速度不断加快，运输能力进一步提升。

我国油气管道建设进入快速发展的高潮时期是进入21世纪以后。首先是西气东输管线，从2002年开工，2004年建成投产，以总长3 856 km成为我国第一条超长距离、大口径、高压力、大输量的天然气管线；其次是西气东输二线工程，2008年2月正式开工建设，2009年底西段投运，计划2011年全线建成投运，在与中亚天然气管道实现对接后，干线和支线总长度超过1万km，将把来自土库曼斯坦的天然气输送到我国中西部地区、长三角和珠三角地区等用气市场,是我国又一条能源大动脉,是迄今世界上距离最长、等级最高的天然气输送管道。截至 2010 年底,我国国内已建油、气管道总长度 7.8 万 km。2010 年,管道输油(气)能力为 49 189 万 t。

表 0-1 是我国 1978 年和 2010 年运输量概况。

表 0-1 我国 1978 年和 2010 年各种运输方式运输量概况

运输方式	年份	客运				货运			
		总量/亿人次	比例/%	周转量/亿人·km	比例/%	总量/亿t	比例/%	周转量/亿t·km	比例/%
水路运输	1978	2.30	9.1	100.60	5.8	4.30	17.4	3 779.20	38.4
	2010	2.20	0.67	71.50	0.26	36.40	11.4	64 305.30	46.8
道路运输	1978	14.92	58.8	521.30	30.0	8.50	34.2	274.10	2.8
	2010	306.30	93.4	14 913.90	53.7	242.50	75.7	43 005.40	31.3
铁路运输	1978	8.15	32.1	1 093.20	62.7	11.01	44.2	5 345.20	54.0
	2010	16.80	5.12	8 762.20	31.54	36.40	11.4	27 644.10	20.1
航空运输	1978	0.023 1	0.09	27.90	1.6	0.000 64	0.03	0.97	0.01
	2010	2.70	0.82	4 031.60	14.5	0.055 74	0.002	176.60	0.13
管道运输	1978	—		—		1.03	4.2	430.00	4.4
	2010	—		—		4.90	0.15	2 197.60	1.6
综合运输	1978	25.40	100	1 743.10	100	24.90	100	9 829.00	100
	2010	328.00	100	27 779.20	100	320.30	100	137 329.00	100

注:根据国家统计局 1978 年和 2010 年《国民经济和社会发展统计公报》提供的数据计算所得。

0.7 交通运输工程的研究对象

交通运输工程主要涵盖水路、铁路、公路、航空、管道等五种运输方式及其综合运输体系和物流技术基础设施的布局及修建、载运工具及设备运用、交通信息工程及控制、交通运输的组织与管理等工程领域。其涉及的学科领域十分广阔,研究的对象和内容非常丰富,与建筑及土木工程、测绘工程、车辆工程、船舶与海洋工程、航空工程、航天工程、信息与通讯工程、计算机技术、管理科学与工程等领域密切相关。特别是随着载运工具、制造技术、信息技术、材料科学、现代控制和环境工程等现代工程技术和高新技术的不断创新及应用,为交通运输的发展注入了新的活力,推动和促进了现代交通运输业向着综合、立体、集约化、高效、环保和安全方向发展,使交通运输工程的内涵更为复杂和广阔。现在,由多种运输形式共同组成的国内、国际多维运输网络,已成为现代经济和社会发展中不可缺少的组成部分。交通运输已成为人类社会发展不可缺少的重要领域。交通运输业已成为国民经济重要的产业部门之一。在此过程中交通运输工程已形成了一个独立的学科门类。

交通运输工程主要研究范围包括道路与铁道工程、交通信息工程及控制、交通运输规划与管理、载运工具运用工程等内容。其中：

（1）道路与铁道工程是研究铁道、公路、城市道路和机场等交通基础设施的规划、勘测、设计、施工、运营、养护和管理中的基础理论与关键技术，主要研究方向有路基工程土木设计理论、高速铁路和公路路基设计、线路勘测设计现代技术、路面综合设计理论、高速重载轨道结构与轨道动力学、铁路和公路工程灾害防治与安全技术等。

（2）交通信息工程及控制主要依托信息工程、控制科学与工程和计算机科学与技术的研究成果，研究铁路、公路、水运和航空等交通信息的采集、传输、处理与控制的基本理论和电子、通信、信息与控制技术在交通运输工程中的应用，主要研究方向有交通智能控制理论与应用、运输自动化与控制、智能交通技术、交通运输安全保障与防护技术、交通信息检测与监测技术、交通控制系统计算机仿真等。

（3）交通运输规划与管理是一门多学科交叉的新兴学科，研究交通运输系统的综合规划与评价、交通运输系统运营过程的科学管理，优化交通运输系统资源配置，协调交通供需关系，保持交通可持续发展，实现客货运输的安全、迅速、舒适和经济，主要研究方向有交通规划、交通流理论与交通设计、智能交通系统、交通规律与控制、交通安全、交通运输经济等。

（4）交通运输的载运工具包括铁道机车和车辆、城市轨道车辆、汽车、船舶和航空器等及其设备。载运工具运用工程主要研究方向有载运工具的运行品质控制、安全检测与维修、科学运用与管理、节能与环境保护、新材料运用技术、城市轨道交通技术与装备等。

由于篇幅有限，本书主要阐述水路、铁路、公路、航空、管道五种运输方式以及城市交通运输和物流工程的有关专业知识，使读者对交通运输工程和现代交通运输业有较全面的了解，为其进一步学习、研究和应用打下基础。

第1章
城市交通运输

[本章提要]

本章以城市交通运输为研究对象,主要内容包括城市交通运输概述、城市道路交通网络、城市道路交通信号、城市交通工具和交通方式、城市交通规划、城市公共交通和城市交通管理共7节。其中:道路交通网络和道路交通信号属于城市交通基础设施,以国家和有关部门现行法规和标准为依据;城市交通规划遵照国家城乡建设的政策、法规和用地标准;城市交通工具和城市交通管理等内容从城市交通科学发展角度出发,吸收了国内外先进的科学技术和成功经验。学习本章内容,可以较全面地了解城市交通运输体系的有关知识、概念和理论以及国家关于城市交通的有关政策、法规和标准等专业知识。

现代城市一般处在几种运输方式及其线路的节点位置,是综合运输体系的枢纽。城市交通运输网络是全国大交通运输网络的一个重要组成部分。目前,城市内部交通运输主要由城市道路系统和轨道系统承担,首先要满足人们出行方便,重点应研究客运。城市轨道交通专业性强,另有研究。本章主要介绍城市内部道路交通运输体系,简称城市交通运输体系。

1.1 城市交通运输概述

城市交通分为城市内部交通与对外交通。内部交通是连接城市各组成区域的各种交通的总称。对外交通是城市对外联系的各种交通的总称。

在对外交通方面,城市是衔接全国铁路、公路、内河、海洋和航空运输线路的重要起点、中点、讫点,是全国大交通运输网络中的节点或交通枢纽。不同规模的城市,根据其所处的政治经济地位和地理位置范围,在交通运输方面分别起着不同的承上启下作用。因此,城市交通必须打破行政上条块分割的局面,相互协作,综合规划,综合建设和综合治理,并处理好市际、市域和市内三个层次的交通衔接和协调,同时在城市道路交通中处理好过境交通、出入城交通和市内交通的关系。

在城市内部交通方面,城市交通运输主要是指城市内部及周边地区的货物流通和人员往来。城市内部交通网主要由城市道路交通运输系统和城市轨道交通运输系统组成,有的还建有市内水道网和管道网。城市规模越大,其交通网的类型和网络越复杂,交通问题也越多。大、中、小城市的人口规模和用地面积不同,对交通的需求有明显差别,在编制城市总体规划和交通规划设计时,所考虑的内容、范围和深度也不同。

根据 2010 年第六次全国人口普查主要数据公报,至 2010 年 11 月 1 日 0 时,我国(含港澳台)总人口为 1 370 536 875 人。其中大陆 31 个省、自治区、直辖市和现役军人的人口共计 1 339 724 852 人,城镇人口为 665 575 306 人,占 49.68%。我国城镇化人口的统计按国际惯例进行,即在城镇连续居住超过 6 个月,便统计为城镇人口。加上大量 6 个月以下临时进城活动的农业人口,我国有一半以上人口与城市交通运输有关。在城镇化和机动化快速发展的压力下,我国城市交通发展面临着交通拥堵、交通安全、交通污染、能源紧张等诸多因素的制约,城市交通系统的复杂性和综合性也越来越明显,城市交通问题已经成为我国和世界其他国家亟待解决的难题之一。在重视城市总体规划建设的同时,我国正在根据自己的国情,致力于城市交通综合治理的研究和实施,如完善交通法规,加强交通管理,开展交通教育,提倡交通道德,增加交通设施,错开上下班时间,研究控制自行车交通发展的对策,采取自动化的交通检测手段和控制手段以提高道路和路口的通过能力等。

补充阅读资料:中国城市交通可持续发展对策

据测算,每净增 100 万辆小汽车,需增加 282 万车公里的路网容量,30 km² 的停车面积。按北京机动车目前使用强度计算,每增加 100 万辆,每年至少增加 13.5 亿 L 的燃油消耗。90% 以上的交通汽油消费用于城市交通,而城市交通各模式的碳排放强度存在显著差异：在各种交通模式中，普通公交车碳排放强度为小汽车的 1/8，轨道交通碳排放强度约为小汽车的 1/20，快速公交碳排放强度更低。因此，构建以公共交通为主体的城市低碳交通体系是实现城市交通可持续发展的必由之路。

(摘自《中国交通报——城市交通》，作者：交通运输部政策法规司司长何建中，2010年6月28日)

1.1.1 城市交通运输系统的组成、功能和特征

1) 城市交通运输系统的组成

城市交通运输系统主要指城内的道路交通运输系统，是由道路系统、流量系统和管理系统组成的一个综合体。这三个系统又是构成城市交通的三个子系统，三者之间是相互作用的。

(1) 道路系统：是指各种等级的城市道路、交叉路口、立交桥和交通管理设施等。它们是城市道路交通的基础设施，是城市交通运输系统的硬件。

(2) 流量系统：是指行驶在道路上的各种载运工具及行人。其中交通流量是一定时间内通过道路上某一位置的标准车辆数，即 PCU(passenger car unit)。

(3) 管理系统：是指管理交通网络和流量的各种政策、法规和制度。它们是城市交通运输系统的软件。

2) 城市交通运输系统的功能

城市交通运输系统为城市居民的各种出行活动提供必要的条件，直接为城市服务，其目的是实现人和物的移动，而不是车的移动。但是，城市交通运输系统本身也是城市的一部分，原因有三：

(1) 第一，城市主要是由建筑物与交通设施组成的。在发达国家，交通设施往往占市中心区地面面积的 30%~40%，约占郊区面积的 20%。

(2) 第二，城市交通设施与建筑物和建筑物内的活动是互相依存的。大城市居民平均每天约有 1 h 时间花在交通路途上。

(3) 第三，城市交通影响城市规划和引导城市发展：城市的结构、大小及其扩展，城市生活的方式及特点往往都是由城市交通系统的性质和服务质量来决定的；城市交通系统在很大程度上决定了城市人的生活方式。

3) 城市交通运输的特征

城市交通运输的特征因各城市的规模、性质、结构、地理位置和政治经济地位的差异而有所不同，但是，它们的主要特点是相同的。其具体表现如下：

(1) 城市交通的重点是客运，首先应解决城市人的出行需求。

(2) 早晚上下班时间是城市客运高峰，这是交通管理的重点和难点。

(3) 每个城市的客流形成都有自身的规律。

(4) 城市客运量大小与各该城市的总体规划和布局有直接关系。

1.1.2 城市交通的主要问题

我国是发展中国家，从历史上看，绝大多数城市历史悠久，文化源远流长，一般

存在城市交通设置相对薄弱，道路交通流机非混行严重，人们出行方式复杂，交通工具和管理手段比较落后等问题，曾长期制约着城市的建设，并影响着国民经济的发展。20 世纪 70 年代以前，我国城市自行车多，机动车少，机动车中商用车多，乘用车少，城市交通的矛盾并不突出，人们对城市交通的认识局限在道路的规划和建设方面。改革开放以来，与国民经济快速发展的同时，我国旧城改造和新城建设加速进行，城市人口和机动车数量迅速增长。我国城市交通继自行车时代之后，曾先后出现过摩托车、机动助力车和中巴车高峰。进入 21 世纪后，我国乘用车大量增加，城市交通建设面临着城市化和城市汽车化的双重压力，交通紧张和拥挤现象非常严重，"行车难、乘车难、停车难"的问题十分突出。

从全世界角度看，各个城市由于历史背景、政治因素、经济因素、文化习俗、地理区位等不同，其城市交通特征也不同，但是，城市机动车，特别是以轿车、摩托车为工具的私人机动车交通迅速发展，给繁华的城市带来了一系列具有共性的交通问题。其主要表现是：

（1）交通拥挤和道路阻塞：使得城市中的平均车速日益下降，人们出行花费在交通途中的时间越来越多。

（2）交通事故增加：给人们生命财产的安全带来隐患，给城市人的生活带来干扰，给社会和谐与安定带来不利因素。

（3）交通污染日趋严重：主要是交通噪声污染、交通空气污染和交通报废物对市容的污染。交通工具在运行过程中都是流动的污染源，具有种类多、涉及面广等特点，对城市环境的影响已被人们普遍关注。

（4）能源消耗量猛增：能源是影响国民经济的主要因素，世界各国普遍重视。城市交通是能耗大户，也是对能源依赖程度最大的行业之一。除少数电动交通工具外，各国城市交通工具主要以汽油和柴油为燃料，城市柔性路面主要材料是沥青混凝土，加之机动车辆使用的润滑油等，它们都是从石油中直接提炼出来的。石油是一种不可再生的矿物燃料，可采量有限，按有关专家预测，世界石油只够使用几十年了。人们把煤称为"工业的粮食"，把石油称为"工业的血液"，而我国正陷入"贫血"状态。这应该引起足够的重视。

（5）停车场地严重不足：由于私人和单位机动车不断增加，停车场地占用面积大，已有场地严重不足，占用公共道路和场所停车的现象已不可避免，故停车场地成了亟待解决的大问题。

图 1-1 是交通拥挤和道路堵塞现象的情景图片。

1.1.3 我国城市交通运输发展趋势

为了解决城市交通问题，一些工业发达的国家曾采取了很多措施和办法。首先是致力于道路系统的改善，如加宽地面道路，修建高架路和高速路，开辟地下交通等。其次是在交通管理和控制方面，采用了计算机与光电设备等新技术。这些措施虽然提高了道路通过能力，但是仍解决不了由有增无减的私人交通流所造成的道路拥挤和堵塞问题。人们从教训中得到了一条宝贵的经验：解决大、中型城市的交通问题，应该

图 1-1 城市交通拥挤和道路阻塞现象

特别重视优先发展城市公共交通和货物专业运输；私人交通和非专业的货物运输只能作为公共交通和专业运输的辅助方式，应适当地引导和控制其发展。这是经济合理地解决大、中型城市交通阻塞的出路。

城市交通压力的现实，使人们深刻地认识到，城市交通建设是一个复杂的系统工程，要缓解交通压力，仅靠多修路多买车已无法满足日益增长的需求，必须改变观念，更新技术，从路网规划、资源利用、环境保护、交通需求和交通管理等方面全面规划，综合治理，特别要加强交通需求管理，调整不合理的交通方式和结构，努力使城市交通符合可持续发展战略。根据我国国情和工业发达国家的经验，我国城市交通发展趋势应注意以下方面：

1) 优先发展公共交通

城市公共交通主要是指公共汽车和电车（城市出租车和轨道交通等也属公共交通，但只能按需发展）。公共交通是人均道路利用率最高、能源消耗最少、环境污染最轻的大众交通方式，在城市交通系统中，应该得到优先发展。公共交通的优先发展，必须有保障体系：一是从政策上给予支持保障，如公交车少交或免交税费，免费使用场地，市政给予财政补贴等；二是从技术上给予优先保障，如开辟和设置公交专用线、专用道、交叉口专用相位、港湾式公交停靠站等；三是从管理上给予优化保障，如通过优化公交网络、优化站点布设、优化车辆调度、收取低额乘车费等措施方便人们乘车，提高公交吸引力。

2) 适当控制自行车发展

在我国，自行车作为一种代替步行的人力交通工具，最大优点是不消耗能源，曾广泛使用。但是，自行车速度慢，人均占用道路面积大，运输效率低，存放、修理和报废问题多，与机动车混行安全性差和影响车辆流速，还受天气条件制约。因此，适当控制自行车发展规模，引导自行车出行量向公共交通转移，能大大减轻城市道路交通压力和美化市容环境。但自行车不消耗能源的优点可以利用。

3) 协调发展私人小汽车

关于汽车保有量情况，据《中国汽车报》2011 年 4 月 4 日报道，至 2010 年年底：美国平均每千人 950 辆；全世界平均每千人 128 辆；我国是平均每千人 52 辆，不到世界平均水平的一半。但从经济发展速度看，我国汽车消费潜力巨大，私人小汽车进入普通百姓家庭是必然趋势。我国人口众多，城市人口密度大，不能像发达国家那样一人一辆或一户一辆大规模地发展。我国的私人小汽车必须遵循协调发展原则。要做好以下几个方面的协调：

(1) 与道路交通基础设施建设水平相协调，根据各城市的道路交通设施水平，确定城市的机动车发展规模，避免道路及停车拥挤问题；

(2) 与环境保护相协调，遵守国家和各城市的环保政策和环保技术要求；

(3) 与能源开发相协调，包括已有能源的节约和新能源的开发利用；

(4) 与我国居民素质水平的提高相协调。

4) 有计划发展轨道交通

城市轨道交通主要是指轻轨和地铁交通。轻轨相对于地铁车厢窄，列车短，载客少；地铁相对于轻轨车厢宽，列车长，载客多。轨道交通是城市公共交通的组成部分，主要以电能为动力，不依赖石油，具有载量大、速度快、时间准、效率高、能耗低，相对污染小和运输成本低等优点。轨道线路可建在地面、地下或地上，能节省土地资源，不产生环境污染，符合可持续发展战略。但轨道交通造价高，建设时间长，一般城市很难在短期内完成轨道交通网的建设工作。在我国，200万以上的大城市和特大城市应有轨道交通系统或其长远的建设规划。

1.2 城市道路交通网络

城市道路纵横交错，构成道路网络，形成路段和节点。所以，城市道路交通网络主要由城市道路、城市步行系统、道路交叉口、公共停车场、交通隔离设施等基础场地和设施组成。

1.2.1 城市道路

城市道路是城市中车辆、行人交通往来的通道，是组织城市交通运输的基础，是连接城市各个组成部分，并与郊区公路、铁路场站、港口码头、航空机场相贯通的交通纽带。它是城市的交通载体，是城市的血脉，直接承担城市交通运输重任。

城市道路不仅承担城市交通运输重任，而且是敷设城市公用管线、安装城市公用设施、营造城市园林绿化、组织沿街建筑和划分街坊区域的基础。它是城市建设的重要组成部分，是一座城市的骨架，直接关系城市的整体布局和结构。

我国城市道路的改造、新建和分类是以国家标准《城市道路交通规划设计规范》(GB 50220—1995)为依据，由国家城乡建设部门主管。城市道路一般按照其在道路网络中的地位、交通功能和对沿线建筑物的服务功能，以及道路本身的交通性质、交通量、行车速度等基本因素分类。但是，由于城市道路与城市结构组成和交通组成的关系错综复杂，分类时还应结合城市的性质、规模和现状来合理划分。我国城市道路分为快速路、主干路、次干路和支路四类。大城市分为四类；中等城市可分为主干路、次干路和支路三类；小城市人们的出行活动主要是步行和骑自行车，只将道路分为两类。

1）快速路

快速路应为城市中大量、长距离、快速交通服务。规划人口在 200 万以上的大城市和长度超过 30 km 的带形城市应设置快速路。快速路是解决城市长距离快速交通的主要道路，应与其他干路构成系统，与城市对外公路有便捷的联系。快速路建设应符合下列要求：快速路进出口应采用全控制或部分控制，两侧不应设置吸引大量车流、人流的公共建筑物的进出口；快速路与快速路相交或与高速公路相交时必须采用立体交叉；人流集中地区应设置人行天桥或地道；机动车道应设置中央隔离带；机动车道两侧不应设置非机动车道。

2）主干路

主干路应为贯通城区，并连接城市各主要分区的干路，以交通功能为主。主干路上的机动车与非机动车应分道行驶；主干路上交叉口之间分隔机动车与非机动车的分隔带宜连续；主干路上平面交叉口间距以 800~1 200 m 为宜；主干路两侧不宜设置吸引大量车流、人流的公共建筑物的进出口。

3）次干路

次干路是城市区域性的交通干道，为区域交通集散服务，配合主干路组成城市道路网，起到广泛连接城市各部分与集散交通的作用，兼有服务功能。次干路两侧可设置公共建筑物，并可设置机动车和非机动车的停车场、公共交通站点和出租汽车服务站。

4）支路

支路以服务功能为主，是联系各居住小区，解决地区交通、直接与两侧建筑物出入口相接的道路。支路应与次干路和居住区、工业区、市中心区、市政公用设施用地、交通设施用地等内部道路相连接，应满足公共交通线路行驶的要求。

1.2.2　城市步行系统

步行是人们重要的出行方式。步行交通是城市交通重要的研究内容。为了方便人们步行，应在城市道路两旁修建人行道。为了保证行人交通安全，避免因行人随意横穿干路影响干路车速，宜在相邻两个交叉口的路段中间加设一条人行横道、或人行天桥，或人行地道。所以，人行道、人行横道、人行天桥、人行地道、商业步行道、城市滨河步道或林荫道的规划，应与居住区的步行系统，与城市中车站、码头集散广场，城市游憩集会广场等的步行系统紧密结合，构成一个完整的城市步行系统。

步行交通设施应符合无障碍交通的要求。城市中规划步行交通系统应以步行人流的流量和流向为基本依据，并因地制宜采用各种有效措施，满足行人的活动要求，保障行人的交通安全和连续性，避免无故中断和任意缩减人行道。一般每条人行带宽度 0.75 m，步行速度取 4 km/h，人流密度取 0.6 人/m，通行能力为 1 800 人/h。车站、码头、天桥、地道的一条人行带宽度 0.9 m，步行速度取 3.7 km/h，人流密度取 0.5 人/m，通行能力为 1 400 人/h。人行道、人行横道、人行天桥、人行地道的基本要求如下：

1) 人行道

沿人行道设置行道树、公共交通停靠站和候车亭、公用电话亭等设施时，不得妨碍行人的正常通行；确定人行道通行能力，应按其可通行的人行步道实际净宽度计算；人行道宽度应按人行带的倍数计算，最小宽度不得小于 1.5 m。

2) 人行横道

在城市的主干路和次干路的路段上，人行横道或过街通道的间距宜为 250~300m；当道路宽度超过四条机动车道时，人行横道应在车行道的中央分隔带或机动道与非机动车道之间的分隔带上设置行人安全岛。

3) 人行天桥和人行地道

人行天桥或人行地道的出入口处应规划人流集散用地，其面积不宜小于 50m²。地震多发地区的城市，人行立体过街设施宜采用地道。属于下列情况之一时，宜设置人行天桥或人行地道：

(1) 横过交叉口的一个路口的步行人流量大于 5 000 人次/h，且同时进入该路口的当量小汽车交通量大于 1 200 辆/h；

(2) 通过环形交叉口的步行人流总量达 18 000 人次/h，且同时进入环形交叉的当量小汽车交通量达到 2 000 辆/h；

(3) 行人横过城市快速路时；铁路与城市道路相交道口，因列车通过一次阻塞步行人流超过 1 000 人次或道口关闭的时间超过 15 min。

1.2.3 城市道路交叉口

城市道路交叉口，应根据相应相交道路的等级、分向流量、公共交通站点的设置、交叉口周围用地的性质，确定交叉口的形式及其用地范围。

1.2.3.1 道路交叉口的分类

城市中道路与道路相交的部分称为道路交叉口，简称路口。它是城市交通能否畅通的关键部位，主要分为平面交叉和立体交叉两种类型。

1) 平面交叉

平面交叉是指各相交道路中心线在同一高程相交的路口，如图 1-2 所示。平面交叉的形式取决于道路系统规划、交通量、交通性质和交通组织，以及交叉口用地和周围建筑的布局，常见形式有十字形、X 形、T 形、Y 形、错位交叉和复合交叉等几种。

2) 立体交叉

立体交叉是指交叉道路中心线在不同标高相交的道路交叉口，简称立交桥，如图 1-3 所示。其特点是各相交道路上的车流互相不干扰，可以各自保持原有的行车速度通过交叉口。立交桥的主要组成部分包括跨路桥、匝道、出路口、变速车道。虽然立交桥可以增加交通流量，提高通行效率，但是城市立交桥需要满足非机动车的通行，互通式立交桥起码需要三层。三层立交桥需要的占地面积很大，造价高，而且影响街道整齐和市容观瞻，一般不设在城市中心的繁华地段。按 GB 50220—1995 的规

图 1-2 城市道路平面交叉：十字形和 X 形

图 1-3 道路立体交叉示意图

定，立体交叉应按规划道路网设置，具体设置要求如下：

(1) 高速公路与城市各级道路交叉时，必须采用立体交叉。

(2) 快速路与快速路交叉，必须采用立体交叉；快速路与主干路交叉，应采用立体交叉。

(3) 进入主干路与主干路交叉口的现有交通量超过 4 000~6 000 pcu/h(小客车/时)，相交道路为四条车道以上时，可设置立体交叉，并妥善解决设置立体交叉后对邻近平面交叉口的影响。

(4) 两条主干路交叉或主干路与其他道路交叉，当地形适宜修建立体交叉，经技术经济比较确为合理时，可设置立体交叉。

(5) 道路跨河或跨铁路的端部可利用桥梁边孔，修建道路与道路的立体交叉。

1.2.3.2 道路冲突点

当行车方向在同一平面内互相交叉时可能产生碰撞的地点称为冲突点。道路平面交叉口总会存在冲突点，消除冲突点的交通组织有以下几种方式：

(1) 环形交叉：在交叉口设置圆形或椭圆形交通岛，使进入交叉口的车辆一律绕岛单向逆时针方向行驶。由于车辆是从切线方向驶入和驶出环形车道,可避免在交叉口正面冲突。

(2)渠化交通:在交叉口合理地布置渠道式交通岛,组织车流分道行驶。

(3)交通管制:在交叉口设置交通信号灯或由交通警察手式指挥分配车辆通行时间。

1.2.3.3 道路交叉口的选择

城市道路交叉口的通行能力应与路段的通行能力相协调。平面交叉口的进出口应设展宽段,并增加车道条数,每条车道宽度宜为 3.5 m。进口道展宽段的宽度,应根据规划的交通量和车辆在交叉口进口停车排队的长度确定。在缺乏交通量数据的情况下,可采用下列方法预留展宽段的用地:当路段单向三车道时,进口道至少四车道;当路段单向两车道或双向三车道时,进口道至少三车道;当路段单向一车道时,进口道至少两车道;展宽段的长度,在路口进口道外侧自缘石半径的端点向后展宽 50～80 m。出口道展宽段按有关规定。大、中、小城市道路交叉口的形式应符合表 1-1 和表 1-2 要求,平面交叉口的规划通行能力按表 1-3 所列。

表 1-1 大、中城市道路交叉口的形式

相交道路	快速路	主干路	次干路	支路
快速路	A	A	A,B	—
主干路	—	A,B	B,C	B,D
次干路	—	—	C,D	C,D
支路	—	—	—	D,E

表 1-2 小城市道路交叉口的形式

规划人口(万人)	相交道路	支路	干路
>5	干路	C,D,B	D,E
	支路	—	E
1～5	干路	C,D,E	E
	支路	—	E
<1	干路	D,E	E
	支路	—	E

注:A 为立体交叉口;B 为展宽式信号灯管理平面交叉口;C 为平面环形交叉口;D 为信号灯管理平面交叉口;E 为不设信号灯的平面交叉口。

表 1-3 平面交叉口的规划通行能力　　　　　　千辆/h

相交道路等级	交叉口形式			
	T 形		十字形	
管理方式	无信号灯管理	有信号灯管理	无信号灯管理	有信号灯管理
主干路与主干路	—	3.3～3.7	—	4.4～5.0

(续)

相交道路等级	交叉口形式			
	T形		十字形	
主干路与次干路	—	2.8~3.3	—	3.5~4.4
次干路与次干路	1.9~2.2	2.2~2.7	2.5~2.8	2.8~3.4
次干路与支路	1.5~1.7	1.7~2.2	1.7~2.0	2.0~2.6
支路与支路	0.8~1.0	—	1.0~1.2	—

注：表中相交道路的进口道车道条数——主干路为3~4条，次干路为2~3条，支路为2条。

1.2.4 城市公共停车场

城市公共停车场是指在道路外独立地段为社会机动车和自行车设置的露天或室内的公共停车场地。公共建筑和住宅区的配建停车场也有兼为社会车辆服务的功能，但其用地面积应另计算，不纳入城市交通用地规划面积。为了满足城市交通发展的需要和保证城市道路交通正常运转，除了设置足够数量的道路之外，还应设置足够数量的停车场。公共停车场的用地面积应列入城市道路用地总面积之中。计算用地面积总指标的取值可由各城市根据建设用地宽紧情况决定。

目前，我国城市因停车用地太少，停车泊位不能满足实际需要，占用车行道、人行道停车的现象十分普遍，已严重削弱了道路的通行能力，降低了车辆的行驶速度，应趁旧城区的改造和城市规划布局调整的时机，使停车需求得到实际解决。城市公共停车场按服务对象不同分为外来车公共停车场、市内车公共停车场和自行车公共停车场三类。

(1) 外来机动车公共停车场：主要为过境的和到城市来装卸货物的机动车而设，由于这些车所载货物品种复杂，其中有些是有毒、有气味、易燃、易污染的货物以及活牲畜等，为了城市的安全和卫生，不宜入城。装完待发的货车也不宜在市区停放过夜，应停在城市外围。所以外来机动车公共停车场应设置在城市的外环路和城市出入口道路附近，主要停放货车。

(2) 市内机动车公共停车场：主要停放市内各种私有和公共乘用机动车辆，应靠近商场、影剧院、体育场馆等公共建筑和服务设置。其场址选择应符合城市环境和车辆出入，又不妨碍道路畅通的要求。市中心和分区中心地区的停车需求高于城市一般地区，主要停放客车。

(3) 自行车公共停车场：主要停放自行车、助力车、电动车和摩托车。这些车辆在我国大、中、小城市使用比例都很大，如果没有专用停车场地，将会出现乱停车现象，影响市容。

1.2.5 道路交通隔离设施

设置在道路上，用来分隔行人与车辆、车辆与车辆，防止车辆或行人越界，使交通流有序隔离，从而保证车辆与行人安全运行，不受干扰的物体和花坛都是道路交通隔离设施。这是为实行"分道行驶，各行其道"的原则而采取的一种强制性措施。交通隔离设施主要有行人护栏、车行道隔离墩、车行道高护栏、隔离绿化带四种。

人行道护栏是安装在人行道外侧与非机动车道接界处，用来保护行人在人行道上行走安全的设施，同时也可阻止行人走入车行道，或随便横穿道路。其他三种隔离设施都是用来分隔非机动车与机动车、机动车与机动车，使其各行其道。根据安装和结构形式，道路交通隔离设施一般可分为永久性隔离设施和临时性隔离设施两种。

（1）临时性隔离设施：一般由移动式墩座和链条组成，有时也用塑料墩座隔离，以便于装卸和运送，如图 1-4 所示。

（2）永久性隔离设施：一般采用铸铁格栅式、钢管护栏式或混凝土墩座和链条组成，并固定安装在道路分界线位置，长期使用，如图 1-5 所示。

图 1-4　临时性隔离设施　　　　　图 1-5　永久性隔离设施

1.3　城市道路交通信号

道路交通信号是道路通行的必要条件，也是道路交通指挥与管理系统的重要组成部分。了解各种交通信号所表达的语言意义，对实现安全交通、文明交通、快捷交通、有序交通、高效交通和节能交通至关重要。《中华人民共和国道路交通安全法》第二十五条规定："全国实行统一的道路交通信号。交通信号包括交通信号灯、交通标志、交通标线和交通警察的指挥。"第三十八条规定："车辆、行人应当按照交通信号通行；遇有交通警察现场指挥时，应当按照交通警察的指挥通行；在没有交通信号的道路上，应当在确保安全、畅通的原则下通行。"

1.3.1　道路交通标志

道路交通标志是一种以颜色、形状、字符、图形等构成的，向道路使用者及时传递有关信息，引导其顺利快捷地抵达目的地，促进交通畅通和行车安全的道路交通设施。它是道路交通信号和道路交通基本语言之一。1949 年联合国交通运输委员会提出交通标志全球统一问题，1968 年联合国在维也纳召开世界道路交通会议，通过了

《道路标志和信号条约》。该条约包括分类、颜色、图形、形状、符号的基本规定，是全球交通标志、标线、信号灯走向统一的基础，2005年进一步补充完善。

1) 我国道路交通标志的历史过程

我国道路交通标志首先是实行交通部标准，然后是实行国家标准，后来国家标准两次修改，逐步向国际标准完善。从2009年7月1日起全国实施国家标准《道路交通标志和标线》(GB 5768—2009)，但原标志的更改需要一段时间。我国道路交通标志和有关标准的历史演变过程如下。

(1)交通部标准(JT J072—1982)：1982年我国交通部标准《公路标志和路面标线》(JT J072—1982)曾规定警告24种、禁令28种、指示25种共三类77种标志，及指路标志、辅助标志、标线等；

(2)国家标准(GB 5768—1986)：我国1986年首次制定国家标准《道路交通标志和标线》，于同年1月9日发布，8月1日实施，规定警告32种、禁令35种、指示25种、指路56种四类主标志共148种，及辅助标志、标线等，以联合国维也纳条约为基础，包括分类、图形形状、符号、颜色等，70%左右采用；

(3)国家标准(GB 5768—1999)：我国1999年第一次修订《道路交通标志和标线》，于同年4月5日发布，6月1日实施，规定警告42种、禁令42种、指示29种、指路62种、旅游17种、施工26种六类主标志共235种，及辅助标志16种、标线、设置例等；

(4)国家标准(GB 5768—2009)：我国2009年第二次修订《道路交通标志和标线》，于同年5月26日发布，7月1日实施，规定警告47种、禁令48种、指示36种、指路79种、旅游17种、告示(示例)六类主标志及辅助标志22种近300种标志、设置例等，施工标志另册规定。

2) 我国道路交通标志的适用范围、原则和设置要求

我国国家标准《道路交通标志和标线》(GB 5768—2009)规定了道路交通标志的分类、颜色、形状、字符、尺寸、图形等一般要求，以及设计、制造、设置和施工要求。交通标志适用于公路、城市道路和虽在单位管辖范围但允许社会机动车通行的场所。

我国道路交通标志的原则是：应传递清晰、明确、简洁的信息，以引起道路使用者的注意，并使其有足够的发现、认读和反映时间；不应传递与道路交通无关的信息，如广告信息等；传递的信息不应互相矛盾，应互为补充。道路交通标志设置的基本要求如下：

(1)道路交通标志的设置应综合考虑、合理布局，防止出现信息不足或过载的现象；信息应连续，重要的信息宜重复显示。

(2)交通标志一般情况下应设置在道路行进方向右侧或车行道上方；也可根据具体情况设置在左侧，或左右两侧同时设置。

(3)为保证视认性，同一地点需要设置两个以上标志时，可安装在一个支撑结构(支撑)上，但最多不应超过四个；分开设置的标志，应先满足禁令、指示和警告标志的设置空间。

(4)原则上要避免不同种类的标志并设，解除限制速度标志、解除禁止通行超车标志、路口优先标志、会车先行标志、会车让行标志、停车让行标志、减速让行标志应单独设置；如条件受限无法单独设置，一个支撑结构（支撑）上，最多不超过两种。支撑板在一个支撑结构（支撑）上并设时，应按禁令、指示和警告标志的顺序，先上后下，先左后右地安排。

(5)警告标志不宜多设，同一地点需要设置两个以上时，原则上只设其中最需要的一个。

3）我国道路交通标志颜色的基本含义

(1)红色：表示禁止、停止、危险。用于禁令标志的边框、底色、斜杆；也用于叉形符号和斜杆符号、警告性线形诱导标的底色等。

(2)黄色或荧光黄色：表示警告。用于警告标志的底色。

(3)蓝色：表示指令、遵循。用于指示标志和一般道路指路标志的底色。

(4)绿色：表示地名、路线、方向等行车信息。用于高速公路和城市快速路指路标志底色。

(5)棕色：表示旅游区及景点项目的指示。用于旅游区标志的底色。

(6)黑色：用于标志的文字、图形符号和部分标志的边框。

(7)白色：用于标志的底色、文字和图形符号以及部分标志的边框。

(8)橙色或荧光橙色：用于道路作业区的警告、指路标志。

(9)荧光黄绿色：表示警告。用于注意行人、注意儿童的警告标志。

4）我国道路交通标志的分类

我国道路交通标志分为主标志和辅助标志两大类别。其中主标志又分为警告标志、禁令标志、指示标志、指路标志、旅游区标志、作业区标志和告示标志七类。

(1)警告标志：是警告车辆、行人注意道路交通的标志。表示警告车辆驾驶人、行人前方有危险，道路使用者需谨慎行动；其颜色为黄底、黑边、黑图形，其中"注意信号灯"标志的图形为红、黄、绿、黑四色，"叉形符号"、"斜杆符号"为白底红图形；其形状为等边三角形顶角朝上或矩形。警告标志共有47种，图1-6为其中两种警告标志实例。

警2：急转弯标志　　　　　　　警3：反向弯路标志

图1-6　二种警告标志图形

(2)禁令标志：是禁止或限制车辆、行人交通行为的标志。表示禁止、限制及相应解除的含义，道路使用者应严格遵守；其颜色除个别标志外，为白底、红圈、红杆、黑图形，图形压杆；其形状为圆形，但"停车让行标志"为八角形，"减速让行标志"为顶角向下的倒等边三角形。禁令标志设置于禁止、限制及相应解除开始路段的起点附近，其他设置按 GB 5768.1—2009 有关规定。除特别说明外，禁令标志上不允许附加文字、图形。禁令标志共有 48 种，图 1-7 所示为其中四种禁令标志实例。

禁1：停车让行标志　　禁2：减速让行标志　　禁12：禁止拖拉机驶入标志　　禁28：禁止掉头标志

图 1-7　四种禁令标志图形

（3）指示标志：是指示车辆、行人应遵循的标志。表示指示车辆、行人行进的含义，道路使用者应遵循；其颜色除个别标志外，为蓝底、白图形；其形状分为圆形、长方形和正方形。除特别说明外，指示标志上不允许附加图形，附加图形时，原指示标志的图形位置不变。指示标志设置于指示开始路段的起点附近。指示标志共有 36 种，图 1-8 为其中的四种指示标志实例。

示1：直行标志　　示17：路口优先通行标志　　示19：人行横道标志　　示34：多乘员车辆专用车道标志

图 1-8　四种指示标志图形

（4）指路标志：是传递道路方向、地点、距离信息的标志。表示道路信息的指引，为驾驶者提供去往目的地所经过的道路、沿途相关城镇、重要公共设施、服务设施、地点、距离和行车方向等信息；其颜色除特别标志外，一般为蓝底、白图形、白边框、蓝色衬边，高速公路和城市快速路指路标志为绿底、白图形、白边框、绿色衬边；其形状除特别标志外，为长方形和正方形；其大小除另有规定外，应根据数字、文字高度及排列情况确定。指路标志信息依据重要程度、道路等级、服务功能等因素分为：A 层信息，B 层信息和 C 层信息；指路标志共有 79 种，图 1-9 所示为其中五种指路标志实例，其中(d) 路 54 用于预告高速公路或城市快速路终点，设在距离高速公路或城市快速路终点前 2 km、1 km、500 m 处，此处标志预告距离高速公路 G15 终点 500 m。

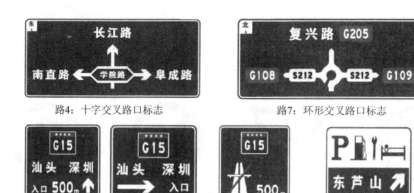

图 1-9　五种指路标志图形

（5）旅游区标志：是提供旅游景点方向、距离的标志。是为吸引和指引人们从高速公路或其他道路上前往邻近的旅游区，在通往旅游景点路口设置的标志，使旅游者能方便地识别通往旅游区的方向、距离和了解旅游项目的类别。旅游区标志分为指引标志和旅游符号标志两大类，其颜色为棕底、白字（图形）、白边框、棕色衬边。旅游区标志的形状为矩形，其尺寸和代号同指路标志；旅游区标志共有 17 种，图 1-10 为其中四种旅游区标志实例。

旅1：旅游区距离标志　　旅3：问讯处标志　　旅4：徒步标志　　旅5：索道标志

图 1-10　四种旅游区标志图形

（6）作业区标志：告知道路作业区通行的标志。用以告知道路交通阻断、绕行等情况；设置在道路施工养护等路段前适当位置；用于作业区的标志为警告标志、禁令标志、指示标志及指路标志，其中警告标志为橙底黑图形，指路标志为在已有的指路标志上增加橙色绕行箭头或者为橙底黑图形；作业区标志应和其他作业区交通安全设施配合使用。

（7）告示标志：告知路外设施、安全行驶信息及其他信息的标志。用以解释、指引道路设施、路外设施，或者告示有关《中华人民共和国道路交通安全法》和《道路交通安全法实施条例》的内容。告示标志的设置有助于道路设施、路外设施的使用和指引。告示标志一般为白底、黑字、黑图型、黑边框，版面中的图形标识如果需要可采用彩色图案。告示标志的设置不应影响警告、禁令、指示和指路标志的设置和视认。告示标志和警告、禁令、指示和指路标志设置在同一位置时，禁止并设在一根立柱上，需设置在警告、禁令、指示和指路标志的外侧。

（8）辅助标志：附设在主标志下，对其进行辅助说明的标志。其颜色为白底、黑字（图形）、黑边框、白色衬边；其形状为矩形；其尺寸、代号同指路标志；凡主标志无法完整表达或指示其规定时，为维护行车安全与交通畅通的需要，应设置辅助标志；辅助标志安装在主标志下面，紧靠主标志下缘。辅助标志共有22种，图1-11所示为其中四种辅助标志实例。

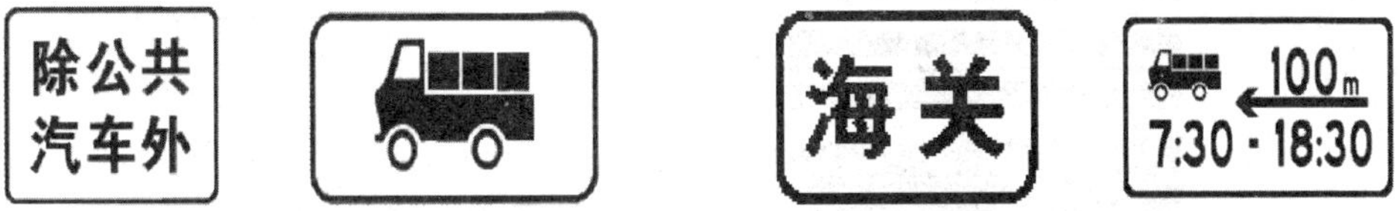

辅2：除公共汽车外　　辅4：货车　　辅16：海关　　辅22：组织辅助

图1-11　四种辅助标志图形

1.3.2　道路交通标线

道路交通标线是由施划或安装于道路上的各种线条、箭头、文字、图案及立面标记、实体标记、突起路标和轮廓标等构成的，向道路使用者及时传递有关信息，引导其有序行驶，促进交通畅通和行车安全的道路交通设施。它是道路交通信号及道路交通基本语言之一。根据国家标准GB 5768.3—2009的规定：道路交通标线可以与其标志配合使用，也可单独使用；其颜色除少数注明可用黄色外，大多用白色；我国各级公路和城市快速路、主干路应按国标设置反光交通标线，其他道路可根据需要设标线。

1）道路交通标线的形式、颜色及含义

道路交通标线的颜色为白色、黄色、蓝色或橙色，路面图形标记中可出现红色或黑色的图案或文字。道路交通标线的具体形式、颜色及含义如表1-4所示。

表1-4　道路交通标线的形式、颜色及含义

编号	名称	图例	含义
1	白色虚线		划于路段中时，用以分隔同向行驶的交通流；划于路口时，用以引导车辆行进
2	白色实线		划于路段中时，用以分隔同向行驶的机动车、机动车和非机动车，或指示车行道的边缘；划于路口时，用作导向车道线或停止线，或用以引导车辆行驶轨迹；划为停车位标线时，指示收费停车位
3	黄色虚线		划于路段中时，用以分隔对向行驶的交通流或作为公交专用车道线；划于交叉路口时，用以告示非机动车禁止驶入的范围或用于连接相邻道路中心线的路口导向线；划于路侧或缘石上时，表示禁止路边长时停放车辆

(续)

编号	名称	图例	含义
4	黄色实线		划于路段中时，用以分隔对向行驶的交通流或作为公交车、校车专用停靠站标线；划于路侧或缘石上时，表示禁止路边停放车辆；划为网格线时，标示禁止停车的区域；划为停车位标线时，表示专属停车位
5	双白虚线		划于路口，作为减速让行线
6	双白实线		划于路口，作为停车让行线
7	白色虚实线		用于指示车辆可临时跨线行驶的车行道边缘，虚线侧允许车辆临时跨越，实线侧禁止车辆跨越
8	双黄实线		划于路段中，用以分隔对向行驶的交通流
9	双黄虚线		划于城市道路路段中，用于指示潮汐车道
10	黄色虚实线		划于路段中时，用以分隔对向行驶的交通流；实线侧禁止车辆越线，虚线侧准许车辆临时越线
11	橙色虚、实线		用于作业区标线
12	蓝色虚、实线		作为非机动车专用道标线；划为停车位标线时，指示免费停车位

2) 道路交通标线按功能分类

道路交通标线按功能可分为指示标线、禁止标线和警告标线三类：

(1) 指示标线：指示车行道、行车方向、路面边缘、人行道、停车位、停靠站及减速丘等的标线，共41种。例如：可跨越对向车行道分界线、可跨越同向车行道分界线、车行道边缘线、人行横道线、车距确认标线、路面图形标记等。图1-12是部分指示标线图例。

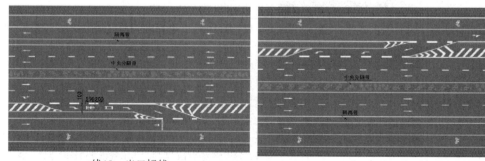

线19：出口标线　　　　　　　　线20：入口标线

图1-12　道路交通指示标线图例

(2)禁止标线：告示道路交通的遵行、禁止、限制等特殊规定，车辆驾驶员及行人需严格遵守的标线，共 22 种。例如：禁止跨越对向车行道分界线、禁止跨越同向车行道分界线、禁止停车线、网状线、禁止掉头(转弯)标记等，如图 1-13 所示。

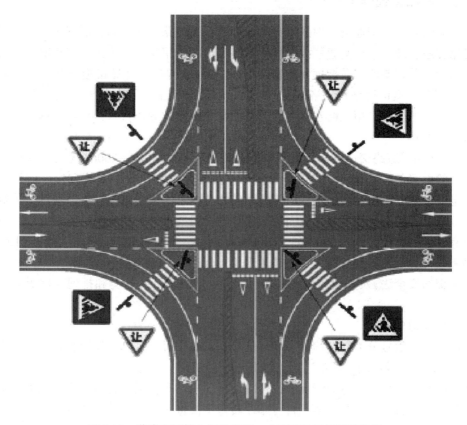

图 1-13 道路交通禁止标线设置：十字交叉口导流线设置

(3)警告标线：促使车辆驾驶员及行人了解道路上的特殊情况，提高警觉，准备防范或采取应变措施的标线，共 9 种。例如：路面(车行道)宽度渐变段标线、接近障碍物标线、铁路平交道口标线、减速标线、立面标记、实体标记等。

3)道路交通标线按设置方式分类

道路交通标线按设置方式可分为纵向标线、横向标线和其他标线三类：

(1)纵向标线：沿道路行车方向设置的标线。

(2)横向标线：与道路行车方向交叉设置的标线。

(3)其他标线：字符标记或其他形式标线。

4)道路交通标志按形态分类

道路交通标线按形态可分为线条、字符标记、突起路标和轮廓标四类：

(1)线条：施划于路面、缘石或立面上的实线或虚线。

(2)字符标记：施划于路面上的文字、数字及各种图形符号。

(3)突起路标：安装于路面上用于标示车道分界、边缘等反光或不反光体。

(4) 轮廓标：安装于道路两侧，用以指示道路边界轮廓、前进方向的反光柱、片。

1.3.3 道路交通信号灯

交通信号灯是交通信号中的重要组成部分，是道路交通的基本语言之一。为了加强道路交通管理，减少交通事故的发生，提高道路使用效率，改善交通状况，交通信号灯作为一种重要的交通指挥和控制设施，主要设置在路口（城市道路和公路平面交叉口）、路段（城市道路和公路路段）和道口（城市道路和公路与铁路平面交叉口）处，由信号控制机控制，用于给互相冲突的交通流分配有效的通行权，指导车辆和行人安全有序地通行。

国家标准《道路交通信号灯设置与安装规范》（GB 14886—2006）规定了道路交通信号灯的设置条件、安装方式、排列顺序、安装数量和位置、安装方位、信号灯杆件、电缆线敷设、设计和施工资质等方面的相关要求。信号灯由红灯、绿灯、黄灯组成，分为7种类型。信号灯除应满足交通灯的一般要求外，还应满足下列要求：发光面具有一定的直径，分为200 mm与300 mm两种，表面亮度应尽可能均匀；用帽沿等措施以减少阳光斜射时产生的假显示现象。根据GB 14886—2006和《中华人民共和国道路交通安全法》及其国务院实施条例，信号灯的信号、种类和排列顺序等有关规定如下：

1) 信号灯的信号

信号灯的信号分为红灯信号、绿灯信号和黄灯信号，其具体作用和要求分别为：

（1）红灯信号：表示禁止通行。红灯亮时，禁止车辆通行。右转弯车辆在不妨碍被放行的车辆和行人通行的情况下，可以通行。机动车等候放行时，不准熄火，不准开车门，驾驶员不准离开车辆。自行车左转弯不准推车从路口外边绕行，直行不准用右转弯方法绕行。

（2）绿灯信号：表示准许通行。绿灯亮时，准许车辆、行人通行，但转弯的车辆不得妨碍被放行的直行车辆和行人通行。

（3）黄灯信号：表示警示。黄灯亮时，已过停车线的车辆可以继续通行，未过停车线的车辆依次停车等候放行，作为红、绿灯之间的过渡信号，俗称"清尾"。即黄灯亮时，警示驾驶人和行人通行时间已经结束，马上就要转换为红灯，应将车停在停止线后面，行人也不要进入人行横道。但车辆如因距离太近不便停车而越过停止线时，可以继续通行。已在人行横道内的行人要视来车情况，或尽快通过，或原地不动，或退回原处。

2) 信号灯的种类

按照安装位置及其作用的不同，我国信号灯主要分为以下七类：

（1）机动车信号灯（motorvehicle signals）：是由红色、黄色、绿色三个几何位置分立的无图案圆形单元组成的一组信号灯，指导机动车通行。

（2）非机动车信号灯（non-motorvehicle signals）：是由红色、黄色、绿色三个几何位置分立的内有自行车图案的圆形单元组成的一组信号灯，指导非机动车通行。左转非机动车信号灯,由红色、黄色、绿色三个几何位置分立的内有自行车和向左箭头图案的圆形单元组成的一组信号灯,指导左转非机动车通行。

(3)人行横道信号灯(crosswalk signals):是由几何位置分立的内有红色行人站立图案的单元和内有绿色行人行走图案的单元组成的一组信号灯,指导行人通行。绿灯亮时,准许行人通过人行横道;红灯亮时,禁止行人进入人行横道,但是已经进入人行横道的,可以继续通过或者在道路中心线处停留等候。

(4)方向指示信号灯(direction signals):是由红色、黄色、绿色三个几何位置分立的内有同向箭头图案的圆形单元组成的一组信号灯,用于指导某一方向上机动车通行。箭头方向向左、向上和向右分别代表左转、直行和右转。绿色箭头:表示车辆允许沿箭头所指的方向通行;红色或黄色箭头:表示仅对箭头所指方向起红灯或黄灯的作用。

(5)车道信号灯(lane signals):是由一个红色交叉形图案单元和一个绿色向下箭头图案单元组成的信号灯。红色交叉形表示本车道不准车辆通行;绿色向下箭头表示本车道准许车辆通行。

(6)闪光警告信号灯(flash alarm signals):是由一个黄色无图案圆形单元构成的信号灯。工作状态闪烁,表示车辆、行人通行时应注意瞭望,在确保安全后通过。

(7)道口信号灯(intersection of road and railway signals):是由两个或一个红色无图案圆形单元构成的信号灯。两个红灯交替闪烁或者一个红灯亮时,表示禁止车辆、行人通行;红灯熄灭时,表示允许车辆、行人通行。

3)信号灯的排列顺序

信号灯竖向或横向成组安装时,其灯色排列顺序规定如下:

(1)机动车信号灯和方向指示信号灯排列顺序:竖向安装,从上向下应为红、黄、绿;横向安装,由左至右应为红、黄、绿。

(2)非机动车信号灯的灯色排列顺序:竖向安装,从上向下应为红、黄、绿;横向安装,由左至右应为红、黄、绿。

(3)人行横道信号灯的灯色排列顺序:应采用竖向安装,上红、下绿。

在未设置非机动车信号灯和人行横道信号灯的路口,非机动车和行人应当按照机动车信号灯的表示通行。

1.3.4 交通警察的指挥

交通警察的指挥分为手势信号和使用器具的交通指挥信号两种。交警可以徒手或使用发光棒(或反光棒)做规定动作。车辆驾驶人员应当服从交通警察的指挥,按照手势信号的示意通行,违者将按照《中华人民共和国道路交通安全法》及其实施条例的有关规定处理。从2007年10月1日起,交警指挥手势信号共有8种,其具体名称和作用如下:

(1)停止信号:左臂向前上方直伸,掌心向前,不准前方车辆通行。

(2)直行信号:左臂向左平伸,掌心向前;右臂向右平伸,掌心向前,向左摆动,准许右方直行的车辆通行。

(3) 左转弯信号：右臂向前平伸，掌心向前；左臂与手掌平直向右前方摆动，掌心向右，准许车辆左转弯，在不妨碍被放行车辆通行的情况下可以掉头。

(4) 左转弯待转信号：左臂向左下方平伸，掌心向下；左臂与手掌平直向下方摆动，准许左方左转弯的车辆进入路口，沿左转弯行驶方向靠近路口中心，等候左转弯信号。

(5) 右转弯信号：左臂向前平伸，掌心向前；右臂与手掌平直向左前方摆动，手掌向左，准许右方的车辆右转弯。

(6) 变道信号：右臂向前平伸，掌心向左；右臂向左水平摆动，车辆应当腾空指定的车道，减速慢行。

(7) 减速慢行信号：右臂向右前方平伸，掌心向下；右臂与手掌平直向下方摆动，车辆应当减速慢行。

(8) 示意车辆靠边停车信号：左臂向前上方平伸，掌心向前；右臂向前下方平伸，掌心向左；右臂向左水平摆动，车辆应当靠边停车。

1.4 城市交通方式和交通工具

交通工具广义上是指一切人造的用于人类代步或运输的设备。快速、安全的交通工具大大缩短了空间距离，节约了运输时间，为社会的发展提供了条件，给人们的生活带来了极大的方便。

交通方式是指人们在出行或运输时所采取或运用的方法。它与交通工具有密切联系，但其概念仍有区别，一种交通方式可能使用多种交通工具。研究交通方式是为了尽量满足交通需求和合理解决交通问题。

城市交通方式和交通工具直接与城市发展史有关，也直接与科技进步和工业发展有关。纵观历史可知：城市的发展不可能比其交通发展更快；新技术在城市交通中的应用首先表现在交通工具的发展；新型交通工具如果能满足居民出行的要求，且符合城市科学发展需求，这样的交通工具就可能成为城市发展中的主导交通工具。

1.4.1 城市交通方式

城市交通方式通常是指城市人的出行方式。它与城市的历史时代、地理位置、规模、结构和政治经济地位等多方面因素有关，也与各个时期使用的交通工具有关。现代城市主要交通方式有步行、私人交通、公共交通、道路交通和轨道交通等几种。

1) 步行

步行是人类的基本活动方式，也是城市人的重要出行方式之一。按照普通人每步 0.75 m，每分钟 100 步左右估算，步行速度为 4.0~5.0 km/h，快走可达 6.0~7.5 km/h，散步只有 1.5~1.8 km/h。步行作为交通方式具有机动灵活，人均占用道路面积小，不消耗能源，没有交通污染等优点。现在，步行在城市已经成为一种方便、安全、经济、时尚的出行和运动方式。因此，不论从城市交通考虑，还是为身体健康着想，我们都应提倡和鼓励步行，在城市道路交通系统规划和建设时，首先应考虑人们对步行方式的需求,为之提供方便和引导。

国家标准《城市道路交通规划设计规范》(GB 50220—1995)指出:步行是人们重要的出行方式,步行交通是城市交通重要的研究内容。该标准还明确规定,为了方便人们步行和保证行人交通安全:应在城市道路两旁修建人行道;城市人行道、人行横道、人行天桥、人行地道、商业步行道、城市滨河步道或林荫道的规划,应与居住区的步行系统,与城市中车站、码头集散广场,城市游憩集会广场等的步行系统紧密结合,构成一个完整的城市步行系统;步行交通设施应符合无障碍交通的要求。

2) 私人交通

私人交通是指一般只为个人、自家或本单位(包括企业、学校、机关和团体等)服务的交通行为的总称。私人交通是不面向社会提供服务,不以盈利为目的,不发生费用结算或者不获取劳务报酬的非营业性交通方式。所以说,单位用车也属这种方式。为个人和自家服务的私有交通工具称私家车,常有自行车、助力车、电动车、轻便摩托车(E照)、二轮摩托车(F照)、三轮摩托车(D照)、轿车、越野车、小客车(面包车)等。为本单位服务的公有交通工具称单位车,常有专用车、轿车、越野车和大、中、小客车等。相对于营运车而言,私家车和单位车出行频率少,运行没有规律,车辆使用效率低,但平时占用停车场地多。随着汽车工业的发展和人民生活水平的提高,汽车迅速向家庭和单位普及,私家车和单位车不断增加,这种非营运车在数量上远远超过营运车,在给人们出行提供了方便的同时,也给城市道路交通带来很大压力,是城市交通拥堵的主要原因,是一种应该协调发展的交通方式。

3) 公共交通

公共交通是指城市中为方便人们出行、供大众乘用的、经济方便的各种交通活动的总称,公共交通是为社会提供服务、以社会效益为主要目的、同时也要考虑盈利、要发生费用结算或者获取劳务报酬的营业性交通方式。城市公共交通系统是由多种城市公共交通模式组成的有机总体。目前,所有城市公共汽车、城市公共电车、城市出租车、城市地铁和城市轻轨等都是公共交通方式。公共交通车辆相对于私人交通车辆而言,出行频率多,运行有规律,车辆使用效率高,行驶时载客量多(除出租车外),人均占用道路面积少,平时占用停车场地少,其拥有量可由城市交通部门有效调控,是一种应该优先发展的交通方式。当今世界各大城市和特大城市都确立了公共交通优先发展政策,形成了以出租车为辅助、公共汽车为主力、轨道运输为骨干的公共交通体系。

4) 城市道路交通

城市道路交通是指以城市道路系统为基础设施的交通方式。城市道路系统由城市快速路、主干路、次干路、支路等各级道路和立交桥、交叉口、人行地道、天桥等及其附属设施组成。城市道路系统中一般含有机动车道、非机动车道和人行道系统。道路交通是各级城市的主要交通方式,大多数城市在没有轨道交通和水运交通时,城市道路系统就是唯一的交通设施了。所以,道路交通是城市交通的主要研究对象。

5) 城市轨道交通

城市轨道交通是指以城市轨道系统为基础设施,以轨道车辆为载运工具的交通方式，主要包括有轨电车、地铁、轻轨、磁浮等运输方式，是城市公共交通的一部分。

城市轨道交通虽然建造成本高，建设时间长，前期投资大，但是具有载客多、安全准时、全天候运行、污染少、节能、省地、运行成本低等优点，特别是采用电力驱动，不依赖可采量有限的矿物资源石油，属于绿色环保交通方式，符合可持续发展的原则，适合于大城市和特大城市公共交通。城市轨道交通既是解决交通拥堵问题的有效方法，又是合理利用能源和美化城市环境的可靠途径，还能展示国家或城市的科学技术水平和经济建设实力，对于土地资源紧缺的大城市，地下建设成本高一点也是合算的，所以世界各国大城市争相发展。我国城市轨道交通发展迅速，在世界上已经是城市轨道交通大国，其技术已进入世界先进行列。

1.4.2 城市交通工具

城市交通工具是指城市中人们出行时所乘用的用以代步的交通器具，主要是指客运交通工具。它是城市人生活中不可缺少的一个部分，也是城市交通运输系统中的重要组成部分和子系统。城市交通载运工具的分类：按动力形式，分为机动车和非机动车；按动力种类，分为蒸汽机交通工具、内燃机交通工具、电动机交通工具等；按经营方式，分为私人交通工具和公共交通工具。任何一种交通工具要在城市生存和发展，必须具备两个基本条件：一是在当时的生产力条件下能够被设计和制造出来；二是符合城市发展的时代需求。目前，现代城市的主要交通工具有自行车、摩托车、乘用小汽车、出租车、公共汽车、无轨电车、有轨电车、地下列车、轻轨列车、磁悬浮列车、快速有轨电车等种类。

1）自行车

自行车是一种以人力脚踩踏板为动力的非机动车辆，又称脚踏车或单车，通常是二个轮子的小型陆上车辆，速度在 15 km/h 左右。现在流行的自行车的基本式样是 1886 年英国人最先设计的。它是由许多简单机械组成的复杂机械，是人类发明最成功的，世界上唯一长期沿用下来的一种人力机械交通工具。

男式自行车

自行车运动

女式自行车

图 1-14 自行车和自行车运动

从 20 世纪 60 年代起，我国一直是全球最大的自行车生产、使用和出口大国。70 年代和 80 年代时期，城市汽车化之前，它曾是我国城乡主要交通工具。我国道路交通法规将自行车列为非机动车，无须驾驶证和牌照，但规定：驾驶自行车、三轮车必须年满12周岁;驾驶电动自行车和残疾人机动轮椅车必须年满16周岁;不得在道路上骑独轮自行车或者2人以上骑行的自行车;自行车、三轮车不得加装动力装置;骑自行车在城市道路上行驶时应走非机动车道,并遵守道路交通规则。

2) 摩托车

摩托车是一种由汽油内燃机驱动,靠手把操纵前轮转向的两轮或三轮机动车辆。目前摩托车是世界上保有量最多的道路机动车。其种类和型号在机动车中也是最多的。摩托车具有轻便灵活、行驶迅速、对道路要求不高等优点,在世界各地被广泛用作城乡机动交通工具和体育运动器械。他们在民用、军用、警用方面发挥着不同作用。但城市汽车化后,公共交通优先发展,摩托车由于安全性和舒适性差、人均交通污染和消耗能源多、人均占用道路面积和停车面积多等缺点,逐步退为城市辅助交通工具。

我国道路交通法规规定:摩托车是机动车辆,分为轻便摩托车、普通二轮摩托车和三轮摩托车三大类型;驾驶摩托车,应当依法取得相应的机动车驾驶证;摩托车应当在其所有人所在地的公安机关交通管理部门申请注册登记,申领机动车号牌、行驶证后,方可上道路行驶;摩托车在城市道路上行驶时应走机动车道,应遵守机动车辆的交通规则。

普通二轮摩托车　　　　　边二轮摩托车　　　　　后二轮摩托车

图 1-15　普通二轮和三轮摩托车

(1) 轻便摩托车:是指空车质量小于40 kg,发动机工作容积小于50 mL,最大设计车速小于或等于50 km/h的二轮和三轮摩托车;二轮轻便摩托车上路行驶时不能带人;轻便摩托车驾驶证的代号为F。

(2) 普通二轮摩托车:是指空车质量大于40 kg,发动机工作容积大于50 mL或最大设计车速大于50 km/h的二轮摩托车;普通二轮摩托车在公路上行驶时不能带人,在城市道路上行驶时只能带一个人(12岁以上);二轮摩托车驾驶证的代号为E。

(3) 三轮摩托车:是指空车质量小于400 kg,发动机工作容积大于50 mL,最大设计车速大于50 km/h的中心对称分布三轮摩托车(正三轮)和中心不对称分布的三轮摩托车(边三轮);三轮摩托车驾驶证的代号为D。

3) 乘用小汽车

乘用小汽车是指用于载送人员及其随身物品,具有4个车轮的小型载客汽车,包括轿车、小客车(俗称面包车)、乘用越野车和专用车。乘用小汽车长度不超过6 m,包括驾驶者在内,座位数最多不超过9个,具有轻便灵活、安全快速、容易驾驶等优点，一般以汽油发动机为动力，但目前正在发展纯电动汽车。非营运乘用小汽车主要是私人和单位人员出行时使用，一般不向社会提供服务；营运乘用小汽车主要是用作城市出租车。图 1-16 所示是三种国产乘用小型汽车的外观照片。

国产高级红旗轿车　　　　　国产长丰猎豹越野车　　　　国产东风7座面包车

图 1-16　国产乘用小型汽车

城市汽车化以来，乘用小汽车在发达国家早已普及，一般家庭都有一辆以至多辆。我国 2002 年加入世贸组织（WTO）后，随着国家汽车产业的快速发展，人民生活水平的不断提高，乘用小汽车开始进入普通家庭，并以年产销总量 20% 速度递增。在世界各国，城市乘用小汽车由于用途广泛，在全部汽车保有量中数量最大，在汽车市场所占的份额也最大。

乘用小汽车载人少、人均能耗和交通污染多、人均占用道路面积和停车面积多，在为城市人出行带来方便和提高生活水平的同时，也给城市交通增添压力。所以，在整顿和治理城市交通的呼声中，协调发展乘用小型汽车的策略已提到议事日程。按国家有关标准和道路交通法规规定，乘用小汽车的名称、类型、特征及用途分别如下：

(1) 轿车：是一种供个人或单位使用的、载运少量乘员(2～9人)及其随身物品的乘用小汽车。一般前有突出的发动机仓，中间二至三排座位，后有突出的行李仓，宽度 1.8 m 左右，长度 5 m 左右，高度 1.4 m 左右，呈中间高两头低的轿状，故名轿车。轿车一般是前轮转向和前轮驱动，重心较低，平稳舒适，外型豪华，线形流畅，最适合家庭和单位使用，在乘用小汽车中所占比例最大。国产轿车在合格证中"车辆型号"项的车辆类别代号(以下简称车辆类别代号)为"7"，按发动机工作容积(排量 L)大小分级，分为微型轿车(排量<1.0 L)、普通轿车(排量 1～1.6 L)、中级轿车(排量 1.6～2.5 L)、中高级轿车(排量 2.5～4.0 L)、高级轿车(排量>4.0 L)五个级别。内燃机轿车变速器分为手动档和自动档两种，手动档轿车驾驶证的代号为 C1；自动档轿车驾驶证的代号为 C2。

(2) 小客车：俗称面包车，是前后没有突出的发动机仓和行李仓，就像一个长方形面包一样的小型客车的统称，属客车系列。其外形以长方体为主，内部座椅比轿车更多，空间更大，主要用于载运少量人员及其随身物品。国产小型客车的车辆类别代号为"6"，"额定载客(人)"项不超过 9 人，长度不超过 6 m，一般有 5 座 7 座和 9 座面包车。小客车一般是前轮转向，后轮驱动，重心较轿车高，车轮较轿车小，具有机动灵活、驾驶方便、价格低廉、经济实用等优点，在城市所有道路都能通行，作为汽车大家族中重要的一员,已在全社会,特别是城市得到广泛应用。小客车驾驶证的代号为 C1。

(3) 乘用越野车:简称越野车或吉普车,是一种为越野而特别设计的小汽车。其主要特点是具有四轮驱动,较高的底盘,较好抓地性的轮胎,较高的排气管,较大的马力和粗大结实的保险杠。越野车原本军用,现在军民都用,既有载货越野车,也有乘用越野客车。国产乘用越野车的车辆类别代号为"2","额定载客(人)"项不超过9人。它不但适应野外各种路面状况,而且给人一种粗狂豪迈的感觉,在城市里,也有很多人喜欢开越野车,主要用于代步、公务、业务和出游。其驾驶证的代号为 C1。

(4) 专用小客车:是指一种为专门用途而特别设计的乘用小汽车。轿车和面包车是通用小客车,专用小客车的用途、外形及装置具有专用性,一般用于某些单位和部门的特殊工作或任务。国产专用小客车的车辆类别代号为"5","额定载客(人)"项不超过9人,"额定载质量(kg)"项小于额定载客人数和65 kg的乘积。例如警车、医用救护车、新闻采访车等都是专用车。其驾驶证的代号为 C1。

4) 公共汽车

公共汽车是指在城市道路上循固定路线,有或者无固定班次时刻,由车载动力源驱动,用以承载旅客出行的营运客车。公共汽车在大陆简称公交车,在台湾地区简称公车,在香港和澳门则多称为巴士(英语"bus"的音译)。公交车车厢外形一般为长方型:车厢两侧和前后都有玻璃窗采光,两侧玻璃窗可开启通风;车顶设有天窗透气;车厢前部设置上客门,中部设置下客门;车厢内设置背靠椅座位和拉杆站位,还可设置空调、影视、摄像头、投币箱、刷卡器等设备;驾驶室设在车厢内,驾驶员便于了解车内情况。公交车具有载客多、人均占用道路面积和停车面积少、人均交通污染少、人均消耗能源少等优点。城市人乘公共汽车出行可感觉城市各区域和邻近村镇间的距离接近,使就业、购物、往来更方便和更经济。公交车作为汽车大家族中的重要一员,是城市最为普遍的一种大众交通工具,对社会影响巨大,对城市发展起着最基本的推动作用,是应优先发展的交通工具。国产公共汽车的车辆类别代号为"6",其驾驶代号为 A3。目前,公交车一般是内燃机动力,为了节约能源、减少排放污染及对石油的依赖,正在发展混合动力汽车和纯电动汽车等。按驱动动力和结构形式,公共汽车主要可分为以下五类:

(1) 内燃机动力公共汽车:是指完全以内燃机为驱动动力的公共汽车,目前是公交车主力,占公共汽车总拥有量90%以上,主要有汽油车和柴油车两种类型。两者的特点分别是:汽油车以汽油为燃料、压缩比较小、电子点火、转速高(一般可达到7 000 r/min)、启动容易、噪声小,但汽油挥发强、辅助电器设备多、维修较复杂;柴油车以柴油为燃料、压缩比较大、扭距大、无点火系统、结构简单、可靠性高、故障少、寿命长、耗油低、燃油经济性好、现代先进的柴油机更加环保,但是转速较低(4 000~5 000 r/min)、噪声较大、同等功力时发动机比汽油机笨重、使用劣质柴油或者维护不当时容易冒黑烟。在公共汽车中,以往汽油车多,随着柴油发动机性能的提高,柴油车占有比例在不断增加。

目前,内燃机动力公共汽车制造技术日近成熟,已至全球使用高峰。但内燃机燃料依赖可采量有限的石油，工作时有震动噪声和废气排放，虽然在节能技术等方面仍有改进和提升空间，但随着人们对能源和环境的日益重视，内燃机动力公共汽车因为以上先天特征的存在，已显活力有限和青春不再，发展新型能源和动力的公共汽车已是大势所趋。

(2) 混合动力公共汽车：是一种采用传统内燃机，同时配以电动机、发电机和大容量蓄电池作为动力系统，来改善动力输出和燃油消耗的公共汽车。混合动力公交车的动力是混合动力系统，其他组成部分和装置基本与内燃机公交车相同。在混合动力系统中：内燃机仍是汽车主动力，其主要作用是直接驱动汽车或带动发电机发电；电动机的主要作用是直接或协助内燃机驱动汽车；发电机的作用是发电供给电动机电源或储进蓄电池；蓄电池用于储存电能。与内燃机汽车相比，混合动力汽车的主要优点是改善动力输出、节能和环保，因为：①内燃机可在平均需要功率状态稳定工作，油耗低，污染少；②需要时内燃机和电动机可同时工作，改善动力输出；③汽车制动、下坡、怠速时的能量可以用发电机和蓄电池回收；④市区可以关停内燃机，由蓄电池供电，用电动机单独驱动，实现"零"排放。但是，混合动力汽车长距离高速行驶基本不能省油，只适合用作城市公共汽车。

混合动力汽车按照燃料种类的不同，主要可以分为汽油混合动力和柴油混合动力两种。目前国内主流都是汽油混合动力车型，而国际上柴油混合动力车型发展也很快。混合动力汽车按照动力联合方式的不同，主要可以分为"并联方式"、"串、并方式"和"串联方式"三种。混合动力汽车在发达国家已经日益成熟，有些已经进入实用阶段。由于构造复杂，成本较高，在电动汽车时代到来之前，混合动力汽车只是一种过渡产品。目前，我国将普通混合动力汽车作为节能车看待，不享受国家对新能源汽车的支持政策。

(3) 纯电动公共汽车：是一种以车载电源为动力，用电动机驱动车轮行驶的公共汽车，简称电动公交车。电动公交车的电力驱动系统由电动机、蓄电池和调控装置等组成，其中电动机用于直接驱动汽车；调控装置用于控制电动机的电压或电流，调节电动机的驱动转矩大小和旋转方向，完成汽车的速度和进退方向变换；蓄电池用于储存和供应电源，其他组成部分和装置基本与内燃机公交车相同。纯电动公交车的能源不依赖石油，没有尾气排放污染，其前景被广泛看好，但当前技术尚不成熟。我国纯电动公交车发展较快，许多大、中城市已经开始使用，特别是 2008 年北京奥运会和 2010 年广州亚运会在两市成批投入使用，标致着我国纯电动公交车已进入实用阶段。目前，我国已确定纯电动为汽车产业转型的主要方向，享受国家对新能源汽车的支持政策。

电动汽车的核心部分是电源，电源的关键技术是蓄电池的能量密度和容量；电动汽车使用中的主要问题是电能的补充，因为蓄电池容量有限，像内燃机汽车需要加油一样，它每行程 100 km 左右就要更换电池或充电。目前，电动汽车上应用最广泛的电源是铅酸蓄电池，但随着电动汽车技术的发展，铅酸蓄电池由于能量密度较低，充电速度较慢，寿命较短，逐渐被其他蓄电池所取代。正在发展的电源主要有钠硫电池、镍镉电池、锂电池、燃料电池、飞轮电池等，这些新型电源的应用，为电动汽车的发展开辟了广阔的前景。电动汽车电能的补充主要有更换电池法和快速充电法，两者都需要基础设施的配套。

(4) 双层公共汽车：是一种车厢有上、下两个乘坐空间的公共汽车。双层巴士车厢分为两层，能增加载客量，对于缓解城市交通压力有帮助。一般而言，一辆车长 10 m 的单层巴士可运载约 60 名乘客，而长度相近的双层巴士则能运载约 130 名乘客。所以，伦敦、香港、新加坡、柏林、孟买等城市曾大量采用双层巴士。我国许多大、中城市也采用双层巴士。但双层巴士车身过高，上下车不方便，还可能影响城市其他设施，不宜大量使用。

(5) 铰接公共汽车：是一种采用两节车厢来增加长度及载客量，并在两节车厢间加设可伸缩的接合位置的公共汽车。铰接巴士与双层巴士一样，能增加载客量，对于缓解城市交通压力有帮助，于北美各地颇为盛行，我国北京、上海、沈阳等大城市也一度常见。铰接巴士与双层巴士相比各有特点和市场。世界各地还有超长的双铰接巴士和超高的双层铰接巴士。

5) 无轨电车

无轨电车是指采用外接电源和橡胶轮胎，在道路上不依赖固定轨道行驶的电动公交车，亦称"有线电动客车"。无轨电车的车身属于客车，只不过是电力驱动，通过架空电缆，经车顶上的受电弓取得电源。跟有轨电车相比，无轨电车可以绕过道路上的障碍物而具有灵活性，在建设成本上只需增设电线，无需投资铺设轨道，也无铁轨噪声，故此在二次大战以前曾一度遍布欧美等各国的大城市。跟普通公共汽车相比，无轨电车的主要优点是：启动、变速和攀斜能力强；电动机比内燃机的震动噪声小，不排放尾气，对环境的负面影响少；最大的优点是使用的电能来自发电厂，不依赖石油能源和环保，有绿色公交之称。故各国大城市都争先发展无轨电车。目前我国北京、上海、重庆、广州、武汉、太原、济南、洛阳、青岛、杭州等城市开辟了无轨电车公交线路。无轨电车的主要缺点是：通常不能离开架空触线行驶，机动性比普通公共汽车差；倘若电线故障，亦会造成电车全线停驶；在开辟新线路时，要建设配电系统和线网设施，初始投资和建设费用高；架空触线影响市容；通常无专用车道，在行驶中亦难免避让和紧急制动。现在，对于无轨电车的发展，我国有些城市放弃新建，有些城市保留发展空间，有些城市则把着眼点放在同样是电力驱动的更大运量的轨道交通。

6) 有轨电车

有轨电车是指采用外接电源和金属车轮，在固定无碴轨道上行驶的电动公交车，俗称"铛铛车"。有轨电车不同于轻轨和地铁，车身属于汽车，一般是单节单层，但也有双节、三节及双层的。其优点是：以有线电源为动力，不依赖石油，没有尾气排放污染，不要加油和充电；路面铺轨造价比轻轨和地铁低。所以在 20 世纪初的欧洲、美洲、大洋洲和亚洲的一些城市曾风行一时。其缺点是：循固定轨道行驶，不能像无轨电车和普通公共汽车那样让路；行驶时产生"铛铛"声响；旧式有轨电车速度低、运量小、噪声大、振动大、舒适性差；轨道需要经常维护，在一定程度上影响交通。所以，随着私家小汽车、公共汽车、轻轨、地铁的普及，不少有轨电车系统于 20 世纪中叶陆续拆卸。目前，路面电车网络在北美、法国、英国、西班牙等地几乎完全消失，但在瑞士、德国、波兰、奥地利、意大利、比利时、荷兰、日本及东欧等国却仍然保养良好，或者被继续现代化。我国第一条有轨电车线路于1909年3月5日在上海南京路上建成。后来的北京、天津、上海、大连、长春、哈尔滨、鞍山、抚顺、香港等城市和地区，都曾经有过有轨电车，目前只有大连、鞍山、长春、香港还保留着有轨电车。大连、长春还对有轨电车进行了改造。1955年，鞍山市成为我国第一个也是最后一个修建有轨电车的城市。还有少数城市再度开通旧式有轨电车作为旅游用，而非公共交通工具。

7) 地铁列车

城市地铁是以轨道和电网为基础设施，以编组地铁列车为载运工具的大运量轨道客运系统。地铁列车则是在城市地铁轨道上行驶的，由机车牵引的大运量编组列车，是城市地铁系统中的载运工具。城市地铁由外接电源供电，自动化程度很高，是一个由地铁轨道、地铁电网、地铁车站、地铁列车、地铁监控设置等组成的相对独立的轨道交通系统。地铁轨道可以建在地下、地面或高架桥上，主要根据地理条件和不与其他交通线冲突。我国地铁轨道采用国际标准，双轨轨距为1 435 mm。单根钢轨的标准长度为12.5 m和25.0 m两种，一般采用60 kg/m工字形重型钢轨。地铁电网一般采用"第三轨供电方式"或"接触网供电方式"："第三轨供电方式"的"受流轨"输入600 V或750 V或1 000 V直流电作为牵引动力，列车用"集电靴"受电；"接触网供电方式"的高架电线输入1 500 V直流电作为牵引动力，列车用"受电弓"受电。地铁车站沿线分布，用于乘客购票、候车和上下列车。地铁列车由5～8节车厢组成，车厢宽度的国际标准为3.0 m(A型)或2.8 m(B型)。列车与钢轨的接触形式采用钢轮 - 钢轨滚动行走，行驶速度一般是30～40 km/h。地铁单向每小时断面客流量约3万～8万人次。客运量高于轻轨，是现代城市先进的公交方式，适合于200万人口以上的大城市。

尽管地铁存在规划设计时间长、建设施工难度大、基础设施投资多、初期设备成本高等缺点。但它具有以下优点：①建于地下时可节省土地和减少地面噪声；②载客量大，可有效分担城市道路交通压力；③行驶路线不与其他运输系统重叠和交叉，行车不受干扰，行车速度稳定，不受天气影响，安全准时；④列车宽敞，乘坐舒适，运输成本低，价格便宜，民众乐于搭乘；⑤驱动电力是清洁能源，不依赖石油，没有能源枯竭的后顾之忧。所以，近100多年来，地铁在全世界各大城市一直持续发展。世界上首条地铁1863年开通于伦敦。我国首条地铁1969年在北京建成备用，1981年正式开放。我国现已通车的地铁有北京地铁、香港地铁、天津地铁、上海轨道交通、台北捷运、广州地铁、深圳地铁、南京地铁、重庆地铁、高雄捷运、成都地铁、贵阳地铁、沈阳地铁、广佛地铁等。施工中的地铁有福州地铁、南昌地铁、宁波地铁、西安地铁、郑州地铁、无锡轨道交通、桃园捷运、台南捷运、长沙地铁、岳阳地铁、青岛地铁、哈尔滨地铁、昆明轨道交通、杭州地铁、南宁轨道交通、苏州地铁、无锡地铁、大连地铁、长春地铁等。

8) 轻轨列车

城市轻轨是以轨道和电网为基础设施，以编组轻轨列车为载运工具的中运量城市快速轨道客运系统。轻轨列车则是在城市轻轨轨道上行驶的，由动车牵引的中运量编组列车,是城市轻轨系统中的载运工具。轻轨和地铁一样,由外接电源供电。轨道也可以建在地下、地面或高架形式。它是由现代有轨电车发展起来的,既可以在技术上自成体系,也可以采用地铁技术制式,几乎与地铁难以辨别。但从宏观上说,轻轨最主要的特征是其运量规模比地铁小,单向每小时断面客流量约1万~3万人次,客运能力少于地铁,但略高于无轨电车。因此,有人把凡是高峰小时断面流量在这个范围的其他形式轨道交通如单轨交通、新交通系统、直流电机驱动的城轨车辆交通等都称之为轻轨交通。轻轨交通另一个重要的特征是列车由2~4节车厢组成,其编组列车比地铁少,而且车厢型号国际标准为2.6m(C型),较地铁列车车厢小。轻轨的优点是能源消耗低,结构简单,坚固耐用,客运能力和造价处于地铁和无轨电车之间,在一些大、中型城市使用。

9) 出租汽车

出租汽车是指在城市道路上无固定路线和班次,经营者按乘客要求的目的地或路线运行,按行驶里程或包用时间计费的一种公共客运小汽车。出租汽车载客少,但可以随叫随到,或招之即来,能提供机动灵活的出行服务,比其他定线公共交通更为迅速和方便,是现代城市不可缺少的一种辅助公共交通工具。出租汽车颜色鲜艳,基本上具有以下统一形式:顶灯标志统一;车辆编号统一;收费计价器统一;空车待租装置统一;车内防护栏统一;门徽及监督电话统一。乘客很容易识别,其生存能力几乎遍布全球各个城市。

图1-17是几种主要类型的公共交通工具外观图。

无轨电车

有轨电车

出租汽车

地铁列车

轻轨列车

有轨双层电车

图1-17 几种主要的公共交通工具

1.5 城市交通规划

城市交通规划是城市整体规划中的重要内容，是政府指导城市交通发展的公共政策，应当体现中央宏观政策、坚持科学发展观、建设资源节约型和环境友好型社会等要求。这既是城市交通发展也是事关城市健康发展的方向性问题。我国2008年1月1日起开始实行《城乡规划法》，其中：第十七条规定，城市总体规划的内容应当包括城市综合交通体系；第三十五条规定，城市规划确定的铁路、公路、港口、机场、道路、管道设施、河道和公共服务设施等需要依法保护的用地，禁止擅自改变用途；第三十六条、三十七条和三十八条还规定，经批准的城市交通规划项目的用地可申请以划拨方式提供国有土地使用权。以上说明，我国城市交通规划具有法律依据，城市交通网络的规划和建设受法律保护。城市交通规划必须依法编制和实施，必须具有前瞻性、战略性、综合性，必须面对新情况，研究新问题。

1.5.1 城市交通规划用地的分类

城市交通设施用地必须早规划。原建设部1990年颁布的《城市用地分类与建设用地标准》(GBJ 137—1990)，规定了我国城市建设用地和城市交通用地的分类、指标及结构。

1) 我国城市建设用地的分类

我国城市建设用地名称包括九大类：①居住用地(R：RESIDENTIAL)；②公共设施用地(C：COMMERCIAL AND PUBLIC FACILITIE)；③工业用地(M：INDUSTRIAL MANUFAC TURING)；④仓储用地(W：WAREHOUSE)；⑤对外交通用地(T：TRANSPORTATION)地；⑥道路广场用地(S：ROAD, STREET AND SQUARE)；⑦市政公用设施用地(M：MUNICIPAL UTILITIES)；⑧绿地(G：GREENSPACE)和⑨特殊用地(D：SPECIALLY DESIGNATED)。城市建设规划用地的指标和结构按表1-10规定，用地平衡表按表1-5所列。

表1-5 城市建设规划用地的指标和结构

规划人均建设用地指标		规划人均单项建设用地指标和建设用地结构		
指标级别	用地指标/m²·人⁻¹	类别名称	人均单项用地指标/m²·人⁻¹	规划建设用地结构/%
Ⅰ	60.1~75.0	居住用地	18.0~28.0	18~28
Ⅱ	75.1~90.0	工业用地	10.0~25.0	15~25
Ⅲ	90.1~105.0	道路广场用地	7.0~15.0	8~15
Ⅳ	105.1~120.0	绿地	≥9.0	8~15

2) 我国城市交通用地的分类

我国城市交通规划用地分为对外交通用地、城市道路广场用地、城市交通设施用地三个方面。城市交通用地的具体分类和代号如表1-6所列。

1.5 城市交通规划

表 1-6 城市交通用地分类和代号

类别代号			类别名称	类别范围
大类	中类	小类		
T			对外交通用地	铁路、公路、管道运输、港口和机场等城市对外交通运输及其附属设施等用地
	T1		铁路用地	铁路站场和线路等用地
	T2		公路用地	高速公路和一、二、三级公路线路及长途客运站等用地。不包括村镇公路用地，该用地应归入水域和其他用地(E)
		T21	高速公路用地	高速公路用地
		T22	其他公路用地	一、二、三级公路用地
		T23	长途客运站用地	长途客运站用地
	T3		管道运输用地	运输煤炭、石油和天然气等地面管道运输用地
	T4		港口用地	海、河港陆域部分，包括码头作业和辅助生产区和客运站等用地
		T41	海港用地	海港港口用地
		T42	河港用地	河港港口用地
	T5		机场用地	民用及军民合用的机场用地，包括飞行区、航站区等用地，不包括净空控制范围用地
S			道路广场用地	城内市、区级和居住区级的道路、广场和停车场等用地
	S1		道路用地	主干路、次干路和支路用地，包括其交叉路口用地；不包括居住用地、工业用地等内部的道路用地
		S11	主干路用地	快速路和主干路用地
		S12	次干路用地	次干路用地
		S13	支路用地	次干路用地
		S14	其他道路用地	除主、次干路和支路外的道路用地，如步行街、单车专道等用地
	S2		广场用地	公共活动广场用地，不包括单位内的广场用地
		S21	交通广场用地	交通集散为主的广场用地
		S22	游憩集会广场用地	游憩、纪念和集会等为主的广场用地
	S3		社会停车场库用地	公用停车场、库用地，不含其他各类用地配建的停车场库用地
		S31	机动车停车场库	机动车停车场库用地
		S32	非机动车停车场库	非机动车停车场库用地
U			市政公用设施用地	市级、区级和居住区级的市政公用设施用地，包括其建筑物、构筑物及管理维修设施等用地
	U2		交通设施用地	公共交通和货运交通等设施用地
		U21	公共交通和货运交通等设施用地	公共汽车、出租车、有轨和无轨电车、轻轨和地铁(地面部分)停车场、保养场、车辆段和首末站等用地，及轮渡(陆上部分)用地
		U22	货运交通用地	货运公司车队的站场等用地
		U23	其他交通设施用地	除以上的交通设施用地，如交通指挥中心、交通队、教练场、加油站、汽车维修站等用地

(1) 对外交通用地：是指城市与外界联络的铁路、公路、管道、运输港口和机场等对外交通运输及其附属设施等规划用地。

(2) 城市道路广场用地：是指城市内部市、区级和居住区级的道路、广场和停车场等用地。该项目用地指标为 7.0~15.0 m²/人，占城市总规划用地指标8.0%~15.0%。

(3) 城市交通设施用地：是指城内市政公用设施中公共交通和货运交通等设施用地。

1.5.2 城市道路广场的规划

道路和广场是各级城市最基本的组成部分和交通系统，在城市规划中最为重要。城市道路交通的发展战略规划，首先要分析城市的外部和内部环境，从社会经济发展、城市人口增长、有关政策法规的制定和执行、建设资金的变化等方面，来确定城市交通发展的水平和目标，预估未来的城市客货流量、流向，确定城市对外交通和市内交通的各种交通网络布局及交通用地规模和位置，并落实在规划图样上。同时，还应提出保证交通规划实施的各项交通政策建议。根据国家标准《城市道路交通规划设计规范》（GB 50220—1995）和原建设部《城市用地分类与建设用地标准》（GBJ 137—1990），我国城市道路广场规划的有关规定如下：

1) 城市道路广场的规划

在城市交通规划用地中，人均道路广场用地面积主要是指城市道路、公共活动广场和公用停车场库的人均用地面积，其中不含居住用地、单位用地、工业用地等内部的道路、广场和停车场库用地面积，也不含市政公用设施中的公共交通站、场、库的用地面积。具体地说：

(1) 城市道路：在城市交通规划用地中，人均道路用地面积是指城市快速路、主干路、次干路、支路和其他道路及其交叉口的人均用地面积，其中不包括居住用地、单位用地、工业用地等内部的道路用地面积。其他道路是指除以上四种道路外的其他道路，如步行街、自行车专用道等。

(2) 公共活动广场：在城市交通规划用地中，人均广场用地面积是指城市中以交通集散为主和以游憩、纪念、集会等为主的广场，其中包括大型立体交叉口、环形交叉口等的人均用地面积。但不包括各居住和单位用地内部的广场用地面积。

(3) 公用停车场库：在城市交通规划用地中，人均公用停车场、库用地面积是指城市中供社会各种车辆公用的停车场、库，包括机动车停车场、库和非机动车停车场、库的人均用地面积，不包括居住区和单位内等其他各类用地配建的停车场、库用地面积，也不包括各类公共交通、出租汽车和货运交通场、站设施的用地面积。各类公共交通、出租汽车和货运交通场、站等交通设施属于市政公用设施。

2) 城市道路的一般规定

为了科学、合理地发展城市道路交通，城市道路交通的规划和建设应符合以下一般规定：

(1) 道路的宏观规划：城市道路交通宏观规划应做到：以市区内的交通规划为主，处理好市际交通与市内交通的衔接、市域范围内的城镇与中心城市的交通联系；

以城市总体规划为基础，满足土地使用对交通运输的需求，发挥城市道路交通对土地开发强度的促进和制约作用；应包括城市道路交通发展战略规划和城市道路交通综合网络规划两个组成部分。

(2) 道路的建设要求：应符合人与车交通分行，机动车与非机动车交通分道的要求。

(3) 道路的面积率：城市道路应分为快速路、主干路、次干路和支路四类，用地面积应占城市建设用地面积的 8%~15%，对规划人口在 200 万以上的大城市，宜为 15%~20%。

(4) 道路的人均面积：城市人均占有道路用地面积宜为 7~15 m^2/人。其中：道路用地面积宜为 6.0~13.5 m^2/人，广场面积宜为 0.2~0.5 m^2/人，公共停车场面积宜为 0.8~1.0 m^2/人。

(5) 道路的规划指标：城市道路网的规划指标，大、中城市应符合表 1-7 要求，小城市应符合表 1-8 要求。土地开发容积率应与交通网的运输能力和道路网的通行能力相协调。

表 1-7 大、中城市道路网规划指标

项目	城市规模与人口/万人		快速路	主干路	次干路	支路
机动车设计速度/km·h^{-1}	大城市	>200	80	60	40	30
		≤200	60~80	40~60	40	30
	中等城市		—	40	40	30
道路网密度/km·km^{-2}	大城市	>200	0.4~0.5	0.8~1.2	1.2~1.4	3~4
		≤200	0.3~0.4	0.8~1.2	1.2~1.4	3~4
	中等城市		—	1.0~1.2	1.2~1.4	3~4
道路中机动车车道条数/条	大城市	>200	6~8	6~8	4~6	3~4
		≤200	4~6	4~6	4~6	2
	中等城市		—	4	2~4	2
道路宽度/m	大城市	>200	40~45	45~55	40~50	15~30
		≤200	35~40	40~50	30~45	15~30
	中等城市		—	35~45	30~40	15~20

表 1-8 小城市道路网规划指标

项 目	城市人口/万人	干 路	支 路
机动车设计速度/km·h^{-1}	>5	40	20
	1~5	40	20
	<1	40	20
道路网密度/km·km^{-2}	>5	3~4	3~5
	1~5	4~5	4~6
	<1	5~6	6~8

(续)

项　目	城市人口/万人	干　路	支　路
道路中机动车道条数/条	>5	2~4	2
	1~5	2~4	2
	<1	2~3	2
道路宽/m	>5	25~35	12~15
	1~5	25~35	12~15
	<1	25~30	12~15

3）城市道路防灾规划

城市道路规划应与城市防灾规划相结合。山区或湖区定期受洪水侵害的城市，应设置通向高地的防灾疏散道路，并适当增加疏散方向的道路网密度；地震设防的城市，应保证震后城市道路和对外公路的交通畅通，并应符合下列要求：

(1) 干路两侧的高层建筑应由道路红线向后退 10~15 m；
(2) 新规划的压力主干管不宜设在快速路和主干路的车行道下面；
(3) 路面宜采用柔性路面；道路立体交叉口宜采用下穿式；
(4) 道路网中宜设置小广场和空地，并应结合道路两侧的绿地，划定疏散避难用地。

图 1-18　城市道路科学设计效果图

4）城市道路网布局规划

根据国家有关规定，确定道路网布局应该考虑以下问题：

(1) 城市的地理历史风貌：城市道路网的形式和布局，应根据土地使用、客货交通源和集散点的分布、交通量流向，并结合地形、地物、河流走向、铁路布局和原有道路系统，因地制宜地确定；城市道路的设计和建设应充分反映城市风貌、城市历史和文化传统，有效保护文物、古迹和珍奇树木；当旧城道路网改造时，在满足道路交通的情况下,应兼顾旧城的历史文化、地方特色和原有道路网形成的历史;对有历史文化价值的街道应适当加以保护。

(2) 道路的交通功能:城市道路网的规划应满足客、货车流和人流的安全与畅通,按规定:分片区开发的城市,各相邻片区之间至少应有两条道路相贯通;城市主要出入口每个方向应有两条对外放射的道路,七级地震设防的城市每个方向应有不少于对外放射的道路;码头附近的民船停泊和岸上农贸市场的人流集散和公共停车场车辆出入,均不得干扰城市主干路的交通;城市桥梁的车行道和人行道宽度应与道路的车行道和人行道等宽;在有条件的地方,城市桥梁可建双层桥,将非机动车道、人行道和管线设置在桥的下层通过。

(3) 道路的其他作用:城市道路除交通功能外,还应为地上地下工程管线和其他市政公用设施提供空间,满足城市救灾避难和日照通风的要求。

(4) 环路的规划要求:内环路应设置在老城区或市中心区外围;外环路宜设置在城市用地的边界内 1~2 km 处,当城市放射的干路与外环路相交时,应规划好交叉口上的左转交通;大城市的外环路应是汽车专用道路,其他车辆应在环路外的道路上行驶;环路设置,应根据城市地形、交通的流量流向确定,可采用半环或全环;环路的等级不宜低于主干路。

(5) 交通流的连续性:城市道路间隔过密,交叉口数量增加,从而增加车辆遭遇交叉口需要频繁停车、启动和等待的时间和能源消耗,降低了交通流的连续性和道路的通行能力,因此,我国规定:市中心区的建筑容积率达到 8 时,支路网密度宜为 12~16 km/km^2;一般商业集中地区支路网密度宜为 10~12 km/km^2;次干路和支路网宜划成 1:2~1:4 的长方格,沿交通主流方向应加大交叉口的间距;道路网节点上相交道路的条数宜为 4 条,并不得超过 5 条,道路宜垂直相交,最小夹角不得小于 45°。

5) 城市公共停车场的规划

城市公共停车场的规划和设计应该遵守以下具体规定:

(1) 市内机动车公共停车场停车位数的分布:在市中心和分区中心地区,应为全部停车位数的 50%~70%;在城市对外道路的出入口地区应为全部停车位数的 5%~10%;在城市其他地区应为全部停车位数的 25%~40%。

(2) 机动车公共停车场的服务半径:市中心地区不应大于 200 m;一般地区不应大于 300 m;自行车公共停车场的服务半径宜为 50~100 m,并不得大于 200 m。

(3) 市中心区公共停车场停车位数的计算:机动车与自行车的停车位数都应乘以高峰日系数 1.1~1.3;机动车每个停车位的存车量以 1 天周转 3~7 次计算;自行车每个停车位的存车量以 1 天周转 5~8 次计算。

(4) 机动车公共停车场用地面积:按当量小汽车停车位数计算,地面停车场每个停车位用地面积宜为 25~30 m^2;停车楼和地下停车库每个停车位的建筑面积宜为 30~35 m^2;摩托车和自行车停车场每个停车位用地面积分别为 2.5~2.7 m^2 和 1.5~1.8 m^2。

(5)机动车公共停车场出入口的设置应符合下列规定：

①出入口应符合行车视距要求和右转出入车道，距交叉口、桥隧坡道起止线50 m以远；

②少于50个停车位的停车场，可设一个出入口，其宽度宜采用双车道；

③50～300个停车位的停车场，应设两个出入口，出入口可不分开设置；

④大于300个停车位的停车场，出入口应分开设置，两个出入口之间的距离应大于20 m。

1.5.3 城市道路网的可达性和连接度

(1)城市道路网的可达性(Accessibility)：是指所有交通小区中心到达道路网最短距离的平均值 A，用式(1-1)计算。该指标值越小，说明其可达性越好，路网密度越大。

$$A = \frac{1}{n}\sum_{i=1}^{n} A_i \tag{1-1}$$

式中：n 为交通小区数；A_i 为 i 交通小区到达道路网的最短距离。

(2)城市道路网的连接度：是指道路网中路段之间的连接程度 J，用式(1-2)计算。

$$J = \frac{2M}{N} \tag{1-2}$$

式中：M 为道路网中的路段数；N 为道路网中的节点数。

城市道路网的形式主要有放射式路网、方格式路网、方格放射式路网、环形放射式路网、自由式路网等。表1-9表示按式(1-2)计算的各种简单路网的连接度值。路网的连接度值高，则道路网的连接性能好，即到达某固定位置的路径短。从表1-9可知，方格式路网和自由式路网的连接度值为2.5，较放射式路网高；方格放射式路网的连接度值为3.0，较方格式路网和自由式路网高；环形放射式路网的连接度值为3.8，较其他几种路网的连接度值都高，说明城市环形道路能提高连接度。所以，很多大、中城市都修建环形道路。在城市路网规划中正确运用路网的连接度理论很有意义。

表1-9 简单路网的连接度值

路网名称	路网布局形式图	路网节点数 N	路网路段数 M	路网的连接度值 J
放射式路网		9	8	1.8
方格式路网		32	40	2.5

(续)

路网名称	路网布局形式图	路网节点数 N	路网路段数 M	路网的连接度值 J
方格放射式路网		45	68	3.0
环形放射式路网		17	32	3.8
自由式路网		21	27	2.5

1.5.4 城市交通调查

交通调查是交通规划的前提和基础，目的是为制定交通规划提供全面、系统而又真实可靠的实际参考资料和基础数据。在制定交通规划的各个阶段，都需要有该阶段相对应的各类交通调查数据。我国大、中城市的交通调查主要是由城市建设部门进行居民出行调查和道路交通量调查。居民出行调查较复杂，另设课程介绍，以下简要介绍道路交通量调查。其主要调查方式和调查项目如下：

1) 调查方式

城市道路交通量调查的方式主要有间歇式调查和连续式调查两种。

(1) 间歇式调查：是指每月间断抽查几次，调查次数由各地规定，一般每月3次左右。调查时间是每次观测从当日上午6：00至次日上午6：00，昼夜连续调查；调查内容是记录各类车辆的绝对数，根据要求可分方向或不分方向，最后折算成以小汽车为标准的标准交通量。

(2) 连续式调查：是指每天不间断连续调查；调查时间连续一年为一个周期，每天24 h昼夜连续调查；调查内容是记录各类车辆的绝对数，根据要求可分方向或不分方向，最后折算成以小汽车为标准的标准交通量；重要的是计算年平均日交通量和月、周日不均系数等。

2) 调查项目

城市道路交通量调查的项目主要有路段交通量调查和交叉口交通量调查。

(1) 路段交通量调查：根据城市道路的分级，对于各级道路的路段分方向和车型进行交通调查，以获得其具有代表性的交通量及其小时变化和方向分布，其调查记录如表1-10所示。

(2) 交叉口交通量调查：交叉口是道路交通的节点。交通问题往往出现在交叉口上。交叉口交通量调查的目的是为了获得路口通行能力、交通量变化以及高峰小时交通量和交通组成等资料，其调查记录如表1-11所示。

表 1-10　城市道路路段交通量调查记录表

调查地点(路、街)＿＿＿＿＿＿＿，方向＿＿＿＿＿＿＿，调查日期＿＿＿＿＿＿＿，
调查员姓名＿＿＿＿＿＿＿，车道数＿＿＿＿＿＿＿，调查天气＿＿＿＿＿＿＿。

时间段	小客车	中客车	大客车	小货车	中货车	大货车	出租车	公交车	…	合计
6：00~6：15										
6：15~6：30										
6：30~6：45										
⋮										
合　计										

表 1-11　城市交叉口机动车流量调查记录表

调查地点(路、街)＿＿＿＿＿，路口编号＿＿＿＿＿，进口＿＿＿＿＿，路口形式＿＿＿＿＿，
调查员姓名＿＿＿＿＿，调查日期＿＿＿＿＿，调查天气＿＿＿＿＿，交叉口控制方式＿＿＿＿＿。

时间段	直行车			左转车			右转车			合计
	小客车	公交车	…	小客车	公交车	…	小客车	公交车	…	
6：00~6：15										
6：15~6：30										
6：30~6：45										
⋮										
合　计										

1.6　城市公共交通

城市公共交通，是指在城市人民政府确定的区域内，利用公共汽(电)车、轨道交通车辆等公共交通车辆和有关设施，按照核定的线路、站点、时间、票价运营，为社会公众提供基本出行服务的社会公益性事业和交通方式。城市公共交通设施，是指综合换乘枢纽、首末站、中途停靠站、停车场、保养场等城市公共交通场站以及调度(控制)中心、乘客服务信息系统、城市轨道交通专用设施等保障城市公共交通运营的设施。

1.6.1　城市公共交通的管理与经营

1) 城市公共交通的管理部门

按照我国行政管理的有关规定：城市公共交通实行行业管理，由国务院交通运输主管部门负责指导全国城市公共交通的监督管理工作；由省、自治区人民政府交通运输主管部门负责指导本行政区域城市公共交通的监督管理工作；城市人民政府及其指定的城市公共交通管理部门具体负责本行政区域城市公共交通的监督管理工作。

2) 城市公共交通的经营方针

城市公共交通经营管理的基本方针是为公众出行服务，其经济效果主要见诸社会收益；城市公共交通企业属公益性企业，不能单纯地着眼于企业自身的盈利；企业发

生的政策性亏损，一般由政府给予补贴；衡量城市公共交通企业经营管理水平的标准，首先是它对公众出行的安全、方便、及时、经济、舒适等要求的满足程度，其次才是企业的经济效益。

3) 城市公共交通的经营形式

城市公共交通经营的企业形式主要有国营、私营和联合经营三种。为了协调各公共交通系统的服务工作，在大中型城市一般设立公共交通企业联合会或类似的管理机构。它们的任务是：制定统一的公共交通网络规划；协调各个公共交通企业之间的经营范围；协调和监督执行统一的行车时刻表；制定统一的票价政策和制度等。

4) 城市公共交通的运营方式

城市公共交通的运营方式通常有定线定站服务、定线不定站服务和不定线不定站服务三种。

(1) 定线定站服务：车辆按固定线路运行，沿线设有固定的站位，行车班次和行车时刻表完全按调度计划执行。例如，公共汽(电)车、地铁和轻轨等属于定线定站服务公交。

(2) 定线不定站服务：车辆按固定线路运营服务。乘客可以在沿线任意地点要求停车上下。沿线车辆的数量根据客流变化调节。例如，有些城市的小型公共汽车(小巴)和中型公共汽车(中巴)属于这种运营方式。其最大优点是乘用方便；最大缺点是载客量少，任意停靠不安全。目前，这种方式大中城市的郊区和流量较小的道路尚可采用，市内已逐步取消。

(3) 不定线不定站服务：即出租汽车运营方式。一般是 24 h 营业制，乘客可以电话要车或预约订车，也可以到营业点租乘或在路段上招手乘车。

5) 城市公共交通的服务要求

城市公共交通担负着为社会公众提供基本出行服务的职能，对城市的建设和发展具有重要意义。为了提高城市公共交通企业的服务质量，向社会公众提供安全舒适、方便快捷、经济环保的城市公共交通服务，引导社会公众选择公共交通出行，保护城市公共交通当事人合法权益，对城市公共交通的服务应提出如下基本要求：

(1) 城市公共交通业务应当实行准入制度：即从事城市公共交通服务业务的经营者应当具有必要的服务条件，并向城市公共交通管理机构提出申请，在经过审查，得到批准，取得城市公共交通经营许可证和线路运营权后，才能为社会公众提供相应的公交服务。同时，经营者不得转让或者以承包、挂靠等方式变相转让被许可的城市公共交通业务和线路运营权。

(2) 城市公共交通企业必须遵守经营规则：城市公共交通企业取得城市公共交通经营许可证和线路运营权后，应当以服务为宗旨，依法经营，公平竞争，严格按照城市公共交通管理部门确定的公交线路、服务内容和服务要求进行运营，未经管理部门许可，不得任意变更运营线路和服务内容，不得任意增减营运车辆。

(3) 城市公共交通从业人员必须岗前培训：从事城市公共交通运营服务的驾驶员、乘务员、调度员等从业人员，上岗前应当学习城市公共交通运营服务规范和安全应急知识，并通过有关部门的考试后才能上岗。公交企业应当加强对驾驶员、乘务员、调度员等从业人员的管理和培训,确保有关从业人员严格遵守有关法律法规,执行有关城市公共交通运营服务规范。

(4)城市公共交通必须实行政府定价:为了体现城市公共交通的公益性质和优先政策,城市公共交通的票价根据运营成本等因素实行政府定价。同时,制定城市公共交通票价时,应当进行价格听证。城市公共交通企业应当执行规定的票价。城市人民政府应当将城市公共交通有关补贴、补偿资金纳入财政预算。

1.6.2 城市公共交通的分类

我国原建设部2007年颁布了《城市公共交通分类标准》(CJJ/T 114—2007),将城市公共交通按系统形式、载客工具类型、客运能力等分为城市道路公共交通、城市轨道公共交通、城市水上公共交通和城市其他公共交通四大类别,各大类又分若干中类和小类。

1) 城市道路公共交通

城市道路公共交通包括常规公共汽车、快速公共汽车系统、无轨电车和出租汽车4个中类,4个中类又包括14个小类。其具体分类名称及其主要指标特性如表1-12所示。

表1-12 城市道路公共交通分类

大类	中类	分类名称		主要指标特性			
		小类	车长/m	定员	平均速度 /km·h^{-1}	客运能力 /人次·h^{-1}	适用于
城市道路公共交通 GJ_1	常规公共汽车 GJ_{11}	小型公共汽车 GJ_{111}	3.5~7	≤40	15~25	≤1 200	等级道路
		中型公共汽车 GJ_{112}	7~10	≤80	15~25	≤2 400	等级道路
		大型公共汽车 GJ_{113}	10~12	≤110	15~25	≤3 300	次干路以上
		特大型(铰接)公共汽车 GJ_{114}	13~18	135~180	15~25	≤5 400	主干路以上
		双层公共汽车 GJ_{115}	10~12	≤120	15~25	≤3 500	主干路以上
	快速公共汽车系统 GJ_{12}	大型公共汽车 GJ_{121}	10~12	≤110	25~40	≤11 000	主干路以上
		特大型(铰接)公共汽车 GJ_{122}	13~18	110~150	25~40	≤15 000	主干路以上公交专用道
		超大型(双铰接)公交车 GJ_{123}	≥23	≤200	25~40	≤20 000	主干路以上,公交专用道
	无轨电车 GJ_{13}	中型无轨电车 GJ_{131}	7~10	≤80	15~25	≤2 400	等级道路
		大型无轨电车 GJ_{132}	10~12	≤110	15~25	≤3 300	等级道路
		特大型(铰接)无轨电车 GJ_{133}	13~18	120~170	15~25	≤5 100	主干路以上
	出租汽车 GJ_{14}	小型出租汽车 GJ_{141}		≤5			按程计费
		中型出租汽车 GJ_{142}		7~19			预定
		大型出租汽车 GJ_{143}		≤20			预定

2) 城市轨道公共交通

城市轨道公共交通包括地铁系统、轻轨系统、单轨系统、有轨电车、磁浮系统、自动导向轨道系统和城市快速轨道系统7个中类,13个小类。其具体分类名称及其主要指标特性如表1-13所示。

表 1-13 城市轨道交通分类

分类名称			主要指标特性		备注
大类	中类	小类	车辆和线路条件	运力 N；平均速度 v	
城市轨道交通 GJ_2	地铁系统 GJ_{21}	A 型车辆 GJ_{211}	车长 22 m；车宽 3.0 m 线路半径≥330 m 线路坡度≤3.5‰	定员：310 人 N：4.5~7.0 万人次/h v≥35km/h	地面，地下，高架
		B 型车辆 GJ_{212}	车长 16.8 m；车宽 2.8 m 线路半径≥250 m 线路坡度≤35‰	定员 230~245 人 N：2.5~5.0 万人次/h v≥35km/h	地面，地下，高架
		L_B 型车辆 GJ_{212} (L_B 为直流电机车辆)	车长 22 m；车宽 3.0 m 线路半径≥100 m 线路坡度≤60‰	定员：215~240 人 N：2.5~4.0 万人次/h v≥35 km/h	地面，地下，高架
	轻轨系统 GJ_{22}	C 型车辆 GJ_{221}	车长 18.9~30.4 m；车宽 2.6 m 线路半径≥50 m 线路坡度≤60‰	定员：200~315 人 N：1.0~3.0 万人次/h v：25~35 km/h	地面，地下，高架
		L_C 型车辆 GJ_{222} (L_C 为直流电机车辆)	车长 16.5 m；车宽 2.5~2.6 m 线路半径≥60 m 线路坡度≤60‰	定员：150 人 N：1.0~3.0 万人次/h v：25~35km/h	地面，地下，高架
	单轨系统 GJ_{23}	跨座式单轨车辆 GJ_{231}	车长 15 m；车宽 3.0 m 线路半径≥50 m 线路坡度≤60‰	定员：150~170 人 N：1.0~3.0 万人次/h v：30~35km/h	高架
		悬挂式单轨车辆 GJ_{232}	车长 15 m；车宽 2.6 m 线路半径≥50 m 线路坡度≤60‰	定员：80~100 人 N：0.8~1.25 万人次/h v≥20 km/h	高架
	有轨电车 GJ_{24}	单厢或铰接式有轨电车(含 D 型车) GJ_{241}	车长 12.5~28 m；车宽 2.6 m 线路半径≥30 m 线路坡度≤60‰	定员：110~260 人 N：0.6~1.0 万人次/h v：15~25 km/h	地面，高架
		导轨式胶轮电车 GJ_{242}	—	—	—
	磁浮系统 GJ_{25}	中低速磁浮车辆 GJ_{231}	车长 12~15 m；车宽 2.6~3 m 线路半径≥50 m 线路坡度≤70‰	定员：80~120 人 N：0.8~1.25 万人次/h v(最高)：100km/h	高架
		高速磁浮车辆 GJ_{231}	车长端 27 m，中 24.8 m 车宽 3.7 m；线路半径≥350 m 线路坡度≤100‰	定员：端 120 人，中 144 人 N：1.0~2.5 万人次/h v(最高)：500 km/h	郊区高架
	自动导向轨道系统 GJ_{26}	胶轮特制车辆 GJ_{261}	车长 7.6~8.6 m；车宽≤3.0 m 线路半径≥30 m 线路坡度≤60‰	定员：70~90 人 N：1.0~3.0 万人次/h v≥25 km/h	地下，高架
	城市快速轨道系统 GJ_{27}	地铁车辆或专用车辆 GJ_{271}	线路半径≥500m 线路坡度≤30‰	v：120~160km/h	中长离距

3) 城市水上公共交通

城市水上公共交通包括城市客渡和城市车渡 2 个中类，3 个小类。其具体分类名称及其主要指标特性如表 1-14 所示。

4) 城市其他公共交通

城市其他公共交通包括城市客运索道、客运缆车、客运扶梯和客运电梯 4 个中类。其具体分类名称及其主要指标特性如表 1-14 所示。

表 1-14 城市水上公共交通和城市其他公共交通分类

分类名称			主要指标特性		备注
大类	中类	小类	车辆和线路条件	运力 N；平均速度 v	
城市水上公共交通 GJ_3	城市客渡 GJ_{31}	常规渡轮 GJ_{311}	定员：≤1 200 人	静水速度 $v < 35$ km/h	水面
		快速渡轮 GJ_{312}	定员：≤300 人	静水速度 $v < 35$ km/h	水面
		旅游观光渡轮 GJ_{313}	定员：≤500 人	静水速度 $v < 35$ km/h	水面
	城市车渡 GJ_{32}	—	定员：8～60 标准车位（单车载重 5 t 为一个标准车位）	静水速度 $v < 30$ km/h	水面
城市其他公共交通 GJ_4	客运索道 GJ_{41}	往复式索道 GJ_{411}	吊厢定员：4～200 人 索道坡度：≤55°	N：≤4 000 人次/h v≤12m/s	
		循环式索道 GJ_{412}	吊厢定员：4～24 人 吊椅或吊篮定员：4～6 人 索道坡度：≤45°	N：≤4 800 人次/h v≤6 m/s	
	客运缆车 GJ_{42}		车长：8.5～16 m 定员：48～120 人 线路坡度：≤45°	N：≤2 400 人次/h v≤5 m/s	—
	客运扶梯 GJ_{43}		线路坡度：≤30°	N：≤12 000 人次/h v≤0.75 m/s	—
	客运电梯 GJ_{44}		定员：12～48 人	N：≤2 000 人次/h v≤10 m/s	—

1.6.3 城市公共交通的车辆数和设施要求

国家标准《城市道路交通规划设计规范》(GB 50220—1995) 规定：大、中城市应优先发展公共交通，逐步取代远距离出行的自行车；小城市应完善市区至郊区的公共交通线路网；城市公交的车辆数、线路网、车站、停车场等应符合下列具体要求。

1) 城市公共交通常用术语

乘客平均换乘系数，公共交通标准车、运送速度等是城市公共交通的常用术语。

(1) 乘客平均换乘系数：是衡量乘客直达程度的指标。其值为乘车出行人次与换乘人次之和除以乘车出行人次。其值越小，表示直达程度越好。

(2) 公共交通标准车：是以车身长度 7～10 m 的单节公共汽车为标准车。其他各种型号的公交车辆，按其不同的车身长度，分别乘以相应的换算系数，折算成标准车数。

(3) 运送速度：是衡量公共交通服务质量的指标。指公共交通车辆在线路首末站之间的行程长度除以行程时间(包括各站间的行驶时间与各站停站时间)所得的平均速度(km/h)。

(4)港湾式停靠站:是在道路车行道外侧,采取局部拓宽路面的公共交通停靠站。

2)城市公共交通车辆数要求

城市公共汽车和电车的规划拥有量,大城市应每800~1 000人一辆标准车,中、小城市应每1 200~1 500人一辆标准车;城市出租汽车规划拥有量按需确定,大城市每千人不宜少于0.5辆,中等城市可在期间取值。规划人口超过200万人的城市,应预留轨道交通的用地;城市公共交通规划应在客运高峰时,使95%的居民乘用主要公交方式时,单程最大出行时耗符合表1-15的规定;单向客运能力符合表1-16的规定。

表1-15 不同规模城市最大出行时耗和主要公共交通方式要求   min

城市规模		最大出行时耗	主要公共交通方式
大	≥200万人	60	大、中运量快速轨道交通,公共汽车、电车
	100万~200万人	50	中运量快速轨道交通,公共汽车、电车
	<100万人	40	公共汽车、电车
中		35	公共汽车
小		25	公共汽车

表1-16 公共交通方式单向客运能力要求

公共交通方式	运送速度/km·h^{-1}	发车频率/车次·h^{-1}	单向客运能力/千人次·h^{-1}
公共汽车	16~25	60~90	8~12
无轨电车	15~20	50~60	8~10
有轨电车	14~18	40~60	10~15
中运量快速轨道交通	20~35	40~60	15~30
大运量快速轨道交通	30~40	20~30	30~60

3)城市公共交通的线路网要求

城市公共交通线路网应综合规划,市区线、近郊线和远郊线应紧密衔接,各线的客运能力应与客流量相协调,线路的走向应与客流的主流向一致;主要客流的集中点应设置不同交通方式的换乘枢纽,方便乘客停车与换乘;公共交通线路网的密度,在市中心区应达到3~4 km/km²,在城市边缘地区应达到2~2.5 km/km²;乘客平均换乘系数,大城市不应大于1.5,中、小城市不应大于1.3;公共交通线路非直线系数不应大于1.4;市区公共汽车与电车主要线路的长度宜为8~12 km;快速轨道交通的线路长度不宜大于40 min的行程。

4)城市公共交通的车站设施要求

城市公共交通车站服务面积,以300 m半径计算,不得小于城市用地面积的50%,以500 m半径计算,不得小于90%;公共交通车站的设置,在路段上同向换乘距离不应大于 50 m，异向换乘距离不应大于 100 m，对置设站应在车辆前进方向迎面错开 30 m，在道路平面叉口和立体交叉口上设置的车站，换乘距离不宜大于 150 m，并不得大于 200 m；长途客运汽车站、火车站、客运码头主要出入口 50 m 范围内应设公共交通车站；公共交通车站应与快速轨道交通车站换乘；快速路和主干路及郊区的双车道公路，公共交通停靠站不应占用车行道，停靠站应采用港湾式布置；公共汽车和电车的首末站应设置在城市道路以外的用地上，每处用地面积可按 1 000 ~ 1 400 m^2 计算。公共交通的站距应符合表 1-17 的规定。

表 1-17　公共交通站距要求　　　　　　　　　　　　　　　　　　　　　　　m

公共交通方式	市区线	郊区线
公共汽车与电车	500 ~ 800	800 ~ 1 000
公共汽车大站快车	1 500 ~ 2 000	1 500 ~ 2 500
中运量快速轨道交通	800 ~ 1 000	1 000 ~ 1 500
大运量快速轨道交通	1 000 ~ 1 200	1 500 ~ 2 000

5) 城市公共交通的场站设施要求

公共交通停车场、车辆保养场、整流站、公共交通车辆调度中心等的场站设施应与公共交通发展规模相匹配，用地有保证；公共交通车辆调度中心的工作半径不应大于 8 km，每处用地面积可按 500 m^2 计算；无轨电车和有轨电车整流站的服务半径宜为 1 ~ 2.5 km，单座整流站的用地面积不应大于 1 000 m^2；大运量快速轨道交通车辆段的用地面积，应按每节车厢 500 ~ 600 m^2 计算，并不得大于每双线千米 8 000 m^2；公共交通车辆保养场布局应使高级保养集中，低级保养分散，并与公共交通停车场相结合，保养场用地面积指标宜符合表 1-18 的规定。

表 1-18　公共交通车辆保养场用地面积指标要求

保养场规模/辆	每辆车的保养场用地面积/$m^2 \cdot 辆^{-1}$		
	单节公共汽车和电车	铰接式公共汽车和电车	出租小汽车
50	220	280	44
100	210	270	42
200	200	260	40
300	190	250	38
400	180	230	36

6) 城市公共加油站设施要求

我国汽车已进入家庭，城市逐步实现汽车化，对加油站的需求不断增加。城市公共加油站的数量应适中：过少时，则汽车加油不便，会造成加油站前排队和堵车；过多时，则城市中储油过多，会造成加油站占用土地和资金过多，也不利于城市防火。为此，国家参考香港、澳门、深圳等地的情况，规定如下：

(1) 城市公共加油站的服务半径宜为 0.9 ~ 1.2 km。

(2) 城市公共加油站的选址，应符合国家标准《小型石油库及汽车加油站设计规范》(GB 50156—1992)规定。

(3) 城市公共加油站的进出口宜设在次干路上，并附设车辆等候加油的停车道。

(4) 附设机械化洗车的加油站，应增加用地面积 160~200 m²。

(5) 公共加油站应大、中、小相结合，以小型站为主，其用地面积应符合表1-19的规定。表中用地面积包括：加油站建筑、加油站设施、车辆小修、车行道路、隔离绿地等。

表1-19 公共加油站的用地面积

昼夜加油的车次数/次	300	500	800	1 000
用地面积/万 m²	0.12	0.18	0.25	0.30

1.7 城市交通管理

城市交通管理是通过一系列的交通规划、交通设施、交通政策和交通法规等管理模式和方法，利用现有道路交通网络，来调整、均衡交通流时空分布，提高交通运输效率。

如果城市交通缺乏规划或规划不合理，城市交通基础设施建设速度还跟不上交通需求增长速度，城市交通设施的运输能力也不能满足交通需求，就会经常出现交通拥挤。如果城市交通管理设施落后，交通政策和法规不健全，管理水平不高，城市交通结构不合理，现有道路交通网络和设施的运输能力得不到充分利用，就会经常出现交通阻塞(堵车)。

补充阅读资料：巴黎不堵车的秘诀

作为一座文化名城、时尚之都，巴黎一直吸引着世界各地的游客。巴黎的交通谈不上豪华和现代化，却量身打造得有效适用。

目前，大巴黎地区共有人口约1 200万，汽车保有量高达500万辆。巴黎交通能畅行不堵，与多方面的共同作用有关。巴黎有严格的交规，更有严格执行交规的驾驶人和行人。汽车与行人严格按照交规办事，不抢不超，相互礼让。不存在"害群之马"横在路中间，谁也动不了的问题。巴黎街道环岛多意味着出口多，一遇拥堵，选择也就多，不会同挤一个"独木桥"，而是"条条大路通罗马"。不到2 km长的香榭丽舍大街就有两个大环岛和几个小环岛，协和广场的环岛有6个出口，凯旋门星形广场环岛则有通向全法各地的12个出口。

巴黎的地铁比较发达。50 m之内大多能找到站口。不少地铁中心站又与轻轨、城际、公共汽车站和出租车站连在一起，且在周围建有大型地下停车场。这些立体交通联网不仅保证了大量人员分流。而且对驾车人来说，可根据当时的路面通行状况，在节点上提供了改变通行方式的选择，从结构上解决了不受堵车影响，可按时到达目的地的可能性。

(摘自《人民日报》2010年12月23日)

在城镇化和机动化快速发展的压力下，城市交通发展面临着交通拥堵、交通安全、交通污染等诸多因素的制约，城市交通系统的复杂性和综合性也越来越明显，城市交通问题已经成为我国和世界其他国家亟待解决的难题之一。

评价大中型城市交通状况的优劣主要应看：城市公共交通和货物专业运输事业的发展水平；交通秩序和交通安全状况；与交通结构相适应的道路建设状况；交通通畅程度；交通公害情况；城市繁华区的平均车速等。

我国在重视城市总体规划建设的同时，正在根据自己的国情，致力于城市交通综合治理的研究和实施：完善交通法规，加强交通管理，开展交通教育，提倡交通道德，建设必要的行人过街地道和过街天桥，错开上下班时间，研究控制自行车交通发展的对策，采取自动化的交通检测手段和控制手段以提高道路和路口的通过能力等。

1.7.1 城市交通管理的原则与要求

以人为本是现代城市交通管理的最根本的原则。城市交通政策法规和组织措施的出台，不能单纯从方便管理出发，必须优先考虑大多数人出行问题，特别是弱势群体的出行，如行人交通、自行车交通与残疾人交通等。要转变观念，不能把规划、建设与管理的着眼点单纯地放在车行道上，要十分重视人行道、人行横道设施、自行车道、自行车横道设施的规划、建设、管理以及街巷的整治等。交通组织调整，应以方便大多数人出行为准则，特别是实行单行、禁左、限制等措施前，要站在禁、限对象的角度考虑其是否有时空和出路。目前，人们对城市交通管理由以车为本向以人为本转变的基本要求是：

(1) 要注重交通的安全性：努力降低交通事故率，保障人民群众出行时的交通安全，特别是对于步行交通方式的人群，应不因城市交通使人失去安全感。

(2) 要注重交通的便捷性：努力为人民群众创造方便和高效的出行条件，提高城市车流速度、车流量、减少交通拥堵，特别是要有方便和经济的公共交通方式供人选择。

(3) 要注重交通环境的协调性：努力加强交通管理，既要满足城市交通机动化、汽车化的时代要求，又要尽量减少城市交通对空气和环境污染所带来的负面影响。

(4) 要注重交通资源的合理性：努力提高城市道路、停车场地及能源的利用率、实现有限空间和交通资源的合理利用。

(5) 要注重城市交通的公平性：使每个人在交通资源使用，在交通管理利益，以及交通方式选择等方面享有平等的权利和义务。

1.7.2 我国城市交通管理的主要问题

我国人口众多，能源和土地资源相对短缺，城市人均道路面积约 8 m^2，远低于发达国家人均 25 m^2 的水平，离国家标准《城市道路交通规划设计规范》GB 50220—1995 的规定的"人均占有道路用地面积宜为 7～15 m^2"和"畅通工程 A 类城市一等标准大于或等于 16 m^2/人"也有差距。城市交通管理工作仍将面临三大矛盾，即：有限增长的道路资源与迅猛增长的交通出行需求之间的矛盾；有限的管理力量、手段与现代交通管理需要之间的矛盾；交通行为的社会认知程度与国家法制文明建设之间的矛盾。目前，我国城市交通管理状况各地虽有差异，但一般存在或将面临以下主要问题。

(1) 交通基础设施建设滞后。①城市人均道路面积偏少，且道路面积的增长速度低于机动车的增长速度；②城市道路构成不合理，快速路、主干路、次干路和支路各级路网的比例相对失衡，导致路网容量和通行能力受限；③城市停车场地数量和面积普遍不够，且结构和布局不合理，停车位的利用率与周转率低，造成市区停车问题突出；④交通管理设施缺少，如交通标线未按畅通工程的要求施划，交通标志和隔离设施未按规范要求设置等。

(2) 交通流量迅猛增长及城市交通需求膨胀。我国近5年汽车年产销总量每年以20%的速度递增，小汽车逐步进入家庭，交通流量迅猛增长及城市交通需求急剧膨胀将不可避免；按国际统计惯例，汽车普及阶段为每百户家庭拥有10辆汽车，我国大中城市已开始向汽车普及阶段接近。这对城市交通将形成新一轮冲击，给本来就拥挤不堪的城市交通网增加更多负荷。

(3) 城市结构与交通结构不合理。由于历史、地理等多方面的原因，城市中心区开发强度过大，交通源过分集中；城市公交系统结构单一、运营落后，服务质量不高，乘坐及换乘不便等问题，缺少吸引力，在城市客运中未发挥其应有的作用；城市大运量轨道交通系统建设周期长，投资大，需要时间；城市小汽车、电动自行车发展快，占的比重大，其人均占用道路和停车场地面积多。这些都会造成居民出行方式复杂，城市交通结构不合理等问题。

(4) 城市交通管理体制存在缺陷。我国现行的道路交通管理体制正在改革和完善之中，存在部门分割、职能交叉等问题。例如：各级公路的建设、维修和管理由交通运输部门主管，公路管理部门具体负责；所有道路的长途客运由交通运输部门主管，道路运输部门具体负责；城市道路的建设由城建部门主管和负责，而日常管理维护由城管部门负责；城市公交车与出租车行业由交通运输部门指导，城市公用事业部门具体负责；道路交通的安全和秩序由公安部门主管，交警具体负责。各部门虽有分工，各司其职，但难以形成管理合力，也难免出现管理缺失和漏洞。

(5) 城市交通参与者的整体素质较低。一是机动车驾驶人素质不高；二是群众交通安全和交通法制观念淡薄。近年来，随着机动车数量的不断增加，驾驶人队伍日益扩大。整个队伍良莠不齐，鱼龙混杂。个别驾驶人文化素质低，思想素质不高，安全观念不强。特别是许多驾驶人技术不高，缺乏相关经验，处理问题能力不强。驾驶人的素质直接影响城市交通安全和管理。由于城市人口数量不断增加，人员结构复杂，交通知识的宣传教育相对缺乏，群众的交通知识普及程度较低，相当一部分交通参与者缺乏必要的交通常识，不遵守交通法规的现象十分普遍。群众的素质也直接影响城市交通安全和管理。

(6) 城市交通管理水平不高。由于受计划经济体制的长期影响，许多城市的交通管理工作仍处于经验型管理为主的状态，管理水平不高主要表现在：缺乏整体的交通发展战略；交通政策和法规不配套；交通规划实施不力；专业管理人才缺乏；管理手段科技水平和技术含量不高；交通组织不合理等。现有城市交通管理手段远未达到最佳状态，一些不良的交通症状未能得到有效治理，一些突出的交通问题未能得到合理解决。

1.7.3 解决城市交通拥堵的途径

一般来说，解决交通供求矛盾、降低交通负荷程度、提高道路通行能力"三管齐下"才是解决城市道路交通拥堵的根本办法。具体可通过以下三个途径去实现：

(1)加强道路建设：增加道路和停车场地供给，始终是解决城市交通问题的主要途径和传统办法。但必须在科学规划的前提下从城市布局、交通规划、道路建设三方面营造良好的交通环境：①合理规划城市的土地利用和空间布局，特别是要重视商业中心区、工矿企业和客、货运枢纽的合理布局，防止出现交通源过分集中的现象；②超前考虑城市交通整体规划，按国家有关规定，200万人口以上的大城市应规划大运量轨道交通，采用多种运输方式，减轻道路交通压力；③加快新建道路和扩建既有道路，提高路网密度，优化路网结构，通过道路及基础设施的建设来增加交通供给能力和提高路网交通容量，以达到降低交通负荷，解决交通拥堵的目的。

但值得注意的是，城市路网基本完善后，再建道路能产生的网络交通效益很低，还可能会刺激原来被压抑的交通需求的产生。

(2)加强交通需求管理：运用行政手段，采取有效措施合理调控城市交通需求，从源头上削减交通总量，是解决城市交通问题的重要途径和一大法宝。交通需求管理是一种政策性管理，它包括"车辆拥有控制"和"车辆使用控制"两个方面。各城市可通过采取符合本地具体条件的交通政策和法规，引导交通参与者选择合理的出行方式、出行时间、出行线路，控制、限制、禁止某些交通方式的出行，减少和均衡出行量，以达到降低道路交通负荷的目的。实施交通需求管理措施的作用：可以减少和避免不必要的交通发生源和吸引源，控制城市交通需求的不合理增长；有利于优先发展公共交通，并引导其他交通方式合理发展，构成城市最佳交通模式，同时合理调节和控制不同时段、不同区域城市道路上机动车辆总量。

(3)加强交通系统管理：运用交通管理手段和方法，挖掘城市道路系统的运用潜力，是解决城市交通问题的必要途径。加强交通系统管理必须以交通法规为依据，开展深化畅通工程研究，不断提高科技水平和管理水平，通过交通规则、交通设施控制交通流量，优化交通组织，提高交通秩序和效率，使交通流在时间和空间上分布趋于均匀，最大限度地充分发挥现有路网资源的通行效能。

1.7.4 城市交通需求管理策略

交通需求管理(trave demand manegement，TDM)是指运用经济和法规等手段来影响和限控出行者的交通行为，削减不合理的交通需求，转移相对集中的交通需求，达到减少或重新分配对空间和时间的出行需求的目的，从而使交通供需达到相对均衡，以保证城市交通系统有效运行。

交通需求管理是城市交通系统管理的一个重要内容。它强调人和货物的移动，而不是车辆的移动，视移动只是到达目的地的一种手段、方式。它侧重于对交通需求的具体引导、调节与管理，降低道路交通负荷，以缓解城市交通拥挤。它将解决大城市交通问题的理念由单纯地提高供给，转化为从交通需求的源头进行控制。为了解决城市交通中供求不平衡的矛盾，从供求两个方面来协调解决交通拥挤问题是必然的选择。所以，交通需求管理是近年来世界各大城市解决交通问题的一大法宝，其效果已经被很多城市有效的交通改善成果所证明。

例如在国外，新加坡全面实施以各种经济手段抑制人们购置和使用汽车的欲望，有效地控制了交通量；欧洲各国也围绕综合治理城市交通中出现的问题，正在对TDM开展广泛的研究和应用；荷兰1990年开始实施了ABC区位政策，以抑制个人汽车使用和推进公共交通的利用。国外对TDM对策的实施结果和不完全的研究结论已经表明，TDM对策对于解决城市交通拥挤起到了明显的作用。根据目前经验，交通需求管理策略主要可采用以下几种。

1) 优先发展策略

即优先某些人均道路面积占用小、人均环境污染轻、人均能源消耗少的交通方式和交通工具发展的管理措施。并根据城市道路交通网络、能源供应及环境控制的实际情况，制订优先发展的实施措施。

(1) 优先发展公共交通：在城市交通中，每个人出行时所占用的道路面积是由其所选择的出行方式和交通工具决定的。常用交通工具及其人均占用的道路面积大约是：自行车 7.4 m^2；小汽车 69.9 m^2，按每车 4 人计算，人均占用道路面积 17.5 m^2；大型公共汽车 94.5 m^2，按每车 60 人计算，人均占用道路面积 1.6 m^2。由以上数据可知，选择公共汽车出行人均占用道路面积最小，人均交通污染指标最低、人均消耗能源最少。虽然实际中不可能要求每个人都利用公共交通出行，但很多发达国家公共交通的出行率都在 60% 以上，在很大程度上缓解了城市交通拥挤。目前，我国许多城市已对出行选择行为加强了引导，正在开展城市公共交通优先发展保障体系的研究，从政策法规、技术措施等方面保障公共交通的优先发展。

(2) 优先多占位车辆通行：即给予满载的大中客车和乘带多名乘客(2 人以上)的小客车在交叉口、收费通道优先通行权，有的城市还设置优先通行专用车道，以此鼓励驾车人员多带乘客，以便减少道路上小汽车数量。

2) 限制发展策略

当城市道路网络总体交通负荷达到一定水平时，交通拥挤现象就会加重，这时，必须对某些交通工具实施限制发展，以防止交通状况的进一步恶化。哪类交通工具应该被限制发展以及限制程度，应根据城市道路负荷情况、交通工具拥有量与出行特征确定。主要是限制那些运输效率低，安全性能差的交通工具。例如：城市中巴公交车，虽然停靠轻便，曾受公众欢迎，但载客量少，安全性差，在市区频繁停靠已对交通构成妨碍，大、中城市应由大巴取代；城市出租车随叫随到，应急送达服务好，摩托车机动灵活，不受时间和道路限制，它们都是城市不可缺少的交通工具，但人均能耗及占用道路面积多，发展到一定程度时应加以限制。与优先发展策略不同的是，采用限制发展策略会有一定的负面影响,因此在实施限制发展策略前,必须对此策略可能造成的正面及负面效益做细致的分析与评价。

3) 禁止出行策略

即在某些区域或时段内禁止某些交通工具通行或轮流出行的管理措施。但禁止出行一般为临时性措施。我国常用的禁止出行策略有:某些重要通道或区域(甚至全市)的车辆单双号轮流通行;某些路段在某些时段(通常为高峰小时,有的甚至是全天)禁止某些交通工具通行,如白天市内禁止货车通行;还有交叉口禁止左转向等。与限制发展策略一样,禁止出行策略也有负作用,实施时"事前事后"必须进行效果定量化评价。

4) 经济杠杆策略

是一种通过经济手段来调整出行分布或减少出行需求量的管理措施。例如:市中心可采用收取高额停车费来减少该区域的车辆交通量;通过对某些交通工具收取附加费来减少其出行量;某些重要通道过分拥挤时可通过收取通行费(又称拥挤费)来调节交通量;对鼓励发展的交通方式收低价、对限制发展的交通方式收高价等来调整交通结构。经济杠杆策略实施前,应对"收费额度"定量分析,以便确定最佳"费额"。

1.7.5 城市道路交通的信号灯控制

信号灯是交通信号中的重要组成部分,是道路交通的基本语言。城市道路交通信号灯一般由人们所熟悉的红灯、绿灯、黄灯组成,主要设置在道路网络的节点(平面交叉路口),用来在时间上给不同方向的交通流分配通行权,但也可以设置在道路网络的路段或其他位置,为道路使用者提供必要的情报和信息,帮助他们有效地使用交通设施。可以想象,城市交通没有信号灯是不行的。所以,信号灯是城市道路交通最重要的控制、指挥和管理设施,它控制着城市车流的运行秩序,保证了城市交通的安全,并以求获得最大的通行量。信号灯很少单独使用,一般是成组和建立控制系统使用,并与道路交通标志和标线等其他交通信号相配合,组成城市道路交通信号体系。信号灯作为城市道路交通的控制系统,其管理范围与作用、控制参数和控制方式的基本概念如下。

1) 信号灯控制系统的管理范围与作用

信号灯控制系统按其在道路网络中的实际管理范围分为"点控制"、"线控制"和"面控制"三种类型。各种类型的名称与作用分别是:

(1) 单点交叉口信号灯控制:是以道路网络中单个交叉口为控制对象,一般与周边相邻交叉口无直接联系,简称"点控制"。它是道路交通信号控制系统最基本的形式。其作用只考虑本交叉口的时间分配和安全秩序。根据所采用的信号灯控制方式的不同,交叉口信号灯"点控制"可分为固定周期信号控制和感应式信号控制两种,目前以固定周期信号控制为主。

(2) 干道交通信号灯协调控制:是把道路网络中某一条主要干道上一批相邻交叉口的信号灯联动起来,进行协调控制,简称"线控制"。它可以是"点控制"的连续,也往往是"面控制"系统的一种简化形式,各交叉口控制参数基本相同。其作用是通过精确设计各交叉口的时间分配和相邻交叉口之间的相位差,使车流沿某条主干道行进过程中,连续得到一个接一个的绿灯信号,畅通无阻地通过沿途所有交叉口,实现"绿波交通"干道,以便提高整条干道的通行能力。根据所采用的信号灯控制方式的不同,干道信号灯"线控制"可分为定时式协调控制和感应式协调控制两种,目前以定时式协调控制较为普遍。

(3) 区域交通信号灯控制系统:是把道路网络某区域中所有交叉口的信号灯作为协调控制的对象,控制区内各受控信号灯都受中心控制室的集中控制,简称"面控制"。对范围较小的区域,可以整区集中控制;范围较大的区域,可以分区分级控制。"面控制"是一个点、线、面综合控制系统,一般"点控制"是"线控制"的基础,"线控制"是"面控制"的单元。其作用是通过精确设计各交叉口的时间分配和相邻交叉口之间的相位差,实现"绿波交通"区域,以便提高整个道路网络的通行能力。根据所采用的信号灯控制方式的不同,区域信号灯"面控制"也可分为定时脱机式控制系统及感应式联机控制系统两种。

2) 信号控制系统的控制参数

控制参数主要包括信号时间长度、信号周期长度、信号相位方案、绿信比等。这是信号控制系统中各种控制方式的主要研究内容。

(1) 信号时间长度:一般红灯、绿灯时间根据交叉口总交通量和各相交道路交通量确定:红灯 20~60 s,禁止通行;绿灯 20~60 s,准许通行;主干道车辆多,绿灯时间长,红灯时间短;次干道与之相反。黄灯时间根据交叉口大小设定,一般 4 s 左右,用于清尾。每个方向上的红、绿、黄三色灯按事先设计好的控制程序循环显示。

(2) 信号周期长度:是指各个行车方向完成一组信号灯变换所需的总时间。它等于红灯时间 + 绿灯时间 + 黄灯时间。

(3) 信号相位方案:是信号灯轮流给某些方向的车辆或行人分配通行权的一种顺序安排。每个路口各进口道不同方向所显示的不同灯色的组合称为一个信号相位。一般情况下,相位方案有两相制和三相制:

①两相制是信号灯采用两个相位:第一相如果东西向放行,显绿灯,则南北向禁行,显红灯;第二相必须是南北向放行,显绿灯,东西向禁行,显红灯。

②三相制是信号灯采用三个相位,即左转交通量较大时,加设左转专用相位,此时,信号灯是三相制。

(4) 绿信比:是指一个相位信号内有效通行时间与周期长度之比,即相位的有效绿灯时长与周期时长之比。它是某一方向的通行效率指标。

3) 信号控制系统的控制方式

根据每个交叉口信号周期长度是否相对固定,信号控制系统分为固定周期信号控制和感应式信号控制两种方式。

(1) 固定周期信号控制:是指信号周期长度相对固定,不随车辆到达情况自动变化。即在一个较小的时间段内(如 1 h),周期长度及各色灯时间是固定的,但在一天中,周期长度及各色灯时间是可变的,但这种变化是人为设定,不是根据车辆到达情况自动变化。它是最基本的交叉口信号控制方式。其特点是:设备简单、维护方便;

信号机可以升级,与邻近信号灯连机后可上升为干线控制或区域控制;但信号周期长度不能根据车辆到达情况自动变化,可能使交叉口间段闲置或车辆等待时间太长,不能实现交叉口流量的最大利用率。

(2)感应式信号控制:是指交叉口进口车道设有车辆到达检测器,信号周期长度可随感应到的车辆到达情况自动变化。它的工作原理是应用感应式信号机实行感应控制,即信号机内设一个初始绿灯时间,初始绿灯时间结束时,如果没有后续车辆到达,则变换相位,如果还有车辆到达,则绿灯延长一个预设的单位绿灯时间,只要不断有车到达,绿灯时间可继续延长,直到预设的最长绿灯时间,则变换相位。感应式信号控制的基本控制参数包括初始绿灯时间、单位绿灯延长时间和最长绿灯时间三项。最长绿灯时间一般为30~60 s。当某相位的初始绿灯时间加上后来增加的多个单位绿灯延长时间达到最长绿灯时间时,信号机会强行改变相位,让另一方向车辆通行。感应式信号控制需要安装车辆到达检测设备,投资较多,但能基本实现交叉口流量的最大利用率。

1.7.6 城市道路交通的行车管理

道路交通行车管理是对各种车辆的行车线路实行规定性管理,是城市交通管理中最基本、最简单的形式,一般有单向行车管理、变向交通管理、专用车道管理和禁行交通管理形式:

1) 单向行车管理

单向行车又称单向交通或单行线。是指规定道路上的车辆只能按一个方向行驶。单向行车在改善交通方面具有以下较为突出的优点:一是提高通行能力;二是降低交通事故;三是提高行车速度;四是有助于解决停车问题;五是减少交叉口的停车次数,从而减少油耗和污染。但是,单向交通同时存在使车辆的绕行距离、公交乘客的步行距离、道路的公用设施等增加的缺点。因而单向行车并不是包治百病的良药,也非任何道路条件和交通条件均可实施单向行车。一般是道路密度较大、平均路幅较窄、交通负荷较大的路网,实施单向行车较容易,较有益。当城市道路交通量超出其自身的通行能力,将造成交通拥塞、延误及交通事故增多等问题时,若对某条或几条道路,甚至对某些路面较宽的巷、弄考虑组织单向行车,会使上述交通问题明显地得到缓解和改善。因此,单向行车是充分利用现有路网,解决城市交通拥堵的一种经济、有效的交通管制措施。目前,我国大多数大、中以上城市都实施了单向行车管理。单向行车管理一般有固定式单向行车、定时式单向行车、可逆性单向行车及车种性单向行车四种管理形式。

2) 变向交通管理

变向交通又称潮汐交通。是指在不同的时间内变换某些车道的行车种类或行车方向。变向交通按其作用可分为方向性变向交通和非方向性变向交通两大类。在不同时间内变换某些车道上行车方向称为方向性变向交通,这类变向交通可使车流量方向分布不均匀现象得到缓和,从而提高道路的利用率;在不同时间内变换某些车道上行车种类的交通称为非方向性变向交通,它可分为车辆与行人、机动车与非机动车之间相互变换，这类变向交通对缓和各类交通在时间上分布不均匀的矛盾有较好的效果。例如：早晨自行车高峰时间，变换机动车外侧车道为自行车道，到了机动车高峰时间，则变换非机动车道为机动车道；在中心商业区变换车行道为人行道及设置定时步行街等，这些都是非方向性的变向交通。

3) 专用车道管理

专用车道管理是指在某些道路设置专用车道，将某种或某类车辆安排在专用车道上行驶，包括公交车专用车道和自行车专用车道等。专用车道是缓解城市交通问题的途径之一。它在行车管理上的主要作用是：

(1) 实行优先发展策略，如设置公交车专用车道是为了优先发展公共交通；

(2) 实行机非分行，提高道路交通流量和有效利用率，因为机动车与非机动车速度不一样，同车道行驶降低了道路车流速度；

(3) 为了交通安全，例如，自行车与机动车同车道就不安全，公交车停靠站多，与其他机动车同车道也不安全。

所以，一般大、中城市次干道以上的主要道路都实行专用车道管理。城市主干道必须机非分行并设置专用车道。

4) 禁行交通管理

禁行交通管理是指为了减轻或均衡道路上的交通负荷，根据道路和交通条件，实行对机动车和非机动车的某种限制管理，称为禁行管理，目的是将一部分交通流量均分到其他负荷较低的道路或时段上去。禁行管理一般有时段禁行、错日禁行、车种禁行、转弯禁行及重量(高度、超速等)禁行 5 种形式，是提高路网通行能力，缓解城市道路交通拥堵的有效手段。例如：某些道路白天禁止货车通行，目的是以客运为主，实行夜间货运，"削峰填谷"；某些市中心繁华道路禁止货车和摩托车通行，目的是净化车种，减轻繁华路段交通负荷。

小结

本章以城市交通运输为研究对象，主要内容包括城市交通运输概述、城市道路交通网络、城市道路交通信号、城市交通工具和交通方式、城市交通规划、城市公共交通和城市交通管理共 7 节。其中：城市交通运输概述介绍了城市交通运输系统的组成、功能和特征，城市交通的主要问题和我国城市交通运输发展趋势；城市道路交通网络介绍了城市道路、城市步行系统、城市道路交叉口、城市公共停车场、道路交通隔离设施等内容；城市道路交通信号介绍了城市交通标志、标线、信号灯和交通警察的指挥等内容；城市交通工具和交通方式介绍了城市交通方式和工具以及交通工具的发展阶段等内容；城市交通规划介绍了城市交通规划用地的分类、城市建设规划用地的指标和结构、城市道路广场的规划、城市道路网的可达性和连接度、城市交通调查等内容；城市公共交通介绍了城市公共交通的管理与经营、服务要求、分类、常用术语概念、车辆数和设施要求、城市公共加油站等内容；城市交通管理介绍了城市交通管理的原则与要求、我国城市交通管理的主要问题、解决城市交通拥堵的途径、城市交通需求管理策略、城市道路交通的信号灯控制、城市道路交通的行车管理。道路交通网络和道路交通信号属于城市交通基础设施和条件；城市交通工具和交通方式是人们出行的基本保障和选择；城市交通规划是城市交通发展也是事关城市健康发展的方向性问题；城市公共交通是为社会公众提供基本出行服务的社会公益性事业和交通方式；城市交通管理是注重对现有交通设施的高效运用。

本章重点是城市交通基础设施和城市交通管理，难点是城市交通规划。

思考题

1. 城市交通运输的特点、主要问题和发展趋势是什么？
2. 城市道路分为哪四类？各有何作用和特点？
3. 何谓道路平面交叉，常见平面交叉的形式有哪几种？
4. 何谓道路立体交叉、分层式和互通式立体交叉有何区别？
5. 何谓道路冲突点，消除冲突点有哪几种方式？
6. 何谓道路交通标志？其主标志有哪 7 种，各有何主要作用、几何形状和颜色？
7. 何谓道路交通信号，常用的交通信号有哪 4 种，各有何作用？
8. 交通信号灯中的红、绿、黄 3 种信号灯各表示什么含义？
9. 我国城市公共交通共分为哪 4 大类别？
10. 城市交通需求管理策略有哪 4 种？应优先发展哪些交通方式，限制发展哪些方式？
11. 在交通信号灯中，何谓固定同期信号？何谓周期长度，何谓绿信比？
12. 交通信号灯的固定周期信号控制和感应式信号控制各有何特点？二者主要区别何在？
13. 城市道路交通的行车管理主要有哪 4 种形式？

推荐阅读书目

1. 交通运输工程学（第二版）．沈志云，邓学钧．人民交通出版社，2008．
2. 道路勘测设计（第二版）．杨少伟．人民交通出版社，2007．
3. 道路交通行政管理学．王润琪．人民交通出版社，2009．
4. 城市道路交通规划设计规范（GB 50220—1995）．中华人民共和国国家标准．中国标准出版社，1995．
5. 道路交通标志和标线（GB 5768—2009）．中华人民共和国国家标准．中国标准出版社，2009．

第 2 章
水路交通运输

[本章提要]

  本章以水路交通运输为研究对象,主要内容包括水路交通运输概述、水路交通运输资源、水路交通运输船舶、水路交通运输设施、海洋交通运输管理以及水路运输安全保障技术共 6 节。水是天然载体,水路交通运输在现代五种运输方式中发展最早,是一种既古老又现代化的运输方式。水路运输成本低,它是世界贸易往来最经济的运输方式,是其他运输方式不可比超和替代的,凡是有水运资源及条件的国家和地区都非常重视发展水路交通运输,将其作为最重要的运输方式之一。我国位于太平洋西岸,水运资源十分丰富,发展水路交通运输具有独天得厚的优越条件。学习本章可以了解水路交通运输的基本概念及其资源、船舶、设施等有关专业知识。

人类利用天然水道发展航运，已有几千年的历史。水路交通运输是目前各主要运输方式中兴起最早、历史最长的运输方式，至今仍是世界许多国家最重要的运输方式之一。水路运输适合于担负大宗、低值、笨重和各种散装货物的中长距离运输，其中特别是海运，更适合于承担各种外贸货物的进出口运输。

2.1 水路交通运输概述

水路交通运输简称水运，是指利用船舶、排筏和其他浮运工具，以港口或港站为运输基地，在江河、湖泊、人工水道及海洋上完成旅客与货物运送的一种交通运输方式。水路运输系统由水域航道、船舶、港口、各种基础设施与服务设施等组成。

我国是世界上水路运输发展较早的国家之一。中国水运史是中国文明史的重要组成部分，它对中国文明史的形成和发展曾经产生过巨大的作用。据记载，我国在公元前2500年已经制造舟楫，从事水运。在商代就已经出现帆船运输。春秋吴国阖闾九年(公元前506年)，开凿了世界上第一条运河——胥溪，全长约100 km。秦始皇33年(公元前214年)，挖成长约30 km的灵渠，连接长江和珠江两大水系。灵渠的斗门(又称陡门)——现代船闸的前身，是世界上最早的通航设施。举世闻名的大运河，始于春秋吴国，以后经历代特别是隋、元两代的大规模开凿，沟通了钱塘江、长江、淮河、黄河、海河五大水系，长17 941 km。8~9世纪，唐代对外运输丝绸及其他货物的船舶，直达波斯湾和红海之滨，被誉为"海上丝绸之路"。北宋时为增加粮食载运量和提高结构强度而建造的对槽船，是当今航运发达国家所用分节驳船的雏形。12世纪初，我国首先将指南针应用于航海导航。15世纪初至20世纪30年代，明朝航海家郑和率领巨大船队七次下西洋，经历亚洲、非洲30多个国家和地区，这是世界航海史上的壮举，使我国古代航海事业走上了鼎盛时期。

1949年后，我国水运事业获得了很大的发展。远洋运输从无到有，从小到大，现在已建成一支包括具有各种船型的远洋船队，我国的商船已航行于世界100多个国家和地区的400多个港口。沿海和内河相继建成了一批现代化的港口和专业化的深水泊位，以及与港、航相配套的各种设施，包括集疏运系统、修造船工业、航务工程、通信导航、船舶检验、救助打捞、航域环境保护等，还建设了具有相当规模和水平的水运科研设计机构、海运院校，已基本形成一个具有相当规模的水运体系，并正向现代化高速迈进。

2.1.1 水路运输的特点与分类

水路运输是现代交通运输的重要组成部分，与其他运输方式相比，具有以下特点：

(1)运输量大：水运可以实现大吨位、大容量，长距离的运输。我国常用的25 000 t级的运煤船，一艘船就相当于12列运煤火车或上万辆运煤汽车的载货量。

(2)能源消耗低：运输等量货物行驶同样距离，水运(尤其是海运)所消耗的能源最少。

(3)运输成本低:水上运输工具主要在自然水道上航行,航路是天然的,只需花少量资金对其进行整治,维护船标设施和管理,就可供船舶行驶。基础设施成本低,船舶载运量大,运输生产消耗的人工费用相对较少。所以,水运的运输成本约为铁路运输的 1/3~1/2,公路运输的 1/10~1/5。

(4)对其他运输方式依赖性大:水运在整个综合运输系统中通常是一个中间运输环节,它在两端港口必须依赖于其他运输方式的衔接和配合,协助其聚集和疏运货物。

(5)运输速度较慢:一方面因为船舶航行于水中时的阻力较大,行驶速度较慢;另一方面是因为要实现大载量运输,货物的集中和疏散所需时间也长,行程速度较慢。

(6)受营运条件影响大:海运航线普遍较长,要经过不同的地理区域和不同的气候地带,内河水道的水位和水流速度随季节不同变化很大,有些河段还有暗礁险滩,因而水运受自然因素的影响较大。而且水运具有多环节性,需要港口、船舶、供应、通信导航、船舶修造和代理等多方面的密切配合才能顺利完成。因此,水运管理工作较为复杂和严密。

水路运输的分类:按贸易种类,可以分为外贸运输和内贸运输;按航行区,可以分为远洋运输、沿海运输、内河运输和湖泊(包括水库)运输;按运输对象,可以分为旅客运输和货物运输;按船舶营运组织形式,可分为定期船运输(即班轮运输)、不定期船运输和专用船运输;按行政管理区别,可以分为营业性运输和非营业性运输。

2.1.2 水路运输的发展现状与趋势

1)我国水路运输发展现状

随着我国市场经济制度的确立和航运市场的发展,我国水路运输业取得了令人瞩目的成绩。

(1)基础设施建设成绩斐然。新中国成立初期,我国水路基础设施十分落后,数量少、质量差、等级低、布局偏,沿海港口拥有生产性泊位 160 多个,但没有一个深水码头泊位。经过 60 年的建设,形成了布局合理、层次分明、功能齐全、优势互补的港口体系,船舶制造业的规模和技术已进入世界先进行列。

(2)水运生产增长迅猛。新中国成立初期,水路运输船舶品种单一、吨位小、技术落后,仅有轮驳船 4 000 多艘、帆船 30 万艘。水路客货运输量很小,港口装卸主要依靠人挑肩扛,全国港口货物吞吐量仅 1 000 万 t。经过 60 年的持续发展,我国海运船队跃居世界第四位。运输船舶基本实现大型化、专业化,全面淘汰了帆船、挂桨机船和水泥质船;中远集团船舶总运力跃居世界第二位,中远、中海集装箱船队运力双双进入世界十强。我国大陆港口货物吞吐量和集装箱吞吐量连续六年保持世界第一,亿吨级大港达到 16 个,7 个大陆港口进入世界港口货物吞吐量排名前十位,上海港成为世界第一大港。

(3)水运服务能力显著增强。水路运输服务效率显著提升,港口配套设施不断完善，部分主要港口已达到世界先进水平，主要集装箱港口的装卸效率屡创新高。在世界海运快速发展、全球部分港口能力紧张的状况下，我国主要港口始终提供了高效、便捷、畅通的服务，还能为国外货源提供港口中转服务。我国国际和沿海水路运输航线多达几千条，国际集装箱班轮航线2 000余条。

(4) 水运市场体系日益完善。基本建立了统一开放、竞争有序的水运市场体系。鼓励民营企业和个人从事船舶运输，鼓励中外资本投资、建设和经营港口业，水运投资和经营主体实现多元化。不断深化管理体制改革，建立和完善了职责明晰、运转高效的行政管理体系，建立了公平准入和竞争秩序。全面放开国内水路运输价格和港口内贸货物装卸作业价格，在国际船舶代理、理货等服务领域引入竞争机制。目前，我国水路运输经营者达10万家，港口企业1.6万家。

(5) 科技水平不断增强。水运科技创新实力显著增强，一些重大工程关键技术取得突破，港口建设、航道整治、装卸工艺、装备产品等技术达到国际先进水平，初步形成了大型专业化码头，攻克了大型深水航道建设部分关键技术，长江口深水航道治理工程成为世界上巨型复杂河口航道治理的成功典范。

(6) 政策法规逐步完善。水运法规建设不断推进，形成了以《中华人民共和国海商法》、《中华人民共和国港口法》为龙头，以《中华人民共和国国际海运条例》、《中华人民共和国水路运输管理条例》、《中华人民共和国航道管理条例》为骨架和一系列配套部门规章为补充的水运法规体系。我国高度重视水运特别是内河航运的发展，充分发挥内河航运占地少、污染小、环境友好、社会效益突出的特点，制定了一系列促进内河航运发展的方针和政策。

(7) 在国民经济中和国际海运界的地位显著提升。我国已发展成世界港口大国、航运大国和集装箱运输大国，有力地促进了沿江沿海产业带的形成和发展。水运成为我国沟通国内外的重要桥梁和融入经济全球化的战略通道，有力地保障了经济社会的持续健康发展。目前，水路货物运输量、货物周转量在综合运输体系中分别占12%和63%，承担了90%以上的外贸货物运输量，内河干线和沿海水运在"北煤南运"、"北粮南运"、油矿中转等大宗货物运输中发挥了主通道作用，对产业布局调整和区域经济发展发挥了重要作用。截至2009年底，我国与世界主要海运国家和地区签订了海运协定，连续10届当选为国际海事组织A类理事国，树立了良好的海运大国形象，在世界海运界的地位显著提升。

2) 水路运输发展趋势

水路运输具有其他运输方式不可比超和替代的优势，目前，凡是有水运资源及条件的国家和地区都非常重视发展水路交通运输。为了满足日益频繁的全球经贸往来和适应现代综合运输体系的建设与发展，水路运输呈以下发展趋势：

(1) 船舶专业化和多用途化。海洋运输船舶仍将沿着专用和多用途并举的方向发展。内河运输船舶则视航道条件、货物种类和批量大小，发展分节驳顶推船队和机动货船，在一些地区拖带船队将继续使用。客运船舶除旅游客船外，高速客船和气垫客船将得到发展。

(2) 泊位深水化和装卸高效化。泊位专用化和装卸高效化已成为现代化港口地发展趋势。港口建设将同工业区的发展紧密结合,将建设大量深水专业化码头。装卸设备和工艺将向高效率和专用化方向发展。通过疏浚,进出港航道和码头前沿水深将获得改善,将开辟较宽广的船舶调头区和锚泊地。突堤码头将会拓宽,以保证有足够的仓库和堆场。顺岸码头后方将辟出足够的陆域。水陆联运、水水联运将得到发展,以增大港口的集疏运能力。

(3)发展内河航运和综合规划航道。在通航河流上应以航运为主,结合发电、灌溉、防洪、供水、渔业等方面进行综合开发和利用。大力发展内河航运,加快内河航道发展规划、加速建设内河航道基础设施。航运网的规划和建设应重视现场观测,采用河道港口工程模型试验,应用电子计算机来确定航道疏浚和整治以及港口工程的设计和施工。

(4)水路运输经营管理系统化和信息化。船舶选型、装卸工艺和设备选型以及运输组织方案的确定,均将从全局出发,以提高经济效益为前提,通过技术经济论证进行分析比较,选出最优方案。强调物流的系统观念,在拓展港口功能、充分发挥港口集疏运方式优化组合的多式联运系统,建立以港口为物流中心的由铁路、公路、水运、航空、管道等多种运输方式优化组合的多式联运系统,使由原材料供应,产品生产、储存、运输,到商业销售的整个物流流通更畅通,从而使货方、运输方、销售方和购买方在合理的多式联运中全面受益。应用现代化管理手段——电子计算机技术,收集、储存、处理水运经济管理工作中的信息,进行水路运输计划的综合平衡和技术经济预测,力求在水路运输生产过程中以最少的物化劳动和活劳动的消耗获得良好的经济效益。

2.2 水路交通运输资源

水是天然载体,是水路交通运输不可缺少的基本条件。地球上水域表面积约占地球表面积的71%。水运资源则是指能够行船的海洋、湖泊与河流等,其更为广泛的含义还包括可供船舶停靠的港口和码头,以及方便船舶通行的水域和重要通道。下面主要讲述世界和我国重要的海运、河运资源的分布和利用。

2.2.1 世界水运资源

1)世界海运资源

海运是以船舶为工具,以港口为基地,以海洋为行船载体的海洋运输。国际贸易货物运输,绝大部分是通过海洋运输,特别是远洋运输完成的。

世界海运航线根据航运范围可分为沿海航线、地区性国际海上航线和国际大洋航线。沿海航线专指供本国船舶在该国港口之间使用,又称国内航线。地区性国际海上航线指航行通过一个或数个海区的航线,又称近洋航线,如地中海区域航线、波罗的海区域航线等。国际大洋航线是指贯通大洋的航线,它包括太平洋航线、大西洋航线、印度洋航线、北冰洋航线,以及通过巴拿马运河或苏伊士运河连接两大洋的航线等,又称远洋航线。图2-1是世界主要海港和航线示意图。

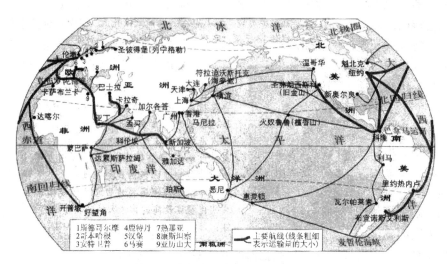

图 2-1 世界主要海港和航线示意图

世界海运资源主要包括太平洋、大西洋、印度洋、北冰洋四大海洋及其航线。

(1) 太平洋及其航线:太平洋位于亚洲、美洲、大洋洲和南极洲之间,从白令海峡到南极洲的罗斯冰障,南北长约 15 900 km,从巴拿马至中南半岛的克拉地峡,最大宽度约 19 900 km,面积 17 968 万 km^2,占世界海洋总面积的 49.8%,全球面积最大、水深最深、边缘水域和岛屿最多的大洋,约占世界海洋总面积的一半。太平洋东南部通过南美洲南端的麦哲伦海峡、德雷克海峡与大西洋相通,中美洲的巴拿马运河是沟通两洋的便捷通道;太平洋西部通过大洋洲与亚洲之间的海峡与内海以及澳洲与南极洲之间的海域与印度洋相通,东南亚的马六甲海峡、龙目海峡是沟通两洋的重要水道。太平洋沿岸有 40 多个国家和地区,是当前世界经济贸易活动最活跃的地区。目前,太平洋航线主要有:远东—北美西海岸航线;远东—加勒比海、北美东海岸航线;远东—南美西海岸航线;远东—澳、新及西南太平洋岛国航线;东亚—东南亚航线;远东—北印度洋、地中海、西北欧航线;东亚—东南非、西非、南美东海岸航线;澳、新—北美西、东海岸航线。

(2) 大西洋及其航线:大西洋位于欧洲、非洲、美洲和南极洲之间,面积 9 300 万 km^2,为世界第二大洋,西部通过巴拿马运河与太平洋沟通,东部经直布罗陀海峡、地中海、苏伊士运河、红海(印度洋属海)可进入印度洋,由东南绕好望角亦可进入印度洋。大西洋沿岸有 70 多个国家,是大洋中沿岸国家最多,经济最繁荣,贸易往来频繁,航运最为发达的地区,海运量约占全球总海运量的 50%。尽管目前海运量比重逐渐下降,但仍然是最重要的区域。其主要航线有:西北欧—北美东海岸航线;西北欧—地中海、中东、远东、澳新航线;西北欧—加勒比海航线;欧洲—南美东海岸、非洲西海岸航线;北美东海岸—地中海、中东、亚太地区航线;北美东海岸—加勒比海沿岸航线;北美东海岸—南美东海岸航线。

(3) 印度洋及其航线：印度洋面积 7 492 万 km²，是世界第三大洋，由于它介于亚洲、非洲、大洋洲之间，距欧洲也只隔一个地中海，故印度洋在贯通世界东西交通方面占有重要地位，同时又是中东石油输出的主要路径。印度洋地区有 30 多个沿岸国家和岛国，沿岸资源较丰富，如石油、铁矿，但加工业欠发达，地区间的经贸仍在发展之中，沿岸港口较少，主要分布在北印度洋沿岸，大致有以下航线：中东海湾—远东各国航线；中东海湾—欧洲、北美东海岸航线；远东—南非航线；中东海湾—澳大利亚航线。

(4) 北冰洋及其航线：北冰洋大致以北极为中心，介于亚洲、欧洲和美洲之间，为三洲所环抱，在亚洲与北美洲之间有白令海峡通太平洋，在欧洲与北美洲之间以冰岛-法罗海槛和威维亚·汤姆逊海岭(冰岛与英国之间)与大西洋分界，有丹麦海峡及北美洲东北部的史密斯海峡与大西洋相通，面积 1 310 万 km²，是世界四大洋中最小的洋。北冰洋是欧、亚、北美三洲的顶点，是联系三大洲的捷径。北冰洋虽气候寒冷，洋面大部分常年冻结，鉴于地理位置的特殊性，目前北冰洋已开辟有以摩尔曼斯克经巴伦支海、喀拉海、拉普捷夫海、东西伯利亚海、楚祥奇海、白令海峡至俄罗斯远东港口的季节性航线；以及从摩尔曼斯克直达斯瓦尔巴群岛、冰岛的雷克雅未克和英国的伦敦等航线。随着航海技术的进一步发展和北冰洋地区经济的开发，北冰洋航线将会有更大的发展。

2) 世界河运资源

(1) 美国：美国国土面积逾 962 万 km²，人口 3 亿人，共 50 个州，其中本土 48 个，阿拉斯加州和夏威夷不在本土。美国水运系统分为沿海岸、内陆和大湖区三部分：内河航道约 3 万 km，其中密西西比河水系近 2 万 km；苏必利尔湖是世界最大的淡水湖，大湖区水道约 1 800 km；在所有航道中，水深在 2.7 m 以上的约为 1.77 万 km，占总里程的 44%，共有 226 座船闸。密西西比河是美国内河交通的大动脉：近 50 条支流可通航，干支流通航里程总长 2.59 万 km，其中水深在 2.74 m 以上的航道 9 700 km(含干流通航里程约 3 478 km)；经伊利诺伊等运河，可与五大湖(苏必利尔湖、休伦湖、密歇根湖、伊利湖和安大略湖)及圣劳伦斯海路相通；从河口新奥尔良港经墨西哥湾沿岸水道，向西可至墨西哥边境，向东可至佛罗里达半岛南端，现已构成江河湖海相连、航道四通八达的现代化水运网。密西西比河地域和河流的许多特性很类似于中国的长江，其上游及四大主要支流伊利诺斯河、俄亥俄河、田纳西河、阿肯色河全部实现了渠化，建设通航梯级 100 多个，船闸 130 多座，下游重点是浚深航道，同时开挖人工运河，使各大河流相互沟通，在美国东部形成了密西西比河干流和支流直达、江河湖海沟通、四通八达的水运网，降低了运输成本。美国内河运输的运费与铁路和公路的运费之比约为 1:4:30，因此内河运输具有得天独厚的优势。沿岸主要港口有圣路易斯、孟菲斯、巴吞鲁日、新奥尔良等。下游河道蜿蜒，河口处三角洲每年向海伸展约 100 m，形成了远远伸入海区的鸟足状三角洲，总面积达 2.6 万 km²。

(2) 俄罗斯：俄罗斯国土面积 1 707 万 km²，人口 1.46 亿人，主要有伏尔加河(注入里海)、卡马河等。俄罗斯的内河干线连接了白海、波罗的海、亚速海、黑海和里海。内河航运被看作是为国家的重要的基础产业，水运联系着俄罗斯联邦的每一个州,同样进出口的货物运输通过水路直达欧洲、亚洲和非洲的 45 个国家 670 个港口。特别是对于西伯利亚、远东和北方地区的生产和生活内河航运起着重要的作用。目前俄罗斯内河航运航道长度达到了 10.16 万 km,其中人工开挖运河 1.67 万 km。在通航河道上兴建了 700 座不同用途的水利枢纽,其中有 110 座船闸、抽水站、水电站、水坝、堤堰、溢洪道和泄水闸。得益于国家投资建设俄罗斯欧洲部分河流统一的深水航道系统,目前达到 4 m 的深水航道已经有 6 500 km 之长。这些深水航道包括:白海—波罗的海运河、莫斯科运河、伏尔加—顿河通航运河和伏尔加—波罗的海水道,伏尔加河、卡马河、顿河等河流以及白湖、拉多加湖等。在内河航道上兴建的水利枢纽不仅仅是为航运服务的,这些水利枢纽同样在供水、发电、灌溉、生态用水以及旅游事业中发挥着重要的作用。

(3)欧洲诸国:欧洲诸国主要包括德国、法国、荷兰、比利时、芬兰等,总面积为 224.6 km²,人口总数为 2.89 亿人,内河航道较多。在法国有那赛河、卢瓦尔河、加龙河和罗纳河等主要河流,而且通过运河彼此相通,内河航运网早已形成。德国有莱茵河、易北河、威悉河等,德国可通航的河流和运河总长超过 7 000 km,由于众多的运河把内河航运的干线连接起来并与大海相通,水运十分发达。德国的内河航运中以莱茵河价值最大,莱茵河全长 1 300 km,流经瑞士、列支敦士登、德国、法国、荷兰等五国,是一条著名的国际河流,在德国境内的干流长超过 700 km,巴赛尔以下 875 km 干流内能通行 500 t 级以上汽轮,科隆以下 690 km 河道可通行一般海轮。此外德国的基尔运河长 98.6 km,河面宽 111 m,平均深度 11.3 m,是波罗的海通往大西洋的捷径,缩短航程 685 km,是一条著名的国际通航运河。荷兰境内河网密布,南部是西欧重要的水路枢纽,境内有莱茵河、马斯河、斯海尔河入海的三角洲水带,全国共有 5 000 km 以上的江海航道,海岸线约 1 000 km。意大利河流短小,但由于三面临海,有约 7 000 km 海岸线和众多优良港口。欧洲利用先进的生产力,几乎对所有河流进行过技术改造,使河与河之间、河与海之间,通过挖掘运河相通,形成了一个完整的水运网,所以航运十分发达。

(4)巴拿马运河与苏伊士运河:它们是世界上最具有战略意义的两条人工水道。巴拿马运河全长 81.3 km,水深 13~15 m 不等,河宽 150~304 m。整个运河的水位高出两大洋 26 m,设有 6 座船闸(图 2-2)。船舶通过运河一般需要 9 h,可以通航 76 000 t 级的轮船。巴拿马运河是世界上第二长运河,仅次于中国京杭大运河。穿过巴拿马运河的主要航线来往于以下各地之间:美国本土东海岸与夏威夷及东亚;美国东海岸与南美洲西海岸;欧洲与北美洲西海岸;

图 2-2 巴拿马运河船闸

欧洲与南美洲西海岸;北美洲东海岸与大洋洲;美国东、西海岸;以及欧洲与澳大利亚。行驶于美国东西海岸之间的船只，原先不得不绕道南美洲的合恩角（Cape Horn），使用巴拿马运河后可缩短航程约 15 000 km。由北美洲的一侧海岸至另一侧的南美洲港口也可节省航程多达 6 500 km。航行于欧洲与东亚或澳大利亚之间的船只可减少航程 3 700 km。

苏伊士运河贯通苏伊士地峡，连接地中海与红海，提供从欧洲至印度洋和西太平洋附近土地的最近的航线。它是世界使用最频繁的航线之一，是亚洲与非洲的交界线，是亚洲与非洲人民来往的主要通道。苏伊士运河处于埃及西奈半岛西侧，横跨苏伊士地峡，处于地中海侧的塞德港和红海苏伊士湾侧的苏伊士两座城市之间，全长约 163 km。据统计，每年约有 1.8 万艘来自世界 100 多个国家和地区的船只通过运河。中东地区出口到西欧的石油，70% 经由苏伊士运河运送，每年经苏伊士运河运输的货物占世界海运贸易的 14%，在世界上适于海运的人工运河中，其使用国家之众，过往船只之多，货运量之大，苏伊士运河名列前茅。苏伊士运河是埃及经济的"生命线"。过往船只通行费，多年来一直与侨汇、旅游、石油一并成为埃及外汇收入的四大支柱。现在运河每天为埃及政府收进 200 万美元的外汇。船过运河按吨位缴纳通行费，还要交付引水费和航标等费用。

2.2.2 我国水运资源

我国是一个滨海国家，位于太平洋西岸，东面毗邻渤海、黄海、东海、南海，海域总面积约 470 km^2，在漫长的海岸线上，分布有众多的海湾、海峡和河口，大陆海岸线长约 18 000 km。我国岛屿总数 5 000 多个，岛屿海岸线长约 14 000 km。我国有众多河流，多呈东西走向，流域面积在 100 km^2 以上的河流有 5 万多条，总长约 43 万 km。我国湖泊资源丰富，面积在 1 km^2 以上的湖泊共有 2 800 多个。我国水运资源居世界第一位，具有发展水运的良好自然条件。

改革开放以来，我国水路运输持续快速增长。港口吞吐量连续 5 年保持世界第一。改革开放之初，我国没有一个港口入围世界港口货物吞吐量排名前 20 位，目前已有 8 个大陆港口进入前 20 强。作为交通运输现代化重要标志的集装箱运输更是以世界上罕见的速度迅猛增长（年均增速 36.7%），集装箱年吞吐量连续 6 年保持世界第一。改革开放初期，中国大陆无一港口入围世界港口集装箱吞吐量前 100 位排名，而目前有 16 个港口进入前 100 名，6 个港口进入前 20 位。

1）我国海运资源

我国 90% 以上的外贸货物由海运完成，2009 年海运承担了 19.8 亿 t 外贸货运任务，是世界最大的海运需求国。我国海运航线主要分为沿海航线和远洋航线。

（1）沿海运输航线：我国沿海运输航线分为北方航区和南方航区。每个航区均开辟多条航线，组成了若干条跨航区航线。

①北方航区：北方航区的航线以上海、大连为中心，其主要航线有：上海至大连、秦皇岛、天津、烟台、青岛、连云港、宁波、温州、福州、厦门、广州、香港、湛江、北海、防城、海口等航线；大连至营口、龙口、秦皇岛、天津、烟台、青岛、连云港、上海、广州、湛江等航线；天津至龙口、营口至烟台等航线。

②南方航区：南方航区的航线以广州为中心，其开辟的主要航线有：广州至大连、青岛、连云港、上海、汕头、湛江、北海、海口、三亚等航线；湛江至秦皇岛、青岛、连云港、厦门、香港等航线。

此外，在沿海中小港口间，尚有许多地方性航线，主要为转运、集散物资服务，并担负部分客运。我国沿海运输在负担货运方面，如果按航区来分析，则北方沿海货运量占压倒优势。从货运量构成来看，北方以石油、煤炭的运量为最大，其次为钢铁、木材等由北而南，金属矿石、粮食、工业产品等由南而北。南方沿海以农产品比重为最大，其次是食盐、矿石和煤炭，除煤炭外，大部分由各中小港口向广州、湛江集装转运内地。上述的货流情况基本上反映了我国沿海及其邻近地区的经济差异性。

(2) 远洋运输航线：我国开辟的远洋航线通达160多个国家和地区的1 100多个港口，近100多条近洋和远洋航线，形成了一个发达的环球运输网络。我国远洋航线以沿海港口为起点，可分为东、南、西、北四个主要方向。

①东行线方向：从我国沿海各港出发，经日本、横渡太平洋抵达北美、南美和拉丁美洲诸国。随着我国同日本、北美、拉美各国的友好活动和经济往来日趋频繁，这条航线的地位日益提高，货运量也急剧增加，成为我国对外贸易的一条重要航线。

②西行线方向：从我国沿海各港南行，至新加坡折向西行，穿越马六甲海峡进入印度洋，出苏伊士运河，过地中海，进入大西洋；或绕南非好望角，进入大西洋。沿途可达南亚、西亚、非洲、欧洲一些国家或地区港口。这条航线是我国最繁忙的远洋航线。进口主要物资有各种机械、电信器材、冶金和化工设备、化肥等。出口主要物资有机械设备、纺织品，以及罐头、茶叶、水果等。

③南行线方向：由我国沿海各港南行，通往大洋洲、东南亚等地。随着我国与东南亚各国贸易的发展，这条航线的货运量不断增长。进口物资主要是橡胶、工业原料及其他土特产。出口物资主要是缝纫机、自行车、棉织品、钢材、水泥等。

④北行线方向：从我国沿海各港北行，可至日本、朝鲜、俄罗斯东部港口。

(3) 我国沿海港口：我国沿海港口格局分为三大港口群。

①环渤海湾港口群：北起丹东往南至青岛诸港，其中包括大连港、秦皇岛港、烟台港和天津港等重要港口。

②黄海及华东港口群：青岛以南至厦门以北的沿海各港，其中包括中国大陆最大的上海港、新兴的宁波港和长江三角洲各港。

③华南和南中国海港口群：从厦门以南至广西防城以东及海南省沿线的各港，其中包括广州(黄埔)港、深圳港、香港港、湛江港等。

2) 我国河运资源

我国内河航道主要分布在长江、珠江、淮河、黑龙江等水系。2009年底，全国内河航道通航里程12.37万km。其中等级航道6.15万km，占总里程的49.8%；三级及以上航道0.88万km，占总里程的7.1%；五级及以上航道2.48万km，占总里程的20.0%。全国内河航道共有4 153处枢纽，其中具有通航功能的枢纽2 344处。

(1) 长江水系：长江是我国最大的通航河流，整个水系有通航支流3 500多条，通航里程长约7万km，占全国内河航道总里程的70%。长江干线从宜宾至长江口全长 2 813 km，分为上、中、下游三段。宜宾至宜昌共 1 044 km，通称上游。其中宜宾至重庆长 384 km，通航 500~800 t 级船舶；重庆至武汉约 626 km，习惯上称为中游，其中宜昌至临湘 416 km，可通航 1 500 t 级船舶，临湘至汉口 210 km，通航 3 000 t 级船舶。汉口至长江口为长江下游，全长 1 143 km，汉口至南京 706 km。常年可通航 5 000 t 级船舶，南京至长江口 496 km，常年可通航 15 000 t 级海船，24 000 t 级油轮可乘潮直抵南京长江大桥处。

(2)珠江水系：珠江为我国仅次于长江的第二大通航河流。珠江水系现有通航河流 988 条，通航里程 1.3 万 km。珠江指从三水至入海口长约 96 km 的一段水道，珠江南水道至黄埔港长 25 km，可通航 1 000~5 000 t 级船舶；黄埔港至虎门沙角 47 km，可通航 15 000~20 000 t 级船舶。珠江水系包括西江、北江、东江。西江干流各段有不同名称。南宁至桂平(称郁江)长 424 km，可通航 120 t 级船舶。桂平至梧州(称浔江)全长 167 km，可航行 150~200 t 级船舶。梧州至思贤窖(称西江)长 218 km，全年可通航 500~1 000 t 船舶。北江主流发源于江西省信丰县。从坪湖至始兴 73 km，只能季节性通航 12 t 级船舶；始兴至韶关 68 km，通航 15~20 t 级船舶；连江至三水县河口约 100 km，水深 1 m 以上，通航百吨级船舶。东江发源于江西省寻邬县大竹岭，通航里程 429 km。从粗沙石至石龙 387 km，海图 15~50 t 级船舶；石龙至东江口 42 km，可通航 50~100 t 级船舶。

(3)京杭运河：京杭运河通航里程为 1 044 km，梁山至济宁 60.9 km，只能季节性通航 50~100 t 级船舶；济宁至蔺家坝可常年通航 100 t 级船舶。蔺家坝至长江北岸的六圩 404 km，已全部渠化。其中蔺家坝至邳县可通航 200~500 t 级船舶；邳县至六圩常年可通行 1 000 t 级以上船舶。长江南岸谏壁至常州可通航 64.5 km。其中丹阳至陵口航段只能通航 20~60 t 级船舶；常州至苏州 91.7 km，可通航 60~100 t 级船舶；苏州至杭州经嘉兴东线 167.6 km，可通航 60~100 t 级船舶；苏州至杭州经塘栖中线 108.6 km，可通航 100 t 级船舶；经湖州西线 130.2 km，可通航 60~100 t 级船舶。

(4)黑龙江水系：黑龙江水系由黑龙江、松花江、第二松花江、嫩江、乌苏里江、石勒喀河等组成，黑龙江是主流。黑龙江通航里程 1 890 km，每年封冻期长 180~200 d。黑龙港至抚远乌苏里江口 996 km 为中游，可通航 1 000 t 级船舶。松花江通航里程 1 447 km，其中大船口至桦树林 45 km，可通航 50 t 级船舶；桦树林至丰满大坝 104 km，可通航 100~200 t 级船舶；丰满大坝至三岔河 370 km，可通航 50~100 t 级船舶；三岔口至同江口 928 km，一般通行 500~1 000 t 级船舶。乌苏里江通航里程共 771 km。

2.3 水路交通运输船舶

船舶是水路交通运输的主要载运工具。人类以舟筏作为载运、狩猎和捕鱼的工具，至少起源于石器时代。据记载，远在公元前 4000 年，古埃及就有了帆船。我国使用帆船的历史也可以追溯到公元以前。18 世纪蒸汽机发明后，许多人都试图将蒸汽机用于船上。1807年，美国人富尔顿首次在克莱蒙脱号船上用蒸汽机驱动装在两舷的明轮，在哈德逊河上航行成功。此后，汽轮机船、柴油机船相继问世。柴油机船问世后发展很快，逐渐取代了蒸汽机船。第二次世界大战结束后，工业化国家经济的迅速恢复和发展，国际贸易的空前兴旺，中东等地石油的大量开发，促使运输船舶迅速发展。随着船舶技术的提高和水上运输业的发展，船舶正向大型化、自动化、高速化、专业化方向发展。

2.3.1 民用船舶种类与特点

民用船舶分类方法很多，可按用途、航行区域、航行状态、推进方式、动力装置和船体材料等分类。本文主要从航运生产实际和船员作业需要出发，按用途将船舶分为货船、客船、其他船舶三大类型进行介绍。

1) 货船

货船是运送货物的船舶的统称，一般不载旅客，若附载旅客，不能超过12人。货船按用途主要可分为以下七个种类：

(1) 杂货船：杂货船是载运各种包装或成件货物的运输船舶，又分为普通型杂货船与多用途杂货船。杂货船应用广泛，在世界商船队中吨位(容积吨，$1\text{ t} = 2.83\text{ m}^3$)总数居首位。在内陆水域中航行的杂货船吨位有数百吨、上千吨，而在远洋运输中的杂货船可达2万t以上。要求杂货船有良好的经济性和安全性，而不必追求高速，航速一般为12~18节(kn，$1\text{kn} = 1\text{n mile/h}$，$1\text{n mile} = 1.852\text{ km}$)。杂货船通常据货源具体情况及货运需要航行于各港口，设有固定的船期和航线。杂货船有较强的纵向结构，船体的底多为双层结构，船首和船尾设有前、后尖舱，平时可用作储存淡水或装载压舱水以调节船舶纵倾，受碰撞时可防止海水进入大舱，起到安全作用。船体以上设有2~3层甲板，并设置几个货舱，舱口以水密舱盖封盖住以免进水。机舱或布置在中部或布置在尾部，在舱口两侧设有吊货扒杆。为装卸重大件，通常还装备有重型吊杆。为提高杂货船对各种货物运输的适应性，能载运大件货、集装箱、件杂货，以及某些散货，现代新建杂货船常设计成多用途船。

(2) 散货船：散货船是散装货船简称，是专门用来运输不加包扎的货物，如煤炭、矿石、木材、牲畜、谷物等。散装运输谷物、煤、矿砂、盐、水泥等大宗干散货物的船舶，都可以称为干散货船，或简称散货船。因为干散货船的货种单一，不需要包装成捆、成包、成箱的装载运输，不怕挤压，便于装卸，所以都是单甲板船。总载重量在50 000 t以上的，一般不装起货设备。散货船通常载重量为3万t左右，满足通过巴拿马运河限制的巴拿马型船，载重量一般为5万~8万t，最大载重量也有近40万t的，如韩国1987年建成的散货船，最大载重量达36.5万t。由于散货船常为单程运输，为使船舶有较好的空载性能，压载水量较大，常在货舱两侧设有斜顶边水舱，在舭部有斜底边舱。为了克服散货船的单向运输，开辟货源，出现了一些新型散货船，如矿-散-油船、大舱口的散货船、浅吃水肥大型船、散货-汽车联运船与自卸散货船等。

(3) 集装箱船：集装箱是装载集装箱的专用船舶，是用于集装箱运输的货运船舶。集装箱船具有装卸效率高、经济效益好等优点,因而得到迅速发展。集装箱运输的发展是交通运输现代化的重要标志之一。根据国际标准化组织(ISO)公布的统一规格,集装箱一般都使用20 ft(英尺,1 ft=0.304 8 m)和40 ft两种,它们的长、宽、高使用最多的分别为(8 ft×8 ft×20 ft)和(8 ft×8 ft×40 ft)两种,20ft的集装箱被定为统一标准箱(TEU)。集装箱船可分为全集装箱船和半集装箱船两种,它的结构和形状跟常规货船有明显不同。它外形狭长,单甲板,上甲板平直,货舱口达船宽的70%~80%,上层建筑位于船尾或中部靠后,以让出更多的甲板堆放集装箱。集装箱船装卸速度高,停港时间短,大多采用高航速(20~23 kn)。近年来为了节能,一般采用经济航速(18 kn左右)。在沿海短途航行的集装箱船,航速仅10 kn左右。近年来,美国、英国、日本等国进出口的杂货约有70%~90%使用集装箱运输。集装箱船按装箱多少分为第一代、第二代、第三代等,载箱数大致分别为1 000 TEU,2 000 TEU及3 000 TEU,现已发展到第六代集装箱船,载箱数为10 000 TEU以上。

(4)液货船:运送散装液体的船统称为液货船。按照运载货物的不同,液货船分为三类:油船、液化气船、液体化学气船。油船,是载运散装原油和成品油的专用船;油船可以分为原油船和成品油船,一般吨位都比较大。它又根据载重吨位不同,分为通用型液货船(1万载重吨以下)、灵便型液货船(1万~5万载重吨)、巴拿马型液货船(6万~8万载重吨)、阿芙拉型液货船(8万~12万载重吨)、苏伊士型液货船(12万~20万载重吨)、超级油轮(20万~30万载重吨)。液化气船是载运液化天然气和液化石油气的专用船。液体化学品船则是运输各种液体化学品如醚、苯、醇、酸等的专用船。

由于液体散货的理化性质差别很大,因此运送不同液货的船舶,其构造与特性均有很大差别。油船一般只有一层甲板。由于防污染的要求,国际海事组织已明确规定从1996年6月6日以后交付使用的载重吨为5 000 t以上的油船,要求双壳与双层底。载重吨在600~5 000 t的要求双层底,每舱容积不超过700 m³。油船的机舱、住舱及上层建筑均在尾部,以便防火与输油管道布置。露天甲板上有纵通全船的步桥。油船没有大货舱口,只有油气膨胀舱口,并设有水密舱口盖。油舱载重吨位是各类船舶中最大的,最大的达55万t。装原油的载重吨位一般比装成品油的大,沿海油轮航速一般为12~15 kn,远洋油轮约为15~17 kn。液体化学品船是专门运输有毒、易挥发及属危险品的化学液体的船舶。除双层底外,货舱区均为双层壳结构,货舱有透气系统和温度控制系统,根据需要还设有惰性气体保护系统。货舱区与机舱、住舱及淡水舱之间均由隔离舱分隔开来。根据所运载货物的危害性,液体化学品船分为Ⅰ、Ⅱ、Ⅲ级。Ⅰ级船危害性最大,其货舱容积要小于1 250 m³;Ⅱ级则要小于3 000 m³;Ⅲ级装危险性较小的液体化学品。液化气船分为液化石油气(LPG)船,液化天然气(LNG)船和液化化学气(LCG)船。

(5)滚装船:滚装船用于装运带滚车底盘可以自行下船和进出仓的集装箱,或用叉车装卸的单元货物,以及装运不用装卸的汽车和其他自行机械。这种船适用于装卸繁忙的短程航线,也有向远洋运输发展的趋势。滚装船造型特殊,其船身高大,有好几层甲板。船尾方形设有大门,常高高地竖立一块大跳板,船靠码头后,放下跳板,装有集装箱的运货车辆开上、开下，进行集装箱装卸作业。滚装船上的运货车辆不仅可从船的尾部进出，还可驶到船舱的各层甲板，进行集装箱装卸。滚装船有多层甲板便于货运单元放置，上甲板为平整板面。为了运输安全，滚装船设有专门的防摇水仓和其他防摇设备，以减少船舶摇摆；为了操纵方便，滚装船首部设有侧向推进器，可向任意方向转动，便于船的回旋。

（6）载驳船：载驳船又称子母船，由一大型机动船运载一批驳船（子船），驳船内装货或集装箱。母船到锚地时，驳船队从母船卸到水中，由拖船或推船将其带走；母船则再装载另一批驳船后即可开航。按装卸驳船的方式载驳船分为门式起重机式、升降式和浮船坞式。门式起重机式载驳船在两舷侧铺设门机轨道，用门机在船尾装卸驳船；升降式载驳船在船尾设有升降平台装卸驳船，并备有输送车送驳船就位；浮坞式载驳船装卸驳船时，母船先下沉一定深度，打开船首或船尾的门，使驳船浮进浮出，此种载驳船不需配备起重设备，但需在水深较大的水域中作业，在使用条件上受到了限制。

（7）冷藏船：冷藏船是运送冷冻货物的船。它的吨位较小，通常为数百吨到数千吨。船上设置冷藏舱，对制冷、隔热有特殊要求。近年来，为提高冷藏船的利用率，出现一种能兼运汽车、集装箱和其他杂货的多用途冷藏船，吨位可达 2 万 t 左右。冷藏船航速高于一般货船，万吨级多用途冷藏船的航速超过 20 kn。图 2-3 所示为集装箱船和滚装船。

集装箱船　　　　　　　　滚装船

图 2-3　两种货船

2）客船

客船是指专门用于运送旅客及其可携带行李和邮件的船舶，而客货兼运的称为客货船。根据"国际海上人命安全公约"规定，凡载客 12 人以上的船舶均须按客船规范要求来建造与配置设备和人员。客船航速较高，一般为 16～20 kn，大型高速客船可达 24 kn 左右。客船多以固定航班和航线的定期方式经营，兼营邮件、行李及贵重物品。客船的建造具有如下特点：

（1）快速性：客船具有较好的线型，推进器具有较高的效率，故航行速度较一般船快。

(2)安全性：客船为了保障乘客安全舒适，除保证船舶强度以外，还要保证船舶具有良好的稳定性、抗沉性、防火性及其他安全设施的完好性；

(3)耐波性：客船为了保证旅客有较平稳的旅行环境，应具有较好的耐波性；

(4)操纵性：客船为了保证性能良好的操纵性，选择先进的舵型、性能良好的主机遥控装置，一般采用双螺旋桨，并尽可能的增加螺旋桨轴的间距。现代豪华客船，船长超过300 m，具有较大的侧向受风面积，为了保证平衡，还在首尾设有侧向推装置。

3) 其他船舶

除了上述货船和客船外，还有渡船、工程船和工作船等其他船舶。

(1)渡船：是指往返于内河、水库、海峡、岛屿与陆地、岛屿与岛屿之间从事短途渡运旅客、货物与车辆的船舶。渡船分为普通渡船与车辆渡船。

(2)工程船：是指从事水上专门工程技术业务的船舶总称，包括挖泥船，起重船，浮船坞，救捞船，布设船，打桩船等。

(3)工作船：是指为航行服务或进行其他专业工作的船舶，包括破冰船、领航船、供应船、消防船、测量船、航标船、浮油回收船、拖船和推船、钻探船、科学考察船等。

2.3.2 船舶基本结构

船舶是各种船只的总称，是指依靠人力、风帆、机械动力等驱动，能在水上移动的交通手段和载运工具。船舶主要由船体、动力装置、船舶舾装设备等三大部分组成。

1) 船体

船体由主船体和上层建筑两部分组成(图2-4)。主船体又称船舶主体，指上甲板以下的船体，由船底及船侧壳体和上甲板围成的具有特定形状的空心体，是保证船舶具有良好航行性能的关键结构。上层建筑是指上甲板以上的部分，由左、右侧壁，前后端壁和各层甲板围成。其内部主要用于布置工作室、生活室、贮藏室、仪器设备室等各种用途的舱室。

图2-4 船体构造

2) 船舶动力装置

船舶动力装置是为船舶推进及其他各种需要提供动力的全部动力设备的总称。也可将其定义扩大为满足航行、各种作业、人员的生活和安全等需要所设置的全部机械、设备和系统的总称。船舶动力装置由推进装置、辅助装置、管路系统、甲板机械及其自动化设备组成，由于工作条件的特殊性，要求可靠、经济、机动性好、续航能力强等。

(1) 推进装置：推进装置也称主动力装置，是为保证船舶航行速度而设置的所有设备的总称，是船舶动力装置中最主要的部分。其中包括主机、传动设备、轴系和推进器。主机发出动力，通过传动设备及轴系驱动推进器产生推力，使船舶克服阻力航行。船舶动力装置可分为蒸汽动力装置、燃气动力装置和核动力装置。其中柴油机具有热效率高、起动迅速、安全可靠、质量轻、功率范围大等优点，目前在民用船舶上普遍使用柴油燃气动力装置主机，简称柴油机，主要有大型低速和大功率中速两大类。

(2) 辅助装置：是指提供除推进装置所需动力以外的其他各种动力的设备，包括船舶电站、辅助锅炉和压缩空气系统。它们分别产生电能、蒸汽和压缩空气供全船使用。

(3) 船舶管系：是指为了某一专门用途而设置的输送流体(液体或气体)的成套设备。按用途可分为：动力系统，为主、辅机安全运转服务的管系，如燃油、润滑油、海水、淡水、蒸汽、压缩空气等系统；船舶系统，又称为辅助系统，它是为船舶航行安全与人员生活服务的系统，如压载、舱底水、消防、通风、饮用水、空调等系统。

(4) 甲板机械：是为保证船舶航向、停泊及装卸货物所设置的机械设备，如锚机、舵机、起货机等。

(5) 自动化设备：是用以实现动力装置的远距离操纵与集中控制，以改善船员工作条件，提高工作效率及减少维修工作，主要由对主、辅机及其他机械设备进行遥控、自动调节、监测、报警的设备组成。

3) 船舶舾装设备

船上用于控制船舶的运动方向，保证船舶航行安全以及营运作业所需要的各种设备和用具统称为船舶舾装设备，包括舵设备、锚设备、系泊设备、关闭设备、起货设备、推拖设备、救生设备、消防设备、航行信号设备、舱面属具和舱室设备等。船舶舾装是指船体主要结构造完，船下水后的机械、电气、电子设备的安装。船舶舾装设备也就是除船体和船舶动力装置以外船上所有的其他设备。按照舾装部位，船舶舾装分为外舾装和内舾装两大部分：外舾装是甲板以上，船体以外的舾装；内舾装是船体之内的舾装，又称居装，包括舱室的分隔与绝缘材料的安装、船用家具与卫生设施的制造安装、厨房冷库和空调系统的组成与安装、船用门窗的安装等。游船(油轮)的舾装更为复杂，其装饰和电气、电子设备的安装经常交叉进行。按照舾装材料，船舶舾装又分为铁舾和木舾两大部分：铁舾是指金属部分的舾装；木舾是指非金属部分的舾装。

(1) 舵设备：是用于控制船舶方向的装置，主要由舵、舵机、传动装置及操纵装置等部分组成。驾驶人员操纵舵轮或手柄,或由自动舵发出信号,通过传动装置带动舵机,由舵机带动舵的转动来控制船首方向。舵的设计原则是使舵产生的转船力矩最大,而转舵所需要的力矩最小。所以,通常将舵装在船尾螺旋桨后,远离船舶转动中心,使舵产生转船力矩的力臂最大,而且使螺旋桨排出的水流作用于舵上,增加舵效。舵可按两种方法分类:一是按舵面积在舵杆轴线两侧的分布,分为平衡舵、不平衡舵与半平衡舵;二是按照剖面形状可分为平板舵与流线型舵,流线型舵因舵效高而被广泛采用。舵的数量对一般单螺旋桨船为一个,对双螺旋桨船一般为两个。舵机动力一般分为手动舵机、电动舵机、液压舵机。除舵设备外,控制船首方向的还有转动导管螺旋桨、侧推器等。

(2)锚设备:锚用于协助制动、操纵船舶和船舶在锚地停泊,主要包括锚、锚链、锚机等组成部分。锚利用它在海底的抓力(一般为锚重的 4~5 倍)和锚链与海底表面的摩擦力来制动船舶。常见的锚分有挡锚、无挡锚及大抓力锚。商船常用的锚为无挡锚中的霍尔锚。一般在船首左右各布置一只锚,称为主锚。较大船舶还有备锚和装在尾部的尾锚。锚链用于连接锚与船体,当锚链在海底时,也可增加固定船舶的拉力,由链环、卸扣、旋转链环和连接环组成。锚链的大小以链环的断面直径表示。锚链的长度以节为单位,每节为 27.5 m,一般左右舷锚链各为 12 节。锚机主要用于收锚和放锚。目前商船上采用卧式锚机,两边通常还带动两个系缆绞盘用于收放船用缆绳。

(3)系泊设备:船舶的主要停泊方式是系泊,是用分布在舷侧的缆绳将船舶固定在码头边。系泊设备包括缆绳、缆桩、导缆装置、绞缆机与卷缆车等。缆绳有尼龙缆、钢丝绳与棕绳,目前使用最多的是尼龙缆。较先进的船用卷缆车本身有动力,用于收绞缆绳。

(4)救生设备:船舶在水上航行时,要为船员和乘客准备足够的救生器具,包括救生艇、救生筏、救生圈及救生衣等。当船舶发生水上事故需要弃船时,保证人生安全最为重要。

2.3.3 船舶主尺度与船舶货舱容积

船舶主尺度是表征船舶的大小和形状的量度。船舶是一个形状极为复杂的空间几何体,它在空间所占位置就如其他规则几何体一样,由它的某些尺度如长、宽、深来表征,这些以长度概念来表示船舶大小到尺度称为船舶主尺度。

1)船舶技术尺度

船舶技术尺度主要应用于船舶设计计算中,主要包括船长、船宽、船深和船舶吃水。

(1)船长:也称型长,指船舶首垂线与尾垂线之间的水平距离。船舶夏季满载水线与船舶首柱外缘之交点处的垂线和舵杆中心柱引出之垂线,两者分别称为首垂线及尾垂线。

(2)船宽:也称型宽。指船舶夏季满载水线面上的最大宽度。

(3)船深:也称型深。指在船长中点处(称为船中),从龙骨板上表面量至干舷甲板下缘的垂直距离。

(4) 船舶吃水与水尺：船舶吃水是指船舶浸入水中的深度。船舶技术文件中提供的满载吃水是指夏季满载型吃水，即在船中处船舶底部表面至满载水线上缘的垂直距离。船舶水尺是指刻画在船体表面上的吃水标志，前者是船舶的技术数据，后者是船舶的技术标志。

2) 船舶的最大尺度

船舶的最大尺度决定了船舶能否进入船坞，能否通过船闸、航道、运河，能否在狭窄航道顺利交会，能否停靠码头和在港池内顺利回转，全部舱口能否同时作业，以及能否通过桥梁等在营运中可能遇到的一系列实际问题。

(1) 船舶最大长度：也称船舶总长，是指船首最前端量至船尾最后端的水平距离。

(2) 船舶最大宽度：也称船舶总宽，是指船体最宽部分外侧间的水平距离。

(3) 船舶最大高度：也称船舶总宽，是指从龙骨外表面量至船舶最高点的垂直距离。

(4) 水线以上最大高度：也称连桅高度，是指从空船水线面至船舶最高点的垂直距离。

3) 船舶载重标尺

载重标尺是一种图表，从船舶空载排水量到满载排水量之间，以等间距的吃水高度划分，每个吃水高度处均标有与之对应的排水量、载重量、每厘米吃水吨数，并附有载重线标志。

(1) 船舶吃水：船舶靠码头、进出浅水航道或锚泊都需要准确掌握当时的吃水。船舶吃水是船体浸入水中的深度，是指船舶的底部至船体与水面相连处的垂直距离。经过对船舶吃水换算，可以求得该船当时的排水量和载重量。船舶吃水随船舶的载重量和水的密度的变化而不同。

(2) 船舶水尺：船舶水尺是刻画在船体表面用以度量船舶吃水深度的标志。它是由船底龙骨下缘起至水面的垂直距离来表示。其浸入水中的深度是随船舶载重量的变化而异，所以每艘船的首、中、尾部的两侧船壳板共6处，均漆有水尺标志，通常称为六面水尺。

(3) 载重线标志：载重线标志是指在船中处两舷船壳上刻划的，中华人民共和国船舶检验局规定的船舶在不同航区、不同季节航行允许的最大吃水线。海船和内河船的载重线标志略有不同。内河船舶的载重线标志由甲板线、圆环和横贯圆环的载重线，以及字母符号等组成。船舶载重线的勘划应按规定的式样精确凿制，或用电焊堆成其形状。标志必须明显，船舷底色为暗色者，标志应为白色或黄色；船舷底色为淡色底者，标志应为黑色。

船舶装载时，必须以载重线为准，即满载吃水不得超过该航区的载重线的上缘。它是既能最大限度地利用船舶载重能力，又能保证船舶在不同航区条件下安全航行，也便于船员使用和海事、港务有关部门监察的标志线。

(4) 船舶重量及排水量：运输船舶的重量性能包括以吨计的船舶满载排水量、空船排水量，总载重量和净载重量。

4) 船舶货舱容积

船舶货舱容积是指船舶实际可供装载货物的空间，分为散装容积和包装容积。

(1) 散装容积：是指货舱周界所包围的理论容积扣除肋骨、横梁、支柱等所占的空间，即实际能为散装货物提供的装货空间。

(2) 包装容积：是指舱壁护条外侧与横梁最下缘周界所包围的容积。亦即自散装容积中扣除护条之间、横梁之间以及其他不能用于堆放包装货的空间。通常船舶包装容积为散装容积的90%~95%。船舶愈大，其比率愈高。

反映船舶装货容积性能的重要指标是舱容系数，即货舱容积与净载重量的比值。它反映船舶能为每吨载货量所提供的容积。由于船舶的净载重量随航程变化，船舶的舱容系数也是一个变值。一般船舶资料中的舱容系数是指在使用夏季载重线时，最大续航距离下的值。现代杂货船的舱容系数均在 1.5 m^3/t 以上，并有明显增大的趋势，甚至有的已超过 2.0 m^3/t。

2.3.4 船舶发展趋势

根据经济全球化的社会需求和科学技术及工业制造的发展，水路交通运输将不断发展，船舶技术水平在不断进步，目前船舶已向大型化、高速化、专业化、自动化方向发展。

1) 船舶大型化

发挥大型船舶的规模经济、提高竞争实力、改善装卸性能及港口效率是船舶大型化的主要驱动力。但是，船舶大型化趋势要受到以下几个方面的限制：船舶在港口时间的长短对规模经济的限制，如大型船舶装卸效率不能同步提高，那么船舶越大，在港口时间越长，在港的单位成本也将随之增加；货主发货批量大小和时间间隔长短；货源是否充足；集疏运系统效率的限制。总之，船舶大型化在运河和内河受条件限制，在海洋油轮及集装箱船上发展很快。

2) 船舶专业化

传统货船的装卸搬运工艺已不能满足运输的需求，且装卸效率低、劳动强度大、船舶在港时间长、船舶周转速度低。船舶专业化的实现扭转了上述被动的局面，改善了各种运输工具之间的换装作业，加速了货物的整个运输流程和船舶周转。但也应看到专用船只适合单一货种，返程常常放空，船舶载重量利用率低。由于地区之间、国与国之间自然资源分布、经济发展程度与产业结构的不平衡，大部分货物的流向是不平衡的，这限制了专用船的发展。但科学技术的进步促进了港口建设、装卸设施、船舶结构、货运设备等方面的发展，为船舶专业化奠定了基础。同时，随着世界经济高速发展和经济一体化的进展，海上物流形态和品种不断变化，专用船将得到进一步发展。

3) 船舶高速化

在航线与发船间隔一定的条件下，航速越高，航线上需配备的船舶数就越少。但是，由于船舶主机功率及燃料消耗量几乎与航速的三次方呈正比关系，尤其是在油价较高的情况下,船东对提高航速往往持谨慎态度。近年来,日本运输省在分析研究了有关国家和地区对日本高速货运需求量基础上,提出开发载重 1 000 t、能在汹涌海面上以 50 kn 航行的高技术超级班轮,以便装载较为贵重货物来替代航空货运。与货运飞机相比,高技术超级班轮虽然航速较低,但运价相对便宜,较为经济,有实力与空运竞争。短途客船在高速化方面发展较快,特别是在海湾、陆岛、岛岛之间等具有地理优势及其他运输工具无法或难以竞争的地区发展尤为迅速。高速船具有代表性的是水翼船和气垫船。由于船舶在水中航行时的阻力与船舶航速的三次方呈正比,因此如何设法使船舶"飘浮"于水面航行以减少水对船舶航行的阻力便成为这两种高速船的设计思想。

4) 船舶自动化

随着造船和航海技术及自动化技术的不断发展,船舶自动化程度越来越高。例如中国远洋运输(集团)总公司购进的 12 艘第四代集装箱船就都配备了自动导航系统。该系统具有最佳航行计划、自动航行、定位和监测功能。当船驶至开阔海面需自动航行时,开启自动航行,则综合导航仪里的自适应舵控制单元根据 GPS 位置与计划航线的交叉误差(XTE)和跟踪增益所得出的推荐航向,结合罗经航向、计程仪速度、舵角反馈信号,根据自适应原理,以省油的方式给自动舵发出舵角指令,使船首方向与航向一致,从而使船航行在计划航线上。随着全球卫星导航系统(GPS)、自动雷达标绘仪(ARPA)、电子海图显示与信息系统(ECDIS)、船舶交通管理系统(VTS)、国际海事卫星组织(INMARSAT)、全球海上遇险和安全(GMDSS)、港口维修中心(PMC)、船舶维修与保养系统(CWBT)等系统的广泛应用,将导致船舶及其公司的管理发生一场根本性的变革。船舶公司将依靠现代化通信技术,将各个分散的、独立的通信、导航、避碰、配载和维修、支持系统连成一综合性的网络。

2.4 水路交通运输设施

水路交通运输设施是指水路运输的基础设施,主要包括港口设施和助航设施。港口设施是港界内的水工建筑物、陆上建筑物及所有装卸机械等的总称。助航设施包括标示航道的航标、雷达信标、无线电定位系统等。它们都是水路交通运输系统的重要组成部分。完善的水运设施和先进的港口设备是水路运输现代化的标志。本节主要介绍港口设施和航标。

2.4.1 水路运输港口设施

港口是指具有船舶进出、停泊,旅客上下,货物装卸、驳运、储存等功能,具有相应的港口设施,由一定范围的水域和陆域组成的区域。港口是水路运输的交易场所,是交通运输的枢纽,是现代物流的集散地。港口设施包括港口水域设施和港口陆上设施等。

1) 港口的类型

港口按用途分类,有商港、军港、渔港、避风港等。其中商港是水路运输民用港口，主要功能是集散旅客与货物，对港口的基本要求是：一方面要有良好的水域，保证进出港船舶航行安全；另一方面要有功能齐全的陆上设施与机制健全的管理机构，以保证高效、安全的集散旅客与货物。按所处位置不同，商港又有河口港、海港、河港之别。

(1) 河口港：位于江河入海口或受潮汐影响的河口段内，可兼为海船和河船服务，既是河港又是海港。一般有大城市作依托，地理位置优越，水陆交通便利，发展条件优良，内河水道往往深入内地广阔的经济腹地，承担大量的物流量，故世界上许多大港都建在河口附近。位于大河入海处的河口港，多为国际贸易港，如国外的鹿特丹港(图2-5)、伦敦港、纽约港、列宁格勒港等，中国的上海港、深圳港、天津港、广州港、厦门港等，都属国际大港。河口港的特点是，码头设施沿河岸布置，离海不远而又不需建防波堤，如岸线长度不够，可增设挖入式港池。河口港均有近海的深水航道，供海船出入。

图 2-5　鹿特丹港(河口港)

(2) 海港：位于海岸、海湾或泻湖内，也有离开海岸建在深水海面上的。位于开敞海面岸边或天然掩护不足的海湾内的港口，通常须修建相当规模的防波堤，如中国的大连港、青岛港、连云港、基隆港、意大利的热那亚港等。供巨型油轮或矿石船靠泊的单点或多点系泊码头和岛式码头属于无掩护的外海海港，如利比亚的卜拉加港、黎巴嫩的西顿港等。也有完全靠天然掩护的大型海港，如东京港、香港港、悉尼港等。

(3) 河港：是指位于天然河流或人工运河上的港口，包括湖泊港和水库港。湖泊港和水库港水面宽阔，有时风浪较大，因此同海港有许多相似处，如往往需修建防波堤等。河港一般有城市作依托，有航道的城市一般都有港口。河港的规划与建设主要与航道条件和城市规模有关。我国主航道河港如南京地方港、武汉港、南昌港、安庆港、宜昌港、重庆港等。

2) 港口水域设施

港口水域是供船舶来往航行、运转、锚泊、停泊及其他作业和活动的水面，是港口最主要的组成部分，因此要求它有足够的水深和面积、平静的水面、和缓的流速，良好的泊稳条件，以便船舶安全操作，并且能防止或减少波浪和泥沙对港口的侵袭和淤积。港口水域设施主要包括港池、航道和锚地等。

(1) 港池：一般是指码头附近的水域，应有足够深度与宽广的水域，供船舶靠离操作。对于河港或与海连通的河港，一般不需要修筑防浪堤坝，如上海黄浦江内的各港区和天津海河口的港口。对于开敞海岸港口，如烟台、青岛、大连等，为了阻挡海上风浪与泥沙的影响，保持港内水面的平静与水深，必须修筑防波堤。防波堤的形状与位置根据港口的自然环境而确定。港池要保持足够的水深，以保证最大吃水的进港船舶靠泊；港池要有足够宽广的水域，使船舶有足够的操纵余地。

(2) 锚地：是供船舶抛锚候潮、等候泊位、避风、办理进出手续、接受船舶检查或过驳装卸等停泊的水域。锚地要求有足够的水深，使抛锚船舶即使由于较大风浪引起升沉与摇摆时仍有足够的富裕水深。锚地的底质一般为平坦的沙土或亚泥土，使锚具有较大的抓力，而且远离礁石、浅滩等危险区。锚地离进出口航道要有一定距离，以不影响船舶进出为准，但又不能离进出口航道太远，以便于船舶进出港操作。过驳装卸的锚地不仅要考虑锚泊大船本身的旋回余地，还要考虑到过驳小船与装卸作业的安全。锚地水域面积的大小根据港口进出口船舶艘次与风浪、潮水等统计数据而定。

(3) 航道：是指属于港口供船舶进出港池的航行通道。为保证安全通航，航道必须有足够的水深与宽度，且不能弯曲度过大。航道必须保持足够的富裕水深，原因有两个：①实际水深与预报水深不一致；②船舶运动时吃水增加。在考虑船舶富余水深的同时，还需考虑船舶所装货物的危险程度，海底底质等因素。确定航道宽度要考虑下列因素：船舶航行时由于风、流的影响，航迹带要比船宽大，一般是 2.0~4.5 倍船宽。若是双向航道，船舶对遇、追越或平行航行均存在船间效应，经常是造成船舶碰撞的原因，设计航道宽度时要增加一个船宽。典型的双向航道为通航船舶宽度的 8 倍，单向航道为通航船舶宽度的 5 倍。

3) 港口陆上设施

港口陆域是供旅客候船、买票、上下船，以及货物装卸、堆存和转运使用的地方，凡是在港口范围的陆地面积，统称为陆域。因此，陆域必须有适当的高程、岸线长度和纵深，以便有足够的地方在这里安装和修建必要的港口生产和生活设施。港口陆上设施主要包括港口铁路、港口道路、港口仓库、港口装卸设备、港口给水与排水系统等。

2.4.2 水路运输装卸设备

港口装卸设备主要是指港口用来完成船舶与车辆的装卸、库场货物的堆码、拆垛与转运以及舱内、车内、库内装卸作业的起重运输机械。港口装卸机械是现代化港口不可缺少的设备。港口装卸设备的种类很多，通常可分为两类：一类是固定式装卸设备，如固定在泊位上为船舶装卸服务及固定在仓库或堆场为进出库服务的装卸机械；另一类是移动式装卸设备，如在港口水域或陆域一定范围流动作业的装卸机械。另外，港口装卸设备按动作特点可分为间歇起重机械和连续输送机械两大类。

1) 间歇起重机械

间歇起重机械是指间歇性动作的装卸机械。港口常用固定起重机械有桥式起重机、旋转式和升降机等。下面简要介绍这些机械的性能与特点。

(1) 门座起重机：是一种旋转式起重机，是码头前沿的通用起重机械之一。它由门型座架和安装在座架之上的回转部分组成。门座两侧装有运行机构，可沿轨道运行。门座中间的净空比较大，可供一列或数列火车或汽车车辆通过，如图 2-6 所示。

图 2-6　港口门座起重机和集装箱装卸桥

(2) 集装箱装卸桥：是装卸集装箱的专用机械，主要由门架、臂架和臂架拉杆等几部分组成，如图 2-6 所示。门架带行走机构可沿着与岸线平行的轨道行走。集装箱装卸桥的起重量包括集装箱重量和吊具重量，由于吊具种类繁多，大小和重量不一，各港集装箱装卸桥的起重量也各不相同，大部分起重量为 30.5 t 和 40.5 t。

(3) 轮胎起重机：是装在专用的轮胎底盘上的全回转臂架起重机。其起重量分为使用支腿和不使用支腿两种。起重量随臂架长度和幅度而不同。轮胎起重机的特点是机动灵活，可在码头前沿、堆场或其他装卸地点进行装卸作业。

(4) 浮式起重机：是装在专用平底船上的臂架起重机，又称起重船，分为自航式和非自航式两种，适于在水位差变动较大的港口装卸重大件货，也可用于水上装卸和过驳作业。

2) 连续输送机械

连续输送机械是指沿一定路线连续输送货物的装卸机械，一般适用于输送大宗件货或散货，但不适于搬运单件重大货物。大多数的连续输送机械不能自行取货，需采用供料设备。其种类主要有带式输送机、链式输送机、斗式提升机、气力输送机和螺旋输送机等。

(1) 带式输送机：是指采用输送带连续输送货物的装卸机械，主要部件有输送带、支承托辊、驱动装置、张紧装置、装料装置、卸料装置等。带式输送机在连续输送机械中生产效率最高、使用最为广泛，特别是在煤炭、矿石、散粮等大宗散货装卸中，它已成为主要输送设备。许多港口都以带式输送机作为散货装船、卸船、堆取料的专用输送设备。

(2) 斗式提升机：是指采用斗器在垂直或接近垂直的方向上连续提升粉状物料和其他散货的装卸机械，在港口应用颇广，如链斗提粮机、链斗卸船机等。

(3) 气力输送机：是指利用风机使管道内形成气流来输送货物的设备。在港口气力输送机有多种类型，如利用气力使物料悬浮于气流中而进行输送的称为悬浮气力输送机。悬浮气力输送机又可分为吸送机、压送机和混合式。吸送式气力输送机是运用真空度吸货，吸送只能近距离输送货物。压送式气力输送机是运用高于大气压的正压送货，压送可以较长距离输送货物，也可由一个供料点输送到几个卸料点。混合式气力输送机由吸送式和压送式两部分组成。其机械结构比较复杂，且鼓风机的工作条件较差，一般在长距离输送时才考虑选用。

3) 装卸搬运机械

装卸搬运机械是指可用于水平搬运和堆码货物的机械，主要有叉式装卸车、牵引车、跨运车、单斗车、搬运车和平板车等。下面简要介绍叉式装卸车、牵引车和跨运车。

(1) 叉式装卸车：简称叉车，由轮胎底盘、门架、货叉及平衡重组成。叉车工作装置货叉能垂直升降，升降装置门架能前后倾斜，货叉和门架在前，平衡重后置，后轮转向，能在船仓、甲板、仓库和港口陆域内行驶，主要用于托盘和件货的装卸、搬运、堆码、拆垛，也可用于散货等多种货物的装卸作业。其起重量随货种变化。对一般件杂货的装卸，其起重量为 3～5 t；对集装箱的装卸，起重量可达 25 t，对舱内、车内作业的叉车，起重量为 1～2 t。

(2) 集装箱跨运车：是用于码头前沿和堆场对集装箱进行水平搬运、堆码、拆垛的专用自行机械，由门形跨架、起升机构、动力设备及其他辅助设备组成。作业时，其门形车架跨在集装箱上，由装有集装箱吊具的液压升降系统吊起集装箱，进行搬运作业，并可将集装箱堆码至两三层高。这种机械起重吨位较大。

(3) 牵引车：是在码头上用于拖带载货的平板车进行水平搬运作业的动力机械，结构同汽车类似，但结构较为紧凑，具有良好的机动灵活性。

2.4.3 水路运输航标设施

助航标志是指为帮助船舶安全、经济和便利航行而设置的视觉、音响和无线电助航设施，简称航标。为了保证进出口船舶的航行安全，每个港口、航线附近的海岸均有各种助航设施。海上助航标志直接影响海上船舶的航行安全，具有国际性质。国际海事组织(IMO)于 1980 年采用了新的综合航标制度规则，确定了浮标制度区域的界限划分。我国于 1984 年制定了国家标准《中国海区水上助航标志》(GB 4696—1984)，现行标准为《中国海区水上助航标志》(GB 4696—1999)。现行的内河航标是 1994 年 9 月 1 日开始实施的国家标准《内河助航标志》(GB 5863—1993)。

1) 航标的主要功能

航标的作用是帮助船舶安全航行、经济航行和便利航行。安全航行作用是帮助船舶安全地从始发地航行至目的地；经济航行作用是帮助船舶航行于最佳经济航线或最短航线；便利航行作用是帮助船舶方便、简捷的操纵和航行。根据国际航标协会制定的《助航指南》，航标具有定位、危险警告、确认和指示交通四项主要功能。

(1)定位功能：通过航标识别所在位置，为航行船舶提供定位信息。

(2)危险警告功能：通过航标指示航道障碍物，提供碍航物及其他航行警告信息。

(3)确认功能：通过以航标为通过航标参照物，确认船舶相对航标的距离和方位。

(4)指示交通功能：通过航标信号，指示船舶遵循某些交通规则，如指示深水航道等。

2) 航标的类型

航标按照设置地点的不同和工作原理的不同可以分为以下不同的类型：

(1)按照设置地点分类：航标可分为沿海航标与内河航标。

①沿海航标：是指建立在沿海和河口地段，用以引导船舶沿海航行、进出河道和港口的助航标志，分为固定航标和水上浮动航标两种，如图 2-7 所示。固定航标设在岛屿、礁石、海岸，包括灯塔、灯桩、立标；水上浮动航标浮于水面，用锚链系牢，包括灯船与浮标。

②内河航标：是指设在江、河、湖泊、水库航道上，用以标示内河航道的方向、界限与碍航物，为船舶航行指示安全航道的助航标志。内河航标为目视航标，其助航方式是通过国家标准关于河区航道标志规定的外形、颜色、灯光节奏、标位来体现。

(2)按照工作原理分类：航标有视觉航标、音响航标与无线电航标。

①视觉航标：是用颜色、外形、灯光来指示航道的方向、位置及其他含义的标志，包括灯塔、灯桩、立标、灯浮标、浮标、灯船、系泊设备和导标等。

②音响航标：是用发声器按照规定的音响节奏发出信号，使船舶获取位置和航行信息，一般在雾天能见度较差的条件下使用，故称雾号。雾号音响一般听程为几海里，根据工作原理分为气雾号、电雾号、雾情探测器等。气雾号用压缩空气驱动发声器发声，电雾号以电能驱动发声器发声，雾情探测器能自动测量能见度和开启电雾号。

③无线电航标：是指无线电导航设备或系统。从广义上来说，所有的无线电导航系统都可称为航标，因为它能协助船舶获取位置和航行信息，包括雷达反射器、雷达指向标等。

图 2-7 沿海固定航标和浮动航标

2.4.4 水路运输港口现代化

港口现代化与船舶现代化一样离不开经济贸易的发展和科学技术的进步。作为全球综合运输系统节点的港口，效率、服务质量及水平是港口得以生存发展的关键因素。港口现代化主要表现在泊位深水化、码头专业化、装卸机械自动化、信息网络化等方面。

1) 泊位深水化

为了适应现代运输技术的发展，尤其是船舶大型化、高速化对港口靠泊条件和装卸设备的要求，以及出于保持或争取成为世界级大港的目的，当前世界各国有条件、有能力的港口都在不断加强港口建设，扩大港口生产规模，建设深水泊位。除超级油轮普遍采用单点系泊作业方式外，散货船吨位大多在 15 万~20 万 t，集装箱船则向超巴拿马型发展，载重吨位 5 万~6 万 t 以上，满载吃水在 12 m 以上。为了适应船舶的发展趋势，出现了许多 15 万~25 万 t 级的矿石码头，30 万~50 万 t 级的油船码头，5 万~10 万 t 级的集装箱码头等等，给货源稳定、批量大的专业化运输带来巨大的经济效益。据预测，至 2020 年，世界上将有 20% 的国际集装箱班轮需要水深在 13.5 m 以上的深水泊位和航道。

2) 码头专业化

船舶运输的历史始终贯穿着专业化运输由低级向高级的不断发展过程。船舶运输的几次重大工艺变革，均与专业化的发展有关。第一次是石油从一般件杂货中分离出来，实现了专业化液体货运输。第二次重大工艺变革是粮谷从一般件杂货中分离出来，实现了散粮运输专业化。第三次是件杂货本身的专业化，实现了集装箱专业化运输。从全球范围来看，由于船舶运输生产规模急剧扩大，为了寻求更大的经济效益，船舶运输专业化有了进一步发展，船舶专业化程度越来越高，如在大宗散货运输船舶的方面，出现了超级油船、矿-散-油船、液化天然气船、液化石油气船、化学品专用船等。为了与船舶运输的专业化相适应，港口也相应地建设专业化码头。专业化码头的特点是装卸机械及设备专用性强，可大大提高装卸效率和码头的通过能力。但是码头专业化也有弊病，它一般投资大，对货种的适应性很差。因此，建立专业化码头要有充足、稳定的货源保证。

3) 装卸机械自动化

现代高科技的发展给港口装卸机械向自动化方向发展奠定了基础。目前，世界第一大港——荷兰的鹿特丹港，是世界上最先进的港口。该港出于商业竞争和树立大港形象的需要，建设了全球自动化程度最高的散货码头和集装箱码头（图 2-8）。在鹿特丹港的 EMO 码头上配备了长伸距的桥式抓斗散货卸船机。该机的货物抓取、小车运行、漏斗喂料，全部实现了自动化，并设计了防粉尘污染的辅助除尘设备。在机械的维修方面，零部件的磨损、故障隐患等均由自动监测系统进行检测和计划，由计算机安排忙闲间隔时间进行零碎修理和保养，大幅度缩短了修理保养时间，提高了机械的利用率和完好率。

图 2-8　鹿特丹港一角

2.5　海洋交通运输管理

航运管理可分为国际航运管理和国内航运管理。国际航运活动与世界经济、国际贸易有着相互依存、相互促进的关系，具有复杂性和代表性，是全球经济贸易的晴雨表。国内航运是指国内沿海和内河各港口之间货物和旅客的运输。其航运活动与国内区域经济、产业结构、物资流向以及国际航运有着密切的关系，在交通运输中占有重要位置。

航运管理的目的主要是保护各方利益加强，维护运输秩序，提高运输效益。相对于国家水路运输主管部门交通运输部来说，航运管理是政府对航运的行政管理，主要管理任务有：

(1) 调控和监督国际、国内航运市场，使其适应国内外经济社会发展的需求；

(2) 制订与完善航运政策和法规，使其正确引导航运市场的发展方向；

(3) 根据经济发展规律，通过市场运作，统筹规划和宏观调控水运基础设施建设，包括沿海、内河港口及其设施的建设；

(4) 参与制订、履行国际公约，开展航运安全管理和监督；

(5) 航运人才的资格评估、考核、发证以及管理等；

(6) 开展对外航运合作与交流等，以规范航运市场运作、提高水运服务能力、满足经济发展和人民生活需求为目的而展开的活动。

相对于船舶经营公司来说，航运管理是企业管理，主要业务管理活动有：广义的航运经营包括船舶营运业务和租赁业务活动，航运经纪人活动，船舶代理业务，港口货物装卸及理货业务；狭义的航运经营仅指船舶所有人和船舶经营人所从事的业务活动。其他类似船舶管理公司、航运院校、港航企业等主体所从事的活动都是围绕着航运管理相关活动来展开的。本节主要介绍国际航运的经营方式、航运市场的业务活动与航运经营方式以及海洋运输国际公约。

2.5.1 国际航运的经营方式

当今世界贸易的货物有 2/3 以上是通过国际水路航运承担的。在我国的进出口贸易中,国际水路航运的比重高达 80%~90%。因此,国际水路航运是国际贸易中最重要的一种运输方式。同时,国际航运又受着世界经济的影响,其运价经常处在变动之中。但由于国际水路航运本身具有利用天然航道、运载量大和运费低廉等特点,使它的业务量在其他国际运输方式中,始终处于优势地位。当前国际上普遍采用的航运经营方式可分为两大类,即定期船舶运输和不定期船舶运输。

1) 定期船舶运输

定期船舶运输是指船舶按照固定的航线和规定的时间表(船期表),以既定的停靠港口顺序,定期地航行于航线上各港口间的一种国际航运经营方式,常称班轮货运。班轮运输适应于批量小、收、发货人多,市场性强,要求有规律的货物运输,就像道路货运的零担班车一样。这也是现代商品多样性,国际贸易繁荣对国际航运的一种需求。它又可以分为定线定期航班和定线不定期航班两种形式:

(1) 定线定期班轮(即核心班轮),船舶的运输严格按照预先公布的船期表运营在既定航线上,到、离各港口的时间是固定不变的。

(2) 定线不定期班轮,即虽有船期表,但船舶到、离各港口的时间可以有伸缩性,有固定的始发港和终点港,而中途的停靠港则可以根据货源情况有所增加或减少。

班轮货运的优点在于能及时、迅速将货物运至目的地港口,能满足各种货物对运输的要求,能较好地保证货运质量,特别适应零星小批量件杂货运输的需要。组织班轮货运的必备条件是要有技术性能较高、设备齐全的船舶,要有技术和业务水平较高的船员,要有相对稳定的货源和一套适宜于接受小批量货物运输的货运程序。班轮货运的基本特点是:

(1) 承运人与货主之间在货物装船之前不签订运输合同或租船合同,而是在装货之后,由船公司或其代理人签发的记有详细的有关承运人、托运人或收货人的责任、权利和义务条款的提单,并以此为依据处理运输中的有关问题。

(2) 除承运批量较大的货物有时根据协议允许托运人在船边交货和收货人在船边提货外,通常都是要求托运人或收货人将货物送至仓库或从仓库提货。

(3) 承运人负责包括装货、卸货和理舱作业在内的作业,并负担其全部费用。

2) 不定期船舶运输

不定期船舶运输是指航线、船期表和停靠港口都不预先固定的租船运输方式,是相对于定期船舶运输的班轮而言的,又一种常见的国际航运经营方式。它和班轮货运不同,船舶的航行活动不是由船舶经营人单方面安排,而是由船舶经营人与货主或代理人双方事先签订租船合同来决定。租船运输的营运组织工作比较简单,一般情况是:船舶经营人拥船寻租,只须联系租赁人,无须联系货源,主要按照租赁人的要求安排航行活动。租船运输的基本特点是：它是根据运输合同组织运输的，租赁双方的权利、义务和责任均在合同中规定，以作为处理争端的依据；运费或租金直接受国际航运市场行情波动影响；营运中的有关费用开支，取决于不同的租赁方式由船舶所有人和承租人承担，并在合同中注明；主要适宜于大宗货物运输，如谷物、油类、矿石、煤炭、木材、砂糖、化肥、磷灰土等，一般都是整船装运。根据租赁人需求，租船运输主要有以下几种不同方式：

(1) 航次租船：又称程租。它是由船舶经营人提供船舶和船员，为租赁人在指定的港口之间进行货物运输，并按租用航次结算租金的租船形式。如运多个航次，则称连续航次租船。

(2) 定期租船：又称期租。它是由船舶经营人提供船舶和船员供租赁人使用，并按租用时间结算租金的租船形式。

(3) 包运租船：又称包运。它是由船舶经营人提供船舶和船员，租赁人在确定的港口之间提供货源，并按完成规定的总货运量结算租金的租船形式。这种形式适合大宗干散货或液体散装货的运输。包运租船的有关费用和风险划分，基本上与航次租船形式相同。因此，国际航运界认为包运租船是航次租船派生出来的一种运输形式。

(4) 光船租船：又称光租。它是由船舶经营人提供没有配备船员的空船给租赁人使用，并按租用时间结算租金的租船形式。这也是一种定期租船形式，实际上属于财产租赁。

(5) 航次期租：又称日租租船。它是以定期租船为基础的航次租船形式，即船舶按航次整船租赁，但租金按实际使用天数计算。

2.5.2　航运市场的业务活动

国际航运市场又称海运市场。狭义的国际航运市场是指海上运输的船舶所有人、船舶经营人、船舶货源所有人三者之间进行船舶租赁和船舶运输交易的市场，也即船舶与货物供求交易市场。广义的国际航运市场不仅包括上述市场，而且还指海上运输劳务供求实现结合的各种条件的场所和各种机构的总和。国际航运市场的业务活动非常广泛，下面简介与之有关的国际航运经营的当事人、班轮货运程序及国际航运管理的发展趋势等内容。

1) 国际航运经营的当事人

在国际航运经营中，根据业务关系，当事人主要是指承运人、托运人、收货人、船舶代理人、货运代理人、海运经纪人等。

(1) 承运人：是指本人或者委托他人以本人名义与托运人订立货物运输合同的人。承运人是船舶经营人，拥有船舶和船员，但其船舶可以是自己所有的，也可以是租赁而来的。所以，承运人(船舶经营人)可以是船舶的所有人或承租人。承运人一般是海运合同的甲方。

(2) 托运人：是指本人或者委托他人以本人名义或者委托他人为本人与承运人订立海上货物运输合同的人，以及本人或者委托他人以本人名义或者委托他人为本人将货物交给与海上货物运输合同有关的承运人的人。前者所指托运人是与承运人订立运输合同的人；后者所指托运人是将货物交给承运人的发货人。托运人一般是海运合同的乙方。

(3) 收货人：是指有权提取货物的人。提单收货人栏内填明的人就是有权提取货物的人。由于提单的主要功能之一是物权凭证，因此必须凭提单交付货物。提单收货人栏内填明记名的人，货物只能凭单交付给记名人；收货人栏内未填记名人或空白，则货物可凭单交付给任何提单持有人；收货人栏内通常填明"凭指示"或"凭某人指示"，则必须经托运人指示某人持单提货。因此，收货人也可以说是合法的提单持有人。

(4) 船舶代理人：是指接受委托人的授权，代表委托人办理在港船舶有关业务，并进行与在港船舶有关的其他经济法律行为的法人和公民。船舶代理是指船舶代理机构或代理人接受船舶所有人（船公司）、船舶经营人、承租人或货主的委托，在授权范围内代表委托人（被代理人）办理与在港船舶有关的业务、提供有关的服务或完成与在港船舶有关的其他经济法律行为的代理行为。一个船舶所有人，无论其资金有多么雄厚，也不可能在自己有业务往来的所有港口普遍设置分支机构。因此，委托当地的代理人代办船舶在港的一切业务，就成为普遍采用的最经济和最有实效的办法。

(5) 货运代理人：是指接受委托人的委托，代表委托人办理在港货物有关业务，并进行与在港货物有关的其他经济法律行为的法人和公民。货运代理简称货代，是指货运代理机构或个人接受货主或承运人的委托，在授权范围内，代表货主办理进出口货物的报关、交接、仓储、调拨、检验、包装、租船订舱等项业务，或代表承运人承揽货载业务的代理行为。海上货运代理是随着国际贸易所涉及的国家和地区的不断扩大，海上货物运输量的日益增加而产生和发展的。海上货物运输环节多、业务范围广，任何一个货主或船公司都很难亲自处理好每一环节的具体业务；而且限于人力和物力，也不可能在世界范围广设分支机构，在这种情况下，如果将有关业务委托代理人办理，对货主来说，有利于贸易合同的履行，对承运人来说，则无疑扩大了揽货网络和货源。而货运代理人则通过提供代理服务可获得佣金。

(6) 海运经纪人：是以中间人的身份代办洽谈业务，促使交易成交的一种行业。在远洋运输中，有关货物的订舱和揽载、托运和承运、船舶的租赁和买卖等项业务，虽然常由交易双方直接洽谈，但由海运经纪人作为媒介代办洽谈的作法已成为传统的习惯，尤其是在船舶的租赁和买卖业务中都离不开海运经纪人的参与。

2) 班轮货运程序

班轮货运程序一般包括揽货、订舱、装船、卸货、交货等，具体内容如下：

(1) 揽货：是指班轮经营人为了充分利用船舶的载重量和舱容量，力争做到"满舱满载"，以期获得最好的经营效益而从各方货主争取货源的行为。揽货的实际成绩如何，即货源是否充足直接影响到班轮的经营效益并关系着班轮经营的成败。

(2) 订舱：是指托运人或其代理人向承运人，即班轮公司或它的营业所或代理机构等申请货物运输，承运人对这种申请给予承诺的行为。托运人以订舱函电进行预约，承运人发出订舱确认，对预约给予承诺，即表明承托双方已建立有关货物运输的关系。

(3)装船：是指托运人应将其托运的货物送至码头承运船舶的船边并进行交接，然后将货物装到船上。装船方式有多种：如果船舶是在锚地或浮筒作业，托运人应负责将货物装到船上，又称直接装船，对一些如危险品、冷冻货、鲜活货、贵重物等特殊的货物多采用船舶直接装船；而有些班轮为了提高装船效率，通常都采用由港口集中装船的方式。

(4)卸货：是指将船舶所承运的货物在卸货港从船上卸下，并在船舶交给收货人或代其收货的人并办理货物的交接手续。在班轮货运中，为了使分属于众多收货人的各种不同的货物能在船舶有限的停泊时间内迅速卸完，通常都采用集中卸货的办法，即由船公司所指定的装卸公司作为卸货代理人总揽卸货以及向收货人交付货物的工作。

(5)交货：是指承运方将承运货物交付给合法收货人的行为。具体过程是收货人将提单交给承运方公司在卸货港的代理人，经代理人审核无误后，签发提货单交给收货人，然后收货人再凭提货单前往码头仓库提取货物并办理交接手续。交付货物的方式有仓库交付货物、船边交付货物、货主选择卸货港交付货物、变更卸货港交付货物、凭保证书交付货物等。

3) 国际航运管理的发展趋势

从航运管理的构成要素出发，可以看出随着全球经济、世界贸易以及科学技术的发展，在未来较长的时期里，船舶趋向大型化、专业化、现代化发展；港口趋向深水港、现代化、信息化、专业化发展；集装箱化货物趋向高附加值；航线趋于主、次、支层次化、网络化发展。因此，在船、货、港、线发展的同时，国际航运趋向全球网络化和快速准点服务；货物运输在实现多种交通运输方式的组合；船舶营运公司趋向兼并、联盟、合作、规模化、集约化以及分工细化方向发展，以提高运输服务竞争能力；航运管理趋向信息化、现代化发展；完善水运基础设施建设，健全合理的法律法规，规范的航运市场运作，是提高水运服务能力，提高航运安全保障能力，走向绿色航运、安全航运、高效航运基本保障。从航运企业经营组织方式出发，随着航运事业的发展和竞争的加强，航运企业未来发展趋势是走向"全球承运人"，航运企业管理模式将实行主辅分流，实行业务外包，第三方船舶管理(专业船舶管理)将发挥越来越重要的作用。

2.5.3 海洋运输国际公约

海洋运输国际公约是在妥为顾及所有国家主权的情形下，为海洋运输建立一种法律秩序，以便利国际交通和促进海洋的和平用途、海洋资源的公平而有效的利用等。以下主要介绍三个现行有效的、并存的国际公约，即《海牙规则》、《维斯比规则》和《汉堡规则》。

1)《海牙规则》

《海牙规则》是《统一提单若干法律规则的国际公约》的简称。1921年由国际法协会起草，于1924年8月25日在布鲁塞尔由26个国家签订，1931年6月2日生效。该规则因首次在海牙草拟，故称《海牙规则》。它是解释国际货运买卖惯例的通则，其核心是规定海洋运输承运人在提单中应承担的义务,对货物灭失或损害的赔偿限额,以及其享有的免责范围。它是海上运输的重要公约,至今已有80多个国家和地区采用,其中有的直接采用,有的据以订立国内法。《海牙规则》适用的提单具有法律上的约束力。

承运人与货主之间一旦发争议,必须依据《海牙规则》处理。它以公约形式规定承运人对承运货物应负的最低限度责任,限制了承运人在提单中滥列免责条件的做法,从而使货方的利益在一定程度上获得保护,对缓和承运人同货主之间的矛盾具有一定的积极作用,对发展国际贸易和国际航运业也是有利的。由于《海牙规则》主要由一些海运发达的国家制订,因此比较明显地偏袒船主的利益,其中规定承运人的免责条款达17项之多。随着时间的推移,这一弊病显得更加突出。

随着国际经济、政治关系的变化和海运技术的发展,《海牙规则》的某些内容已经过时,多数国家特别是代表货方利益的国家和第三世界国家强烈要求修改本规则。目前存在两个修改方案:一个方案是代表英国及北欧各传统海运国家提出的《修改统一提单若干法律规定的国际公约议定书》(维斯比规则,1968年2月23日通过),该公约只对《海牙规则》进行了修补,而不是提单中权利、义务关系的根本性改变;另一个方案是由联合国国际贸易法委员会所属国际航运立法工作组提出的代表第三世界和货方利益的《联合国海上货物运输公约》(汉堡规则,1978年3月31日通过),该公约扩大了承运人的责任。因目前正处在新旧交替过程中,这三个规则在实际的海运业务中,分别为有关国家及其船公司所采用。

2)《维斯比规则》

《维斯比规则》是《修改统一提单若干法律规定的国际公约议定书》的简称。因该议定书的准备工作在瑞典的维斯比完成而得名。由于《维斯比规则》又是《海牙规则》的修改和补充,故也与《海牙规则》一起简称为《海牙-维斯比规则》。该议定书共17条,于1977年6月生效,虽然对《海牙公约》中的某些条款作了若干修改和补充,如提高了承运人对货物损害赔偿的最高额度,明确了集装箱和托盘运输中计算货物最高赔偿责任的数量等。但其修改很不彻底,特别是对承运人的主要责任与义务并未作实质性修改,对承运人的不合理免责条款仍毫无触动。目前参加和实施该议定书的国家和地区,主要有英国、法国、挪威、丹麦、瑞典、芬兰、比利时、瑞士、叙利亚、黎巴嫩、新加坡、厄瓜多尔、汤加、百幕大群岛、德国、埃及、直布罗陀、波兰、斯里兰卡、阿根廷、荷兰、利比里亚和中国香港特别行政区等。

3)《汉堡规则》

《汉堡规则》是《联合国海上货物运输公约》的简称,因在德国的汉堡召开的联合国全权代表会议上通过而得名。它是解释国际货物买卖惯例的通则,全面修订了《海牙规则》,以期在承运人和托运人之间实现比较合理的权利义务关系。由于《维斯比规则》对《海牙规则》的修改很不彻底,广大发展中国家强烈要求进行全面的、实质性的修改,并决心拟订新的公约以取代明显过时的《海牙规则》。1978年3月6—31日,联合国在德国汉堡召开有78个国家参加的全权代表会议,最后审议并通过了《联合国海上货物运输公约》,并于1992年11月1日生效。截至1996年10月,共有成员国

25个，其中绝大多数为发展中国家，但占全球外贸船舶吨位数90%的国家未承认该规则。

《汉堡规则》的制定和通过，是发展中国家长期共同努力的结果，也是发展中国家在海运方面建立国际经济新秩序的胜利。《汉堡规则》的产生，标志着国际海商法领域发生了历史性的变革，对国际贸易、航运、保险、银行业务的发展以及有关法规的调整产生良好的影响。

2.6　水路运输的安全保障技术

安全保障技术对于现代化水路交通运输事业十分重要。特别是在当今世界经济和水运行业快速发展的环境下，水路运输越来越繁忙，船舶流量越来越大，气候变化和通航环境越来越复杂，对做好水上交通安全工作提出了新的更高要求。水路交通运输安全保障是一项综合技术和系统工程，主要涉及船舶导航与定位、船舶交通管理、全球海上遇险和安全等工作，与科技水平、仪器设备及与组织管理诸多因素有关。随着现代科学技术的发展，通信技术、计算机技术、网络技术、人工智能技术等在船舶的导航与定位、交通管理、报警与搜救等航海领域得到了广泛和深入的应用，提升了水运交通建设和管理的现代化水平，使航运安全保障得到了根本性的改观。

2.6.1　船舶导航与定位

为了保障船舶在水域内的航行安全，提高航道的使用效率和船舶的航行效率，必须利用现代科技和设备对船舶进行精准导航与定位。

1) 航向

为了保证船舶航行安全，首先要确定船舶的航向与位置。罗经是一种测定方向基准的仪器，用于确定航向和观测物标方位，分为磁罗经和电罗经两种，现代船舶通常都装有这两种罗经。前者简单可靠，后者使用方便、准确。

磁罗经是利用磁针指北的特性而制成，用于航海的指南针又称罗盘。铁船出现后，磁经产生了自差。19世纪以后，先后提出消除自差的方法，至20世纪初，性能稳定、轴针摩擦更小的液体罗经制成，曾用于大部分船舶。磁罗经有磁差，是由于地磁极与地极不一致而产生。存在于磁北和真北之间的夹角，即磁偏角。海图上标注有本地磁差和年变化率，使用磁罗经时可据以修正读数。磁罗经结构主要由罗经柜和罗经盆组成，带有磁针的罗经卡安装在盆内。电罗经又称陀螺罗经，是利用陀螺仪的定轴性和进动性，结合地球自转矢量和重力矢量，用控制设备和阻尼设备制成以提供真北基准的仪器。陀螺罗经由主罗经与分罗经、电源变换器、控制箱和操纵箱等附属设备构成。

2) 定位

船舶在海洋航行时的定位方法按参照目标可分为岸基定位与星基定位。

(1) 岸基定位是利用岸上目标，如灯标，山头以及导航系统中的信号发射台等都是岸基目标。最普通的是用肉眼通过罗经测定灯标、山头等显著物标的方位，或通过六分仪测定目标的距离，然后得出几个目标的方位或距离的位置线，相交后求出船位。雷达定位是通过发射的雷达脉冲遇到显著物标反射回来所经过的时间及方向测定物标的距离和方位，得出位置线相交后而定出船位。罗兰 C(Loran C)无线电导航系统是利用到两个定点(信号与发射台)的距离差为定值的点的轨迹作为位置线，测定两发射台信号到船舶的传播时间差，而得出双曲线位置线，因而称为双曲线导航系统。

(2)星基定位是以星体为参照物测定船舶位置的方法。传统的星基定位方法是利用天体，包括太阳、月亮、恒星、行星与船舶的相对位置来确定船舶的位置，称为天文定位。卫星导航是利用卫星导航系统。该系统包括导航卫星、地面站及用户设备三大部分。目前使用最广泛的是美国从 1973 年开始研制到 1995 年具备全部运作能力的全球定位系统(Global Positioning System，GPS)。它包括 24 颗卫星，分布在 6 个轨道平面，卫星高度为 20 183 km 左右。它是利用已知空间位置的人造卫星发射的经过伪随机噪声码调制后的电磁波，测定其卫星到接收机天线的距离。若同时测量三颗卫星的距离，则可求得接收机的三维位置，经度、纬度和高度。若同时测量 4 颗卫星的距离，除测定接收机的三维位置外，还可求得接收机的钟差。GPS 卫星导航系统能提供全球、全天候、高精度、连续、近于实时的三维定位与导航。

3)综合导航系统

随着船舶导航技术的发展，导航设备不断增多，各学科越来越多的技术成果被引入船舶导航领域，如惯性导航系统(INS)、全球定位系统(GPS)、多普勒(Doppler)测速系统、罗兰 C 无线电导航系统、数字导航雷达(ARPA)及电子海图显示信息系统(ECDIS，简称电子海图)等，导致系统规模日益庞大。因此，综合导航系统应运而生，它是一个高度信息化、高度自动化、统一操控的船舶导航平台，通过网络将各种导航设备信息传入计算机，利用信息融合技术综合处理，得到本船最佳的导航信息。然后，通过电子海图实时动态地显示船舶的综合航行态势，从而更便于驾驶员观测、决策和操作，并增加了航行规划等功能。综合导航系统是引导船舶航行的关键系统，在军用舰船与大型民用船舶上得到普遍应用。综合导航系统由导航传感器、信息处理设备、导航监控设备、导航数据库、系统通信网络五个部分组成。

2.6.2 船舶交通管理系统

船舶交通管理系统(vessel traffic management system，VTMS)是现代港口的指挥和控制系统，是一种为有效协调拥挤的水域交通而建立的高级监控系统。其规模和设备因地理条件、交通状况、事故记录、发展需要、投资效益、历史背景等的不同而有很大差异。现代大型港口都设有手段齐全的船舶交通管理系统。管理系统一般有六种设施：系统中心管理部门、通信设施、监视系统、助航设施、执行各种任务(如巡逻、护送、拖带、检查)的船艇及以配置的航空工具等。

1)通信设备

通信设备是港口中心管理部门与船舶之间保持联系的通信设备。它是船舶交通管理的命脉，岸船之间以甚高频无线电话为主要设备，按规定频道通信。1975 年政府间海事协商组织(现改名国际海事组织)通过了在船舶上设置甚高频无线电话的建议案。有的国家如美国、加拿大用法律规定进入其领海的船舶必须在驾驶台备有航行专用的甚高频无线电话，没有这种设备由引航员携带上船。此外，还有电话、传真、灯光信号、话语广播等通信手段。

2) 监视设施

监视设施是港口中心管理部门观察和掌握船舶动态的监视设施，目前以港口雷达为主，电视也在推广，在狭窄水域尤为适用。在掌握船舶动态上，雷达监视虽不如船舶动态报告系统覆盖范围大，但更准确、详细、直观，二者互为补充。雷达监视的一个关键问题是在荧光屏上正确识别某回波是某船。目前的方法有：在船舶通过报告点通报船位时加以识别；用甚高频测向技术指示通话船的方向或位置；由引航员携带专用的编码雷达应答器上船等。用计算机处理雷达信息，可实现自动跟踪和跟踪识别，出现船舶偏离航道或有碰撞、搁浅危险和浮标漂移等情况时能自动报警，提醒值守人员及时采取措施。对船舶的监视还有一种方法是，在船上安装或由引航员携带无线电定位收发设备上船，由系统中心接收从船上自动发出的实时船位数据，这样可以准确掌握船舶动态。

3) 助航设施

助航设施是为了保障船舶，特别是大型船舶在进港狭窄水道上安全航行的助航设施，包括标示航道和分道通航制的航标、雷达信标、无线电定位系统等。有的港口还专设高精度定位系统，供船上直接定位；有的利用数据传输技术把岸测高精度船位信息发送给船上，由引航员携带上船的接收设备实时显示，随时能看出是否偏离航道；有的港口在码头上设有帮助甚大油船靠码头的声纳或雷达设备，使船长知道靠岸速度和到岸距离以便于控制船舶。此外，岸上还可以安装探雾器、水位仪等观测仪器，以便于系统中心掌握气象和水文情况。

4) 船舶动态报告系统

船舶动态报告系统是港口中心管理部门观察和掌握船舶动态的一种高效监视设施。在港区及其外围规定若干报告点，要求通过报告点的船舶用甚高频或特高频无线电话按规定程序和格式向系统中心报告船位和航行计划以及船舶数据资料。系统中心对船舶动态报告进行汇总、标绘、分析，随时核对、更新。用计算机对船舶动态进行这种跟踪和分析，比人工作业可大大加强预见航道拥挤、及时采取预防措施和及早发出警告的能力。

5) 系统中心

系统中心是港口船舶交通管理系统的核心。在中心控制室内集中控制各种设备和处理所有收集到的信息，并用适当形式加以显示，如雷达综合图像显示、交通信息字符显示等，随时提供进港航道和港区内行驶的全部船舶的位置、航速、航向、泊位占用情况，需要系泊的船舶动态，引航员和拖船使用情况，以及气象和水文数据等。系统中心的主要工作是：向船舶定时发布或个别答复有关交通情况和航行安全等情报；提供航行咨询服务或在船舶申请时进行导航；根据情况实行某种控制，如规定航线、航速、会船地点，指示抛锚、等待、航进、前往或离开某地；发现潜在危险或违章提出警告等。

为了港口进港航道和狭窄区域的安全和有秩序,有的港口采用"通航批准制度",船舶必须在批准的时间内进入航道或离泊。

2.6.3 全球海上遇险和安全系统

国际海事组织(IMO)在1979年召开了国际海上搜救大会,通过了《1979年海上国际搜寻与救助公约》(SOLAS),提出了"发展GMDSS(全球海上遇险与安全系统)"的决议,并做出决定,为保障海上人命安全,改善海上遇险和安全无线电通信,要建立一个遇险、安全和救助的综合通信系统,即全球海上遇险和安全系统(Global Maritime Distress and Safety System,GMDSS)。并规定1992年2月1日至1999年2月1日为GMDSS的实施阶段。1987年9月召开的世界水上无线电行政大会,修改了无线电规则的有关条款、附录、决议和建议,增加了包括实施GMDSS的有关条款。1988年国际海事组织召开了扩大海上安全委员会,即外交大会。会议制订了公约的修正案,使GMDSS的实施有了法律依据。

GMDSS是一个船岸间通信新系统,与在此之前广泛应用的呼救信号"SOS"不同,它由卫星通信系统和地面无线电通信系统两大部分组成。卫星系统又包括国际海事卫星分系统和极低轨道搜救卫星分系统两部分。GMDSS是建立在先进的卫星通信技术、数字技术和计算机技术的基础上的先进系统,在船只遇难时,不仅能向更大的范围、更迅速、更可靠地发出救难信息,还能以自动、半自动的方式取代以前的人工报警方式。

1) GMDSS的功能

GMDSS的基本要求是岸上的搜寻当局以及遇险船舶和遇险人员附近的其他船舶,能迅速接收大批遇险事件的报警,并毫不延迟地进行协调搜救和援助,并能提供紧急和安全通信并播发海上安全信息(航行警告和气象警告,气象预报及其他紧急安全信息)。因此,GMDSS必须具备以下功能:

(1)遇险警报:是将遇险事件报告给能提供或协调援助的附近其他船舶或救助协调中心(RCC)。当救助协调中心收到报警时,一般通过海岸电台或海岸地球站将报警转发到搜救(SAR)单位和遇险事件附近的其他船舶。遇险应指明船舶的识别和遇险的位置,如时间允许,还应指明遇险性质和有助于救助行动的其他信息。

(2)搜救协调通信:是指遇险报警船舶和参加搜寻的船舶及航空器之间的协调通信,这包括在救助协调中心和遇险事件区域的"现场指挥员"或"海面搜寻协调员"之间的通信。

(3)现场通信:是指使用无线电话或无线电传,在中频(MF)和甚高频(VHF)频带内指配给遇险和安全通信的频率上进行的。在遇险船舶和援助单位之间的现场通信是有关向遇险和安全通信的频率上进行的。

(4)寻位:是指发现并找到遇险船舶或其救生艇筏或幸存者。在GMDSS中,遇险船舶或幸存者利用搜救雷达应答器来进行位置标识。当雷达应答器被搜救单位的雷达触发信号触发时,在搜救单位的雷达荧光屏上就会显示出遇险船舶或幸存者的位置。

(5) 海上安全信息播报：是指参救和单位船舶接收所需要最新的航行普告、气象警告和气象预报以及其他的紧急海上安全信息(MSI)。

(6) 常规无线电通信：在 GMDSS 中，船舶电台和岸上通信网之间的常规无线电通信是指进行有关船舶经营管理的无线电通信。例如，船舶需要引水员和拖轮业务等。这些通信对船舶的安全有很大的影响。常规无线电通信可以在包括公众通信使用的适当频道上进行。

(7) 驾驶台到驾驶台的通信：驾驶台对驾驶台通信是船舶之间的 VHF 无线电话通信。其目的是为保证船舶航行的安全。一般在船舶驾驶台上进行这种通信。

2) GMDSS 的组成

GMDSS 的报警方式是：遇险船向岸台和周围的船舶报警，即船—岸报警方式和船—船报警方式；由 RCC 组织和指挥搜救轮船、搜救飞机或遇险船周围的船舶对遇难险船进行营救，即岸—船报警方式。GMDSS 的基本构成如图 2-9 所示。

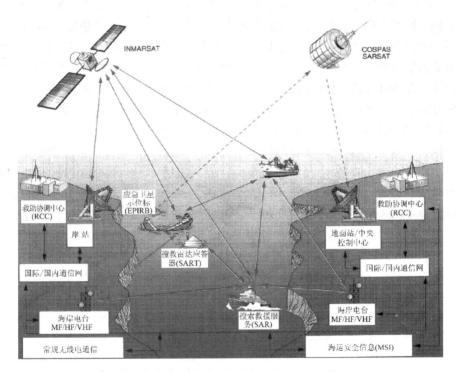

图 2-9　GMDSS 基本构成

GMDSS 使用两大通信系统：一是卫星通信系统，包括由静止卫星通信系统(International Maritime Satellite system，INMARSAT)和 COSPAS/SARSAT(近地极轨道搜救卫星系统)；二是地面通信系统，由 MF/HF/VHF 通信分系统组成。静止卫星通信系统用于南北纬 70°以内海域的报警与通信，现在广泛使用的终端有 INMARSAT-A、INMARSAT-C 标准站和 L 波段的无线电应急示位标(EPIRB)INMARSAT-E。近地轨道搜救卫星系统是用于全球范围的海、陆、空遇险事件的报警，使用的终端有船舶使用的

406 MHz 应急示位标(EPIRB)，应用于航空遇险报警 121.5 MHz 示位标(ELT)和陆上个人使用的示位标。地面通信系统中的 MF 分系统用于中近距离的遇险与通信；HF 分系统用于远距离的报警与通信；VHF 分系统用于近距离的报警与通信。使用的终端是数字选择性呼叫终端(DSO)，单边带电话(SSB)和窄带直接印字电报终端(NBDP)。

INMARSAT 是最早的 GEO 卫星移动系统，是利用美国通信卫星公司(COMSAT)的 Marist 卫星进行卫星通信的，它是一个军用卫星通信系统。20 世纪 70 年代中期为了增强海上船只的安全保障，国际电信联盟决定将 L 波段中的 1 535～1 542.5 MHz 和 1 636.3～1 644 MHz 分配给航海卫星通信业务，这样 Marist 中的部分内容就提供给远洋船只使用。1982 年形成了以国际海事卫星组织(INMARSAT)管理的 INMARSAT 系统，开始提供全球海事卫星通信服务。该系统由船站、岸站、网络协调站和卫星等部分组成，将全球分为四个区域，有 9 颗卫星在工作中覆盖全球。卫星通信不受环境、天气的影响，随时随地都可以进行通信。

GMDSS 还提供播发海上安全信息的两个系统：一个是岸基航警系统(NAVTEX)，在 518 kHz 频率上向中近距离海域播发海上安全信息，其接收设备是 NAVTEX 接收机；另一个是向远距离海域播发海上安全信息的 NAVAREA 系统。目前利用 INMARSAT 海事卫星的增强群呼叫功能(EGC)，工作于 INMARSAT 网络协调站的公用信道上，使用的终端是 EGC 接收机或带有 EGC 接收功能的 INMARSAT-C 标准船站。

SOLAS 公约 1988 年修正案对船舶无线电设备的配备是按航行区域划分的。船舶的航行区域划分为 A1、A2、A3、A4 四个航区。其中 A1 航区是指 VHF 岸台覆盖的海域范围，一般为 25 n mile 半径的海域；A2 航区是指 MF 岸台覆盖范围的海域，一般是以 100～150 n mile 为半径的海域范围，但不包括 A1 航区；A3 航区是指国际海事卫星(INMARSAT)的覆盖区域，一般是指南北纬 70°以内的海域，但不包括 A1、A2 航区；A4 航区是指除 A1、A2、A3 航区以外的海域，即南北纬 70°以外至两极之间的海域。

小结

本章内容包括水路交通运输概述、水路交通运输资源、水路交通运输设施、水路交通运输船舶、海洋交通运输管理及水路运输安全保障技术共 6 节。水路交通运输资源包括天然或经改造的海洋、湖泊、河流等水域，是船舶航行的交通线和基本条件。船舶是水路运输的载运工具。港口是水路运输的基础设施，是船舶的到发和给养基地、水路运输活动的组织与交易场所。助航标志也是水路运输的基础设施，用于指示航路和标示区域。海洋水路运输管理涉及领海主权和公海使用，其目的是维护运输秩序，充分利用海洋航运资源，提高运输效益，保护相关人的合法权益。水路运输安全保障技术提升了水路交通建设和管理的现代化水平，保障了航运安全。本章重点是水路交通运输资源船舶，难点是海洋运输管理和水路运输安全保障技术。

思考题

1. 水路运输有何特点？主要类型有哪些？
2. 货运船舶有哪些主要种类？各有何用途和特点？
3. 船舶主要由哪些部分组成？

4. 港口水域包括哪些主要组成部分?
5. 国际航运经营方式包括哪两类?其主要内容是什么?
6. 国际航运经营的当事人包括哪些人?
7. 船舶在海上航行是如何进行定位的?

推荐阅读书目

1. 水运实用知识. 施华,等. 武汉辞书出版社,2003.
2. 船舶定位与导航. 龚少军. 哈尔滨工程大学出版社,2009.
3. 交通运输工程学(第二版). 沈志云,邓学钧. 人民交通出版社,2008.

第3章
道路交通运输

[本章提要]

　　本章以道路交通运输为研究对象，主要内容包括道路交通运输概述、公路的构造和几何要素、公路的设施和视距、公路的通行能力、道路交通运输车辆、道路交通安全管理、公路路政管理、道路运政管理共8节。其中：公路的构造和几何要素、公路的设施和视距、公路的通行能力属于道路交通运输的基础设施范畴，具体内容以原交通部《公路工程技术标准》(JTG B 01—2003)和《公路路线设计规范》(JTG D 20—2006)为依据；道路交通运输车辆主要是指载运工具汽车；道路交通安全管理以《中华人民共和国道路交通安全法》及其国务院实施条例为依据；公路路政管理和道路运政管理属于道路交通行政管理范畴，分别以《中华人民共和国公路法》、国务院《收费公路管理条例》、原交通部《路政管理规定》及《中华人民共和国道路运输条例》为依据。学习本章内容，可以较全面地了解道路交通运输的有关知识、概念和理论以及国家关于道路交通运输的有关政策、法规和标准。

道路交通运输是指使用汽车和其他运输工具在城乡道路上从事旅客和货物的交通和运输。它是人类最古老，人民群众最熟悉，与社会生产和生活的关系最密切，对国家政治、经济、文化以及军事都极为重要的一种交通运输方式。道路交通运输系统是由道路载运工具、道路基础设施、生产和管理机构所组成的一个共同完成道路旅客和货物运输的综合服务系统。

根据《中华人民共和国公路法》和《中华人民共和国道路运输条例》规定：国务院交通主管部门主管全国道路运输管理工作。县级以上地方人民政府交通主管部门负责组织领导本行政区域的道路运输管理工作。县级以上道路运输管理机构负责具体实施道路运输管理工作。

3.1 道路交通运输概述

道路运输是综合运输体系的重要组成部分。它既可以独立承担大宗中、短途旅客和货物运输，又能够完成小量的长途旅客和货物运输，还可以协助港站疏散和集中旅客和货物运输，是衔接其他不同运输方式的不可缺少的一种运输方式。它投资成本较低，生产组织较简单，是一种大众化的交通方式和运输手段。

3.1.1 基本概念

自有公路以来，我国曾一直使用"公路运输"一词；汽车发展以后，我国又习惯使用"汽车运输"称呼；但从 20 世纪 80 年代末期开始，我国逐渐以"道路运输"为统一名称代替其他称呼。这是因为道路比公路含义更广泛，不会引起行政管理误解。例如，如果称公路运输，当运输车辆进入城市道路后，运输管理部门的行政管理职责就会引起争议。因为：城市道路由各地城建部门主管；城乡公路由交通运输部门主管；其他道路可能由某专用部门管理。从生产过程看，运输生产过程具有完整性和连续性，不能因公路与城市道路的概念和管理部门不同而人为分割；从发展趋势看，在现代综合运输体系中，公路与城市道路两者的概念已融为一体，逐步被道路概念所取代。所以，统一称道路运输，在某种程度上可以减少错觉。但是，汽车运输、公路运输和道路运输在名称概念及实际运用中还是既有联系，又有区别的。

(1)汽车运输：汽车主要是指自带动力装置在道路上行驶的交通和运输车辆。汽车运输是指使用汽车作为载运工具所从事的运输活动。它主要是按运输所使用的工具来定义的，至于运输什么和在哪种道路上行驶并未限定。

(2)公路运输：公路是指我国境内经公路主管部门验收认定的城间、城乡间、乡间能行驶汽车的公共道路。我国公路是按原交通部《公路工程技术标准》设计和建设，由交通运输部门主管。它不同于古代的牛马车道，也区别于现代城市道路。公路运输是指使用公路作为基础设施所从事的运输活动(狭义地说，它不包括城市道路运输活动)。它主要是按运输依托的通行途径来定义的，至于运输什么和载运工具是什么并未限定。公路运输不仅包括汽车运输，而且还包含拖拉机、人力车、畜力车、人工运输等。但从实际运用上看，公路运输主要是指汽车在公路上的运输，因此汽车运输和公路运输两个概念通常互换使用。

(3) 道路运输：公共道路是指城市内和城市外能行驶汽车的所有道路。它包括公路、城市道路和其他道路，比单纯的公路、城市道路含义更为广泛。道路运输是指以道路为通行途径所从事的运输活动，既包括公路运输活动，也包括城市道路运输活动。这样界定公共道路和理解道路运输的含义，是道路运输行业的特点和管理需要所决定的。因为道路运输具有连续、贯通的特点和要求，道路运输经济活动的范围是在城乡各种道路上连续进行和完成的，是一个完整的运输生产过程，不应该因为公路、城市道路和其他道路有区别而间断。

3.1.2 道路运输的特点、功能和作用

在理论上，通常将运输的基本功能划分为通过与送达两种。通过功能是指在干线上完成大批量的运输；送达功能是指为通过性运输承担集散客、货任务的运输。人们以往认为道路运输主要是完成送达功能。但现代社会中，道路运输的基础设施已有大量高速公路和城市快速路投入使用，道路运输在很大程度上改变了原有的功能和作用，既能完成送达功能，又可承担通过功能。道路运输工具主要是汽车，较其他运输方式的运输工具而言，其客、货载运量小，且自带能源和动力。所以，现代道路运输系统的基础设施和载运工具就基本上决定着道路运输的特点、功能和作用。

1) 道路运输的特点

相对于其他运输方式而言，道路运输具有以下主要特点：

(1) 灵活性能好。道路运输生产点多、面广、流动、分散，在组织与管理方面具有鲜明的行业特色，最显著的特点是灵活性能好，主要表现在以下方面：

①空间上的灵活性。我国公路网密度约比水路网、铁路网都大 10~20 倍，且分布面广，全国 98.96% 的乡(镇)可通公路，汽车可达之处多，运用范围广。所以，道路运输在空间上的灵活性是不言而喻的。

②时间上的灵活性。汽车货物运输作业环节简短，可随时调度、装载和起运，运输时间可灵活安排，通常可实现即时运输。旅客运输虽然实行"五定"，但随着运输网点的发展及运输组织与管理水平的提高，旅客等候时间也逐渐缩短，许多干线基本实现了随到随走的客运服务。所以，道路运输时间上的灵活性明显大于其他运输方式。

③批量上的灵活性。汽车可接受的启运批量最小，对客、货运输量的多少具有很强的适应性和灵活性。客车可按大、中、小型号载客；货车可按吨位安排运货，一次托运 3 t 以下安排零担运输，3 t 以上按批量安排整车运输。这一特点对较小数量的货物或人员的紧急运输工作非常适应，使得道路运输可以用于救灾工作和军事运输。

④运行条件的灵活性。道路运输服务的范围不仅局限在等级公路上，还可延伸到等外公路，甚至许多乡村便道也在辐射范围；普通货物装卸对场地、设备没有专门的要求；客运站点设置灵活，有的只设置一个停靠点即可。

⑤服务上的灵活性。其具体表现为能够根据货主或旅客的具体要求提供个性化的服务，最大限度地满足不同性质的货物运送与不同层次的旅客需求。

(2)送达能力强。由于汽车体积较小质量较轻,既可以沿密度大、分布面广的路网运行,又可以离开路网深入到工厂区域或车间、农村田间、城市街道及机关单位和居民住宅的院内。所以道路运输可以实现"门到门"的直达运输,既可以把旅客从居住地门口直接送到目的地门口,也可以把货物从发货人仓库直接送到收货人仓库。这一点其他运输工具如火车、轮船和飞机一般是办不到的。

(3)运送速度快。由于汽车可以实现"门到门"的直达运输,对于旅客可以减少转换运输工具所需要的等待时间和步行时间;对于限时运送货物或市场临时急需商品,道路运输转运环节少,较其他运输方式动作敏捷反应快。尤其是中短途运输,其整个运输过程的速度,较任何其他运输工具都更加迅速、方便。运送速度快不仅可以加快资金周转,而且有利于保持货物质量不变和提高客、货运输的时效性。这对于运输贵重物品、高档电子产品、鲜活易腐货物及需要紧急运输的人员等特别重要。

(4)原始投资少。道路运输生产环节少,车辆的购置费用比较低,使用道路只需交付燃油费和过路费,原始投资回收期短,不像铁路运输那样需要购买机车和车辆,并完全负担昂贵的运输线路、信号设备和终点站费用。根据国外统计资料,在正常经营情况下,道路运输的投资每年可以周转2~3次,而铁路运输的投资3~4年才能周转1次。我国公路运输投资在良好经营情况下,每年也可周转2次左右。汽车驾驶技术容易掌握,培养汽车驾驶员一般只需半年左右。由于公路运输资金周转快,产业经营容易扩大再生产。经营者可根据市场环境和自己的风险承受能力选择合适的投资固定结构,属于低风险发展的运输方式。与其他运输方式相比,在市场经济条件下道路运输方式更具生命力。这正是其在市场经济社会中得以持续发展并逐步成为市场经济发达国家的主力运输方式的重要因素之一。

(5)安全性较差。道路运输由于路况复杂,车型种类多,驾驶人员容易疏忽等各种因素,交通事故发生频繁,故安全性较其他运输方式差。

(6)环境污染重。汽车在运行中对环境的污染主要是指废气污染和噪声污染。废气污染主要是汽车发动机排出的尾气,其中的有害成分包括CO、SO_2等,排入空气中达到一定浓度后,对人、动物和建筑物造成危害。噪声污染主要有汽车运行中的发动机噪声、喇叭噪声、车体振动噪声、排气噪声、轮胎与路面摩擦及传动机构噪声等。若其噪声强度超过70 dB以上,将严重损害人们身心健康和影响人们正常的工作、学习、娱乐和休息等活动。

2)道路运输的功能

根据现代道路交通运输的特点,及其在综合运输体系与多式联运网络中所扮演的主要角色和承担的主要任务,道路运输方式具有以下基本功能:

(1)与其他运输方式衔接的功能。衔接是指承担其他运输方式之间或其起终点处的中短途接力运输。货物从生产地点到消费地点或旅客由出发地到目的地的全部运输过程,往往需要由几种运输工具分工协作才能完成,并达到经济、合理的运输效果。因为道路运输具有机动灵活和"门到门"直达运输的特点,使之不仅可以完成各种运输方式之间的纽带作用,将其联结成为综合运输网络,而且可以最终将客货运输对象送到目的地。

(2)单独完成中短途运输的功能。中短途运输主要包括城间道路客货运输、城市市区与郊区客货运输及厂矿企业内部生产过程运输等。短途运输是指运距在 50 km 以内的运输;中途运输是指运距在 50~200 km 之间的运输。中短途运输是道路运输的优势,且基本上只能由道路运输方式完成。

(3)独立承担长途运输的功能。道路运输方式独立承担长途运输一般有三种情况:

①其他运输方式在此尚未实现时,必须由道路运输方式承担该长途运输;

②随着高速公路建成投入使用后,道路通行条件改善,道路运输方式通过功通大大加强,可以独立承担长途运输;

③有些货物和人员(如水果、蔬菜和执行特别任务的人员),采用道路运输方式长途运输的综合效益高于其他运输方式。道路运输承担长途运输时,一般要求经济运距超过 200 km。根据国外有关资料,美国道路货运的平均运距为 600 km 左右,而且近几年来,运距达 1 600 km 左右的水果和蔬菜、油料及蛋品的大部分由道路运输承担。发展中国家道路运输的经济运距虽然低于 200 km,但是基于国家政治与经济建设的需要,也常常由公路承担长途运输。

3)道路运输的作用

在现代综合运输体系与多式联运网络中,道路运输在整个交通运输业处于基础地位,并发挥着以下作用:

(1)直接送达作用。道路运输灵活机动、快速直达,可以实现"门到门"的直达运输,是最便捷也是唯一具有送达功能的运输方式。

(2)接转运作用。铁路、水路和航空运输方式组织运输生产时需要道路运输提供集疏运输的条件,各种运输方式之间的衔接,也需要道路运输来完成倒载、换装。

(3)全能运输作用。随着高等级公路的建成通车及公路技术等级的逐步提高,道路运输方式已同时具备了通过和送达功能,成为全能的运输方式。道路客货运量在综合运输体系中所占的比重不断提高。

(4)深度运输作用。道路运输覆盖面广,通达深度高,对城乡经济的发展起着举足轻重的作用,特别在我国中西部和一些经济不发达地区,道路运输是最主要的深度运输方式。

(5)科技进步作用。道路运输发展迅速,已经成为许多国家最主要的运输方式,道路交通的现代化程度反映了一个国家的交通发展水平,并可直接促进科学技术的进步。

3.1.3 道路运输现状、主要问题与发展趋势

我国道路运输业发展的历程,大致经历了四个历史阶段:第一个阶段,是从 1949 年新中国建立到 1978 年改革开放,由于旧中国道路运输业很落后,我国道路运输百废待兴,艰难创业;第二个阶段,是改革开放开始实行的最初 10 年,即 20 世纪 80 年代时期,由于国民经济全面复苏,我国道路运输市场空前活跃;第三个阶段:是改革开放继续进行的第二个 10 年,即 20 世纪的最后 10 年时期,由于国民经济的

全面发展，我国道路运输市场经济体制初步建立；第四个阶段，是改革开放全面深入的大好时期，即是进入 21 世纪以来，我国道路运输积极探索科学发展。目前，我国道路运输的现状、主要问题与发展趋势大致情况如下：

1）我国道路运输现状

改革开放以来，我国道路运输业快速发展，从每年完成的运输量和周转量来看，道路客运已成为主力客运方式，道路货运量也远远超过其他运输方式。这充分说明道路运输方式在国民经济及社会发展过程中发挥着越来越重要的作用。20 世纪 80 年代初期，为了满足经济社会对道路运输的需求，原交通部先后提出了"有路大家走，有客有货大家运，各部门、各地区、各行业一起干，国营、集体、个体和各种运输工具一起上"的措施，以缓解道路运输能力严重不足的矛盾，针对计划经济体制下存在的弊端，解放和发展运输生产力。经过 30 年的发展，我国道路运输业的概貌已今非昔比。其现状可归纳如下几点：

(1) 服务方式多样化。改革开放以来，我国道路运输业快速发展：①道路增加；②汽车增加；③道路运输市场的形成与繁荣。随着市场经济的发展，道路运输行业的竞争日益激烈，为了最大限度地占有市场，运输经营者不断扩展其服务方式。在客运方面，从等客上门到引客上门，尽可能为旅客出行全程便利着想，对营运方式、售票网点设置、站点安排、车辆配置、途中服务等，都采取了行之有效的服务措施。例如：在客车营运方式上，除了最常规的定时、定线、购票乘车的班车营运外，还有包车营运、旅游车营运、出租车营运等，目前一些省市正在采取措施取消公务用车，定向服务客运应运而生；在客运车辆配置上，车辆大小有大、中、小型客车，车辆档次有普通客车、中级客车、高级客车和豪华空调车等。在货运方面，按营运方式有整车货运、零担货运、直达快运、普通货运，按行政许可有道路货物普通运输、货物专用运输、危险货物运输、大型货物运输等。在租赁、计价结算及提供运送保障等方面的服务方式更显多样化的特点。服务方式多样化，大大地促进了道路运输业的发展。这也是发展市场经济对道路运输行业带来最大的而且是根本性的变化。

(2) 经营主体多元化。我国改革开放后，随着国民经济的发展，道路运输业形成了多样化的经营主体。呈现出国有大中型运输企业、股份合作制运输企业、中外合资合作运输企业、私营运输企业和个体运输户，以及专门从事道路运输的专业运输企业、大公司自建的辅助运输企业等，各种企业形式和体制并存、百花齐放的繁荣景象。在道路客运行业，国有大中型企业仍占主导地位，干线运输任务主要由国有大中型运输企业承担；在道路货运方面，个体运输户所占的比重较大，但一些批量较大的合同运输任务主要由运输企业来承担，道路快速货运企业也正在兴起。

(3) 经营方式单车化。单车是指从事道路运输营运业务的单台车辆。它是道路运输系统最基本的构成单位。20 世纪 80 年代以来，为了适应市场多变的环境，各运输企业纷纷采用了单车承包的经营方式，即每一承包人对所承包的单车负全面的经济责任，并赋予承包人相应的经营管理权限，这种模式目前在我国仍占主导地位。实践证明，在市场经济条件下，这种经营方式与较低水平的运输生产力是相适应的。

2) 我国道路运输存在的问题

与经济发达国家相比及按经济社会的需求，目前我国道路运输存在以下主要问题：

(1) 道路交通基础设施还较差，路网密度低，公路品质与发达国家相比差距仍很大，还不能满足国民经济及社会发展的需求。

(2) 运输车辆的车型结构不合理，技术性能还较差。汽车专用运输车辆比重不足，比例失调，品种较少，难以满足现代货运的市场需求。

(3) 运输生产的效率、效益较低，企业自身发展，扩大再生产的能力不足。

(4) 运输经营组织与管理的手段还比较落后，经营主体结构不合理，缺乏能在市场上发挥骨干作用的龙头企业，建立高效、有序的运输市场缺乏基础。

3) 道路运输发展趋势

根据道路运输本身特点及其在现代综合运输体系中的作用与地位，以及现代运输业的形势，道路运输发展呈以下趋势：

(1) 世界各国道路运输发展总趋势是它在各种运输方式中所占比重持续增大，并与铁路运输一起发展成为现代化综合运输体系中的主要力量，公路和铁路联运趋势增强。

(2) 随着公路技术等级的逐步提高，特别是高速公路的建成并投入使用，积极开展公路快速直达客、货运输已成为运输组织形式方面的主要趋势。

(3) 由于运输服务社会化的特殊性，联合经营可以带来稳定的效益，因此，国内外道路运输不同形式的经营联合比较普遍。在许多国家道路运输经营方式均有从分散走向联合并尽可能实行统一管理的趋势。

(4) 随着公路网络的完善，特别是高速公路网的形成，按规模化要求建立集约化经营的运输企业已成发展趋势。

(5) 道路货运业将纳入物流服务业发展的系统中，更强调在专业化原则上的合作，包括不同运输方式之间的合作，及服务对象的合作。

(6) 国内外道路运输企业在运输管理技术方面的发展趋势是采用现代技术实现信息化管理，这些技术主要包括全球卫星定位技术 (GPS)、地理信息系统 (GIS)、移动通讯技术 (GSM)、电子数据交换技术 (DI)、计算机信息管理技术 (CMS) 等。

(7) 逐步加强运输规划，使公路建设及运输站场设施的配置与客货流规律更好地协调起来，同时还根据效率与效益原则，把运输服务向纵深推进。

3.1.4 道路运输主要技术经济指标

(1) 反映运输能力时间利用状况的指标：主要由运输车辆的完好率——又称运输车辆的工作率——来衡量。其计算方法如下：

$$完好率 = (完好车日/总车日) \times 100\%$$
$$= [完好车日/(完好车日 + 修理车日)] \times 100\%$$

(2) 反映车辆使用强度的指标：主要由运输车辆的平均车日行程来衡量，它受道路通行条件、车辆技术性能、运输组织与管理水平、运输市场秩序等因素影响。平均车日行程多少，在一定程度上反映了一个国家或一个地区运输生产能力的水平。其计算方法如下：

$$平均车日行程 = 一定时期内车辆总行程(km)/同一时期车辆工作车日(d)$$

(3) 反映车辆生产能力的指标：主要由标记载货吨位或载客座位与技术速度反映。

$$技术速度 = 计算期行驶公里数(km)/同期纯运行时间(h)$$

(4) 反映车辆运输生产效率的指标：即车辆里程利用率和吨、座位利用率等。

$$里程利用率 = [载货(客)行程(km)/全部行程(km)] \times 100\%$$
$$吨(座)位利用率 = [实际载货(客)吨(座)/标记载货(客)吨(座)] \times 100\%$$

(5) 反映道路运输消耗水平的指数：主要由百公里油耗、千公里维修费用等反映。

$$百公里油耗 = 计算期油耗(L)/计算期行驶里程(100\ km)$$
$$千公里维修费用 = 计算期发生的保养和维修费(元)/计算期行驶里程(1\ 000\ km)$$

3.2　公路的构造和几何要素

公路是指连接城市、乡村，主要供汽车行驶的具备一定技术条件和设施的道路，是道路运输所依托的主要基础设施。它是由交通运输部门主管，按《公路工程技术标准》设计和建设的城外道路。公路是一个三维空间的实体。其主要结构是由路基、路面及其桥涵、隧道、交叉路口等组成。其几何要素主要包括平面线形、纵断面线形和横断面结构等。

3.2.1　公路的分级

《中华人民共和国公路法》第六条规定："公路按其在公路路网中的地位分为国道、省道、县道和乡道，并且按技术等级分为高速公路、一级公路、二级公路、三级公路和四级公路。具体划分标准由国务院交通主管部门规定。新建公路应当符合技术等级的要求。原有不符合最低技术等级要求的等外公路，应当采取措施，逐步改造为符合技术等级要求的公路。"

1) 公路的行政级别

我国公路根据其作用、使用性质及在路网中的地位，分为以下五个行政级别：

(1) 国道：即国家干线公路。是指具有全国性政治、经济意义的主要干线公路，包括重要的国际公路，国防公路，联结首都与各省、自治区首府和直辖市的公路，联结各大经济中心、港站枢纽、商品生产基地和战略要地的公路。国道规划由国务院交通运输主管部门会同国务院有关部门并商国道沿线省、自治区、直辖市人民政府编制，报国务院批准。国道由省、自治区、直辖市交通运输主管部门负责修建，由其派出的公路管理部门负责养护和管理。国道中跨省、自治区、直辖市的高速公路，由交通运输部批准专门机构负责养护和管理。

（2）省道：即省、自治区、直辖市干线公路。是指具有全省（自治区、直辖市）政治、经济意义，联结省内中心城市和主要经济区的公路，以及不属于国道的省际间的重要公路。省道规划由省、自治区、直辖市人民政府交通运输主管部门会同同级有关部门并商省道沿线下一级人民政府编制，报省、自治区、直辖市人民政府批准，并报国务院交通运输主管部门备案。省道由省、自治区、直辖市交通运输主管部门派出的公路管理部门负责养护和管理。

（3）县道：是指具有全县（旗、县级市）政治、经济意义，联结县城和县内主要乡（镇）、主要商品生产和集散地的公路，以及不属于国道、省道的县际间的公路。县道规划由县级人民政府交通运输主管部门会同同级有关部门编制，经本级人民政府审定后，报上一级人民政府批准。县道由县（市）公路主管部门负责修建、养护和管理。

（4）乡道：是指主要为乡（镇）内部经济、文化、行政服务的公路，以及不属于县道的乡与乡之间及乡与外部联络的公路。乡道规划由县级人民政府交通运输主管部门协助乡级人民政府编制，报县级人民政府批准。乡道由乡（镇）人民政府负责修建、养护和管理。

（5）专用公路：是指专供或主要供厂矿、林区、油田、农场、旅游区、军事要地等内部使用或与外部联络的公路。专用公路规划由专用公路的主管单位编制，经其上级主管部门审定后，报县级以上人民政府交通运输主管部门审核。专用公路由专用单位负责修建、养护和管理。

2）公路的技术等级

为了满足经济发展、规划交通量、路网建设和路网功能等要求，公路必须分等级建设。根据原交通部《公路工程技术标准》，我国公路的技术等级是按其功能和适应的交通量划分，各级公路适应的交通量是以小客车为设计标准，即按照将各种汽车折合成小客车计算，具体分为以下五个技术等级：

（1）高速公路：专供汽车分向、分车道行驶并全部控制出入的多车道公路。四车道高速公路（见图3-1）应能适应年平均日交通量为25 000～55 000辆；六车道高速公路应能适应年平均日交通量为45 000～80 000辆；八车道高速公路（见图3-2）应能适应年平均日交通量为60 000～100 000辆。全部控制出入的高速公路应符合的条件是：必须具有双向四条或四条以上的车道，必须设置中间带，必须设置禁入栅栏，与其他公路和城市道路相交时必须设置立体交叉。

（2）一级公路：为供汽车分向、分车道行驶，并可根据需要控制出入的多车道公路。四车道一级公路应能适应年平均日交通量为15 000～30 000辆；六车道一级公路应能适应年平均日交通量为25 000～55 000辆。根据我国现况，一级公路存在两种功能：当作为集散公路时，纵横向干扰较大，为保证供汽车分道分向行驶，可设慢车道供非汽车交通行驶；作为干线公路时，为保证运行速度、交通安全和服务水平，应根据需要采取控制出入措施。

（3）二级公路：为供汽车行驶的双车道公路。双车道二级公路应能适应年平均日交通量为5 000～15 000辆。为保证汽车的行驶速度和交通安全，在混合交通量大的路段可设置慢车道供非汽车交通行驶。

(4) 三级公路：为主要供汽车行驶的双车道公路。双车道三级公路应能适应年平均日交通量为 2 000～6 000 辆。主要技术指标按供汽车行驶的要求设计，但同时也允许拖拉机、畜力车、人力车等非汽车交通使用车道，其混合交通特征明显，设计速度应在 40 km/h 以下。

(5) 四级公路：为供各种车辆行驶的双车道或单车道公路。双车道四级公路应能适应年平均日交通量为 2 000 辆以下，单车道四级公路应能适应将各种汽车折合成小客车的年平均日交通量为 400 辆以下。主要技术指标按供汽车行驶的要求设计，但同时也允许拖拉机、畜力车、人力车等非汽车交通使用车道，其混合交通特征明显，设计速度应在 40 km/h 以下。

图 3-1　四车道高速公路　　　　图 3-2　八车道高速公路

3.2.2　公路主要结构物

公路主要结构物是指路基和路面等。路基、路面应根据公路功能、等级和交通量，结合沿线地形地质及路用材料等自然条件进行设计，保证其具有足够的强度、稳定性和耐久性，同时路面面层应满足平整和抗滑的要求。

1) 路基

路基是指路面下的土基，承受由路面传播下来的荷载，必须有足够的强度、稳定性和耐久性，由土质和石质材料组成。其形式分为路堤、路堑和半填半挖路基三种类型。

(1) 路堤：是指高于原地面的填方路基。其断面由路基顶宽、边坡坡度、护坡道、取土坑或边沟、支挡结构、坡面防护等部分组成。

(2) 路堑：是指全部由地面向下开挖的路基。它有全路堑、半路堑和半山峒三种形式。其断面由路基顶宽、边沟、排水沟、截水沟、弃土堆、边坡坡度、坡面防护等部分组成。

(3) 半填半挖路基：是指横断面上部分为挖方，下部分为填方的路基，通常出现在地面横坡较陡处。它兼有上述路堤和路堑的结构特点和要求。

2) 路面

路面是在路基表面上用各种不同的材料分层铺筑而成的结构物,供车辆在其上安全舒适地行驶。良好的路面必须具备:足够的强度,以支承行车载荷;较高的稳定性,使路面在使用期内不致因水文、温度等自然因素的影响而产生幅度过大的变化;一定的平整度,以保证车辆安全舒适的行驶;适当的抗滑能力,避免车辆行驶和制动时出现滑移危险。

路面和路肩表面需修建成直线形或抛物线形路拱,以利排水。沥青混凝土和水泥混凝土的路拱横坡度为1%~2%,其他沥青类面层为1.5%~2.5%,碎、砾石等粒料面层为2.5%~3.5%,土路肩横坡要比路面横坡大1%~2%。各级公路路面面层类型及适用范围如表3-1所列。

表3-1 各级公路路面面层类型及适用范围

路面类型	适用范围
沥青混凝土	高速公路、一级公路、二级公路、三级公路、四级公路
水泥混凝土	高速公路、一级公路、二级公路、三级公路、四级公路
沥青贯入、沥青碎石、沥青表面处置	三级公路、四级公路
砂石路面	四级公路

(1)路面按材料分类:按面层材料不同,路面分为沥青混凝土路面(见图3-3)、水泥混凝土路面(见图3-4)、沥青贯入路面、沥青碎石路面、沥青表面处治路面、砂石路面等多种类型。

(2)路面按力学性能分类:按面层力学性能特性,路面分为柔性路面和刚性路面。

①柔性路面——如各种沥青路面层、碎(砾)石面层、石块面层组成的路面。在行车载荷作用下产生的弯沉变形较大,但车轮与路面的摩擦噪声小。

②刚性路面——如水泥混凝土路面。刚度大,板体性强,在行车载荷作用下产生的弯沉变形很小,扩散荷载能力好,但车轮与路面的摩擦噪声较大。

(3)路面的结构组成:路面结构一般由面层、基层与垫层三部分组成。

图3-3 沥青混凝土公路

图3-4 水泥混凝土公路

①面层：是直接承受车轮荷载反复作用和自然因素影响的结构层，它应具有足够的强度、良好的温度稳定性、耐压、抗滑和平整。面层可由一层或数层组成。

②基层：基层是设置在面层之下，并与面层一起将车轮荷载传播到垫层、土基，起主要承重作用的层次，应具有足够的强度和刚度。基层有时设两层，分别称为上基层和下基层。

③垫层：是设置在下基层与土基之间的结构层，起扩散荷载应力、排水、隔水、防冻、防污等作用。

3.2.3 公路的桥涵和隧道

1) 公路桥涵

公路桥涵既是跨越江、河、铁路、其他公路等的构造物，又是人们在生产实践中不断积累经验而建造的艺术品。桥梁的设置，尤其是特大、大桥的设置应根据公路的功能和等级，结合地形、河流水文、河床地质、通航要求等综合考虑。公路桥涵应根据其所在公路的任务、性质和将来发展的需要，按照"安全、适用、经济、美观和有利环保"的原则进行设计。安全是设计的目的，适用是设计的需求，必须首先满足；在满足安全和适用的前提下，应根据具体情况考虑经济和美观的要求。在国家经济实力不断增强的时期，我们应该提倡公路工程设计的环保要求，保持公路的可持续发展。公路桥梁桥面铺装的结构形式应与相邻公路路面相协调。桥面铺装宜采用沥青混凝土或水泥混凝土。桥面应有完善的防水、排水系统。

(1) 公路桥涵分类：桥涵分类有两个指标：①单孔跨径 L_K，用以反映技术复杂程度；②多孔跨径总长 L，用以反映建设规模。桥涵分类标准如表3-2所列。

表3-2 公路桥涵分类

桥涵分类	多孔跨径总长 L/m	单孔跨径 L_K/m
特大桥	$L > 1\,000$	$L_K < 150$
大 桥	$100 \leq L \leq 1\,000$	$40 \leq L_K < 150$
中 桥	$30 < L < 100$	$20 \leq L_K < 40$
小 桥	$8 \leq L \leq 30$	$5 \leq L_K < 20$
涵 洞	—	$L_K < 5$

注：①单孔跨径系指标准跨径梁式桥；②板式桥的多孔跨径总长为多孔标准跨径的总长，拱式桥为两岸桥台内起拱线间的距离，其他形式桥梁为桥面的车道长度；③管涵及箱涵不论管径或跨径大小、孔数多少均称涵洞；④标准跨径、梁式板式桥以两桥墩中线间距或桥墩中线与台背前缘间距为准，涵洞以净跨径为准。

(2) 桥涵跨径：桥涵的跨径小于或等于50 m时，宜采用标准化跨径。桥涵标准化跨径规定如下：0.75，0.10，1.25，1.5，2.0，2.5，3.0，4.0，5.0，6.0，8.0，10，13，16，20，25，30，35，40，45，50 m。

2) 公路隧道

公路隧道应根据公路功能和发展的需求遵照安全、经济、利于保护生态环境的原则，结合隧道所处地区的地形、地质、施工、运营管理等条件，先取得完整的生态环境、工程地质等勘察基础资料，经技术经济论证确定后，再进行综合设计。

(1)公路隧道分类：按长度分为特长、长、中和短隧道四类。各类长度按表 3-3 规定。

表 3-3　公路隧道分类

隧道分类	特长隧道	长隧道	中隧道	短隧道
隧道长度 L/m	$L > 3\ 000$	$3\ 000 \geqslant L > 1\ 000$	$1\ 000 \geqslant L > 500$	$L \leqslant 500$

(2)公路隧道横断面：由车道、左侧侧向宽度 $L_左$、右侧侧向宽度 $L_右$、检修道或人行道或余宽组成。对于高速公路和一级公路：左侧侧向宽度即为左侧路缘带；右侧侧向宽度即为右侧硬路肩；要求在隧道两侧设置检修道。二、三级公路含有混合交通，建议设置人行道，其宽度视隧道所在地区的行人密度等因素确定。四级公路视隧道所处位置和功能是否设置人行道。四级公路不宜修建单车道隧道。隧道内的最小侧向宽度应符合表 3-4 规定。

表 3-4　公路隧道最小侧向宽度

公路级别	高速公路、一级公路				二级公路、三级公路、四级公路				
设计速度 v_d/km·h^{-1}	120	100	80	60	80	60	40	30	20
左侧侧向宽度 $L_左$/m	0.75	0.50	0.50	0.50	0.75	0.50	0.25	0.25	0.50
右侧侧向宽度 $L_右$/m	1.25	1.00	0.75	0.75	0.75	0.50	0.25	0.25	0.50

3) 公路建筑限界

公路建筑限界包括公路上方桥涵和隧道的净高。一条公路应采用同一净高：高速公路、一级公路、二级公路的净高应为 5.00 m；三级公路、四级公路的净高应为 4.50 m；检修道、人行道与行车道分开设置时，其净高应为 2.50 m。

3.2.4　公路平面线形

公路是一个三维空间的实体。路线是指公路中线的空间位置。公路几何设计是指确定路线空间位置和各部分几何尺寸的工作，也称路线设计。设计一条公路，对于平、纵、横三个方面，既要综合考虑，又需分别处理。路线是中线的平面位置，是考虑社会经济、自然条件和技术条件等因素以后，经过平、纵、横综合考虑，反复修正才可确定下来，然后沿中线的桩志进行高程测量和横断面测量，取得地面线和地质、水文及其他必要资料后再设计纵断面和各个横断面。公路的平面线形主要由直线、圆曲线和缓和曲线三种线型组成。

1) 直线

直线是平面线形中的基本形式。直线路段的长度主要应根据路线所处地段的地形和地貌决定，但其最大最小长度应根据直线的特点及其对行车安全的影响合理布设。

(1)直线的特点：直线是平面线形要素之一，在道路设计中使用最为广泛，因为：两点之间以直线为最短，一般在定线时，只要地势平坦、无大的地物障碍，首先考虑使用直线通过；笔直的道路给人以短捷、直达的良好印象，在美学上直线也有其自身的特点；汽车在直线上行驶受力简单，方向明确，驾驶操作简易；从测量和设计上看，直线只需定出两点，就可方便地测定方向和距离。基于以上优点，直线在道路线形设计中被广泛使用。但是，过长的直线并不好，因为：在地形有较大起伏的地区，直线线形难于与地形相协调，易产生高挖深填路基，会增加路基造价并且破坏自然景观；过长的直线易使驾驶人员感到单调、疲倦，难以目测车间距离，于是产生尽快驶出直线的急躁情绪，容易导致交通事故的发生。所以在运用直线线形并决定其长度时，必须持谨慎态度，不宜采用过长的直线。

(2) 直线的最大与最小长度：从理论上讲，合理的直线长度应根据驾驶员的心理反应和视觉效果来确定，但目前这一问题尚在研究之中。各国普遍从经验出发，根据调查分析的结果来规定直线的最大长度。例如：日本和德国，一般规定直线的最大长度(m)不超过 20v(v 为设计车速，km/h)，即设计速度 120 km/h 时，直线最长为 2 400 m，设计速度 100 km/h 时，直线最长为 2 000 m；前苏联规定为 8 km；美国则规定为 3 mile(约 4.83 km)；过去，我国西北、海南岛、山东等地修建的公路上都有几公里甚至几十公里的长直线路段，例如新疆最长直线路段长达 47.5 km，20～30 km 的路段也不少。目前随着我国土地利用程度的提高，除西北等地区外要选用这样的长直线地段是不容易的。我国地域辽阔，地形变化万千，对直线长度很难作出统一的规定。因此，我国目前的公路设计标准和规范中均未对直线的最大长度规定具体的数值。但我国行业标准《公路工程技术标准》(JTG B01—2003)条文说明规定："直线的最大与最小长度应有所限制，从理论上求解是非常困难的，主要应根据驾驶员的视觉反应及心理上的承受能力来确定。据国外资料介绍，对于设计速度大于或等于60 km/h 的公路：最大直线长度为以汽车按设计速度行驶 70 s 左右的距离控制；一般直线路段的最大长度(m)应控制在设计速度(km/h)的 20 倍为宜；同向曲线之间直线的最小长度(m)以不小于设计速度(km/h)的 6 倍为宜；反向曲线之间的最小直线长度(m)以不小于设计速度(km/h)的 2 倍为宜。对于设计速度小于等于 40 km/h 的公路，可参照上述做法。因此，在实际工作中设计人员应根据地形、地物、自然景观以及经验等来判断决定直线段的最小与最大长度。"

2) 圆曲线

圆曲线是平面线形中最常用的基本线形。它在路线遇到障碍或地形需要改变方向时设置。各级公路不论转角大小，均应设置圆曲线。行业标准 JTG B01—2003 中给出了圆曲线最小半径的三种取值，即一般值、极限值、不设超高最小半径。公路线形设计时应根据沿线地形等情况尽量选用较大半径，在不得已情况下方可使用极限值；当地形条件许可时，应尽量大于一般值。圆曲线上的离心力：车辆以一定的速度在圆曲线上行驶时，会产生作用在车上的离心力，离心力的大小同车速的平方成正比，而同圆曲线半径成反比。圆曲线最小半径的设计原则：是使汽车在曲线部分行驶时所产生的离心力等横向力不超过轮胎与路面的摩擦阻力所允许的界限，同时保证车辆不至于因离心力作用而倾倒。圆曲线上的超高：为了平衡离心力的倾倒和外滑作用，可把道路的横断面做成向曲线内侧单向倾斜，称为超高。超高横坡度规定为：高速公路、一级公路不应超过 10%；其他各级公路不应超过 8%；积雪、寒冷地区不宜大于 6%。

圆曲线不设超高最小半径是指公路设置超高后，由于平衡了一部分离心力，在一定的设计速度条件下，圆曲线半径值可适当降低。

3) 缓和曲线

汽车由直线驶入圆曲线或由圆曲线驶入直线时，由于曲率突变，车辆的离心力也突变，会使乘客有不适感觉，或使货物受损，所以在直线和圆曲线之间，须插入曲率半径逐渐过渡的缓和曲线。缓和曲线的作用：使车辆离心加速度逐渐变化，车辆行驶更加平稳，旅客感觉舒适，货物安稳；缓和曲线与圆曲线配合，使公路线形美观。缓和曲线的形式：一是回旋线，二是三次抛物线，三是双纽线，其曲率半径都是随曲线长度由无穷大逐渐变小。缓和曲线的长度：由于车辆要在缓和曲线上完成不同曲率的过渡行驶，所以要求缓和曲线有足够的长度，具体按有关标准执行。

3.2.5 公路纵断面

沿着道路中线竖直剖切然后展开即为路线纵断面。因自然因素的影响及经济性要求，路线纵断总是一条有起伏的空间线。纵断面图是道路设计的主要成果和技术文件之一。把纵断面图与平面图结合起来，能准确地定出道路的空间位置，图3-5是公路路线纵断面示意图。

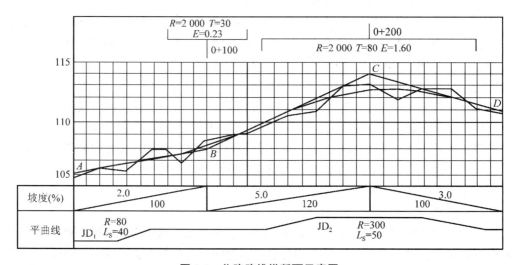

图3-5　公路路线纵断面示意图

在纵断面图上有两条主要的线：一条是地面线，它是根据中线上各桩点的实际高程而点绘的一条不规则的折线，反映了沿着中线地面的起伏变化情况；另一条是设计线，它是设计人员确定的几何线，反映了道路路线的起伏变化情况。纵断面设计线是由直线和竖曲线组成的。直线(即均匀坡度线)有上坡和下坡，是用坡度和水平长度表示的。

新建公路的路基设计标高：高速公路和一级公路采用中央分隔带的外侧边缘标高；二、三、四级公路采用路基边缘标高；在设置超高、加宽地段为设超高、加宽前该处边缘标高。总之，纵断面设计线包括纵坡坡度、纵坡长度、平均纵坡、合成坡度和竖曲线等，其技术要求按 JTG B01—2003 中的规定，如表 3-5 和表 3-6 所列。

表 3-5　各级公路纵坡长度限制　　　　　　　　　　　　　　　　　　　　　　　　m

设计速度/km·h⁻¹		120	100	80	60	40	30	20
纵坡坡度/%	3	900	1 000	1 100	1 200			
	4	700	800	900	1 000	1 100	1 100	1 200
	5		600	700	800	900	900	1 000
	6			500	600	700	700	800
	7					500	500	600
	8					300	300	400
	9						200	300
	10							200

表 3-6　各级公路坡度、坡长、竖曲线的部分规定限值

设计速度/km·h⁻¹		120	100	80	60	40	30	20
最大坡度/%		3	4	5	6	7	8	9
最小坡长/m	一般值	400	350	250	200	160	130	80
	最小值	300	250	200	150	120	100	60
合成坡度值/%		10.0	10.0	10.0	10.0	10.0	10.0	10.0
凸形竖曲线最小半径/m	一般值	17 000	10 000	4 500	2 000	700	400	200
	最小值	11 000	6 500	300	1 400	450	250	100
凹形竖曲线最小半径/m	一般值	6 000	4 500	3 000	1 500	700	400	200
	最小值	4 000	3 000	2 000	1 000	450	250	100
凸、凹形竖曲线停车视距/m		210	160	110	75	40	30	20
凸、凹形竖曲线最小长度/m		100	85	75	70	35	25	20

1) 最大纵坡坡度

最大纵坡坡度是指在纵坡设计时各级公路允许采用的最大坡度值，它是公路纵断面设计的重要控制指标，在地形起伏较大的地区，直接影响路线的长短、使用质量、运输成本及造价。各级公路允许的最大纵坡是根据车的动力性能、公路等级、自然条件以及工程和运营经济等因素，通过综合分析合理确定的。

2) 最小纵坡坡长

坡长是纵断面上相邻两变坡点间的长度。坡长限制，主要是对较陡纵坡的最大长度和一般纵坡的最小长度加以限制。最小坡长通常规定汽车以设计速度行驶 9~15 s 的行程为宜，在高速路上，9 s 已满足行车及几何线形的要求，在低速路上，为满足行车和布线的要求方可取大值。

3) 最大纵坡坡长

坡长太短对行车不利，而长距离的陡坡对汽车行驶也不利，特别是当纵坡为 5%

以上时,汽车上坡时为克服坡度阻力采用低速挡行驶,坡长过长,长时间使用低速挡行驶,使发动机过热,水箱沸腾,行驶无力;而下坡时,则因坡度过陡,坡段过长频繁制动摩擦片过度发热会影响行车安全;在高速公路以及快慢车混合行驶的公路上坡度大、坡长太长会影响行车速度和通行能力。因此,对纵坡长度也必须加以限制。我国在制定各级公路纵坡长度的限制标准时,进行了大量的调查和试验研究工作,同时也参考了国内外大量资料。纵坡长度如果会超标,应在不大于表3-5所规定的长度处设置缓和坡段。

4) 竖曲线

竖曲线是指纵断面上在直线与坡度的转折处,或两个坡断的转折处,为了平顺过渡、行车安全、舒适及视距的需要而设置的一段缓和曲线,称为竖曲线。按坡度转折形式的不同,竖曲线有凹有凸,其线形有抛物线或圆弧等,通常在公路使用范围内,抛物线和圆弧几乎没有差别,但在设计和计算上,抛物线比圆曲线方便很多,因此设计上一般采用二次抛物线作为竖曲线;竖曲线的大小用半径和水平长度表示,凸、凹形竖曲线的最小半径都应以满足行车视野为主,是最小长度都应以满足停车视距为主。

5) 缓和坡段

在纵断面设计中,当陡坡的长度达到限制坡长时,应安排一段缓坡,用以恢复在陡坡上降低的速度。同时,从下坡安全考虑,缓坡也是需要的。在缓坡上汽车将加速行驶,理论上缓坡长度应适应这个加速过程的需要,但实际设计中很难满足这个要求。我国《公路工程技术标准》(JTG B01—200)中的第3章规定,除设计速度为40 km/h及其以下时,缓和坡段的纵坡应不大于3%,其长度应不小于表3-5所规定的最小坡长。

6) 平均纵坡

平均纵坡是指在一定长度路段内,路线的纵向高差值与该路段的距离之比,即相对高差(m)除以线路长度(m),用百分率(%)表示。它是衡量纵面线形质量的一个重要指标。我国《公路工程技术标准》(JTG B01—2003)中规定:二级、三级、四级公路越岭路线相对高差为200~500 m时,平均纵坡以接近5.5%为宜;越岭路段相对高差大于500 m时,平均纵坡以接近5.0%为宜,并注意任何相连3 km路段的平均纵坡不宜大于5.5%。

7. 合成坡度

合成坡度是指在公路向设有超高的平曲线上,路线纵坡与超高横坡所组成的坡度。我国规定:各级公路合成坡度一般不能大于10%,在积雪或冰冻地区不应大于8%,路面排水最小也不宜小于0.5%。

3.2.6 公路横断面

公路横断面是指中线上各点沿法向的垂直剖面,它是由横断面设计线和地面线组成的。其中横断面设计线包括行车道、路肩、分隔带、边沟、边坡、截水沟、护坡道以及取土坑、弃土堆、环境保护设施等。高速公路、一级公路和二级公路还有爬坡车道、避险车道；高速公路、一级公路的出入口处还有变速车道等。横断面图中的地面线是表征地面起伏变化的线，它是通过现场实测或由大比例尺地形图、航测像片、数字地面模型等途径获得。路线设计中所讨论的横断面设计只限于与行车直接有关的部分，即两侧路肩外缘之间各组成部分的宽度、横向坡度等问题，所以有时也将路线横断面设计称为"路幅设计"。公路的典型横断面组成如图3-6和图3-7所示。

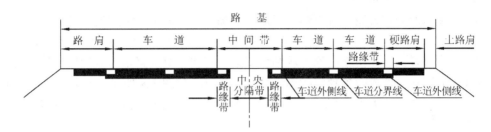

图3-6 高速公路、一级公路路基标准横断面

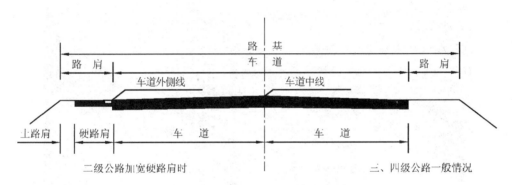

图3-7 二、三、四级公路路基标准横断面

1）公路横断面组成

公路横断面的组成和各部分的尺寸要根据规划交通量、交通组成、设计车速、地形条件等因素确定，在保证必要的通行能力和交通安全与畅通的前提下，尽量做到用地省、投资少，使道路发挥最大的经济效益与社会效益。其主要组成部分如下：

（1）路幅：是指公路路基顶面两路肩外侧边缘之间的部分。公路在直线段和小半径曲线段路幅宽度有所不同。在小半径曲线上，路幅宽度还包括行车道加宽的宽度。

（2）整体式断面：等级高、交通量大的公路（如高速公路、一级公路），通常是将上、下行车辆分开，将上、下行车道放在同一水平面用分隔带分隔的为整体式断面。整体式断面包括行车道、中间带、路肩以及紧急停车带、爬坡车道、避险车道等部分。不设分隔带的整体式断面（如二、三、四级公路）包括行车道、路肩以及错车道等部分。城郊混合交通量大，实行快、慢车道分开的路段，其横断面组成可能还有人行道、自行车道等。

（3）分离式断面：等级高、交通量大的公路（如高速公路、一级公路），通常是上、下行车辆分开，将上、下行车道放在不同的水平面上加以分隔的为分离式断面，如图 3-6 所示。

(4) 路拱：为了迅速排除路面和路肩上的积水，将路面和路肩做成有一定横坡的斜面。直线路段路面横断面形式为中间高、两边低，呈双向倾斜，称做路拱。

(5) 超高：小半径曲线上为了抵消离心力，路面作成向弯道内侧倾斜的单一横坡，称为超高。

2) 公路横断面的类型

公路横断面的类型通常有单幅双车道、双幅多车道和单车道三种类型。

(1) 双幅多车道：是指四车道、六车道和八车道的公路，中间一般都设分隔带或做成分离式路基，这种横断面称为双幅多车道。有些分离式路基为了利用地形或处于风景区等原因甚至做成两条独立的单向行车的公路，如图 3-8 所示。双幅多车道公路适应车速高、通行能力大，而且行车顺适、事故率低。我国的高速公路和一级公路即属此类。

图 3-8 两条独立的单向行车公路（分离式路基）

(2) 单幅双车道：是指中间不设分隔带的整体式的双向两车道横断面。这类公路在我国公路总里程中占的比重最大，二级、三级公路和一部分四级公路均属这一类。这类公路单向只有一个车道，超车时要占用对向车道，设计时要按要求提供具有超车视距的路段。

(3) 单车道：是指对交通量小、地形复杂、工程艰巨的山区公路或地方性道路，可采用单车道。我国《公路工程技术标准》中规定的四级公路路基宽度为 4.50 m、路面宽度为 3.50 m，就属于此类。此类公路虽然交通量很小，但仍然会出现错车和超车。为此，应在不大于 300 m 的距离内选择有利地点设置错车道，使驾驶人员能够看到相邻两错车道之间的车辆。错车道处的路基宽度≥6.5 m，有效长度≥20 m，其他尺寸按有关规定。

3) 公路车道

公路车道是指专为纵向排列以安全顺适地通行车辆为目的而设置的公路带状部

分。车道宽度应满足车辆行驶的需要，一般是双车道公路应满足错车、超车行驶所必须的余宽，四车道公路应满足车辆并列行驶所需的宽度。车道数量是根据公路技术级别和设计交通量确定，一般高速公路和一级公路各路段的车道数根据预测的设计交通量、设计速度、服务水平等确定，二级、三级公路为双车道公路，二级公路混合交通量大，非汽车交通对汽车运行影响较大时可划线分快慢车道（慢车道可利用硬路肩及土路肩的宽度），但这种公路仍属双车道范畴。我国规定不同设计速度所对应的车道宽度值如表 3-7 所列。

表 3-7 公路车道宽度值

设计速度/km·h⁻¹	120	100	80	60	40	30	20
车道宽度/m	3.75	3.75	3.75	3.50	3.50	3.25	3.00（单车道为3.50）

4) 公路路肩

行车道外缘至路基边缘之间的带状部分称为路肩。各级公路都要设置路肩。路肩从构造上又可分为硬路肩和土路肩。硬路肩是指进行了铺装的路肩，它可以承受汽车荷载的作用力，在混合交通公路上便于非机动车、行人通行。土路肩是指不加铺装的土质路肩，它起保护路面和路基的作用，并提供侧向余宽。高速公路、一级公路有条件时宜采用宽度≥2.50 m 的右侧硬路肩。当右侧硬路肩的宽度小于 2.50 m 时，应设紧急停车带。高速公路、一级公路当采用分离式断面时，行车道左侧应设硬路肩。各级公路右侧和左侧路肩的各部分宽度分别列于表 3-8 和表 3-9。

表 3-8 公路路肩宽度

设计速度/km·h⁻¹		高速公路、一级公路				二级公路、三级公路、四级公路				
		120	100	80	60	80	60	40	30	20
右侧硬路肩宽度/m	一般值	3.00 或 3.50	3.00	2.50	2.50	1.50	0.75	—	—	—
	最小值	3.00	2.50	1.50	1.50	0.75	0.25	—	—	—
土路肩宽度/m	一般值	0.75	0.75	0.75	0.50	0.75	0.75	0.75	0.50	0.25（双车道）
	最小值	0.75	0.75	0.75	0.50	0.50	0.50			0.50（单车道）

表 3-9 分离式断面高速公路、一级公路左侧路肩宽度

设计速度/km·h⁻¹	120	100	80	60
左侧硬路肩宽度/m	1.25	1.00	0.75	0.75
左侧土路肩宽度/m	0.75	0.75	0.75	0.50

各级路肩的主要作用是：

(1) 由于路肩紧靠在路面的两侧设置，具有保护及支撑路面结构的作用。

(2) 供发生故障的车辆临时停放之用，有利于防止交通事故和避免交通紊乱。

(3) 作为侧向余宽的一部分，能增加驾驶的安全和舒适感，这对保证设计车速是必要的；在挖方路段，还可以增加弯道视距，减少行车事故。

(4) 提供公路养护作业、埋设地下管线的场地，可供行人及非机动车使用。

(5) 精心养护的路肩，能增加公路的美观，并起引导视线的作用。

5) 公路中间带

我国规定高速公路和一级公路必须设置中间带，不设中间带无法保证行车安全，也难达到等级功能。中间带由两条左侧路缘带和中央分隔带组成，主要作用是：

(1) 可将上、下行车流有效分开，防止快车驶入对向行车道，加强安全和提高通行能力。

(2) 可作为设置公路标志牌及其他交通管理设施的场地，也可作为行人的安全岛使用。

(3) 可种植花草灌木或设置防眩网，防止对向车辆灯光眩目，美化路容和环境。

(4) 分隔带两侧的路缘带可引导驾驶员视线，增加侧向余宽，提高行车安全性和舒适感。

中间带越宽作用越明显，但对土地资源十分宝贵的地区要采用宽的中间带是有困难的，所以我国基本上采用窄的中间带。我国规定中间带宽度随公路等级、地形条件在 2.00~4.50 m 之间变化，对应于不同设计速度中间带各部分规定值如表 3-10 所列。

表 3-10 公路中间带宽度值

设计速度/km·h^{-1}		120	100	80	60
中央分隔带宽度/m	一般值	3.00	2.00	2.00	2.00
	最小值	2.00	2.00	1.00	1.00
左侧路缘带宽度/m	一般值	0.75	0.75	0.50	0.50
	最小值	0.75	0.50	0.50	0.50
中间带宽度/m	一般值	4.50	3.50	3.00	3.00
	最小值	3.50	3.00	2.00	2.00

6) 紧急停车带

高速公路、一级公路右侧硬路肩的宽度小于 2.50 m 时，应设紧急停车带。紧急停车带的设置间距不宜大于 500 m，宽度包括硬路肩在内为 3.50 m，有效长度 ≥ 30 m。紧急停车带是与车道平行设置的，驶入时需有一个斜的缓和过渡段，长度一般为 20 m，桥梁或隧道考虑工程的造价宜采用 10 m。

7) 爬坡车道

高速公路和一级、二级公路的连续上坡路段当通行能力、运行安全等受到影响时，应设置爬坡车道，在实际应用中要考虑路段内大型车的爬坡性能和混入率对通行能力的影响，并分析工程投资与运营费用的综合效益以确定是否设置爬坡车道。广州—增城二级公路上有一段大于 4% 的路段在设置爬坡车道后堵塞情况得到很大改善。国外有的规定纵坡大于 5% 的路段应设置爬坡车道。

8) 避险车道

在连续长陡下坡路段应在适当地点设置避险车道，以供制动失效的车辆强制减速停车。避险车道可修建在主线直线段上合适的位置,并应修建在失控车辆不能安全转弯的主线弯道之前,以及修建在坡底人口稠密区之前,以保证失控车辆上的人员以及位于坡底的居民的安全。

9) 错车道

四级公路采用单车道路基时,应设置错车道,错车道的间距应根据错车时间、视距、交通量等情况决定,国外有的规定最大错车时间为 30 s 左右,其最大间距应不大于 300 m。我国对设置间距未作硬性规定,可结合地形等情况在适当距离内设置。错车道位置至少可以看到相邻两个错车道的情况。

10) 公路路基宽度

高速公路、一级公路的路基横断面分为整体式和分离式两类,整体式断面包括车道、中间带(中央分隔带及左侧路缘带)、路肩(硬路肩及土路肩)以及紧急停车带、爬坡车道、加减速车道等;分离式断面包括车道、路肩(硬路肩及土路肩)以及紧急停车带、爬坡车道、加减速车道等。二、三、四级公路的路基横断面包括车道、路肩以及错车道等。各级公路路基宽度如表 3-11 所列。

表 3-11 各级公路路基宽度

公路等级		高速公路、一级公路								
设计速度/km·h^{-1}		120			100			80		60
车道数		8	6	4	8	6	4	6	4	4
路基宽度/m	一般值	45.00	34.00	28.00	44.00	33.50	26.00	32.00	24.50	23.00
	最小值	42.00	—	26.00	41.00	—	24.50	—	21.50	20.00
公路等级		二级公路、三级公路、四级公路					
设计速度/km·h^{-1}		80	60	40	30	20	
车道数		2	2	2	2	2 或 1	
路基宽度/m	一般值	12.00	10.00	8.50	7.50	6.50	4.50
	最小值	10.00	8.50	—	—	—	—

注:一般值为正常情况下的采用值;最小值为条件受限制时可采用的值;八车道高速公路路基宽度一般值为设置左侧硬路肩内侧车道采用 3.50 m 时的宽度;八车道高速公路路基宽度最小值为不设置左侧硬路肩内侧车道采用 3.75 m 时的宽度。

3.3 公路的设施和视距

公路作为道路交通运输的基础,除了路基和路面等主要构造物要达到国家建设标准,平面线形、纵断面和横断面等主要几何要素应符合有关设计要求外,还必须配套和安装一定的沿线设施,满足和提供行车时需要的各种基本视距要求。

3.3.1 公路沿线设施

公路沿线设施分为安全设施、服务设施和管理设施三大类别,主要作用是保障安全、提供服务和利于管理,是公路的重要组成部分,是发挥公路经济效益必不可少的配套设施,是公路现代化、智能化的标志之一。沿线设施的建设规模与标准应根据公路网规划、公路的功能等级、交通量等确定。其总体设计应符合公路总体设计的要求,准确体现设计意图,相互匹配,协调统一,充分发挥公路的整体效益。各项设施应按统筹规划、总体设计、分期实施的原则配置并结合交通量的增长与技术发展状况等逐步补充完善。最重要的是做好前期基础工作,即总体规划设计确定系统的设置规模,一次性征用土地和实施基础工程地下管线及预留预埋工程等,分期布设设备逐步补充完善最终形成系统规模。交通工程及沿线设施等级分为A、B、C、D四级,我国对各级公路相应的设施等级有具体规定,可参照执行。

1) 安全设施

公路安全设施的主要作用是保障公路交通安全和保护公路路产,包括常用交通安全设施及特殊情况下的交通安全设施。

(1) 常用交通安全设施:如交通标志、交通标线、交通信号灯、视线诱导标、隔离栅、防护网、中央分隔带护栏、防眩设施、路侧护栏、反光路标、出口分流处的防撞设施等。

(2) 特殊情况下的交通安全设施:如连续长陡下坡路段危及运行安全处应设置避险车道,必要时宜在长陡下坡路段的起始端前设置试制动车道等交通安全设施;风雪沙坠石等危及公路安全的路段,应设置防风栅、防雪沙栅、防落网、积雪标杆等交通安全设施;公路养护作业时,应设置限制速度等醒目的交通警示诱导等交通安全设施;公路改扩建时,交通安全设施的设置应进行专门设计。

2) 服务设施

公路服务设施分为服务区、停车区和公共汽车停车站等三类。它们是公路交通运输体系的一个基本要素,是体现公路交通文化的窗口,应依据公路服务水平、交通量的增长情况和路网规划,在全省或区域内一次总体规划,区分功能和规模大小,有重点分层次地分期建设。各类服务区基本要求如下:

(1) 服务区:具有停车场、加油站、厕所、休息区、小卖部或餐厅、汽车维修、绿地和管理设施等,另可结合地区特点增设客房,在环境优美的地方可修建观景台等设施。

(2) 停车区:仅设置小型停车场(5~10个停车位)、厕所、长凳和绿地等设施,仅少数停车区内可结合地形及景观设置观景台。服务区和停车区一般情况下可交替布置,相邻两处服务设施的服务区与停车区或停车区与停车区之间的间距可在15~30 km之间,高速公路服务区依间距、路网、规划、地形和景观等综合因素布设,停车区主要考虑间距布设。

(3) 公共汽车停靠站:其设置应与当地客运规划线路布局和相关政策紧密结合,以服务大众,方便乘行为原则,结合服务区互通式立体交叉等设置,但应设置联络通道,疏导人员以保证安全,并不对服务区和互通式立体交叉的管理造成影响。

3) 管理设施

公路管理设施的主要作用是利于管理,包括养护设施(如公路养护工区、道班房等)、通信设施(如公路两侧紧急报警设施等)、监控设施(如高速公路的信息采集、处理和传送设施,桥梁、隧道的结构监测设置等)、照明设施、收费设施等。

3.3.2 汽车制动距离

汽车制动距离是指对行驶中的汽车实施紧急制动,从驾驶人踩制动踏板开始到完全停车为止,汽车所驶过的路程。即汽车需要紧急停车时,其行车制动系所能实现的最小停车行程。它与公路视距和行车安全有直接关系,在汽车制动性能指标中最有直观意义。它在检测汽车制动性能、分析道路交通安全、计算公路交通量、确定公路停车视距及会车视距和超车视距时经常用到,分为平路、上坡、下坡三种情况,常用功能转换原理计算。

1)汽车制动原理和制动过程

汽车在紧急制动前具有很大的惯性动能:作为整体具有平动动能;作为车轮和其他转动部件,由于绕定轴转动,不仅具有平动动能,本身还有转动动能。制动过程中:汽车平动动能必须靠外力作功消耗,而其转动动能主要是由自身不转动的制动摩擦片吸收;汽车前进方向所受的外力主要是路面摩擦阻力,上、下坡时还有重力(保守力,与路径无关)沿坡面方向的下滑力。它们在制动距离上所做功的代数和等于汽车制动前所具有的平动动能。其次,汽车前进时有空气阻力(含风力),车轮滚动时还有滚动阻力和前轮前束阻力。它们都对制动有利,但随机性大,难以有效表达,且汽车速度不很大时相对影响较小,为了简便,工程计算时暂不计入(必要时应计入)。汽车紧急制动全过程可分为四个阶段,如图3-9所示。

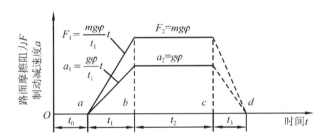

图 3-9 汽车平路制动过程摩擦阻力和制动减速度曲线图

(1)反应阶段 t_0:指驾驶人从发现障碍物到决定紧急制动,同时将脚从油门踏板迅速移到制动踏板的过程。反应时间 t_0 主要取决于驾驶人的反应速度,同时与油门踏板和制动踏板的位置有关,一般需要 2.5 s(判断时间 1.5 s、动作时间 1.0 s)。在 t_0 时间内,制动力尚未施加,汽车以原速度 v_0 驶过路程 $S_0 = v_0 t_0$,按定义 S_0 不计入制动距离。

(2)制动力增加阶段 t_1:指驾驶人制动脚力从零增加到实现汽车最大减速度的过程。若不计排除制动杆系及摩擦片间隙时间,t_1 即为制动力增加时间。它取决于驾驶人踩踏板的速度和制动系统结构形式。驾驶人急速踩制动踏板时,液压制动系统 t_1 为 0.15~0.2 s;真空助力和气压制动系统为 0.3~0.9 s;带拖的汽车列车可达 2 s,但精心设计时也可缩短到 0.4 s。

(3) 制动力持续阶段 t_2：指汽车达到最大减速度后，恒减速至停车的过程。时间为 t_2。

(4) 放松制动器阶段 t_3：即松开制动踏板和制动力完全消除所需的时间 t_3。

汽车紧急制动过程中，汽车制动距离等于制动力增加阶段 t_1 和制动力持续阶段 t_2 所驶过的路程之和。根据功能转换原理"物体系统在运动过程中，外力和耗散力对物体系统所做的功等于系统机械能的增加"可从理论上计算汽车在平路、上坡、下坡时的制动距离。

2) 汽车平路制动距离

汽车在平路制动时，路面摩擦阻力在制动距离上所做的功等于汽车制动前所具有的平动动能。

(1) 在制动力增加阶段，t_1 时间内：路面摩擦阻力对汽车形成的制动力 $F_1 = mg\varphi t/t_1$ 随制动脚力从零均匀增加到最大值 $mg\varphi$，其平均值为 $F_n = mg\varphi/2$；汽车瞬时制动减速度 $a = F_1/m = g\varphi t/t_1$，速度由 v_0 减慢至 $v_1 = v_0 - g\varphi t_1/2$；其功能原理方程式 $F_n S_1$ 和制动距离 S_1 分别为

$$F_n S_1 = \frac{1}{2} mg\varphi \cdot S_1 = \frac{1}{2} mv_0^2 - \frac{1}{2} mv_1^2 \tag{3-1}$$

$$S_1 = \frac{1}{g\varphi}(v_0^2 - v_1^2) \tag{3-2}$$

式中：m 为汽车总质量，kg；g 为重力加速度，$g = 9.8(\text{m/s}^2)$；φ 为轮胎与路面的滑动附着系数；v_0 为汽车制动初速度，m/s。

(2) 在制动力持续阶段，t_2 时间内：路面对汽车摩擦阻力 $F_2 = mg\varphi$ 保持不变；汽车速度由 v_1 减慢至零；其功能原理方程式 $F_2 S_2$ 和制动距离 S_2 分别为

$$F_2 S_2 = mg\varphi S_2 = \frac{1}{2} mv_1^2 \tag{3-3}$$

$$S_2 = \frac{1}{2g\varphi} v_1^2 \tag{3-4}$$

(3) 平路总制动距离 S_Z：将 S_1 和 S_2 相加，把 $v_1 = v_0 - g\varphi t_1/2$ 代入，得

$$S_Z = S_1 + S_2 = \frac{1}{g\varphi}\left(v_0^2 - \frac{1}{2} v_1^2\right) = \frac{1}{2g\varphi} v_0^2 + \frac{1}{2} t_1 v_0 - \frac{1}{8} g\varphi t_1^2 \tag{3-5}$$

t_1 通常小于 1 s，舍去该二次微量项，汽车制动初速度 v_0 以 km/h 为单位，将式(3-5) 变为

$$S_Z = 0.003\,9 \frac{v_0^2}{\varphi} + 0.139 t_1 v_0 \tag{3-6}$$

式中：φ 为轮胎与路面滑动附着系数，其值不仅与路面和轮胎的材料及状态有关，还与滑动率有关。

表 3-12 所列是汽车前后轮同时抱死，轮胎与路面滑动率为 100% 时试验测得的滑动附着系数值 φ，表 3-13 所列是按式(3-6)计算所得汽车平路制动距离 $S_Z(\text{m})$，可供参考。

表 3-12 轮胎与路面滑动附着系数 φ

路面	水泥和沥青混凝土路面			碎石路面		积雪路面		结冰路面
路面状态	干燥	潮湿	污染	干燥	潮湿	软路	硬路	
高压轮胎	0.50~0.70	0.35~0.45	0.25~0.45	0.50~0.60	0.30~0.40	0.20~0.30	0.15~0.20	0.08~0.15
低压轮胎	0.70~0.80	0.45~0.55	0.25~0.40	0.60~0.70	0.40~0.50	0.20~0.40	0.20~0.25	0.10~0.20
越野轮胎	0.70~0.80	0.50~0.60	0.50~0.60	0.60~0.70	0.40~0.55	0.20~0.40	0.30~0.50	0.05~0.10

表 3-13 汽车平路制动距离计算值 S_z　　　　　　　　　　　　　　　m

初速度 v_0		$t_1=0.2$ s　$\varphi=$				$t_1=0.4$ s　$\varphi=$					$t_1=0.6$ s　$\varphi=$			
km/h	m/s	0.2	0.4	0.6	0.8	0.1	0.2	0.4	0.6	0.8	0.2	0.4	0.6	0.8
40	11.11	32.64	16.88	11.63	9.00	65.28	33.76	18.00	12.75	10.12	34.88	19.12	13.87	11.24
60	16.67	72.60	37.14	25.32	19.41	145.20	74.28	38.82	27.00	21.09	75.96	40.50	28.68	22.77
80	22.22	128.32	65.28	44.27	33.76	256.64	130.56	67.52	46.51	36.00	132.80	69.76	48.75	38.24
100	27.78	199.80	101.30	68.47	52.05	399.60	202.60	104.10	71.27	54.85	205.40	106.90	24.07	57.65
120	33.33	287.04	145.20	97.92	74.28	574.08	290.40	148.56	101.18	77.64	293.76	151.92	104.64	81.00

3) 汽车上坡制动距离

如图 3-10 所示，汽车上坡制动时受坡度 α 影响，路面摩擦阻力与汽车下滑力两者之和在制动距离上所做的功等于汽车制动前所具有的平动动能。

(1) 在制动力增加阶段，t_1 时间内：路面摩擦阻力与汽车下滑力两者对汽车形成的制动力 $F_{u_1} = (mg\varphi t \cdot \cos\alpha/t_1) + mg \cdot \sin\alpha$ 随制动脚力均匀增加到最大值 $mg\varphi \cdot \cos\alpha + mg \cdot \sin\alpha$，其平均制动力 $\bar{F}_{u_1} = mg\varphi \cdot \cos\alpha/2 + mg \cdot \sin\alpha$；汽车制动减速度 $a_{u_1} = F_{u_1}/m = (g\varphi t \cdot \cos\alpha/t_1) + g \cdot \sin\alpha$，速度由 v_0 减至 v_1，$v_1 = v_0 - gt_1(\varphi \cdot \cos\alpha + 2\sin\alpha)/2$；其功能原理方程式和制动距离 S_{u_1} 分别为

$$S_{u_1}\bar{F}_{u_1} = S_{u_1}\left(\frac{1}{2}mg\varphi\cos\alpha + mg\sin\alpha\right) = \frac{1}{2}mv_0^2 - \frac{1}{2}mv_1^2 \tag{3-7}$$

$$S_{u_1} = \frac{1}{g(\varphi\cos\alpha + 2\sin\alpha)}(v_0^2 - v_1^2) \tag{3-8}$$

(2) 在制动力持续阶段，t_2 时间内：汽车制动力 $F_{u_2} = mg\varphi \cdot \cos\alpha + mg \cdot \sin\alpha$ 保持不变；汽车速度由 v_1 减慢至零；其功能原理方程和制动距离 S_{u_2} 分别为

$$S_{u_2}F_{u_2} = S_{u_2}(mg\varphi\cos\alpha + mg\sin\alpha) = \frac{1}{2}mv_1^2 \tag{3-9}$$

$$S_{u_2} = \frac{1}{2g(\varphi\cos\alpha + \sin\alpha)}v_1^2 \tag{3-10}$$

(3) 上坡总制动距离 S_u：将 S_{u_1}、S_{u_2} 相加，把 $v_1 = v_0 - gt_1(\varphi \cdot \cos\alpha + 2\sin\alpha)/2$ 代入，得

$$S_u = S_{u_1} + S_{u_2} = \frac{v_0^2}{2g(\varphi\cos\alpha + \sin\alpha)} + \frac{\varphi t_1 v_0 \cos\alpha}{2(\varphi\cos\alpha + \sin\alpha)} - \frac{g\varphi t_1^2 \cos\alpha(\varphi\cos\alpha + 2\sin\alpha)}{8(\varphi\cos\alpha + \sin\alpha)}$$
(3-11)

取便于观测的坡度值 $p = h/L = \sin\alpha$（h 为坡高，L 为坡长），舍去较小的第三项，汽车制动初速度 v_0 以 km/h 为单位，将式(3-11)变为

$$S_u \approx \frac{v_0}{\varphi\sqrt{1-p^2}+p}(0.00394v_0 + 0.139\varphi t_1 \sqrt{1-p^2})$$
(3-12)

表 3-14 是按式(3-12)计算所得汽车上坡制动距离 S_u(m)，可供参考。

表 3-14　汽车上坡制动距离计算值 S_u　　　　　　　　　　　　　　　　　　　m

初速度 v_0		$t_1=0.4\text{ s}$, $\varphi=0.4$, 坡度 $p=$				$t_1=0.4\text{ s}$, $\varphi=0.6$, 坡度 $p=$					$t_1=0.4\text{ s}$, $\varphi=0.8$, 坡度 $p=$				
km/h	m/s	0.04	0.06	0.08	0.10	0.02	0.04	0.06	0.08	0.10	0.02	0.04	0.06	0.08	0.10
40	11.11	16.36	15.65	14.99	14.40	12.34	11.95	11.61	11.25	10.92	9.87	9.63	9.41	9.21	9.03
60	16.67	35.27	33.80	32.35	31.04	26.11	25.32	24.58	23.79	23.12	20.58	20.08	19.61	19.21	18.82
80	22.22	61.24	58.80	26.26	54.00	44.97	43.70	42.34	41.00	39.84	35.13	34.29	33.48	32.80	32.12
100	27.78	94.59	90.66	86.75	83.26	68.92	66.85	64.89	62.83	61.06	53.52	52.24	51.01	49.98	48.95

4) 汽车下坡制动距离

如图 3-11 所示，汽车下坡制动时，道路摩擦阻力与汽车下滑力两者之差在制动距离上所做的功等于汽车制动前所具有的平动动能。同理可得如下计算式：

$$S_{d_1}\left(\frac{1}{2}mg\varphi\cos\alpha - mg\sin\alpha\right) = \frac{1}{2}m(v_0^2 - v_1^2) \tag{3-13}$$

$$S_{d_2}(mg\varphi\cos\alpha - mg\sin\alpha) = \frac{1}{2}mv_1^2 \tag{3-14}$$

$$S_d = S_{d_1} + S_{d_2} \approx \frac{v_0}{\varphi\sqrt{1-p^2}-p}(0.00394v_0 + 0.139\varphi t_1 \sqrt{1-p^2}) \tag{3-15}$$

式中：S_{d_1} 为 t_1 时间内下坡制动距离，m；S_{d_2} 为 t_2 时间内下坡制动距离，m；S_d 为下坡制动距离，m。表 3-15 是按式(3-15)计算所得汽车下坡制动距离 S_d(m)，可供参考。

表 3-15　汽车下坡制动距离计算结果 S_d　　　　　　　　　　　　　　　　　　　m

初速度 v_0		$t_1=0.4\text{ s}$, $\varphi=0.4$, 坡度 $p=$				$t_1=0.4\text{ s}$, $\varphi=0.6$, 坡度 $p=$					$t_1=0.4\text{ s}$, $\varphi=0.8$, 坡度 $p=$				
km/h	m/s	0.04	0.06	0.08	0.10	0.02	0.04	0.06	0.08	0.10	0.02	0.04	0.06	0.08	0.10
40	11.11	19.91	21.20	22.56	24.12	13.17	13.64	14.17	14.74	15.35	10.36	10.64	10.19	11.26	11.60
60	16.67	42.99	45.72	48.67	52.05	27.91	28.93	30.01	31.23	32.55	21.61	20.19	22.81	23.47	24.23
80	22.22	24.84	79.54	84.66	90.55	48.09	49.83	51.73	53.80	56.09	36.90	37.90	38.95	40.10	41.32
100	27.78	115.45	122.64	130.56	139.63	73.70	76.38	79.29	82.92	85.96	56.23	57.73	59.35	61.10	62.97

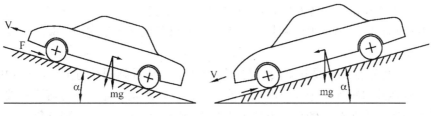

图 3-10 汽车上坡制动　　　　图 3-11 汽车下坡制动

以上计算式表明：汽车制动距离主要与制动初速度 v_0、路面与轮胎的滑动摩擦系数 φ、制动力增加时间 t_1 和道路坡度 p 有关；与汽车总质量无直接关系。所以，汽车制动距离的理论计算式和计算值适用于各种道路机动车。由于汽车运动时还有空气阻力等，从理论上讲，汽车实际制动距离应小于其理论计算值，如果大于计算值，则其制动性能或有关方面存在问题，多数情况下是各车轮未实现同步制动或制动机构有间隙。

3.3.3 车头间距和公路视距

车头间距和公路视距都是道路机动车行车安全的必要保障，也是公路设计的重要技术指标。其中车头间距是对机动车的行驶要求；公路视距是对公路的设计要求。

1) 车头间距

如图 3-12 所示，车头间距是指道路交通流中，为了保障行车安全，防止出现前车突然制动停车时后车追尾碰撞，同车道同向行驶的相邻两机动车车头之间应保持的最小安全距离，简称车头间距。车头间距不仅关系到机动车行车安全，而且是设计公路视距和通行能力的重要参数，应有理论依据。

在行车中，虽然后车看到前车制动，一般也会同时减速或制动，但确定车头间距时，还是以后车发现前车停车后再紧急制动停车而不发生追尾碰撞为条件最安全。《中华人民共和国道路交通安全法》第四十三条规定：同车道行驶的机动车，后车应当与前车保持足以采取紧急制动措施的安全距离。所以，车头间距应等于反映距离和制动距离之和，并考虑机动车长度 l_1 和汽车间距 l_0 等因素。其中：反映距离是指驾车人发现前方障碍物后，确定制动的反映时间内机动车所行驶的距离，这段时间内制动器还没有发挥作用；制动距离是制动器已经发挥作用后机动车滑行的距离。车头间距 D_0 的计算式为

$$D_0 = l_1 + v_0 t_0 + S_z + l_0 \tag{3-16}$$

式中：t_0 为驾驶人确定制动的反映时间，s，一般取 2.5 s（判断时间 1.5 s、运行时间 1.0 s）；v_0 为汽车制动初速度，m/s，一般应小于公路的设计速度；l_1 为汽车长度，m，小汽车 6 m，普通汽车 12 m，铰接汽车 18 m；l_0 为汽车保留间距，m，可取 3～5 m，小汽车 3 m，普通汽车 4 m，铰接汽车 5 m；S_z 为汽车制动距离，m，按式(3-6)计算。

2) 公路停车视距和会车视距

视距是指驾驶人行车时在目高位置能看到前方车道中心线上一定高度障碍物的距离。目高是指驾驶人在驾驶位置的视力高度。物高是指驾驶人看到前方障碍物的高

度。我国以车体低的小客车为标准时,目高为 1.2 m,物高为 0.1 m;以载重货车行驶时,目高为 2.0 m,物高为 0.1 m。在公路设计和道路交通安全管理中,经常用到的视距有停车视距、会车视距和超车视距。其中超车视距属于同向行驶,需要的距离最长,应单独研究。

(1) 公路停车视距:是指驾驶人在行车过程中,从看到同车道上的障碍物时开始刹车,至到达障碍物前安全停车的最短距离。停车视距是公路设计时弯道和坡道应保证的基本视距。停车视距的计算方法等于车头间距,计算公式为式(3-16)。

(2) 公路会车视距:是指两汽车在同一条行车道上相对行驶发现时来不及或无法错车,只能双方采取制动措施,使车辆在相撞之前安全停车的最短距离。单车道公路行车和双车道公路超车时可能遇此情况。

会车路段是公路设计时应提供的满足会车视距的路段。会车视距 D_F 应分别考虑相会两车的制动距离 S_{Za} 和 S_{Zb}、车速 v_{0a} 和 v_{0b}、驾驶人的制动反映时间 t_{0a} 和 t_{0b} 以及汽车间距 l_0 等因素。会车视距在公路设计和道路交通安全管理中很重要,与超车视距的确定密切相关,其计算式为

$$D_F = v_{0a}t_{0a} + S_{Za} + v_{0b}t_{0b} + S_{Zb} + l_0 \approx 2D_0 \tag{3-17}$$

式(3-17)表明,会车视距接近车头间距的两倍。目前,我国《公路工程技术标准》(JTG B01—2003)规定,参照国外普遍做法,在应用中会车视距取车头间距的两倍。

3) 公路超车视距

超车视距是指在双车道公路上,后车超越前车过程中,从开始驶离原车道之处起,在碰到对向车道驶来的车辆之前,能超越前车并安全驶回原车道所需的最短距离。它是公路建设标准中强制性指标之一,是超车路段长度的依据。超车路段是具有超车视距的路段。

双车道公路的行车特征是同方向只有一个车道,同时担负着交通和运输双重作用,各种不同类型和速度的车辆混行,超车时经常要占用对向车道。在各种汽车混行中,一般乘用车载人少速度快,商用车乘客或载货多,速度慢,特别是大型货车、危险货物运输车和超限运输车在公路行驶时,各种车辆速度相差很大,对于驾驶人来说,超车是习以为常的事情。为了保证行车安全,提高公路的服务水平和流量,使驾车人能实现超车,双车道公路需要设置具有超车视距的超车路段,为驾驶人提供充分的超车机会。如果在超车视距不足的路段超车,对向突然来车时,会干扰对向来车和被超车汽车的正常行驶,或使自己处于"进退两难"的危险境地,还可能诱发驾驶人的不良驾驶行为,甚至导致交通事故。由于高速公路和一级公路同方向最少有两个车道,并设有中间隔离带,不存在同车道会车和占用对向车道超车的问题。所以我国《公路工程技术标准》(JTG B01—2003)和《公路路线设计规范》(JTG D20—2006)只规定:"双车道公路应间隔设置具有超车视距的路段",并对各级双车道公路停车视距、会车视距和小汽车的超车视距给出了规定值,而对高速公路和一级公路只作停车视距规定。

(1) 设置超车路段的要求:我国《公路工程技术标准》(JTG B01—2003)和《公路

路线设计规范》(JTG D20—2006)规定：双车道公路应结合地形设置超车路段，对难满足超车视距的路段可设禁止超车标志；具有干线功能的二级公路宜在 3 min 时间内，提供一次满足超车视距要求的超车路段，超车路段的总长度以不小于公路线总长度的 10% ~ 30% 为宜；其他双车道公路可根据情况间隔设置具有超车视距的路段。

(2) 影响超车视距的因素：图 3-12 是双车道公路汽车超车示意图，其中：C_1 代表超车汽车，C_2 代表被超车汽车，C_3 代表对向来车；实线车表示超车起始位置；虚线车表示超车中和超车完成位置；超车汽车 C_1 和对向来车 C_3 起始位置的车头间距 D 就是所要分析和计算的超车视距。

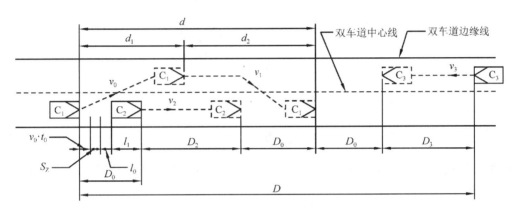

图 3-12 车头间距和超车视距示意图

为了保证超车安全，超车视距 D 应考虑以下五个方面的因素：

① 应考虑超车之前超车汽车 C_1 与被超车汽车 C_2 之间的车头间距 D_0，以防前车突然减速或紧急制动时后车追尾碰撞。

② 应考虑超车期间被超车汽车 C_2 不受干扰的正常行驶距离 D_2。

③ 应考虑后车超过前车回到原车道后，超车汽车 C_1 与被超车汽车 C_2 两者之间应保有车头间距 D_0。因为《中华人民共和国道路交通安全法实施条例》第四十七条规定："机动车超车时，从前车的左侧超越，在与被超车辆拉开必要的安全距离后，开启右转向灯，驶回原车道。"

④ 应考虑超车后超车汽车 C_1 和对向来车 C_3 之间应保有车头间距 D_0。因为在回原车道之前，超车汽车可能在对向车道和对向来车相会，安全距离理应为会车视距 D_F，但考虑到已完成超车并与被超车汽车留有车头间距了，所以 C_1 和 C_3 之间的安全距离定为车头间距。

⑤ 应考虑超车期间对向来车 C_3 不受干扰的正常行驶距离 D_3。

根据以上分析及有关规定，双车道公路超车视距 D 等于图 3-12 中五段距离之和，即

$$D = D_0 + D_2 + D_0 + D_0 + D_3 = 3D_0 + D_2 + D_3 \tag{3-18}$$

(3) 超车视距的计算：如图 3-12 所示，超车汽车 C_1 的超车过程分为两个阶段：第一阶段是加速行驶阶段，设加速时的初速度 v_0、平均加速度 a、加速至超车速度

v_1、与被超车汽车 C_2 的初始车头间距 D_0、加速行驶时间 t_1、加速行程 d_1；第二阶段是高速行驶阶段，指超车汽车 C_1 以超车速度 v_1 在对向车道上行驶至超车完毕后回到原车道的过程，设高速行驶时间 t_2、高速行程 d_2。则以上两个阶段的总超车时间为 $t = t_1 + t_2$，总超车行程为 $d = d_1 + d_2$。

与此同时，在超车过程中：设被超车汽车 C_2 的平均行驶速度 v_2，行程 D_2；对向来车 C_3 的平均行驶速度 v_3，行程 D_3；两车行驶时间都等于超车汽车的总超车时间 $t = t_1 + t_2$。则超车视距中各阶段的有关行驶时间和行程的计算公式为

$$t_1 = \frac{v_1 - v_0}{a} \tag{3-19}$$

$$d_1 = v_0 \cdot t_1 + \frac{1}{2} a t_1^2 = \frac{v_1^2 - v_0^2}{2a} \tag{3-20}$$

$$d_2 = v_1 \cdot t_2 \tag{3-21}$$

$$D_2 = v_2 \cdot t = v_2 (t_1 + t_2) = \frac{v_2(v_1 - v_0)}{a} + v_2 \cdot t_2 \tag{3-22}$$

$$D_3 = v_3 \cdot t = v_3 (t_1 + t_2) = \frac{v_3(v_1 - v_0)}{a} + v_3 \cdot t_2 \tag{3-23}$$

超车汽车 C_1 的总超车行程 d 等于被超车汽车 C_2 在此期间的行程 D_2 加上两倍车头间距 D_0，即

$$d = d_1 + d_2 = D_2 + 2D_0 \tag{3-24}$$

将式(3-20)、式(3-21)、式(3-22)代入式(3-24)可得式(3-25)，并求解时间 t_2 为

$$\frac{v_1^2 - v_0^2}{2a} + v_1 \cdot t_2 = \frac{v_2(v_1 - v_0)}{a} + v_2 \cdot t_2 + 2D_0 \tag{3-25}$$

$$t_2 = \frac{2D_0}{v_1 - v_2} - \frac{(v_1 - v_0)(v_1 + v_0 - 2v_2)}{2a(v_1 - v_2)} \tag{3-26}$$

由式(3-19)和式(3-26)可求解时间 t 为

$$t = t_1 + t_2 = \frac{2D_0}{v_1 - v_2} + \frac{(v_1 - v_0)^2}{2a(v_1 - v_2)} \tag{3-27}$$

将式(3-22)、式(3-23)和式(3-27)代入式(3-18)后整理，得超车视距 D 的理论计算式为

$$D = 3D_0 + (v_2 + v_3) \cdot t = \frac{3v_1 - v_2 + 2v_3}{v_1 - v_2} D_0 + \frac{(v_1 - v_0)^2 (v_2 + v_3)}{2a(v_1 - v_2)} \tag{3-28}$$

由式(3-28)可知，双车道公路超车视距 D 与超车汽车 C_1 的初速度 v_0、平均加速度 a、超车速度 v_1 和被超车汽车 C_2 的行驶速度 v_2 及对向来车 C_3 的行驶速度 v_3 有关，与同车道前后相邻两车车头间距 D_0 有关。式(3-28)还表明：超车汽车 C_1 的超车速度 v_1 与被超车汽车 C_2 的行驶速度 v_2 两者差值 $v_1 - v_2$ 与超车视距 D 关系最大；如果被超车汽车 C_2 速度很快，超车视距将很长；若两车同速 $v_1 - v_2 \to 0$，则 $D \to \infty$，无法超车。计

算公式与实际超车现象相符。

为了使超车视距的计算公式更接近实际应用,式(3-28)中各参数可进一步设定如下:设超车汽车 C_1 的初速度为 v_0,超车速度 v_1 取公路设计速度 $v_1=v_d$,因为汽车一般不应超过行驶公路的设计速度;设被超车汽车 C_2 的行驶速度 v_2 等于超车汽车 C_1 的初速度 v_0,即 $v_2=v_0$,因为一般引起超车的主要原因是前车太慢,后车开始是尾随前车;设对向来车 C_3 的行驶速度 v_3 也等于超车汽车 C_1 的初速度 v_0,即 $v_3=v_0$,因为对向来车 C_3 一般是从弯道进入超车路段,速度较慢,一旦看到同车道前方有人超车时,也不会很快加速。将以上设定参数代入理论计算式(3-28),得双车道公路平路超车视距 D 的实际计算式为

$$D = \frac{3v_d + v_0}{v_d - v_0}D_0 + \frac{v_0(v_d - v_0)}{a} \tag{3-29}$$

超车视距应按潮湿路面留足车头间距计算,理论上安全。实际上公路超车路段与多因素有关,超车视距应综合考虑。超车路段应设警告标志,提醒行车和超车各方慎行、互让。

表 3-16 是《公路工程技术标准》(JTG B01—2003)中对二、三、四级公路停车视距、会车视距和超车视距的规定值。

表 3-16 《公路工程技术标准》对二、三、四级公路停车视距、会车视距和超车视距的规定值

车 型		小汽车:汽车总长 $l_1 = 6$ m					普通货车:汽车总长 $l_1 = 12$ m				
设计速度 $v_d/\mathrm{km \cdot h^{-1}}$		20	30	40	60	80	20	30	40	60	80
停车视距 D_0/m		20	30	40	75	110	20	35	50	85	125
会车视距 D_F/m		40	60	80	150	220	40	70	100	170	250
超车视距 D/m	一般值	100	150	200	350	550					
	最小值	70	100	150	250	350					

注:"一般值"为正常情况下的采用值;"最小值"为条件受限制时可采用的值。

3.4 公路的通行能力

公路通行能力是指汽车以正常速度、车流不间断的条件下,单位时间内通过道路某一断面的最大车辆数,常以辆/h 或辆/d 表示。它是公路所能疏导交通流的能力,可以反映在保持规定的运行质量前提下公路所能通行的最大小时交通量。从规划设计的角度来分析,公路通行能力分为基本通行能力、设计通行能力和各级公路适应的交通量三种。要分析和计算公路的通行能力,必须先了解设计车辆和设计速度等公路设计控制要素,以及公路的速度、交通量和交通密度等交通流要素及其关系,再计算各级公路在一定条件下的通行能力。

3.4.1 公路设计的控制要素

根据《公路工程技术标准》的规定,我国公路设计控制要素包括设计车辆外廓尺

寸、交通量换算标准车型、公路服务水平、设计小时交通量和设计速度等。

1) 设计车辆外廓尺寸

设计车辆是公路设计时所采用的有代表性的车型,其外廓尺寸、载重量和运行性能是用于确定公路几何设计、交叉几何设计和路基宽度的主要依据。根据我国行驶车辆的具体情况、汽车发展远景规划和经济发展水平,出于经济和实用的考虑,设计车辆的外廓尺寸是按现有车型的尺寸进行统计后满足85%以上车型的外廓尺寸作为设计标准。根据国家标准《道路车辆外廓尺寸,轴荷及质量限值》(GB 1589)对汽车外廓尺寸规定,结合公路运输主力车型的外廓尺寸出现频率和结构特征,我国公路所采用的设计车辆分为小客车、载重汽车和鞍式列车三类。它们的外廓尺寸规定见表3-17。

表3-17 设计车辆外廓尺寸

设计车辆类型	总长/m	总宽/m	总高/m	前悬/m	轴距/m	后悬/m
小客车	6.0	1.8	2.0	0.8	3.8	1.4
载重汽车	12.0	2.5	4.0	1.5	6.5	4.0
鞍式列车	16.0	2.5	4.0	1.2	4.0+8.8	2.0

2) 交通量换算标准车型

根据2001年交通调查资料统计,我国大部分国道、省道的交通流以小客车为主,已占汽车交通量的36.3%,超过了中型车等其他车型的比例。而拖拉机、人畜力车、自行车等非机动车的比重逐年下降,分别占总交通量的7.6%、2.2%和2.5%。

随着全国干线公路网的逐步完善,高速公路通车里程的增加,特别是加入WTO后汽车产业政策与结构的调整,交通流中的小客车和大型客、货车以及集装箱车的比重将会逐年增长。而拖拉机与非机动车交通量所占比重会继续下降,所以,我国《公路工程技术标准》(JTG B 01—2003)中将公路上的常见机动车归并为小客车、中型车、大型车和拖挂车四类代表车型,并根据今后的交通发展趋势,同时也为与国际接轨的需要,将涵盖小客车与小型货车的小客车定为各级公路设计交通量换算的标准车型。畜力车、人力车、自行车等非机动车交通量比重小于5%,不作为交通流中的独立车型,仅作为路侧干扰考虑,在设计交通量换算中按路侧干扰因素计;一、二级公路上行驶的拖拉机可向右侧慢车道避让,很少挤占机动车道,按路侧干扰因素计;三、四级公路上的拖拉机混行于机动车道内,每辆折算为四辆小客车。小客车、中型车、大型车和拖挂车四类代表车型与车辆折算系数如表3-18所列。

表3-18 各汽车代表车型与车辆折算系数

汽车代表车型	车辆折算系数	说　明
小客车	1	≤19座的客车和载质量≤2 t的货车
中型车	1.5	>19座的客车和载质量>2 t～≤7 t的货车
大型车	2.0	载质量>7 t～≤14 t的货车
拖挂车	3.0	载质量>14 t的货车

3) 公路服务水平

公路服务水平是为了说明公路交通负荷状况，以交通流状态为划分条件定性地描述交通流从自由流、稳定流到饱和流和强制流的变化阶段，用来方便地评价公路交通的运行质量。按我国《公路工程技术标准》(JTG B 01—2003)的规定，公路服务水平划分为四级。各级公路的划分方法是：高速公路、一级公路以车流密度作为主要指标；二、三级公路以延误率和平均运行速度作为主要指标；交叉口则用车辆延误来描述其服务水平。各级服务水平对公路交通流定性地描述如下：

(1)一级服务水平：交通量小，驾驶者能自由或较自由地选择行车速度，并以设计速度行驶；行驶车辆不受或基本不受交通流中其他车辆的影响，交通流处于自由流状态；超车需求远小于超车能力；被动延误少，为驾驶者和乘客提供的舒适便利程度高。

(2)二级服务水平：随着交通量的增大，速度逐渐减小，行驶车辆受别的车辆或行人的干扰较大；驾驶者选择行车速度的自由度受到一定限制，交通流状态处于稳定流的中间范围，有拥挤感；到二级下限时车辆间的相互干扰较大，开始出现车队被动延误增加；为驾驶者提供的舒适便利程度下降；超车需求与超车能力相当。

(3)三级服务水平：当交通需求超过二级服务水平对应的服务交通量后，驾驶者选择车辆运行速度的自由度受到很大限制；行驶车辆受别的车辆或行人的干扰很大，交通流处于稳定流的下半部分，并已接近不稳定流范围；流量稍有增长就会出现交通拥挤，服务水平显著下降到三级下限时，行车延误的车辆达到80%，所受的限制已达到驾驶者所允许的最低限度；超车需求超过了超车能力，但可通行的交通量尚未达到最大值。

(4)四级服务水平：交通需求继续增大，行驶车辆受别的车辆或行人的干扰更加严重；交通流处于不稳定流状态靠近下限时，每小时可通行的交通量达到最大值，驾驶者已无自由选择速度的余地；交通流变成强制状态，所有车辆都以通行能力对应的但相对均匀的速度行驶，一旦上游交通需求和来车强度稍有增加或交通流出现小的扰动，车流会出现走走停停状态，此时能通过的交通量很不稳定，其变化范围从基本通行能力到零，时常发生交通阻塞。

由上所述，公路规划、设计时既要保证必要的车辆运行质量，同时又要兼顾公路建设的投资成本。我国原则上高速公路和一级公路采用二级服务水平设计；二、三级公路和无控制交叉采用三级服务水平设计；四级公路主要服务于地方经济，服务水平不作规定。

4) 设计小时交通量

设计小时交通量是确定公路等级、评价公路运行状态和服务水平的重要参数。设计小时交通量越小，公路的建设规模就越小，建设费用也就越低，但是不恰当地降低设计小时交通量会使公路的交通条件恶化，交通阻塞和交通事故增多，公路的综合经济效益降低。因此，将全年小时交通量从大到小按序排列设计，小时交通量的位置一般采用第30位·h或根据当地调查结果控制在第20~40位·h之间。

5) 设计速度

设计速度是公路设计时确定几何线形的基本要素，它是在气象条件良好，车辆行驶只受公路本身条件影响时，具有中等驾驶技术的人员能够安全、顺适驾驶车辆的速度。根据国内外观测研究，当设计速度高时，运行速度低于设计速度；而当设计速度低时，运行速度高于设计速度。这说明设计速度与运行速度和运行安全有密切关系。各级公路的设计速度，一般规定见表 3-19。

表 3-19 各级公路设计速度、标准车等控制要素

公路等级	高速公路	一级公路	二级公路	三级公路	四级公路	
AADT/pcu·d^{-1}	>25 000	15 000~25 000	5 000~15 000	2 000~6 000	2 000(双车道)	400(单车道)
标准车	小客车	小客车	小客车	小客车	小客车	
出入口控制	完全控制	按需要确定				
设计年限	20 年	15~20 年	15 年	15 年	按需要确定	
设计车速/km·h^{-1}	120, 100, 80	100, 80, 60	80, 60	40, 30	20	
设计服务水平	二级	二级	三级	三级	不规定	

注：AADT 为标准车的年平均日交通量(小客车/天)。

在确定各级公路的设计速度时，应遵循以下原则：

(1)高速公路设计速度为 120 km/h、100 km/h、80 km/h，但特殊困难的局部路段，且因新建工程可能诱发工程地质病害时，经论证并报主管部门批准，该局部路段的设计速度可采用 60 km/h，但长度不宜大于 15 km，或仅限于相邻两互通式立体交叉之间，与其相邻路段的设计速度不应大于 80 km/h。

(2)一级公路作为干线公路时，设计速度宜采用 100 km/h 或 80 km/h；一级公路作为集散公路时，根据混合交通量、平面交叉间距等因素，设计速度宜采用 60 km/h 或 80 km/h。

(3)二级公路作为干线公路时，设计速度宜采用 80 km/h；二级公路作为集散公路时，混合交通量较大、平面交叉间距较小的路段，设计速度宜采用 60 km/h；二级公路位于地形、地质等自然条件复杂的山区，经论证该路段的设计速度可采用 40 km/h。

3.4.2 公路交通流要素

公路交通流的运行状态是由速度、交通量和交通密度这三种主要度量指标来表达。

1) 速度 v

速度是指车辆在单位时间内通过的路程，通常包括平均行程速度和平均行驶速度两个不同的度量指标。在表征交通流的速度特性时，一般采用的速度标准是平均行程速度。

(1)平均行程速度：是指车辆行程除以通过该行程的平均行程时间，即计算平均行程速度是采用该公路的一段长度，除以车辆通过该路段的平均行程时间。行程时间包括途中延误时间。因此，如果有 n 辆车，通过路段的长度为 L，测得各车辆的行程

时间分别为 $t_1, t_2, \cdots, t_n$，则平均行程速度为

$$v = \frac{L}{\sum_{i=1}^{n} \frac{t_i}{n}} = \frac{nL}{\sum_{i=1}^{n} t_i} \tag{3-30}$$

式中：v 为平均行程速度，km/h；L 为公路路段长度，km；t_i 为第 i 辆车通过该路段的总行程时间，h，包括因固定间断或交通阻塞的停车延误；n 为观测时统计到的行驶车辆数。

(2) 平均行驶速度：是指车辆行程除以通过该行程的平均行驶时间。行驶时间只包括车辆处于运动中的时间。对于非阻塞条件下的非间断流设施，平均行程速度和平均行驶速度是相等的。平均行驶速度的计算方法同式(3-30)，但行驶时间 t_i 不包括停车延误时间。

2) 交通量 Q

交通量是指单位时段内通过一条车道或一条道路某一点或某断面的车辆总数，用计算式表示为

$$Q = \frac{N}{T} \tag{3-31}$$

式中：Q 为交通量；T 为时段，h(小时)、d(天)、a(年)；N 为车辆数。

根据交通量的不同用途，需要有某一时间交通量的平均值，通常有：

(1) 平均日交通量(ADT)：为任意期间各日交通量的总和除以该期间日数所得的值。

(2) 月平均日交通量(MADT)：是 1 个月的交通量总数除以该月天数的平均值。

(3) 年平均日交通量(AADT)：为 1 年的交通量总数除以该年日数的平均值。

(4) 高峰小时交通量(PHT)：全天交通量最大的高峰小时，其交通量为高峰小时交通量。

(5) 高峰小时系数(PHF)：指高峰小时交通量与该小时内最大的 15 min 流量之比。

3) 交通密度 K

交通密度是指单位长度路段上，一个车道某一瞬时的车辆数。用计算式表示为

$$K = \frac{N}{L} \quad \text{或} \quad K = \frac{Q}{v} \tag{3-32}$$

此外，交通密度 K 也可以用平均车头间距 D_0 表示为

$$D_0 = \frac{\sum_{i=1}^{n} D_{0i}}{N} = \frac{L}{N} \quad \text{或} \quad K = \frac{1}{D_0} \tag{3-33}$$

式中：D_{0i} 为同车道第 i 辆车的车头间距，m，由式(3-16)计算。

交通密度是一个描述交通运行状况的重要参数。它是平均车头安全间距的倒数，表示车辆之间的接近程度，由于现场直接测定困难，所以目前这一指标应用不太普遍。

3.4.3 速度、流量和密度的关系

1) 速度与密度的关系

道路上行驶的车辆数增多，密度会增大，车速会降低。1934 年，格林希尔兹(Greenshield)在研究美国俄亥俄州的公路交通流时，假定速度与密度之间为线性关系，如图 3-13 所示，提出了以下表达式：

$$v = v_f\left(1 - \frac{K}{K_j}\right) \tag{3-34}$$

式中：v 为平均行程速度，km/h；K 为车辆密度，pcu/(km·ln)；v_f 为自由流速度，此时车辆密度极小，$K \to 0$，车辆畅行；K_j 为阻塞密度，此时车辆密度大，车速趋于零。

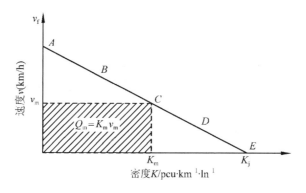

图 3-13　速度 – 密度关系图

2) 流量与密度的关系

流量与密度的关系是交通流的基本关系，将速度与密度的关系式(3-34)代入式(3-32)可得流量与密度的关系式为

$$Q = v_f\left(K - \frac{K^2}{K_j}\right) \tag{3-35}$$

式(3-35)表明流量与密度是二次函数关系，用图表示就是一条抛物线，如图 3-14 所示。当密度 $K=0$ 和 $K=K_j$ 时，流量 $Q=0$ 最小；当密度在 $0<K<K_j/2$ 范围，由小增大时，不拥挤，且速度是由自由到适中，而流量 $0<Q<v_f K_j/4$ 由小变大；当密度 $K=K_m=K_j/2$ 中等时，流量 $Q=Q_m=v_f K_j/4$ 最大，此最大交通量称为容量，即 K_m 为最佳密度；当密度在 $K_j/2<K<K_j$ 范围，由小增大时，拥挤，且速度由适中到慢，而流量在 $v_f K_j/4>Q>0$ 范围，由大变小。

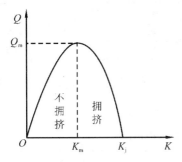
图 3-14　流量 – 密度关系曲线图

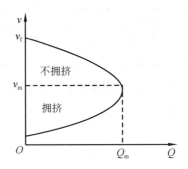
图 3-15　速度 – 密度关系曲线图

3) 流量与速度的关系

将速度与密度的关系式(3-34)适当变换可得

$$K = K_j\left(1 - \frac{v}{v_f}\right) \tag{3-36}$$

将式(3-36)代入式(3-32),得流量与速度的关系式为:

$$Q = K_j\left(v - \frac{v^2}{v_f}\right) \tag{3-37}$$

式(3-37)表明流量与速度是二次函数关系,用图表示也是一条抛物线,如图 3-15 所示。

当速度 $v = 0$ 和 $v = v_f$ 时,流量 $Q = 0$ 最小;当速度在 $0 < v < v_f/2$ 范围由小增大时,拥挤,密度由阻塞到适中,而流量 $0 < Q < K_j v_f/4$ 由小变大,此时交通流为不稳定交通流或强迫交通流;当速度 $v = v_m = v_f/2$ 时,流量 $Q = Q_m = K_j v_f/4$ 最大,为临界速度;当速度在 $v_f/2 < v < v_f$ 范围由小增大时,不拥挤,密度由中到零;流量在 $K_j v_f/4 > Q > 0$ 范围由大变小时,此时交通流为自由流。

3.4.4　公路的基本通行能力

公路基本通行能力是指道路与交通在理想条件下,以一定车速连续安全行驶,每车道每小时能通行的最大车辆数,可用"车头间距"或"平均车头时距"推算如下:

$$C_F = \frac{3\,600}{t_i} = \frac{3\,600}{D_0/v} = \frac{3\,600v}{D_0} \tag{3-38}$$

式中:C_F 为公路基本通行能力,pcu/(h·ln)[小客车/(小时·车道)];v 为汽车平均行程速度(或公路设计速度),m/s;D_0 为汽车车头间距,m;t_i 为非间断流平均车头时距,s,其值可参考表 3-20。

表 3-20　我国平均车头时距 t_i 规定值

公路设计速度/km·h^{-1}	50	46	40	35	30
小客车	2.13	2.16	2.20	2.26	2.33

(续)

公路设计速度/km·h^{-1}	50	46	40	35	30
普通汽车	2.71	2.75	2.80	2.87	2.97
铰接车	—	3.50	3.56	3.63	3.74

美国、日本根据观测平均车头时距(或车头间距)的资料,规定基本通行能力如表 3-21 所列。

表 3-21　美国、日本基本通行能力规定值

道路类型	计算单位	基本通行能力/pcu·h^{-1}·ln^{-1}	
		日本	美国
双向双车道	双向往返合计平均每条车道	2 500	2 200
单向双车道		2 500	2 200

3.4.5　各级公路的设计通行能力

公路设计通行能力是其设计上所采用的通行能力,也是要求公路承担的通行能力。它不仅与道路条件和交通条件有关,还要考虑设计要求。各级公路,即使具有类似的道路与交通条件,由于要求的交通服务水平不同,其设计通行能力也不一样。由于受公路等级、交叉口的影响,通行能力会有所降低,所以,公路设计通行能力一般低于其基本通行能力。

1) 高速公路的设计通行能力

高速公路规划设计时既要保证提供的服务水平和车辆运行质量,避免通车不久就因交通量不适应造成交通阻塞,同时,也要兼顾我国的经济水平和公路建设投资的力量。因此,按《公路工程技术标准》(JTG B 01—2003)规定,我国高速公路设计通行能力以二级服务水平作为设计依据,根据表 3-22 选取有关参数,由下式计算:

$$C_D = C_F \times (V/C) = 2\,200 \times 0.74 = 1\,600 \quad (3-39)$$

式中:C_D 为高速公路的设计通行能力(即高速公路在一定设计速度下的最大服务交通量),pcu/(h·ln);V/C 为在理想条件下,最大服务交通量与基本通行能力之比,基本通行能力是四级服务水平上半部的最大交通量,参考表 3-22。高速公路每小时每车道基本通行能力与设计通行能力分别由式(3-38)和式(3-39)估算的结果如表 3-23 所列。

表 3-22　高速公路服务水平分级表

服务水平等级	密度/pcu·km^{-1}·ln^{-1}	设计速度 120 km·h^{-1}			设计速度 100 km·h^{-1}			设计速度 80 km·h^{-1}		
		速度/km·h^{-1}	V/C	最大服务交通量/pcu·h^{-1}·ln^{-1}	速度/km·h^{-1}	V/C	最大服务交通量/pcu·h^{-1}·ln^{-1}	速度/km·h^{-1}	V/C	最大服务交通量/pcu·h^{-1}·ln^{-1}
一	≤7	≥109	0.34	750	≥96	0.33	700	≥78	0.30	600
二	≤18	≥90	0.74	1 600	≥79	0.67	1 400	≥66	0.60	1 200

(续)

服务水平等级	密度/pcu·km⁻¹·ln⁻¹	设计速度120 km·h⁻¹ 速度/km·h⁻¹	V/C	最大服务交通量/pcu·h⁻¹·ln⁻¹	设计速度100 km·h⁻¹ 速度/km·h⁻¹	V/C	最大服务交通量/pcu·h⁻¹·ln⁻¹	设计速度80 km·h⁻¹ 速度/km·h⁻¹	V/C	最大服务交通量/pcu·h⁻¹·ln⁻¹
三	≤25	≥78	0.88	1 950	≥71	0.86	1 800	≥60	0.75	1 500
四	≤45	≥48	接近1.0	<2 200	≥47	接近1.0	<2 100	≥45	接近1.0	<2 000
	>45	<48	>1.0	0~2 200	<47	>1.0	0~2 100	<45	>1.0	0~2 000

表3-23 高速公路的基本通行能力与设计通行能力

设计速度/km·h⁻¹	120	100	80
基本通行能力/pcu·h⁻¹·ln⁻¹	2 200	2 100	2 000
设计通行能力/pcu·h⁻¹·ln⁻¹	1 600	1 400	1 200

2) 一级公路的设计通行能力

一级公路作为干线公路时，其路段的设计通行能力与相同设计速度的高速公路相近；而作为集散公路时，其主要差别在于有路侧干扰和侧向余宽不足，运行质量不及干线公路。在相同服务水平下，集散公路的运行速度要比干线公路低，通行能力和服务水平均有一定的折减。按《公路工程技术标准》(JTG B 01—2003)规定，一级公路作为干线时采用二级服务水平设计，作为集散公路时可采用三级服务水平设计。因此，具集散功能的一级公路，其通行能力应以具干线功能的一级公路为基准，根据表3-25选取有关参数值，并计入侧向余宽、沿途条件和车道折减等因素进行修正，其计算公式为

$$C_{集散} = C_{干线} \times R_1 \times R_2 \times \sum K_i = (0.6 \sim 0.76) C_{干线} \times \sum K_i \quad (3\text{-}40)$$

式中：$C_{干线}$ 为具一级干线公路的设计通行能力，pcu/(h·ln)；$C_{集散}$ 为具一级集散公路的设计通行能力，pcu/(h·ln)；R_1 为侧向余宽修正系数，取0.90~0.95；R_2 为路侧干扰修正系数，取0.8~0.9；K_i 为各车道折减系数：第一车道1.0，第二车道0.9，第三车道0.8~0.9，第四车道0.7~0.8。

按公式(3-40)计算取整后得具集散功能的一级公路每小时每车道的设计通行能力如表3-24所列。

表3-24 一级公路设计通行能力

设计速度/km·h⁻¹	100	80	60
具干线功能的一级公路/pcu·h⁻¹·ln⁻¹	1 300	1 100	900
具集散功能的一级公路/pcu·h⁻¹·ln⁻¹	850~1 000	700~900	550~700

3) 二、三、四级公路的设计通行能力

我国根据对部分二、三、四级公路观测数据的统计分析和广泛的调查研究规定，二、三、四级公路的服务水平分级标准以行驶延误为主要评价指标，而按行车道宽度

表 3-25 一级公路服务水平分级

服务水平等级	密度/pcu·km^{-1}·ln^{-1}	设计速度100km·h^{-1}			设计速度80km·h^{-1}			设计速度60km·h^{-1}		
		速度/km·h^{-1}	V/C	最大服务交通量/pcu·h^{-1}·ln^{-1}	速度/km·h^{-1}	V/C	最大服务交通量/pcu·h^{-1}·ln^{-1}	速度/km·h^{-1}	V/C	最大服务交通量/pcu·h^{-1}·ln^{-1}
一	≤7	≥92	0.32	650	≥75	0.29	500	≥57	0.25	400
二	≤18	≥73	0.65	1 300	≥60	0.61	1 100	≥50	0.56	900
三	≤25	≥68	0.85	1 700	≥56	0.78	1 400	≥47	0.72	1 150
四	≤40	≥50	接近1.0	<2 000	≥46	接近1.0	<1 800	≥40	接近1.0	<1 600
	>40	<50	>1.0	0~2 000	<46	>1.0	0~1 800	<40	>1.0	0~1 600

表 3-26 二、三、四级公路设计通行能力

公路等级	设计速度/km·h^{-1}	基本通行能力/pcu·h^{-1}	不准超车区/%	V/C	设计通行能力/pcu·h^{-1}
二级公路	80	9.0 m 2 500	<30	0.64	550~1 200
	60	7.0 m 1 400	30~70	0.48	
	40	1 300	>70	0.42	
三级公路	40	7.0 m 1 300	<30	0.54	400~700
	30	6.5 m 1 200	>70	0.35	
四级公路	20	<6.0 m <1 200	>70	<0.35	<400

对其通行能力予以修正,其设计通行能力按三级服务水平,设计不准超车区段分别按小于30%、30%~70%和大于70%取值,对应的V/C比在0.64~0.35之间,同时考虑行车道宽度对通行能力的影响,其设计通行能力的取值如表3-26所列。

3.4.6 各级公路适应的交通量

各级公路适应的交通量是指各级公路在预测年内所适应的年平均日交通量,一般按照公路的技术等级、设计速度等条件,以每车道设计通行能力为基数,在考虑其他因素后计算所得。

1) 高速公路的年平均日交通量

对于双向四车道以上的高速公路,因为没有横向干扰和侧向余宽不足问题,应以每车道设计通行能力为基数,根据单向车道数、设计小时交通量系数和方向分布系数等,计算其预测年的年平均日交通量指标。其计算公式为

$$AADT = (C_D \cdot N)/(K \cdot D) \tag{3-41}$$

式中:AADT 为高速公路预测年的年平均日交通量,pcu/d;C_D 为高速公路每车道设计通行能力,pcu/(h·ln);N 为单向车道数,单向两车道取 N=2,三车道取 N=3,四车道取 N=4;D 为方向分布系数,根据公路位置和功能,D 值范围为 50/50~40/60,亦可根据当地的交通量观测资料作适当调整;K 为设计小时交通量系数,根据公路所在位置、地区经济、气候特点等确定(K 值范围:近郊公路 0.085~0.11;公路 0.12~

0.15；亦可根据当地交通量观测资料确定）。按式（3-41）计算取整后，得高速公路适应的交通量如表 3-27 所列。

表 3-27　高速公路能适应的年平均日交通量

设计速度/km·h^{-1}	四车道/pcu·d^{-1}	六车道/pcu·d^{-1}	八车道/pcu·d^{-1}
120	40 000 ~ 55 000	55 000 ~ 80 000	80 000 ~ 100 000
100	35 000 ~ 50 000	50 000 ~ 70 000	70 000 ~ 90 000
80	25 000 ~ 45 000	45 000 ~ 60 000	60 000 ~ 80 000

2）一级公路的年平均日交通量

对于四车道一级公路或一般多车道公路，较之高速公路，因有横向干扰和侧向余宽不足，故其适应交通量有一定的折减，具体计算公式为

$$\text{AADT}_{一级} = \frac{C_\text{D} \cdot R_1 \cdot R_2 \cdot \sum K_i}{K \cdot D} = \frac{(0.6 \sim 0.76) C_\text{D} \cdot \sum K_i}{K \cdot D} \tag{3-42}$$

式中：$\text{AADT}_{一级}$ 为一级公路预测年的年平均日交通量，pcu/d；其他参数含义同上。按式（3-42）计算并取整后，得四、六车道一级公路适应的年平均日交通量如表 3-28 所列。

表 3-28　一级公路能适应的年平均日交通量

设计速度/km·h^{-1}	四车道/pcu·d^{-1} $\sum K_i = 1.9$	六车道/pcu·d^{-1} $\sum K_i = 2.65$
100	27 000 ~ 30 000	30 000 ~ 55 000
80	20 000 ~ 27 000	27 000 ~ 45 000
60	15 000 ~ 25 000	25 000 ~ 35 000

3）二、三、四级公路的年平均日交通量

由于运行质量受双向流量比、超车视距、管理水平、路侧干扰等多项因素的影响，二、三、四级公路设计通行能力与适应交通量的范围较大，其所适应的年平均日交通量如表 3-29 所列。

表 3-29　二、三、四级公路能适应的年平均日交通量

公路等级	设计速度/km·h^{-1}	设计通行能力/pcu·h^{-1}	方向分布影响系数 D	设计小时交通量系数 K	适应的年平均日交通量/pcu·d^{-1}
二级公路	40 ~ 80	550 ~ 1 600	0.94	0.09 ~ 0.18	5 000 ~ 15 000
三级公路	30 ~ 40	400 ~ 700	0.94	0.10 ~ 0.13	2 000 ~ 6 000
四级公路	20	< 400	0.94	0.13 ~ 0.18	< 2 000

注：二级公路的 40 km/h 是位于地形地质等自然条件复杂的山区，经论证后可采用的设计速度。

3.5 道路交通运输车辆

道路交通运输载运设备包括各种机动车辆和非机动车辆,但从实际运用和行政管理上看,道路运输主要是指汽车在道路上的运输。因此,本节主要讲述汽车基本知识。

3.5.1 道路机动车的分类

根据国家标准 GB/T15089—2001《机动车辆及挂车分类》规定,我国道路机动车和挂车分为 L 类、M 类、N 类、O 类和 G 类五种类型,具体分类方法如表 3-30 所列。各类机动车和挂车的定义如下:

L 类是指少于四轮的机动车辆,如二轮和三轮摩托车。

M 类是指至少有四个车轮的载客机动车辆;或者有三个车轮,且厂定最大总质量超过 1 t 的载客机动车辆。

N 类是指至少有四个车轮的载货机动车辆;或者有三个车轮,且厂定最大总质量超过 1 t 的载货机动车辆。

O 类是指挂车(包括半挂车)。

G 类是指越野车。越野汽车可以是轿车、客车、货车或其他用途的越野汽车。

表 3-30 我国机动车辆和挂车分类(GB/T 15089—2001)

机动车类型		机动车名称		厂定最大总质量/t 或发动机排量/mL	司乘人员座位数 或设计车速/km·h^{-1}
M 类	至少有四个车轮的载客机动车辆	M1 类	小型客车	总质量≤3.5	座位数≤9
		M2 类	中型客车	总质量≤5.0	座位数>9
		M3 类	大型客车	总质量>5.0	座位数>9
N 类	至少有四个车轮的载货机动车辆	N1 类	轻型货车	总质量≤3.5	—
		N2 类	中型货车	3.5<总质量≤12.0	—
		N3 类	重型货车	总质量>12.0	—
O 类	挂车(包括半挂车)	O1 类	挂车	总质量≤0.75	—
		O2 类	挂车和半挂车	0.75<总质量≤3.5	—
		O3 类	挂车和半挂车	3.5<总质量≤10.0	—
		O4 类	挂车和半挂车	总质量>10.0	—
L 类	少于四轮的机动车辆	L1 类	二轮车	发动机排量≤50	设计车速≤40
		L2 类	三轮车	发动机排量≤50	设计车速≤40
		L3 类	二轮车	发动机排量>50	设计车速>40
		L4 类	非对称三轮车	发动机排量>50	设计车速>40
		L5 类	对称三轮车	发动机排量>50	设计车速>40

3.5 道路交通运输车辆   157

(续)

机动车类型	机动车名称		厂定最大总质量/t 或发动机排量/mL	司乘人员座位数 或设计车速/km·h⁻¹
G类	越野车	— 轻型越野车	总质量≤5.0	—
		— 中型越野车	5.0＜总质量≤13.0	—
		— 重型越野车	总质量＞13.0	—

3.5.2 汽车的分类和分级

汽车是由自身的动力装置驱动,具有4个或4个以上车轮的非轨道承载机动车,主要用于载运人员和(或)货物或用作牵引车,是道路运输主要载运设备。此外,汽车还有其他特殊用途。汽车类型的术语和定义是我国标准化领域一项非常重要的基础标准。它为国家汽车产品的设计、生产、销售、使用以及税收、进出口管理等提供通用语言,为汽车行业及相关方面标准、法规制定提供了重要的依据,是汽车产业国际化程度的重要表征。汽车的类型及分类方法很多。下面根据国家有关标准,介绍两种较常用的分类和分级方法。

1) 按乘用车和商用车分类与分级

根据国家标准《汽车和挂车类型的术语和定义》(GB/T 3730.1—2001),汽车分为乘用车与商用车。该标准更接近国际标准,使我国汽车管理逐步国际化。其具体分类与分级方法如表3-31所列。

表3-31 乘用车和商用车的分类与分级(GB/T 3730.1—2001)

汽车	乘用车 (不超过9座)		包括:普通乘用车、活顶乘用车、高级乘用车、小型乘用车、敞篷车、舱背乘用车(以上六种称为轿车)、旅行车、多用途乘用车、越野乘用车、短途乘用车、专用乘用车(旅居车、防弹车、救护车、殡仪车)
	商用车辆	客车	小型客车、城市客车、长途客车、旅游客车、铰接客车、无轨电车、越野客车、专用客车
		货车	普通货车、多用途货车、全挂牵引车、越野货车、专用货车
		半挂牵引车	

乘用车是指在设计和技术特性上主要用于载运乘客及其随身行李和临时物品的汽车,包括驾驶人座位在内最多不超过9个座位,它也可以牵引一辆挂车。乘用车主要包括轿车、旅行车、多用途乘用车、越野乘用车、短途乘用车、专用乘用车等。

商用车是指在设计和技术特性上主要用于运送人员和货物的汽车,并且可以牵引挂车。商用车主要包括各种客车(小型客车、城市客车、长途客车、旅游客车、铰接客车、无轨电车、越野客车、专用客车)、各种货车(普通货车、多用途货车、全挂牵引车、越野货车、专用货车)和半挂牵引车。

2) 按汽车用途和主参数分类与分级

根据原国家标准《中国汽车分类标准》(GB 9417—1989),我国汽车分为载重汽车、越野汽车、自卸汽车、牵引车、专用汽车、客车、轿车、半挂车等共九大类别,每大类根据用途和主参数又分为若干级别,主要用于汽车产品型号的编制等,现在某些方面仍有使用。其具体分类法如表 3-32 所列。

表 3-32 《中国汽车分类标准》(GB 9417—1989)

类别代号	类别名称	级别名称	主参数值	主参数单位
1	载货汽车	微型货车	$T \leqslant 1.8$ t	总质量 T/t
		轻型货车	1.8 t $< T \leqslant 6$ t	总质量 T/t
		中型货车	6 t $< T \leqslant 14$ t	总质量 T/t
		重型货车	$T > 14$ t	总质量 T/t
2	越野汽车	轻型越野汽车	$T \leqslant 5$ t	总质量 T/t
		中型越野汽车	5 t $< T \leqslant 13$ t	总质量 T/t
		重型越野汽车	13 t $< T \leqslant 24$ t	总质量 T/t
		超重型越野汽车	$T > 24$ t	总质量 T/t
3	自卸汽车	轻型自卸汽车	$T \leqslant 6$ t	总质量 T/t
		中型自卸汽车	6 t $< T \leqslant 14$ t	总质量 T/t
		重型自卸汽车	$T > 14$ t	总质量 T/t
		矿用自卸汽车		
4	牵引车	半挂牵引汽车		总质量 T/t
		全挂牵引汽车		总质量 T/t
5	专用汽车	箱式汽车		总质量 T/t
		罐式汽车		总质量 T/t
		起重举升汽车		总质量 T/t
		仓栅式汽车		总质量 T/t
		特种结构汽车		总质量 T/t
		专用自卸汽车		总质量 T/t
6	客车	微型客车	$L \leqslant 3.5$ m	长度 L/m
		轻型客车	3.5 m $< L \leqslant 7$ m	长度 L/m
		中型客车	7 m $< L \leqslant 10$ m	长度 L/m
		大型客车	10 m $< L \leqslant 12$ m	长度 L/m
		特大型客车	指铰接客车和双层客车	长度 L/m
7	轿车	微型轿车	$V \leqslant 1$ L	排量 V/L
		普通级轿车	1 L $< V \leqslant 1.6$ L	排量 V/L
		中级轿车	1.6 L $< V \leqslant 2.5$ L	排量 V/L
		中高级轿车	2.5 L $< V \leqslant 4$ L	排量 V/L
		高级轿车	$V > 4$ L	排量 V/L
8	备用分类号			
9	半挂车	轻型半挂车	$T \leqslant 7.1$ t	总质量 t/t
		中型半挂车	7.1 t $< T \leqslant 19.5$ t	总质量 t/t
		重型半挂车	19.5 t $< T \leqslant 34$ t	总质量 t/t
		超重型半挂车	$T > 34$ t	总质量 t/t

3.5.3 汽车基本结构及总体布置形式

汽车根据其动力装置、使用条件等不同,具体构造可以有很大的差别,但总体结构通常由动力装置、底盘、车身、电器及电子设备四大部分组成。

1) 动力装置

动力装置是汽车行驶的动力源。目前广泛使用的汽车动力是往复活塞式汽油内燃机和柴油内燃机。这两种动力都是将燃料的热能转变为机械能,称为热力发动机(简称热机)。内燃机的特点是液体或固体燃料和空气混合后直接输入机器内部燃烧而产生热能,然后再转化成机械能。内燃机与外燃机(如蒸汽机、汽轮机等)相比,具有热效率高、体积小、重量轻、便于移动等优点,广泛用作车、船和飞机等运输工具的动力。其结构一般由曲柄连杆机构、配气机构、燃料供给系统、润滑系统、点火系统(仅用于汽油机)、冷却系统和起动系统组成。

2) 底盘

底盘是车身和动力装置的支座,同时是接受动力装置发出的动力,传递扭矩,驱动汽车,使汽车按驾驶人的操纵保证正常行驶的综合体。它由以下四大部分组成:

(1) 传动系:其基本功能是将发动机产生的动力传给驱动车轮,主要由离合器、变速器、万向传动装置、驱动桥、半轴和驱动轮等组成。

(2) 行驶系:其基本功能是接受由发动机经传动系传来的转矩,并通过驱动轮与路面间的附着作用,产生路面对汽车的牵引力,以保证整车正常行驶;传递并承受路面作用于车轮上的各向反力及其所形成的力矩;缓和路面对车身的冲击和振动;配合转向系实现汽车转向操纵。主要由车架、车桥、车轮、悬架、从动桥等组成。

(3) 转向系:其基本功能是使汽车转向桥上的转向轮按设计的定位参数正确定位,实现汽车转向操纵,同时保证转向轮转向后具有自动回正功能,按转向能源的不同分为机械转向系和动力转向系两大类。机械转向系主要由转向操纵机构、转向器和转向传动机构组成。

(4) 制动系:其基本功能是使行驶中的汽车实现减速和停车,使下坡行驶的汽车速度稳定,使已停驶的汽车保持不动。制动系按用途分为停车制动系和驻车制动系两种:停车制动系用于行车时减速、稳速和停车,按制动能源分为人力制动、动力制动和伺服制动三种型式;驻车制动系用于使已停驶汽车驻留原地,可以是人力式或动力式。制动系都具有制动器、传动装置、控制装置和供能装置四个基本组成部分。

3) 车身

车身的基本功能是用作驾驶人的工作场所、装载乘客或货物的场所,应为驾驶人提供方便的操作条件、为乘客提供舒适安全的环境或保证货物完好无损,主要有公路客车车身、城市公交车车身、轿车车身、普通货车车身和其他专用汽车车身等。

4) 电气及电子设备

电气设备包括电源组(蓄电池、发电机)、发动机的启动设备和点火设备、汽车照明和信号装置、仪表、空调、刮水器、音像设备、门窗玻璃升降设备等;电子设备包括导航系统、电控燃油喷射及电控点火设备等各种人工智能装置等。

5) 汽车的总体布置形式

为满足不同的使用要求，汽车的总体布置可以有不同的形式。现代汽车按发动机相对于各总成的位置不同，通常有下列几种布置形式：

(1) 发动机前置后轮驱动(FR)：这是传统的布置形式。大多数货车、部分轿车和部分客车采用这种形式。其优点是发动机和变速厢距驾驶人近，挂、换挡近，容易掌握发动机工作状况，且风冷效果好；其缺点是发动机占空间，车内噪声和燃油气味大，传动轴长。

(2) 发动机前置前轮驱动(FF)：这是现代大多数轿车盛行的布置形式，具有结构紧凑、整车质量小、质心高度低、高速行驶时操纵稳定性好等优点。

(3) 发动机后置后轮驱动(RR)：这是目前大、中型客车盛行的布置形式，具有车内噪声小、空间利用率高、传动轴短等优点，但发动机风冷效果差，挂、换挡远。

(4) 发动机中置后轮驱动(MR)：这是方程式赛车和大多数跑车常用的布置形式。将功率和尺寸很大的发动机布置在驾驶人座椅与后轴之间，有利于获得最佳的轴荷分配，提高汽车的性能。少数大、中型客车也采用这种布置形式，把卧式发动机安装在地板下面。

(5) 全轮驱动(nWD)：这是越野汽车常采用的布置形式。通常发动机前置，通过变速器之后的分动器将动力分别输送给全部驱动轮。目前，部分轿车也采用四轮驱动形式，以提高整车的性能。

3.5.4 汽车行驶基本原理

汽车作为一台相对独立的机器在道路上行驶，必须要有外力作用。这个外力就是路面垂直支承力和路面平行反作用力。汽车行驶必须具备驱动条件和附着条件。

1) 驱动条件

汽车必须具有足够的驱动力，以克服各种行驶阻力，才能得以正常行驶。这些阻力包括滚动阻力、空气阻力、坡度阻力和加速阻力。

(1) 滚动阻力：滚动阻力是由于车轮滚动时轮胎与路面接触区域发生变形而产生的。车轮在硬路面上滚动时，路面变形很小，滚动阻力主要由轮胎变形引起；车轮在软路面(软土路、沙地、雪地等)上滚动时，轮胎变形很小，滚动阻力主要由路面变形引起。滚动阻力 F_f 与汽车的总质量、轮胎的结构与气压以及路面的性质有关，用滚动阻力系数衡量。

(2) 空气阻力：汽车在空气中向前行驶时，前部承受气流的压力而后部抽空，产生压力差，空气与车身表面以及各层空气之间存在着摩擦，汽车开窗以及外伸零件引起气流的干扰，就形成空气阻力。空气阻力 F_w 与汽车的形状、正面投影面积、行驶速度有关。汽车速度很高时，空气阻力相当大，并将成为总阻力的主要部分。

(3) 坡度阻力：汽车在坡道上行驶时，其总重力沿坡道方向的分力称为坡度阻力 F_i。汽车上坡时坡度阻力为正，下坡时坡度阻力为负。

(4) 加速阻力：汽车加速行驶时，需要克服加速阻力 F_j，才能加速前进。

(5)驱动力:汽车的驱动力来自发动机。驱动力的产生原理如图3-16所示。发动机发出的转矩经过汽车传动系统施加给驱动轮的转矩为M_t,它力图使驱动轮旋转。在M_t的作用下,驱动轮与路面接触处对地面施加一个作用力F_0,其方向与汽车行驶方向相反,其数值为M_t与车轮滚动半径r_r之比,即$F_0 = M_t/r_r$。由于车轮与路面的附着作用,在驱动车轮对路面施加力F_0的同时,路面对车轮施加一个大小相等、方向相反的反作用力F_t,即$F_t = -F_0$,这就是使汽车行驶的驱动力。为便于理解,图中把F_0与F_t绘在不同的物体上,其实它们应在同一直线上。

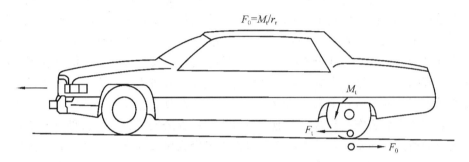

图3-16 驱动力产生示意图

(6)驱动力与阻力的关系:汽车在平直的道路上匀速行驶时,只需克服滚动阻力和空气阻力;汽车在坡道上匀速行驶时,需要克服滚动阻力、空气阻力和坡度阻力;汽车的驱动力F_t等于滚动阻力F_f、空气阻力F_w、坡度阻力F_i和加速阻力F_j之和时,如式(3-43)所示,汽车加速行驶,但汽车速度增加时,空气阻力也增加,在某个较高的车速处达到新的平衡,然后匀速行驶;当汽车的驱动力F_t小于其阻力时,汽车减速行驶。总之,汽车就是以这种匀速、加速、减速状态行驶。

$$F_t = F_f + F_w + F_i + F_j \tag{3-43}$$

2)附着条件

汽车能否获得足够的驱动力,还受到车轮与路面之间的附着作用限制。这个附着作用就是轮胎与路面间摩擦力的大小。摩擦力阻碍车轮的滑动,使车轮能够获得路面的驱动力正常地向前滚动。如果驱动力大于轮胎与路面间的最大静摩擦力时,车轮与路面之间就会发生滑转。如果驱动力小于轮胎与路面间的最大静摩擦力时,车轮与路面之间就不会发生滑转。通常把车轮与路面之间的相互摩擦以及轮胎花纹与路面凸起部的相互作用综合在一起,称为附着作用。最大附着力$F_{\varphi max} = G \cdot \varphi$,$\varphi$为轮胎与路面的滑动附着系数,$G$为汽车总重力分配到驱动轮上的那部分附着重力。由此可知,汽车所能获得的驱动力受附着力的限制,一般可表达为

$$F_t \leqslant F_{\varphi maz} \tag{3-44}$$

式(3-44)即为汽车行驶的附着条件。在冰雪或泥泞路面上,由于附着力很小,汽车的驱动力受附着力的限制而不能克服较大的阻力,导致汽车减速甚至不能前进。为了增加车轮在冰雪路面的附着力,可采用特殊花纹轮胎或在普通轮胎上绕装防滑链,以提

高其对冰雪路面的附着能力。对于全轮驱动的越野汽车,其附着重力是全车的总重力,其附着力显著增大。

3.6 道路交通安全管理

为了维护道路交通秩序,预防和减少交通事故,保护人身安全,保护公民、法人和其他组织的财产安全及其他合法权益,提高通行效率,我国于 2003 年 10 月 28 日颁布《中华人民共和国道路交通安全法》,于 2004 年 5 月 1 日起执行。与此同时,国务院于 2004 年 4 月 30 日颁布《中华人民共和国道路交通安全法实施条例》,根据《中华人民共和国道路交通安全法》的规定,对道路交通安全管理的有关事项作了更进一步的明确规定。该条例也于 2004 年 5 月 1 日起执行。以上法律与条例是我国道路交通安全管理的法律依据。中华人民共和国境内的车辆驾驶人、行人、乘车人以及与道路交通活动有关的单位和个人,都应遵守。以上法规规定:国务院公安部门负责全国道路交通安全管理工作;县级以上地方各级人民政府公安机关交通管理部门负责本行政区域内的道路交通安全管理工作;县级以上各级人民政府交通、建设管理部门依据各自职责,负责有关的道路交通工作;教育行政部门、学校应当将道路交通安全教育纳入法制教育的内容。

3.6.1 机动车管理

机动车管理主要包括机动车的登记、牌证、标志、保险、检验、报废等内容。

1) 机动车的登记

国家对机动车实行登记制度。机动车经公安机关交通管理部门登记后,方可上道路行驶。尚未登记的机动车,需要临时上道路行驶的,应当取得临时通行牌证。申请机动车登记,应当提交以下证明、凭证:机动车所有人的身份证明;机动车来历证明;机动车整车出厂合格证明或者进口机动车进口凭证;车辆购置税的完税证明或者免税凭证;法律、行政法规规定应当在机动车登记时提交的其他证明、凭证。

2) 机动车的牌证

机动车登记证书、号牌和行驶证由公安机关交通管理部门审查和发放。公安机关交通管理部门以外的任何单位或者个人不得发放机动车号牌或者要求机动车悬挂其他号牌,法规另有规定的除外。机动车登记证书、号牌、行驶证的式样由国务院公安部门规定并监制。驾驶机动车上道路行驶,应当悬挂机动车号牌,放置检验合格标志、保险标志,并随车携带机动车行驶证。机动车号牌应当按照规定悬挂并保持清晰、完整,不得故意遮挡、污损。任何单位和个人不得收缴、扣留机动车号牌。

3) 机动车的标志

警车、消防车、救护车、工程救险车应当按照规定喷涂标志图案,安装警报器、标志灯具。其标志图案的喷涂以及警报器、标志灯具的安装、使用规定,由国务院公安部门制定。其他机动车不得喷涂、安装、使用上述车辆专用的或者与其相类似的标志图案、警报器或者标志灯具。警车、消防车、救护车、工程救险车应当严格按照规定的用途和条件使用。公路监督检查的专用车辆，应当依照公路法的规定，设置统一的标志和示警灯。

4) 机动车的保险

国家实行机动车第三者责任强制保险制度，设立道路交通事故社会救助基金。税务部门、保险机构可以在公安机关交通管理部门的办公场所集中办理与机动车有关的税费缴纳、保险合同订立等事项。

5) 机动车的检验

准予登记的机动车应当符合机动车国家安全技术标准。申请机动车登记时，应当接受对该机动车的安全技术检验。但是，新车在出厂时经检验符合机动车国家安全技术标准，并获得有效检验合格证的，免予安全技术检验。对登记后上路行驶的机动车，应按规定定期进行安全技术检验，具体检验周期按国家有关规定。对符合机动车国家安全技术标准的，公安机关交通管理部门应当发给检验合格标志。对机动车的安全技术检验实行社会化。机动车安全技术检验实行社会化的地方，任何单位不得要求机动车到指定的场所进行检验。公安机关交通管理部门、机动车安全技术检验机构不得要求机动车到指定的场所进行维修、保养。机动车安全技术检验机构对机动车检验收取费用，应当严格执行国务院价格主管部门核定的收费标准。

6) 机动车的报废

国家实行机动车强制报废制度，根据机动车的安全技术状况和不同用途，规定不同的报废标准。到报废标准的机动车不得上路行驶，应当报废的必须及时办理注销登记。报废的大型客、货车及其他营运车辆应当在公安机关交通管理部门的监督下解体。

3.6.2 机动车驾驶人管理

机动车驾驶人管理主要包括驾驶培训、驾驶规则、记分处罚等事项。

1) 驾驶培训

驾驶机动车，应当依法取得机动车驾驶证。申请机动车驾驶证，应当符合国务院公安部门规定的驾驶许可条件，经考试合格后，由公安机关交通管理部门发给相应类别的机动车驾驶证。机动车的驾驶培训实行社会化，由交通主管部门对驾驶培训学校、驾驶培训班实行资格管理，其中专门的拖拉机驾驶培训学校、驾驶培训班由农业(农业机械)主管部门实行资格管理。驾驶培训学校、驾驶培训班应当严格按照国家有关规定，对学员进行道路交通安全法律、法规、驾驶技能的培训，确保培训质量。任何国家机关以及驾驶培训和考试主管部门不得举办或者参与举办驾驶培训学校、驾驶培训班。

2) 驾驶规则

驾驶人应当按照驾驶证载明的准驾车型驾驶机动车，驾驶机动车时，应当随身携带机动车驾驶证。驾驶人驾驶机动车上道路行驶前，应当对机动车的安全技术性能进行认真检查；不得驾驶安全设施不全或者机件不符合技术标准等具有安全隐患的机动车。机动车驾驶人应当遵守道路交通安全法律、法规的规定，按照操作规范安全驾驶、文明驾驶。饮酒、服用国家管制的精神药品或者麻醉药品，或者患有妨碍安全驾驶机动车的疾病，或者过度疲劳影响安全驾驶的，不得驾驶机动车。任何人不得强迫驾驶人违规驾驶机动车。

3) 记分处罚

公安机关交通管理部门对机动车驾驶人违反道路交通安全法律、法规的行为，除依法给予行政处罚外，实行道路交通安全违法行为累积记分制度，记分周期为 12 个月。机动车驾驶人在一个记分周期内记分未达到 12 分，所处罚款已经缴纳的，记分予以清除；记分虽未达到 12 分，但尚有罚款未缴纳的，记分转入下一记分周期。对在一个记分周期内记分达到 12 分的，由公安机关交通管理部门扣留其机动车驾驶证，该机动车驾驶人应当按照规定参加道路交通安全法律、法规的学习并接受考试。考试合格的，记分予以清除，发还机动车驾驶证；考试不合格的，继续参加学习和考试。机动车驾驶人在一个记分周期内记分 2 次以上达到 12 分的，除按一次达到 12 分的情况处理外，还应当接受驾驶技能考试。以上机动车驾驶人拒不参加公安机关交通管理部门通知的学习和不接受考试的，由公安机关交通管理部门公告其机动车驾驶证停止使用。具体记分分值按公安部门规定。

3.6.3 机动车驾驶证管理

机动车驾驶证是机动车驾驶人的驾车凭证。我国机动车驾驶证的申领与使用管理由公安部主管。直辖市公安机关交通管理部门车辆管理所、设区的市或者相当于同级的公安机关交通管理部门车辆管理所负责办理本行政辖区内机动车驾驶证业务。县级公安机关交通管理部门办理机动车驾驶证业务的范围由省级公安机关交通管理部门确定。公安机关交通管理部门以外的任何单位或者个人，不得发放、收缴、扣留机动车驾驶证。车辆管理所办理机动车驾驶证业务，应当遵循公开、公正、便民的原则，应当依法受理申请人的申请，审核申请人提交的资料，对符合条件的，按照规定程序和期限办理机动车驾驶证。

申领机动车驾驶证的人，应当如实向车辆管理所提交规定的资料，如实申告规定的事项。车辆管理所应当使用机动车驾驶证计算机管理系统核发、打印机动车驾驶证，不使用计算机管理系统核发、打印的机动车驾驶证无效。机动车驾驶证计算机管理系统的数据库标准和软件全国统一，能够完整、准确地记录和存储申请受理、科目考试、机动车驾驶证核发等全过程和经办人员信息，并能够实时将有关信息传送到全国公安交通管理信息系统。省级公安机关交通管理部门应当在互联网上建立主页，发布信息，便于群众查阅办理机动车驾驶证的有关规定，下载、使用有关表格。公安部 2006 年 12 月 20 日发布修订后的《机动车驾驶证申领和使用规定》，自 2007 年 4 月 1 日起施行。机动车驾驶证的有关具体规定如下：

1) 机动车驾驶证记载和签注的内容

（1）机动车驾驶人信息：姓名、性别、出生日期、国籍、住址、身份证明号码（机动车驾驶证号码）、照片；

（2）车辆管理所签注内容：初次领证日期、准驾车型代号、有效期起始日期、有效期限、核发机关印章、档案编号。

2) 机动车驾驶证的种类

机动车驾驶证按准驾车型及代号共分为大型客车、牵引车、城市公交车、中型客车、大型货车、小型汽车、小型自动挡汽车、低速载货汽车、三轮汽车、普通三轮摩托车、普通二轮摩托车、轻便摩托车、轮式自行机械、无轨电车、有轨电车共15种，如表3-33所列。图3-17是机动车驾驶证准驾车型及代号部分图例。

表3-33 机动车驾驶证准驾车型及代号

准驾车型	代号	准驾的车辆	准予驾驶的其他准驾车型
大型客车	A1	大型载客汽车	A3、B1、B2、C1、C2、C3、C4、M
牵引车	A2	重型、中型全挂、半挂汽车列车	B1、B2、C1、C2、C3、C4、M
城市公交车	A3	核载10人以上的城市公共汽车	C1、C2、C3、C4
中型客车	B1	中型载客汽车（含核载10人以上、19人以下的城市公共汽车）	C1、C2、C3、C4、M
大型货车	B2	重型、中型载货汽车；大、重、中型专项作业车	C1、C2、C3、C4、M
小型汽车	C1	小型、微型载客汽车以及轻型、微型载货汽车；轻、小、微型专项作业车	C2、C3、C4
小型自动挡汽车	C2	小型、微型自动挡载客汽车以及轻型、微型自动挡载货汽车	
低速载货汽车	C3	低速载货汽车（原四轮农用运输车）	C4
三轮汽车	C4	三轮汽车（原三轮农用运输车）	
普通三轮摩托车	D	发动机排量大于50 mL或者最大设计车速大于50 km/h的三轮摩托车	E、F
普通二轮摩托车	E	发动机排量大于50 mL或者最大设计车速大于50 km/h的二轮摩托车	F
轻便摩托车	F	发动机排量小于等于50 mL，最大设计车速小于等于50 km/h的摩托车	
轮式自行机械车	M	轮式自行机械车	
无轨电车	N	无轨电车	
有轨电车	P	有轨电车	

3) 机动车驾驶证的有效期

机动车驾驶证的有效期分为6年、10年和长期三种。有效期是指机动车驾驶证证件本身，与持证人驾驶资格并无关系。驾驶人只要合法取得驾驶资格，未经法律特别规定被依法取消时，就一直具有合法的驾驶资格。规定驾驶证的有效期，主要是考虑证件本身的质量特点以及驾驶人照片的准确性等因素。驾驶证的基本有效期定为6年，这是因为以往曾是6年，为避免给管理系统带来大的更新成本，没有必要更改。以后可以换领有效期为10年和长期的驾驶证，对驾驶人来说是鼓励机制，对车辆管理机构来说，也可以节约管理成本。

大型客车　A1 照

牵引车　A2

城市公交车　A3

中型客车　B1

大型货车　B2

小型汽车　C1

图 3-17　机动车驾驶证准驾车型及代号部分图例

（1）6 年有效期：6 年是机动车驾驶证的基本有效期。机动车驾驶人初次申领的是有效期为 6 年的机动车驾驶证，其中第一年 12 个月为实习期。在实习期内驾驶机动车的，应在车身后部粘贴或悬挂统一式样的实习标志。机动车驾驶人在实习期内不得驾驶公共汽车、营运客车或者执行任务的警车、消防车、救护车、工程救险车以及载有爆炸物品、易燃易爆化学物品、剧毒或放射性等危险物品的机动车；驾驶的机动车不得牵引挂车。6 年期满应换证。

（2）10 年有效期：机动车驾驶人在机动车驾驶证的 6 年有效期内，每个记分周期均未达到 12 分的，6 年期满后换发 10 年有效期的机动车驾驶证。

（3）长期有效：机动车驾驶人在机动车驾驶证的 10 年有效期内，每个记分周期均未达到 12 分的，10 年期满后换发长期有效的机动车驾驶证。

4) 机动车驾驶证的考试

车辆管理所对符合机动车驾驶证申请条件的，在申请人预约考试 30 日内安排考试。其考试科目、考试顺序和时限等具体规定如下：

（1）考试科目：机动车驾驶证的考试共有三个考试科目，其名称和简称如下：

①道路交通安全法律、法规和相关知识考试科目，简称科目一（俗称笔试）。

②场地驾驶技能考试科目，简称科目二（俗称场考）。

③道路驾驶技能考试科目，简称科目三（俗称路考）。

（2）考试顺序：按照科目一、科目二、科目三依次进行，前一科目考试合格后，方准参加后一科目的考试。初次申请机动车驾驶证或者申请增加准驾车型的，科目一考试合格后，车辆管理所应当在 3 日内核发驾驶技能准考证明。驾驶技能准考证明的有效期为 2 年。申请人应当在有效期内完成科目二和科目三考试。

5) 考证和驾驶年龄

我国申请机动车驾驶证和驾驶机动车是有年龄条件和限制的。

（1）驾车年龄限制：年龄在 60 周岁以上的，不得驾驶大型客车、牵引车、城市公交车、中型客车、大型货车、无轨电车和有轨电车；年龄在 70 周岁以上的，不得驾驶低速载货汽车、三轮汽车、普通三轮摩托车、普通二轮摩托车和轮式自行机械车。即年龄在 70 周岁以上的只能驾驶小型汽车、小型自动挡汽车和轻便摩托车。持证者达相应年龄时应换证。

（2）考证年龄条件：申请机动车驾驶证的人，年龄条件应当符合下列规定：

①申请驾驶证 C1、C2、F 的，在 18 周岁以上，70 周岁以下；

②申请驾驶证 C3、C4、D、E、M 的，在 18 周岁以上，60 周岁以下；

③申请驾驶证 A3、B1、B2、N、P 的，在 21 周岁以上，50 周岁以下；

④申请驾驶证 A2 的，在 24 周岁以上，50 周岁以下；

⑤申请驾驶证 A1 的，在 26 周岁以上，50 周岁以下。

6) 初驾和户籍要求

我国初次申请的准驾车型和申领驾驶证的户籍规定如下：

（1）初次申领驾驶证可以申请 A3、B2、C1、C2、C3、C4、D、E、F、M、N、P 证。

（2）在暂住地初次申领驾驶证可以申请 C1、C2、C3、C4 证，其余应在户籍地申领。

3.6.4 机动车通行管理

机动车在公共道路上通行时，应遵守道路交通安全法规关于车道、速度、超车、会车、掉头、倒车、让行、载人、载物、灯光、喇叭和标志使用等规定。

1) 车道规定

同方向划有两条以上机动车道的，左侧为快速车道，右侧为慢速车道，应遵守下列规定：在快速车道行驶的机动车应当按照快速车道规定的速度行驶；未达到快速车道规定的行驶速度的，应当在慢速车道行驶；摩托车应当在最右侧车道行驶；有交通标志标明行驶速度的,按照标明的行驶速度行驶;慢速车道内的机动车超越前车时,可以借用快速车道行驶;变更车道的机动车不得影响相关车道内行驶的机动车的正常行驶。

2) 行车速度规定

机动车在道路上行驶不得超过限速标志、标线标明的速度。在没有限速标志、标线的道路上,机动车不得超过下列最高行驶速度:没有道路中心线的道路,城市道路为 30 km/h,公路为 40 km/h;同方向只有一条机动车道的道路,城市道路为 50 km/h,公路为 70 km/h。机动车行驶中遇有下列情形之一的,最高行驶速度不得超过 30 km/h,其中拖拉机、电瓶车、轮式专用机械车不得超过 15 km/h:进出非机动车道,通过铁路道口、急弯路、窄路、窄桥时;掉头、转弯、下陡坡时;遇雾、雨、雪、沙尘、冰雹,能见度在 50m 以内时;在冰雪、泥泞的道路上行驶时;牵引发生故障的机动车时。

3) 超车规定

机动车超车时,应当提前开启左转向灯、变换使用远、近光灯或者鸣喇叭;在没有道路中心线或者同方向只有一条机动车道的道路上,前车遇后车发出超车信号时,在条件许可的情况下,应当降低速度、靠右让路;后车应当在确认有充足的安全距离后,从前车的左侧超越,在与被超车辆拉开必要的安全距离后,开启右转向灯,驶回原车道。

4) 会车规定

在没有中心隔离设施或没有中心线的道路上,机动车遇相对方向来车时应遵守下列规定:在有障碍的路段,无障碍的一方先行,但有障碍的一方已驶入障碍路段而无障碍的一方未驶入时,有障碍的一方先行;在狭窄的坡路,上坡一方先行,但下坡的一方已行至中途而上坡的一方未上坡时,下坡的一方先行;在狭窄的山路,不靠山体的一方先行;夜间会车应当在距相对方向来车 150 m 以外改用近光灯,在窄路、窄桥与非机动车会车时应当使用近光灯。

5) 掉头规定

机动车在有禁止掉头或者禁止左转弯标志、标线的地点以及在铁路道口、人行横道、桥梁、急弯、陡坡、隧道或者容易发生危险的路段,不得掉头;机动车在没有禁止掉头或者没有禁止左转弯标志、标线的地点可以掉头,但不得妨碍正常行驶的其他车辆和行人的通行。

6) 倒车规定

机动车倒车时,应当察明车后情况,确认安全后倒车。不得在铁路道口、交叉路口、单行路、桥梁、急弯、陡坡或者隧道中倒车。向左转弯时,靠路口中心点左侧转弯。转弯时开启转向灯,夜间行驶开启近光灯。

7) 让行规定

准备进入环形路口的让已在路口内的机动车先行;向右转弯遇有同车道前车正在等候放行信号时,依次停车等候;在没有交通信号灯控制也没有交通警察指挥的交叉路口,转弯的机动车让直行的车辆、行人先行;相对方向行驶的右转弯的机动车让左转弯的车辆先行。

8) 载物规定

货车不得超过机动车行驶证上核定的载质量，装载长度、宽度不得超出车厢，并遵守公路管理部门关于超限运输车辆行驶公路的规定；摩托车载物，高度从地面起不得超过 1.5 m，长度不得超出车身 0.2 m；两轮摩托车载物宽度左右各不得超出车把 0.15 m；三轮摩托车载物宽度不得超过车身；载客汽车除车身外部的行李架和内置的行李箱外，不得载货，行李架载货，从车顶起高度不得超过 0.5 m，从地面起高度不得超过 4 m。

9) 载人规定

公路载客汽车不得超过核定的载客人数，在载客人数已满的情况下，免票的儿童不得超过核定载客人数的 10%；载货汽车在公路行驶时车厢不得载客，在城市道路上，留有安全位置的情况下，车厢内可以附载临时作业人员 1~5 人，载物高度超过车厢栏板时，货物上不得载人；摩托车后座不得乘坐未满 12 周岁的未成年人，轻便摩托车不得载人。

10) 灯光、喇叭和标志使用规定

汽车在下面五种情况应使用左转向灯，向左转弯、向左变更车道、准备超车、驶离停车地点或者掉头；汽车在下面四种情况应使用右转向灯，向右转弯、向右变更车道、超车完毕驶回原车道、靠路边停车；机动车在夜间通过急弯、坡路、拱桥、人行横道或者没有交通信号灯控制的路口时，应当交替使用远近光灯示意；机动车驶近急弯、坡道顶端等影响安全视距的路段以及超车或者遇有紧急情况时，应当减速慢行，并鸣喇叭示意；机动车在道路上发生故障或者发生交通事故，妨碍交通又难以移动的，应当按照规定开启危险报警闪光灯并在车后 50~100 m 处设置警告标志，夜间还应当同时开启示廓灯和后位灯。

3.6.5 高速公路行车管理

机动车在高速公路上通行时，应遵守道路交通安全法规关于机动车进出、行车速度、车头间距、车道分配等有关行车规定。

1) 高速公路的进出规定

行人、非机动车、拖拉机、轮式专用机械车、铰接式客车、全挂拖斗车以及其他设计最高时速低于 70 km/h 的机动车，不得进入高速公路，高速公路养护等作业人员和专用的机动车除外；机动车必须从匝道出、入口出、入高速公路。

2) 高速公路行车速度规定

高速公路应当标明车道的行驶速度，最高车速不得超过 120 km/h，最低车速不得低于 60 km/h；在高速公路上行驶，小型载客汽车最高不得超过 120 km/h，其他机动车不得超过 100 km/h，摩托车不得超过 80 km/h；同方向有两条车道的，左侧车道的最低车速为 100 km/h；同方向有三条以上车道的，最左侧车道的最低车速为 110 km/h。道路限速标志标明的车速与上述规定不一致的，按道路限速标志标明的车速行驶。

3) 高速公路车头间规定

机动车在高速公路上行驶，车速超过 100 km/h 时，应当与同车道前车保持 100 m 以上的距离，车速低于 100 km/h 时，与同车道前车距离可以适当缩短，但最小距离不得少于 50 m。遇有低能见度气象时，按有关规定开灯、减速行驶，保持车头间距。

4) 高速公路的车道分配

高速公路以沿机动车行驶方向左侧算起，第一条车道为超车道，第二、第三条和其他车道为行车道；机动车在高速公路上通行时，应当在行车道上行驶。设计时速高于 130 km/h 的小型客车在第二条车道上行驶；大型客车、货运汽车和设计时速低于 130 km/h 的小型客车在第三条车道上行驶；摩托车的在最右侧车道上行驶。

5) 高速公路其他规定

进入高速公路的车辆应当配备故障车警告标志牌，需要时有备不缺；机动车在高速公路上发生故障或者交通事故，无法正常行驶的，应当由救援车、清障车拖曳、牵引；任何单位、个人不得在高速公路上拦截检查行驶的车辆，公安机关人民警察依法执行紧急公务除外；不准在匝道、加速车道或者减速车道上超车；不准骑、轧车行道分界线或者在路肩上行驶；两轮摩托车在高速公路行驶时不得载人。

3.7 公路路政管理

公路路政管理是指政府对公路路产和路权的行政管理。公路路政管理由交通运输部门主管，各级交通运输部门设有公路管理机构，具体负责公路路政管理工作，主要任务是保护路产，维护路权，维持秩序和保护权益。我国公路路产包括公路、公路用地、公路设施三个组成部分。这些都是道路交通基础设施，受国家法律保护，任何单位和个人都不得侵占和破坏。公路路政管理的法规依据是《中华人民共和国公路法》和原交通部颁布的《路政管理规定》。公路路政管理业务主要包括公路两侧建筑控制区管理、超限运输车辆行驶公路管理、公路费收与税收管理及其他涉及路产和路权的事务管理等。

根据交通运输部《2010 年公路水路交通运输行业发展统计公报》，截至 2010 年底：全国公路总里程 400.82 万 km，其中，国道 16.40 万 km，省道 26.98 万 km，县道 55.40 万 km，乡道 105.48 万 km，专用公路 6.77 万 km，村道 189.77 万 km；全国公路技术等级，高速公路 7.41 万 km，居世界第二位，一级公路 6.44 万 km，二级公路 30.87 万 km，三级公路 38.80 万 km，四级公路 249.95 万 km，等外公路 70.35 万 km；全国公路密度为 41.75 km/100 km^2；全国通公路的乡（镇）占全国乡（镇）总数的 99.97%，通公路的建制村占全国建制村总数的 99.21%；全国公路桥梁达 65.81 万座、3 048.31 万 m；全国公路隧道为 7 384 处、512.26 万 m。公路的建设、养护和管理都是公路工作的有机组成部分。我国公路建设的快速发展，为国家政治、经济、文化、军事事业奠定了坚实的基础，同时，也对公路管理提出了新的任务和要求。

3.7.1 公路建筑控制区管理

公路建筑控制区是指为保障交通安全、公路畅通和预留扩建用地,公路两侧边沟外缘以外禁止修建建筑物和地面构筑物的区域。公路建筑控制区在国外也普遍存在,例如,日本《道路法》和《高速汽车国道法》分别称公路建筑控制区为"道路预留区域"和"特别沿道区域"。

公路建筑控制区有别于公路用地。公路用地是指公路两侧边沟(或者截水沟)以外不少于 1 m 范围以内的,公路实际占用的土地,是公路路产的一部分,属于国家建设用地,在公路建设之前已先行征为国有。公路建筑控制区顾名思义即公路两侧对建筑物和构筑物建设进行控制管理的区域,虽然对地上物实施控制,但对土地所属性质未加限制。公路建筑控制区土地权属性质不变,一是国家不必用巨额资金征为国有予以闲置,二是农民仍可以种庄稼、搞养殖等,有利于发挥土地效益。但是,公路建筑控制区范围内的行为和权利是受限制的,表现为永久性建筑物和构筑物禁止建设,已有建筑物和构筑物的翻建、改建、扩建受限制,且有随时被责令拆除的风险。这是法律对公共、局部、个人利益冲突时价值评判的结果。

公路建筑控制区管理是维护公路畅通,发展公路事业的重要保障,是路政管理工作的重点和难点。如何正确处理好建筑控制区与经济发展的关系,是摆在管理者面前的新课题。

1) 公路建筑控制区的范围

公路建筑控制区的范围是指公路两侧边沟外缘以外禁止修建建筑物和地面构筑物区域的水平宽度。它不仅要对一般建筑物和地面构筑物规定范围,对规划和新建的村镇、开发区也应规定范围。目前,我国公路建筑控制区的范围是按《中华人民共和国公路法》规定,根据国务院要求,由各省、自治区、直辖市制定法规具体划定。例如,湖南省人大常委会 2002 年 7 月 31 日通过的《湖南省实施〈中华人民共和国公路法〉办法》规定:

(1) 公路两侧边沟(截水沟、坡脚护坡道)外缘起的下列范围以内为公路建筑控制区:国道不少于 20 m;省道不少于 15 m;县道不少于 10 m;乡道不少于 5 m;高速公路(含匝道)不少于 30 m,高速公路的连接道不少于 20 m。在公路建筑控制区内,除公路防护、养护需要以外,不得新建、改建、扩建建筑物或者构筑物。

(2) 规划和新建城镇、开发区及医院、学校、集贸市场,其边缘与国道、省道边沟外缘的距离不得少于 50 m,与县道、乡道边沟外缘的距离不得少于 20 m,并避免在公路两侧对应进行,防止造成公路街道化,影响公路的运行安全与畅通和限制公路拓宽。

2) 建筑物和地面构筑物以及公路的概念

在规定公路建筑控制区的范围时,《中华人民共和国公路法》中提到的是"建筑物和地面构筑物",有必要对以下三个名词加以解释和说明:

(1) 建筑物:是指主要供人们进行生产、生活或其他活动的房屋和场所,如工业建筑、农业建筑、民用建筑等。公路建筑控制区范围的内侧是以建筑物的滴水为准。

(2) 地面构筑物：是指人们不直接在内进行生产和生活活动的建筑物，如水沟、水渠等。

(3) 公路：公路建筑控制区管理所指的公路，是包括已经建成的公路、正在建设的公路和已经规划并划定了征地红线的公路。因为公路建设过程可能持续几年，以上认定可避免公路建筑控制区的管理存在时间"真空"。

3.7.2 超限运输车辆行驶公路管理

所谓超限运输，是指在公路上行驶的各种机动运输车辆超过路政管理法规规定的行为。超限运输车辆行驶公路管理，是对各种超限运输车辆在公路上行驶的行为进行管理。根据社会需求，适当发展大吨位重型汽车，对于提高公路运输效益是无可非议的，应予支持。但是，如果超越公路基础设施的实际技术状况，盲目提高载质量，片面追求汽车运输的经济效益，势必损伤公路基础设施，使公路的建设和维修费用增加，使超限运输得到的效益远不能弥补公路设施的耗费，导致社会经济效益失衡。我国原交通部 2000 年 2 月 13 日颁布《超限运输车辆行驶公路管理规定》，对超限运输车辆的限值及其行驶公路的管理都作了明确规定。

1) 超限运输车辆

超限运输车辆是指在公路上行驶的、有下列情形之一的运输车辆：车货总高从地面算起 4 m 以上；车货总长 18 m 以上；车货总宽 2.5 m 以上；单车、半挂和全挂列车总质量 40 t 以上；集装箱半挂列车总质量 46 t 以上；车辆轴载质量在规定值以上，如表 3-34 所列。

表 3-34 我国公路行驶车辆轴载质量限值

名 称		轴载质量/t
单轴	每侧单轮胎	6
	每轴双轮胎	10
双联轴	每侧单轮胎	10
	每侧各一单一双胎	14
	每侧双轮胎	18
三联轴	每侧单轮胎	12
	每侧双轮胎	22
集装箱(1AA 或 2×1CC) 半挂车双联轴(每侧双轮胎)		20

2) 超限运输与超载运输的区别

超限与超载是两个不同的概念，其法规依据和管理部门也不相同，具体区别如下：

(1) 超载：指汽车载客超员或装载货物超过了额定总质量。如解放 CA1091 载货汽车额定总质量为 9.31 t，其中额定载质量为 5 t，若总质量超过 9.31 t，就是超载，是车辆与所载乘客或货物的关系。超载运输由公安部门交警机构按《中华人民共和国

《道路交通安全法》管理。

(2) 超限：指在公路上行驶的运输车辆超过路政管理法规规定的限值，是车辆总状况与公路的关系。超限运输由交通运输部门路政机构按《中华人民共和国公路法》管理。

(3) 超限与超载的关系：汽车设计时，应考虑国家对超限运输车辆行驶公路的管理规定，要严格按照《道路车辆外廓尺寸、轴荷及质量限值》(GB 1589—2004)标准，规范车辆生产行为。但目前超载与超限还没有一定的因果关系，一般存在超载不超限、超限不超载和超载就超限等几种具体情况。

3) 超限运输对公路的影响

超限运输主要涉及车道宽度、桥涵高度和强度、路面磨损等具体问题。

(1) 超限运输对公路车道宽度的影响：我国公路车道宽度系列为 3.0、3.2、3.5 和 3.75 m。我国汽车宽度规定是不能超过 2.50 m，但没有规定下限，一般大型货车和客车的宽度都略小于 2.50 m；我国汽车长度规定是，单体车不超过 12 m，列车不超过 18 m。

(2) 超限运输对公路桥涵高度的影响：我国桥涵高度高速公路和一级公路是 5.0 m，其他公路是 4.5 m。为了行车安全和保护公路桥涵，必须对运输车辆的车货总高度加以管理。

(3) 超限运输对公路路面的影响：轴载质量对路面是一种重复性的疲劳作用。汽车轴载越大，对路面磨损破坏越大，公路路面使用期越短。我国各级公路的设计使用期限是：高速公路和一级公路为 20 年，二级公路为 15 年，三级公路为 10 年，四级公路一般为 5 年。

(4) 超限运输对公路桥涵强度的影响：如果运输车辆的车货总质量和轴载质量超过公路桥涵的设计承载能力，不但直接影响桥涵的使用年限，甚至导致桥涵断裂。

4) 超限运输车辆行驶公路的审批

我国超限运输车辆行驶公路的审批按下列程序办理。

(1) 提出申请：超限运输车辆行驶公路前，其承运人应向公路管理机构提出书面申请并提供规定资料和证件，填写《超限运输车辆行驶公路申请单》。

(2) 审查申请：路政管理机构接到承运单位的申请后应予审查。

(3) 选定运输路线：公路管理机构审查后，应尽可能为超限运输车辆行驶公路创造条件。应根据实际情况，选定运输路线，并与承运人签订有关协议。超限运输车辆只能在三级以上(含三级)公路上进行，低于三级公路的路段，一般不得进行超限运输。

(4) 核发超限运输车辆通行证：公路管理机构在 15 日内进行审查并提出书面答复意见，对批准超限运输车辆行驶公路的，应签发《超限运输车辆通行证》(简称《通行证》)。《通行证》式样由国务院交通运输主管部门统一制定，省级公路管理部门负责统一印制和管理。

图 3-18 是超载超限检测站外景照片，图 3-19 是执法人员与执法车辆的照片。

图 3-18 超载超限检测站

图 3-19 公路路政执法人员与车辆

3.7.3 道路交通费收管理

道路交通费收是指按照有关法律法规规定，经国家或省、自治区、直辖市人民政府批准，由道路交通管理部门向道路机动车所有者、使用者和道路运输企业提供道路交通基础设置并履行行政管理职能过程中，所收取的有关费用。它是主要用于道路交通建设、维护、改造、更新和实行道路交通行政管理的专项资金。简单地说：就是按国家有关法规规定收取的道路交通费用。目前，我国道路交通费收主要有车辆通行费和车辆过渡费两种。

1) 车辆通行费

车辆通行费是包括过路费、过桥费、过隧道费等的总称。根据 2004 年国务院发布的《收费公路管理条例》的具体规定，它是由收费公路收费站向在收费公路上通行的机动车按车型和里程(大型货车计重收费)收取的，主要用于收费公路还贷，属省级管理的交通规费。收费公路是我国改革开放后公路建设改革的新事物。收取车辆通行费是我国现阶段解决公路建设还贷问题的有效措施，对我国公路发展起了重要作用。关于车辆通行费有几个问题必需说明：第一，收费公路的建设必需符合国家规定，局限于高等级、上规模的公路和大型桥梁、隧道；第二，收费站的设立必须按国家要求，由省级以上人民政府批准；第三，收费时间以还清贷款截止，再长也不能超过国家规定年限；第四，通行费由省级财政部门统一管理，必需用于收费公路的还贷和维修与管理。

(1) 收费公路的技术等级和规模：建设收费公路，应当符合下列技术等级和规模：

① 高速公路连续里程 30 km 以上。但是，城市市区至本地机场的高速公路除外。

② 一级公路连续里程 50 km 以上。

③ 二车道的独立桥梁、隧道，长度 800 m 以上；四车道的独立桥梁、隧道，500 m 以上。

④ 技术等级为二级以下(含二级)的公路不得收费。

(2) 收费站的审查批准：收费站的设立必须按国家要求，由省级以上人民政府批准。

① 本地区的收费公路收费站的设置，应当报经本省、自治区、直辖市人民政府审查批准。

②跨省、自治区、直辖市的收费公路收费站的设置，由有关省、自治区、直辖市人民政府协商确定；协商不成的，由国务院交通主管部门决定。

③同一收费公路由不同的交通主管部门组织建设或者由不同的公路经营企业经营的，应当按照"统一收费、按比例分成"的原则，统筹规划，合理设置收费站。

(3)收费站的位置和间距：收费站的位置和间距必须按国家规定，符合以下要求：

①高速公路以及其他封闭式的收费公路，除两端出入口外，不得在主线上设置收费站；但是，省、自治区、直辖市之间确需设置收费站的除外。

②非封闭式的收费公路的同一主线上，相邻收费站的间距不得少于 50 km。

(4)车辆通行费的征收对象：通行收费公路(含收费桥梁和隧道)的所有机动车辆。

(5)车辆通行费的免收对象：军队车辆；武警部队车辆；公安机关在辖区内收费公路上处理交通事故、执行正常巡逻任务和处置突发事件的统一制式警车；经国务院交通主管部门或者省、自治区、直辖市人民政府批准执行抢险救灾任务的车辆；进行跨区作业的联合收割机、运输联合收割机(包括插秧机)的车辆。

(6)通行费的收费期限：由省、自治区、直辖市人民政府按照下列标准审查批准。

①政府还贷公路的收费期限，按照用收费偿还贷款、有偿集资款的原则确定，最长不得超过 15 年。国家确定的中西部省、自治区、直辖市的政府还贷公路最长不得超过 20 年。

②经营性公路的收费期限，按照收回投资并有合理回报的原则确定，最长不得超过 25 年。国家确定的中西部省、自治区、直辖市的经营性公路收费期限，最长不得超过 30 年。

③转让政府还贷公路权益中的收费权，可以申请延长收费期限，但延长的期限不得超过 5 年。转让经营性公路权益中的收费权，不得延长收费期限。有下列情形之一的，收费公路权益中的收费权不得转让：长度小于 1 000 m 的二车道独立桥梁和隧道；二级公路；收费时间已超过批准收费期限 2/3。

2)车辆过渡费

车辆过渡费目前是由公路主管部门，根据 1990 年原交通部发布的《公路渡口管理规定》，向乘渡船过渡口的车辆按车型和吨位收取，收费标准根据渡口等级由各省规定，主要用于公路渡口以渡养渡的经费开支，属省级管理的交通规费。

3.7.4 车辆购置税

境内单位和个人在购置规定车辆时应当向国税部门缴纳的道路交通专项税目为车辆购置税，简称车购税。车购税与道路交通密切相关，主要用于道路交通事业，是道路交通专项税收之一，其前身是道路交通费收之一的车辆购置附加费(简称车购费)。

以《中华人民共和国公路法》为依据，国务院 2000 年 10 月 22 日颁布《中华人民共和国车辆购置税暂行条例》(简称《车购税暂行条例》)，规定从 2001 年 1 月 1 日起向有关车辆征收车辆购置税。为了做好车购税的征收管理工作,国家税务总局根据《中华人民共和国税收征收管理法》及其实施细则和国务院《车购税暂行条例》,于2005年11月15日发布《车辆购置税征收管理办法》,并从2006年1月1日起实施,从此,我国车辆购置税征收管理走上正轨。

尽管道路交通税收与费收作为国家积累和参与社会资金分配的方式,在某些方面具有一定的相似性,如它们都是道路交通行业必要费用的强制性负担,都具有较强的社会公益特征、体现了强有力的法制功能;它们都在社会经济调控中起中介、间接的调节作用,并在法治健全的条件下,走向依法管理的道路,但是,从征收主体、征收权力、收入来源、使用方式等方面分析,两者仍存在明显的区别。下面主要讲述车辆购置税有关常识:

1) 纳税人

国务院规定车购税的纳税人包括以下购车单位和购车个人。

(1) 购车单位:包括国有企业、集体企业、私营企业、股份制企业、外商投资企业、外国企业以及其他企业和事业单位、社会团体、国家机关、部队以及其他单位。

(2) 购车个人:包括个体工商户以及其他个人。

2) 购置行为

包括购买、进口、自产、受赠、获奖或者以其他方式取得并自用应税车辆的行为。

3) 应税车辆及其征收范围

应当缴纳车购税的车辆,简称应税车辆。国务院规定的车购税应税车辆包括汽车、摩托车、电车、挂车、农用运输车;车购税征收范围的调整,由国务院决定并公布。目前,车购税应税车辆的征收范围具体包括:

(1) 汽车。包括各种类别和型号的汽车。

(2) 摩托车。包括轻便摩托车,普通二轮摩托车和普通三轮摩托车。

(3) 电车。无轨电车:以电能为动力,由专用输电电缆线供电的轮式公共车辆;有轨电车:以电能为动力,在轨道上行驶的公共车辆。

(4) 挂车。全挂车:无动力设备,独立承载,由牵引车辆牵引行驶的车辆;半挂车:无动力设备,与牵引车辆共同承载,由牵引车辆牵引行驶的车辆。

(5) 农用运输车。三轮农用运输车:柴油发动机,功率不大于 7.4 kW,载质量不大于 500 kg,最高车速不大于 40 km/h 的三个车轮的机动车;四轮农用运输车:柴油发动机,功率不大于 28 kW,载质量不大于 1 500 kg,最高车速不大于 50 km/h 的四个车轮的机动车。

4) 车购税的税率

车购税的税率为 10%;税率的调整,由国务院决定并公布。

5) 车购税的计税价格

车购税的计税价格根据不同情况,按照国家有关规定确定。

6) 应纳税额

车购税实行从价定率计算应纳税额:应纳税额 = 计税价格 × 税率。

7) 车购税的免税和减税

目前，车辆购置税的免税和减税，国务院有下列规定：

(1) 外国驻华使馆、领事馆和国际组织驻华机构及其外交人员自用的车辆，免税；

(2) 中国人民解放军和武装警察部队列入军队武器装备订货计划的车辆，免税；

(3) 设有固定装置的非运输车辆(符合申报条件的)，免税；

(4) 防汛部门和森林消防部门用于指挥、检查、调度、报汛(警)、联络的由指定厂家生产的设有固定装置的指定型号的车辆(简称防汛专用车和森林消防专用车)，免税；

(5) 回国服务的在外留学人员用现汇购买一辆个人自用国产小汽车，免税；

(6) 长期来华定居专家进口一辆自用小汽车，免税；

(7) 纳税人购置的农用三轮车，免税；

(8) 为促进我国农村医疗卫生事业发展，经国务院批准，对利用国债资金购置的1 771辆农村巡回医疗车，免税(具体见《财政部、国家税务总局关于农村巡回医疗车免征车辆购置税的通知》财税[2007]35号)；

(9) 有国务院规定予以免税或者减税的其他情形的，按照规定免税或者减税。

8) 车购税的申办

车购税由国家税务局征收，实行一次征收缴清制度，购置已征车购税的车辆，不得再征；需办理车辆登记注册手续的纳税人，向车辆注册地税务机关办理纳税申报；不需办理车辆登记注册手续的纳税人，向所在地税务机关办理纳税申报；纳税人购买自用应税车辆的，应当自购买之日起60日内申报纳税；进口自用应税车辆的，应当自进口之日起60日内申报纳税；自产、受赠、获奖或者以其他方式取得并自用应税车辆的，应当自取得之日起60日内申报纳税；车辆发生过户、转籍、变更等情况时，车主应在办理车辆变动手续之日起30日内，到税务机关办理档案变动手续。纳税人应当先纳税，后办车辆登记注册。

3.7.5 成品油价格和税费改革

成品油主要包括汽油、柴油、燃料油、航空煤油、石脑油、溶剂油、润滑油等石油产品。成品油价格和税费改革是指按照国家法规规定，取消公路养路费、道路运管费等部分交通费收，提高成品油消费税单位税额，将现有的部分交通费收转换成成品油消费税，以规范交通税费制度，促进节能减排、公平负担、依法筹措交通基础设施维护和建设资金的改革措施。

《中华人民共和国公路法》规定："国家采用依法征税的办法筹集公路养护资金，具体实施办法和步骤由国务院规定。依法征税筹集的公路养护资金，必须专项用于公路的养护和改建。"这一规定确定了车辆和交通税费改革的方向，为成品油价格和税费改革提供了法律依据。多年来，我国成品油价格和税费改革曾一直等待时机，直到2008年下半年，国际原油价格持续大幅回落，为这项改革提供了十分难得的大好机遇。国务院于2008年12月18日发出《关于实施成品油价格和税费改革的通知》，规定成品油价格和税费改革自 2009 年 1 月 1 日起实施。至此,一项国家酝酿已久,人民翘首期待的交通税费改革实现。

根据国务院《关于实施成品油价格和税费改革的通知》规定,成品油税费改革的内容是提高现行成品油消费税单位税额,不再新设立燃油税,利用现有税制、征收方式和征管手段,实现成品油税费改革相关工作的有效衔接。其有关具体规定如下:

1) 取消公路养路费等收费

即取消公路养路费、航道养护费、道路运输管理费、公路客货运附加费、水路运输管理费、水运客货运附加费等六项交通收费。

2) 逐步有序取消政府还贷二级公路收费

至 2009 年 5 月 1 日起全国已取消政府还贷的二级公路收费。

3) 提高成品油消费税单位税额

提高税额后的汽油、石脑油、溶剂油、润滑油消费税单位税额为每升 1 元,柴油、燃料油、航空煤油为每升 0.8 元。

4) 征收机关

成品油消费税属于中央税,由国家税务局统一征收(进口环节继续委托海关代征)。

5) 征收环节

纳税人为在我国境内生产、委托加工和进口成品油的单位和个人,纳税环节在生产环节(包括委托加工和进口环节)。

6) 计征方式

成品油消费税实行从量定额计征,价内征收。今后将结合完善消费税制度,积极创造条件,适时将消费税征收环节后移到批发环节,并改为价外征收。

7) 新增税收收入的分配

新增成品油消费税连同由此相应增加的增值税、城市维护建设税和教育费附加具有专项用途,不作为经常性财政收入,不计入现有与支出挂钩项目的测算基数,除由中央本级安排的替代航道养护费等支出外,其余全部由中央财政通过规范的财政转移支付方式分配给地方。具体转移支付办法由财政部会同交通运输部等有关部门制定并组织落实。新增税收收入按以下顺序分配:

(1)一是替代公路养路费等六项收费的支出。具体额度以 2007 年的养路费等六费收入为基础,考虑地方实际情况按一定的增长率来确定。

(2)二是补助各地取消政府还贷二级公路收费。每年安排一定数量的专项补助资金,用途包括债务偿还、人员安置、养护管理和公路建设等。

(3)三是对种粮农民增加补贴。对部分困难群体和公益性行业,考虑用油量和价格水平变动情况,通过完善成品油价格形成机制中相应的配套补贴办法给予补助支持。

(4)四是增量资金。按照各地燃油消耗量、交通设施当量里程等因素进行分配,适当体现全国交通的均衡发展。

3.8 道路运政管理

道路运政管理是道路运输行政管理的简称,是指政府对道路运输领域中所有经济活动实施政府行为的专项经济管理。其目的是贯彻党的方针政策,执行国家道路运输法规,保护合法经营,保障经营者、货主和旅客的正当权益,维护运输秩序,实现货畅其流,人便其行,建立统一、开放、竞争、有序的道路运输市场。道路运政管理由交通运输部门主管,各级道路运输管理机构具体负责。道路运政管理的法规依据是《中华人民共和国道路运输条例》和交通运输部颁布的有关道路运输管理规定等。

根据交通运输部《2010年公路水路交通运输行业发展统计公报》,2010年底,我国拥有公路客、货营运汽车共1 133.32万辆,拥有载货汽车1 050.19万辆、5 999.82万吨位、平均5.71 t/辆(其中:普通载货汽车996.43万辆、5 223.23万吨位,平均5.24 t/辆;专用载货汽车53.77万辆、776.59万吨位,平均14.44 t/辆),拥有载客汽车83.13万辆、2 017.09万客位,平均24.26客位/辆(其中:大型客车24.78万辆、1 031.79万客位,平均41.65客位/辆),全国营业性货运车辆完成货运量244.81亿t、货物周转量43 389.67亿t·km;全国营业性客车完成公路客运量305.27亿人、旅客周转量15 020.80亿人·km。我国道路运输事业的快速发展,为国民经济增长和人民生活方便作出了重要贡献,同时,也对道路运输管理提出了新的任务和要求。

根据《中华人民共和国道路运输条例》规定,道路运政管理的范围具体包括道路客运管理、道路货运管理、道路运输相关业务管理三个方面。其中,道路运输相关业务包括站(场)经营、机动车维修经营、机动车驾驶员培训等。

3.8.1 道路客运管理

道路客运是以道路为基础设施,以汽车客车为载客工具,实现人员(乘客)地点间位移的一种运输方式。道路客运活动包括营业性和非营业性两种。道路客运经营是指直接从事道路旅客运输(简称客运)的营业性道路客运。它是以汽车客运站设施为依托,为社会公众提供服务、具有商业性质的道路客运活动。

道路客运管理是指国家对道路客运经营的行政管理,主要任务包括道路客运市场需求管理和市场秩序管理两个方面,主要业务工作包括:道路客运业户的开业审批和年度审验;道路客运各种证、照、牌的核发;道路客运线路的规划;道路客运经营行为的监督检查;道路客运在法定节假日、战备、抢险、救灾时的旅客运输组织工作等。国务院2004年颁布的《中华人民共和国道路运输条例》和交通运输部2009年颁布的《道路旅客运输及客运站管理规定》是道路客运管理的主要依据。

道路客运是我国目前最普遍,人们最喜闻乐见的中短途客运方式。其安全运输与人民的生命财产密切相关,直接影响生活安定与社会和谐,是道路运政管理的重点。衡量道路客运社会劳动量的尺度是道路旅客运输量,包括客运量(人·次)和旅客周转量(人·km)。

1)道路客运的分类

为了满足旅客不同层次的需求,道路客运主要分为道路班车客运、道路包车客运、道路旅游客运和道路出租车客运四种运营类型。

(1)道路班车客运:是指营运客车在城乡道路上按照固定的线路、时间、站点、班次运行的一种客运方式,包括直达班车客运和普通班车客运等;客运线路是指营业性客车的运行路径,即始发点、中间经过站点和到达点基本固定的往返路径;客运班次是指同一条客运线路上不同时间发出的车次;班车客运按停靠站点密度可分为直达班车、普快班车、普通班车和城乡公共汽车等。道路班车客运管理包括客运线路管理和客运班次管理,是班车客运有序进行的一项重要工作。

(2)道路包车客运:是以运送团体旅客为目的,客车按照用户约定的起始地、目的地和路线行驶,经营者提供驾驶劳务,按行驶里程或包用时间或协商办法计费并统一收取费用的一种客运方式;包车客运按照其经营区域分为省际包车客运和省内包车客运;省内包车客运分为市际包车客运、县际包车客运和县内包车客运;包车客运必须使用包车客票,不得使用其他客票,防止零散旅客用团体旅客名义包车,冲击班车客源。

(3)道路旅游客运:是以运送旅游者游览观光为目的,其线路必须有一端位于旅游点的一种旅客运输方式;其按照营运方式分为定线旅游客运和非定线旅游客运,定线旅游客运按班车客运管理,非定线旅游客运按包车客运管理;旅游客运车辆档次较高,多为往返包车;旅游班车的起点一般也是终点,如"一日游"、"三日游"等。

(4)道路出租车客运:是指以轿车、小型客车为主要载客工具,按乘客要求行驶、停靠、等待的道路客运;其主要优点是轻巧灵活,对各种道路适应性强,要车方便、随叫随停,营运时间长,日夜营运,方便旅客的出行,不受道路、时间、班次的限制,车辆档次较高,乘车舒适、服务周到;其主要缺点是载客人数少,营运成本高,运输价格高,停靠频繁对交通有妨碍;出租车的营运方式有按规定区域循环流动营运、在服务站之间定点营运、电话叫车营运、预约登记乘车等;出租汽车应符合顶灯标志统一、车辆编号统一、收费计价器统一、空车待租装置统一、车内防护栏统一、门徽及监督电话统一等要求;计价器应由客运管理机构批准,并经技术监督部门鉴定合格;驾驶员应携带营运证正本,在车前挡风玻璃处张贴该营运证副本;车辆应以出租车公司或个体协会为单位,设立无线电话调度指挥室。

2)道路客车的分类

道路营运客车必须经车辆管理部门审验合格,保持良好的技术状况,保持车容整洁卫生,车内备有票价表和旅客意见簿,车外装置与营运方式、种类相符的标志。客运班车悬挂班车线路牌,旅游车悬挂旅游车标志牌,出租车安装出租标志灯。营运客车按座位数多少可分为小型客车、中型客车和大型客车三类,按装备档次可分为普通客车、中级客车、高级客车和豪华客车四类。

(1)普通客车:指无特殊舒适装备和车内设置,低靠椅硬座,座位密度较大的客车。

(2)中级客车:指比同类普通客车舒适性提高,寒冷地区备有暖气设备,有宽、软座椅,座位密度比普通客车减少的客车。

(3)高级客车:指舒适性高,密封性好,具有高级软座靠椅、空调和音像娱乐等设备,一般是发动机后置,外观较美观的客车。

(4)豪华客车:指车内舒适性装备比高级客车更齐全,档次更高;车型和外观比高级客车更豪华;一般还具有车内厕所和车外行旅仓的客车。

3)道路快速客运

依托于高速公路建立起来的客运系统称之为快速客运系统。但高速公路要占全线多大的比重才称之为快速客运,仍缺乏一个量的界限。从理论上说,应当从在正常的条件下运送效率不低于一定速度,服务水平达到一定的标准为界限来定义道路快速客运。一般认为,道路快速客运运送速度(行程速度)的最低标准是 70 km/h。运送速度,是指乘客从起点站到达终点站所用的时间(含途中行驶时间和延误时间)与两站之间路程的比值。

(1)道路快速客运的基本特征:客流量大,发车密度高,乘客候车时间短;具备良好的道路通行条件,路途延误少,车辆平均行驶速度应能达到 80~90 km;使用高速客车,车辆最高车速一般要达到 100 km/h 左右;优质的运送服务。

(2)道路快速客运的系统结构:发达的售票系统,良好的售票服务,完善的客票体系尽可能提高上座率;便利的疏导系统,应从站点选择和专设疏导系统两方面来考虑;标准、规范的"软"服务体系,包括候车服务、上车服务、途中服务、下车出站服务等环节;其他要素配置,包括站场配置、运力配置、投资配置、经营主体配置、管理系统配置等。

3.8.2 道路货运管理

道路货运是以道路为基础设施,以道路机动车为载运工具,实现货物在地点间伴随着人的思维意识移动。道路货运活动包括营业性和非营业性两种。道路货运经营是指直接从事道路货物运输(简称货运)的营业性道路货运。它是为社会提供公共服务,以营利为目的,发生各种费用结算,具有商业性质的道路货运活动。道路货运管理,是国家对道路货运经营活动的行政管理,主要是针对营业性货运活动,但是,由于道路危险货物运输、大型物件运输、货物专用运输、道路禁运、道路限运与凭证运输等活动关系到国家利益和社会安全,其非营业性运输活动也包括在道路运政管理范围内。国务院 2004 年颁布的《中华人民共和国道路运输条例》和交通运输部 2009 年颁布的《道路货物运输及站场管理规定》是道路货运管理的主要依据。

道路货运经营活动的内容包括货物的受理、仓储、运输、中转、装卸、交付等过程,衡量道路货运生产量的尺度,一般用货运量和货物周转量来表示。货运量的计量单位是"t",货物周转量的计量单位是"t·km"。随着市场经济的形成,我国道路货运市场呈多元化发展趋势:一是货运企业多种体制并存;二是货运车辆多样化并逐步向专用化完善;三是服务方式不断改变及服务质量不断提高。道路货运的繁荣和发展对运政管理提出了新的任务和要求。

道路运输管理机构对道路货运具体实施规划、组织、指导、协调和监督等管理工作,其目的是为了使道路货运经营业户正确贯彻执行国家的方针政策和法规,坚持社会主义方向,形成统一、开放、竞争、有序的货运市场,实现货畅其流,物尽其美,最大限度地满足国民经济和人民生活日益增长的货运需求。道路货运管理的核心内容是道路货运市场管理,包括货运市场需求管理和监督管理。我国道路货运分类概况如下:

1) 按托运货物重量的多少分类

按托运货物重量的多少,道路货运可分为整批货物运输和零担货物运输。

(1) 整批货物运输:是指托运人一次托运货物计费重量 3 t 以上,或不足 3 t 但其性质、体积、形状需要一辆汽车运送的普通运输。

(2) 零担货物运输:是指托运人一次托运货物计费重量 3 t 及以下的普通货物运输。

2) 按送达速度和距离分类

按送达速度和距离,道路货运可分为班车货运、快件货运、特快货运、长途和短途货运。

(1) 班车货运:以定线定站的货运班车形式将沿线普通零散货物集中起来运输,为班车货运,一般为零担货物运输。

(2) 快件货运:在规定的距离和时间内将货物运达目的地,或者从货物受理的当天 15:00 时起算:300 km 运距内,24 h 以内运达;1 000 km 运距内,48 t 以内运达;2 000 km 运距内,72 h 以内运达,为快件货物运输。

(3) 特快货运:应托运人要求,采取即托即运,在约定时间内运达,为特快件货物运输。

(4) 长途货运和短途货运:25 km 及以上为长途货运,25 km 及以内为短途货运。

3) 按运输货物种类分类

按运输货物种类,道路运输货物可分为普通货物、特种货物和轻泡货物。

(1) 普通货物:货物在运输、装卸、保管中无特殊要求的,为普通货物。普通货物分为一等货物、二等货物、三等货物三个等级(见原交通部颁布的《汽车货物运输规则》附表一"普通货物分等表")。不同等级普通货物的运输方式、运输要求和运输价格不同,应按国家有关规定分别对待。

(2) 特种货物:货物在运输、装卸、保管中需采取特殊措施的,为特种货物。特种货物分为四类(见原交通部颁布的《汽车货物运输规则》附表二"特种货物分类表")。不同等级特殊货物的运输方式、运输要求和运输价格不同,应按国家有关规定分别对待。

(3) 轻泡货物:货物每立方米体积的质量不足 333 kg 的,为轻泡货物。其体积按货物(有包装的按货物包装)外廓最高、最长、最宽部位尺寸计算。

4) 按行政管理类别分类

按行政管理类别,道路货运可分为道路普通货物运输、道路货物专用运输、道路大型物件运输、道路危险货物运输、道路禁运、限运与凭证运输。

(1) 道路普通货物运输:是相对于特种货运而言,在运输过程中没有特殊要求,无须采用特殊措施和方法的货物运输。相反，那些有特殊要求，需要采用特殊措施和方法的货物运输，称为特种货物运输。

（2）道路货物专用运输：是指使用集装箱、冷藏保鲜设备、罐式容器等专用车辆进行的货物运输，另外还有出租汽车货运、搬家货物运输等（见图3-20）。道路货物专用运输必须具备运输条件和资质，即申请从事道路货物专用运输的，应当具有与运输货物相适应的专用容器、设备、设施，并固定在专用车辆上；申请从事集装箱汽车运输的，其车辆应当有固定集装箱的转锁装置，承运人应获得道路货物专用运输（集装箱）经营许可，方可从事集装箱专用运输；申请从事冷藏保鲜货物汽车运输的，其车辆应当具有与运输货物相适应的保温或冷藏专用容器、设备、设施，并固定在专用车辆上，承运人应获得道路货物专用运输（冷藏保鲜）经营许可，方可从事冷藏保鲜专用运输；申请从事液罐汽车和粉罐汽车等罐式汽车运输的，其车辆应当具有与运输货物相适应的罐式容器、设备、设施，并固定在专用车辆上，承运人应获得道路货物专用运输（罐式）经营许可，当从事的罐式汽车运输需要运输液态或粉状危险货物时，还应符合原交通部颁布的《道路危险货物运输管理规定》的有关条件和要求，方可从事罐式容器专用运输。

图3-20 道路大型物件和专用货物运输（粉罐汽车运输，集装箱汽车运输，冷藏汽车运输）

（3）道路大型物件运输：是指在我国境内道路上运载大型物件的运输活动。原交通部1995年颁发了《道路大型物件运输管理办法》，对道路大型物件运输管理作了具体规定。大型物件是指符合下列条件之一的货物：外型尺寸长度在14 m以上或宽度在3.5 m以上或高度在3 m以上的货物；重量在20 t以上的单体货物或不可解体的成组（捆）货物。大型物件按其外形尺寸和质量（含包装和支承架）分成四级，以长、宽、高及质量四个条件中级别最高的确定。道路大型物件运输业户共分为一级、二级、三级、四级共四大类别,各类业户应具备国家规定的条件。申请从事大型物件运输的业户或单位须按规定向当地县级以上道路运输管理部门提出书面申请,取得大型物件运输资质,才能从事道路大型物件运输的经营活动或一次性运输作业。我国大型物件的分级及运输业户类别如表3-35所列。

表3-35 大型物件分级及运输业户类别表

大型物件级别	运输业户类别	长度/m	宽度/m	高度/m	质量/t
一级大型物件	一、二、三、四级	$14 \leqslant L < 20$	$3.5 \leqslant W < 4.5$	$3.0 \leqslant H < 3.8$	$20 \leqslant m < 100$
二级大型物件	二、三、四级	$20 \leqslant L < 30$	$4.5 \leqslant W < 5.5$	$3.8 \leqslant H < 4.4$	$100 \leqslant m < 200$
三级大型物件	三、四级	$30 \leqslant L < 40$	$5.5 \leqslant W < 6.0$	$4.4 \leqslant H < 5.0$	$200 \leqslant m < 300$
四级大型物件	四级	$L \geqslant 40$	$W \geqslant 6.0$	$H \geqslant 5.0$	$m \geqslant 300$

(4)道路危险货物运输:是指使用专用车辆,通过道路运输按国家有关规定属于易燃、易爆、有毒、有腐蚀性、有放射性等危险货物的经营性和非经营性活动。《道路危险货物运输管理规定》规定:凡从事营业性危险货物运输、装卸的经营业户和从事非经营性道路危险货物运输的企事业单位,都必须经设区的市级道路运输管理机构审查批准,除具备一般货物运输的开业条件外,还应具备危险货物运输的开业条件或运输条件,必须配备承担危险货物运输的车辆及专用装卸设备,有危险货物运输知识和安全防护及应急处理能力的专门人员,配齐危险货物运输的包装标志、警告标志和安全、消防设施等。

(5)道路禁运、限运与凭证运输:道路禁运货物是指国家法令禁止流通或寄运的物品,如:国家珍贵文物、武器、弹药、毒品等,没有国家监管部门的委托和批准任何道路运输单位和个人不能运输。道路限运货物是指只能在限定的数量和区域内运输的物品,一般有长期限运货物和临时限运货物两种类型。道路凭证运输货物是根据国家有关法规规定,须经指定的主管机关批准并出据证明方可运输的货物,如剧毒品、爆炸品的运输,必须持有县级以上公安部门签发的准运证;烟草的运输须持有烟草专卖部门签发的准运证;麻醉药品运输须持有卫生部门核发的准运证或盖有麻醉药品专用章的发票等。实行货物禁运、限运和凭证运输制度是国家和政府为了保护人民生命财产安全、维护社会和谐稳定、保护重要资源不流失,或对社会经济某些需要控制的方面,或对某些物资和产品实行专营专卖管理,而在运输环节采用的法律和行政手段。限运与凭证运输货物的品种类别,由国家法令或中央及省级以上人民政府授权有关机关规定。

3.8.3 道路运输相关业务管理

道路运输相关业务是指为保证道路运输生产正常进行,直接为道路客运和货运服务的经营活动,包括站(场)经营、机动车维修经营、机动车驾驶员培训,除此以外,还包括货物的仓储和搬运装卸、客货运代理、运输车辆租赁等其他相关业务。

1)机动车维修

机动车维修是指以维持或者恢复机动车技术状况和正常功能,延长机动车使用寿命为作业任务所进行的维护、修理以及维修救援等经营活动。从事机动车维修经营活动的经济实体就构成了机动车维修业。机动车维修业是道路运输业的重要组成部分，具有很强的技术性和专业性。我国对机动车维修经营实行资格许可和行业准入制度，由道路运输管理机构具体管理。原交通部根据《中华人民共和国道路运输条例》，于2005年颁布了《机动车的维修管理规定》，为我国机动车的维修经营和管理提供了依据。

(1)机动车维护：原称汽车保养，是为了维持机动车完好技术状况或工作能力，当其运行到国家有关标准规定的行驶里程或间隔时间，必须按期执行的维护作业。其目的是为了保持车容整洁，及时发现和消除故障隐患，防止车辆早期损坏，降低车辆的故障率和小修频率。机动车维护制度是贯彻"安全第一、预防为主"的方针，保障汽车运行安全的基本制度，应坚持"预防为主、强制维护"的原则。机动车维护可以分为定期维护（日常维护、一级维护、二级维护）、季节性维护、走合维护、专项维护四种类型。

(2)机动车修理：是为了恢复机动车完好技术状况和工作能力而进行的作业。其目的是及时排除故障，恢复车辆技术性能，节约运行消耗，延长使用寿命。机动车修理应贯彻"视情修理"的原则，既要防止因拖延修理所造成的车况恶化，又要防止因提前修理所造成的浪费。机动车修理按作业范围可分车辆大修、总成大修、车辆小修和零件修理四种类型。

2)汽车客运站

汽车客运站是专门为道路旅客出行时乘车、中转和到达组织客车运输提供服务的场所。它是道路客运经营者与旅客进行运输交易活动的公益性交通基础设施。汽车客运站经营是指以客运站场设施为依托，为道路客运经营者和旅客提供有关运输服务的经营活动，是道路客运服务业的重要组成部分。我国行业标准JT/T 200—2004《汽车客运站级别划分及建设要求》对汽车客运站的定义、主要功能、站址选择、设施设备、车站类别和级别划分、建设要求等提出了具体要求。根据《中华人民共和国道路运输条例》，原交通部2005年颁布的《道路旅客运输及客运站管理规定》要求：客运站管理应坚持以人为本、安全第一的宗旨，遵循公平、公正、公开、便民的原则，打破地区封锁和垄断，促进道路运输市场健康发展，满足广大人民群众的出行需求。客运站设备配置如表3-36所列。

3)汽车货运站(场)

汽车货运站(场)是指专门为货物的集散、中转、仓储、保管、配送、信息服务等提供作业以及相关服务，并具有车辆进出通道和货物装卸作业条件的场所。它是道路货运经营者与托运人和收货人进行运输交易活动的场所和公益性交通基础设施。随着现代物流的发展，汽车货运站(场)逐渐与现代物流相融合。汽车货运站经营，是指以站场设施为依托，为道路货运经营者、托运人和收货人办理货运业务和提供有关运输服务的经营活动。它是道路货运服务业的重要组成部分。我国行业标准JT/T 402—1999《汽车货运站(场)级别划分和建设要求》对货运站的定义、车站类别、主要功能、站址选择、站内布局原则、站场划分、各主要组成部分和建设要求、设备配备等提出了具体标准和要求。根据《中华人民共和国道路运输条例》，原交通部于2005年颁布的《道路货物运输及站场管理规定》规定：汽车货运站按其主要业务功能和服务范围，分为综合货运站、零担货运站、集装箱中转站、物流中心四种类型；按其规模大小和工作量多少，各类货运站又可划分为不同级别。

4）机动车驾驶员培训

机动车驾驶员培训是指通过对要求和需要掌握机动车驾驶操作技能的人员进行一定时间理论知识学习和实际驾驶操作训练，使之具备单独、安全驾驶机动车能力。所指机动车包括汽车（含电车）、摩托车、简易（农用）机动车、轮式自行机械等。机动车驾驶员培训业务是指为社会有偿提供机动车驾驶员培训的服务活动，包括对初学机动车的驾驶人员、增加准驾车型的驾驶人员和道路运输驾驶人员所进行的从业资格培训以及机动车驾驶员培训教练场经营等业务。根据《中华人民共和国道路交通安全法》及其实施条例，原交通部于2006年1月12日发布的《机动车驾驶员培训管理规定》规定：①交通运输部主管全国机动车驾驶员培训管理工作；②县级以上地方人民政府交通运输主管部门负责组织领导本行政区域内的机动车驾驶员培训管理工作；③县级以上道路运输管理机构负责具体实施本行政区域内的机动车驾驶员培训管理工作；④其中专门的拖拉机驾驶培训学校、驾驶培训班由农业（农业机械）主管部门实行资格管理。

机动车驾驶员培训业务根据经营项目分为普通机动车驾驶员培训、道路运输驾驶员从业资格培训、机动车驾驶员培训教练场经营三大类，具体分类分级规定如下：

表 3-36　汽车客运站设备配置表

	设备名称	一级站	二级站	三级站	四级站	五级站
基本设备	旅客购票设备	●	●	★	★	★
	候车休息设备	●	●	●	●	●
	行包安全检查设备	●	★	★	—	—
	汽车尾气排放测试设备	★	★	—	—	—
	安全消防设备	●	●	●	●	●
	清洁清洗设备	●	●	★	—	—
	广播通信设备	●	●	★	—	—
	行包搬运与便民设备	●	●	★	—	—
	采暖或制冷设备	●	★	★	★	★
	宣传告示设备	●	●	●	★	★
智能系统设备	微机售票系统设备	●	●	★	★	★
	生产管理系统设备	●	★	★	—	—
	监控设备	●	★	★	—	—
	电子显示设备	●	●	★	—	—

注："●"——必备；"★"——视情况设置；"—"——不设。

(1) 普通机动车驾驶员培训：指普通机动车驾驶员初学驾驶培训（非职业和职业）和增驾车型培训。根据培训能力规模，普通机动车驾驶员培训具体分为以下三级：

① 一级普通机动车驾驶员培训：获得一级普通机动车驾驶员培训许可的，可以从事三种（含三种）以上相应车型的普通机动车驾驶员培训业务；

② 二级普通机动车驾驶员培训：获得二级普通机动车驾驶员培训许可的，可以从事两种相应车型的普通机动车驾驶员培训业务；

③ 三级普通机动车驾驶员培训：获得三级普通机动车驾驶员培训许可的，只能从事一种相应车型的普通机动车驾驶员培训业务。

(2) 道路运输驾驶员从业资格培训：指职业驾驶员的岗位培训。根据培训内容，从业资格培训可分为道路客、货运输驾驶员从业资格培训和危险货物运输驾驶员从业资格培训两种：

① 道路客、货运输驾驶员从业资格培训：获得道路客货运输驾驶员从业资格培训许可的，可以从事经营性道路客、货运输驾驶员的从业资格培训业务，还可以从事相应车型的普通机动车驾驶员培训业务；

② 危险货物运输驾驶员从业资格培训：获得危险货物运输驾驶员从业资格培训许可的，可以从事道路危险货物运输驾驶员的从业资格培训业务，还可以从事相应车型的普通机动车驾驶员培训业务。

(3) 机动车驾驶员培训教练场经营：指机动车驾驶员培训教练场的专项经营业务。获得机动车驾驶员培训教练场经营许可的，可以从事机动车驾驶员培训教练场经营业务。道路运输经营许可证式样如图 3-21 所示。

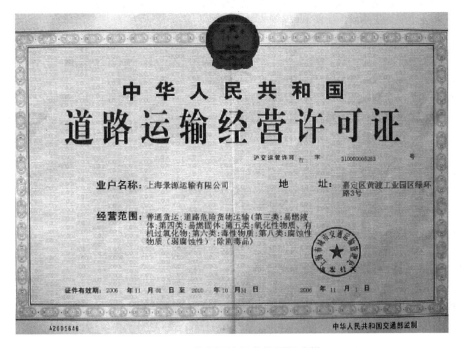

图 3-21　道路运输经营许可证式样

小结

本章以道路交通运输为研究对象，主要内容包括道路交通运输概述、公路的构造和几何要素、公路的设施和视距、公路通行能力、道路交通运输载运车辆、道路交通安全管理、公路路政管理和道路运政管理共8节。其中：公路的构造和几何要素、公路的设施和视距是道路交通运输基础设施和必要条件；公路通行能力是公路设计的重要理论；道路交通运输载运车辆是道路运输的生产工具；道路交通安全管理是维护道路交通秩序，预防和减少交通事故，保护人身和财产安全，提高通行效率的基本保障；公路路政管理和道路运政管理是国家对道路交通运输的行政管理。本章重点是道路交通运输基础设施，难点是公路通行能力。

思考题

1. 在交通运输体系中，道路运输有哪些主要作用？
2. 与其他交通运输方式相比，道路运输有哪些主要特点？
3. 根据其本身特点及现代运输业的形势，道路运输发展趋势有哪些？
4. 我国公路按作用、使用性质及其在路网中的地位，其行政级别分为哪几类？
5. 我国公路按功能和交通量水平，其技术等级分为哪几类？各有什么特点？
6. 公路路基有哪三种类型？各有什么解释？
7. 公路路面按面层力学性能特性分为哪两类？
8. 何谓交通量、交通密度、平均行程速度、平均行驶速度？
9. 何谓车头间距、停车视距、会车视距、超车视距？
10. 何谓公路路肩？路肩有何主要作用？路肩的宽度与什么有关？
11. 公路的平面线形主要由哪三种线型组成？各有何作用？
12. 公路沿线设施分为哪三大类别各有何主要作用？
13. 汽车分为两大类时，何谓乘用车？何谓商用车？
14. 汽车由哪四大部分组成？汽车底盘有哪四大系统？
15. 我国汽车型号中，数字1~9各代表何种汽车类别？各以何种数值为主参数？
16. 解释汽车型号 CA1091、JS6820、TJ7100 各是什么含义？
17. 我国机动车驾驶证按准驾车型及代号共分为哪15种？写出其代号及准驾车型。
18. 何谓公路路政管理？路政管理的主要任务有哪些？
19. 何谓公路建筑控制区？其作用有哪些？
20. 何谓超限运输车辆？超限标准是什么？
21. 我国收费公路应当符合哪些技术等级和规模？
22. 何谓道路运政管理？运政管理的主要目的是什么？
23. 何谓经营性客运？何谓非经营性客运？
24. 道路客运分为哪四种运营类型？各有何特点？
25. 营运客车按客车装备档次分为哪几类？按客车座位数分为哪几类？
26. 道路货运按行政管理类别分为哪四类？
27. 何谓道路相关业务？主要包括哪些经营业务？
28. 机动车驾驶员培训业务分为哪三大类？各类分别有何种培训资格？

推荐阅读书目

1. 交通运输工程学(第二版). 沈志云，邓学钧. 人民交通出版社，2008.
2. 道路勘测设计(第二版). 杨少伟. 人民交通出版社，2007.
3. 道路交通行政管理学. 王润琪. 人民交通出版社，2009.
4. 汽车理论. 余志生. 机械工业出版社，2003.
5. 汽车构造. 陈家瑞. 人民交通出版社，2002.

第4章
铁路交通运输

[**本章提要**]

  本章以铁路交通运输为研究对象，主要内容包括铁路交通运输概况、铁路线路、铁路机车、铁路车辆与列车、铁路车站、高速铁路与重载运输共6节。铁路运输具有运量大、安全、准时、成本低等优势，最适合大批人员和大宗货物的中长距离运输。我国地域辽阔、人口众多、资源丰富，铁路交通运输在国民经济中占有十分重要的地位。学习本章内容，可以较全面地了解铁路交通运输的技术经济特点及国内外概况等基本概念、铁路线路等基础设施与设备、铁路机车、车辆和列车等载运工具，还可了解现代铁路交通运输的新技术、新设备，以及高速铁路与重载运输的发展趋势、新的研究成果等。

铁路交通运输是以两条平行的固定轨道及其沿途车站和控制设备为基础设施，以铁路机车作动力牵引铁路车辆组成轨道列车为载运工具，运送旅客和货物的一种运输方式。它是一种资格较老的现代化陆地运输工具，是现代五种主要运输方式之一。铁路交通运输的速度仅次于飞机，列车的载重量仅次于远洋轮船，单位运价仅高于水路，能做到安全运行准时到达，最适合大批人员和大宗货物的中长距离运输，而且是充分实现了电气化和自动化、可不依赖可采量有限的石油能源、最具前景的可持续发展的陆上运输方式。它具有其他运输方式无可比拟的优势，在现代交通运输中发挥着骨干作用，在国民经济中占有十分重要的地位。所以，世界各国都十分重视铁路交通运输的发展。特别是幅员广阔的国家和地区，更把铁路运输作为国民经济发展的大动脉。目前，铁路运输在国际货运中的地位仅次于海洋运输。

4.1 铁路交通运输概述

铁路交通运输体系主要是由铁路基础设施、铁路轨道列车和铁路运输管理机构三大部分组成。其中：铁路基础设施包括铁道线网络及其控制设备、沿路各级车站、电气化铁路还包括电力线网及其设备等；铁路轨道列车是由铁路机车和车辆组成的客、货运输列车和动车组；铁路运输管理机构是由运输、机务、车辆、工务、电务等专业人员和业务部门组成的服务、组织和指挥机构。

铁路运输和其他运输方式不同的是：铁路交通运输体系是一个各组成部分相互关联度很高的完整的独立运输系统；铁路线基础设施和轨道列车载运工具等运输生产资料具有较大的通用性，均由同一部门或机构置备、管理和使用，常称"车路一体"、"路权专用"、"管理一家"，而且不论是铁路国有化或私有化均只能如此；铁路运输的组织、管理方法及其机构具有半军事化特征。正因为铁路交通运输的体系庞大，在现代交通运输中发挥着骨干作用，在国民经济中具有无可替代重要地位，所以，铁路交通运输的发展必须由国家统一规划。

4.1.1 铁路交通运输的特点

铁路交通运输是陆地重要交通方式和国民经济发展的大动脉，广受人民群众和客户喜爱。与其他运输方式相比较，它的技术经济特点主要表现在以下优点和缺点：

1）铁路运输能力大

铁路运输能力大主要原因是：轨道列车载运量大；铁路线无侧向干扰，发车密度大。其中轨道列车载运量大是因为：铁路机车功率大，牵引力大，例如，我国电力机车 SS_4 的额定功率为 6 400 kW，最大牵引力为 627 kN，在 4‰的坡道上拉载能力为 4 100 t，国外内燃机车和电力机车最大拉载能力可达 7 000 ~ 8 000 t；铁轨平整、光滑、强度大、摩擦阻力小，能平均分散列车的重量；列车可由几十个车辆组成，每个车辆总质量 60 t 左右；一般每列客车可载旅客 1 800 人左右，一列货车可装 2 000 ~ 3 500 t 货物，重载列车可装 20 000 t 货物；单线单向年最大货运能力达 1 800 万 t，复线单向达 5 500 万 t；运行组织较好的国家，单线单向年最大货运能力达 4 000 万 t，复线单向可超过 1 亿 t，远高于航空运输和汽车运输。铁路运输能力大是它成为陆上运输骨干力量的主要因素。

2) 铁路运输成本低

铁路运行成本低是指单位运费"人·km"和"t·km"价格低。主要原因是：铁轨摩擦阻力小，单位运量消耗能源少、占用铁路面积小；列车载运量大，单位质量消耗的人力资源少。铁路运输成本主要是基础设施和载运工具的折旧费，但总运输成本仍然很低，例如：1981 年我国铁路运输成本分别是汽车的 1/11～1/17，是民航的 1/97～1/267；能耗每 1 kt·km 耗标准燃料为汽车运输的 1/11～1/15，为民航运输的 1/174；美国铁路运输成本分别为公路汽车的 1/7 和航空的 1/18。一般来说铁路运输成本比河运和海运要高一些，但比公路和航空运输要低得多。铁路运输成本与运距、运量以及运输密度成反比，长途运输成本低。铁路运输成本低是其客货运输长盛不衰的根本原因。

3) 铁路运输安全性好

铁路运输乘客安全事故和货损货灭事故少，主要原因是：铁轨线路平直，列车运行平稳，乘客舒适，货物无震动和碰撞；铁路网络独成体系，无侧向干扰、超车、会车、视距等事故隐患；列车前进方向由铁轮和铁轨控制，没有方向操纵事故隐患；铁路线有专人维护，重要桥梁隧道等设施有专人守护。所以，铁路运输远比道路运输和海上运输风险小，安全性好，也比航空运输有安全感。

4) 铁路运输时间准

铁路运输发车和到站时间正点，主要原因是：对于客货混合的普通铁路以客车优先，对于快车和慢车以快车优先；列车运行几乎不受气候影响，不因天气晚点；列车运行路线固定，速度均匀，时间好掌握；客运专线自动化程度高，时间正点程序化；铁路运输连续性强，能保证一年四季可以不分昼夜地进行定期的、有规律的、准确的运转。

5) 铁路运输速度快

速度有两种：一种是行驶速度，等于行程除以行驶时间；另一种是行程速度，等于行程除以行程时间；两者的区别在于行程时间包括途中延误时间和行驶时间，而行驶时间不包括途中延误时间。铁轨能提供极光滑和坚硬的媒介让列车车轮以最小的摩擦力滚动，使普通客货列车行驶速度一般保持 80～120 km/h，特快客车保持 90～160 km/h，动车组保持 200～250 km/h；客运专线动车组行驶速度保持 300～380 km/h。铁路运输正点性好，乘客和货物可以按时上车，候车时间少；列车行驶速度均匀，途中延误少。所以铁路运输行驶速度和行程速度都很快，远远高于水路运输，也高于道路运输。

6) 铁路运输不受气候影响

铁路运输线质量要求高，一般不怕风雨；列车行驶方向不用方向盘操纵，不受可见度限制。所以铁路运输几乎不受气候影响，一年四季可以不分昼夜地进行定期的、有规律的、准确的运转。

7) 铁路运输对生态环境影响小

铁路运输便于实现电气化和自动控制，不依赖可采量有限的石油能源。目前，蒸汽机车已不复存在，柴电机车又逐渐被淘汰，广泛使用的是电力机车。如果使用内燃机，平均吨位消耗燃料少。所以，铁路运输对空气污染小，噪音干扰对城镇亦有限。

8) 铁路运输电气化自动化程度高

铁路运输的轨道固定，沿线架设电力线路并无技术困难，适宜外接电源供应机车的动力，虽建设成本甚高，但便于实现电气化和自动控制，有利于提高运输效率和效益，节约能源供应，减轻环境污染等。

9) 铁路运输初期投资大

铁路线要求比公路平直，不可翻山绕道，桥梁隧道多，工程艰巨复杂；铁路路基上铺设轨道、需要消耗大量钢材、木材等；铁路线沿途需设立车站。这些基础设施需占用大量土地和建设材料。所以，铁路造价高，且大都属于固定设备的沉没成本，难以移作它用，故其固定资产比例较其他运输方式高出许多。据统计，目前我国单线铁路造价为400万元/km以上，消耗120~150 t钢轨、零部件等金属，复线更多。铁路建设周期长，一条干线要建设5~10年。另外，铁路运输还需购置机车和车辆等设备，故初期投资庞大，远远超过其他运输方式。铁路运输成本：人工工资占16%；材料占12%；燃料占15%；折旧占46%；其他占11%。因此，综合考虑，铁路适于在陆地运送中、长距离的大流量旅客和大批量货物，在客货运输量比较大的地区建设铁路比较合理。

10) 铁路运输缺乏弹性

铁路运输不能像道路运输那样机动灵活，在时间、价格、批量、运距等方面缺乏弹性。因为：铁路运输组织管理要求高，各业务部门必须协调一致，统一指挥，统筹安排，统一领导，在车次安排上缺乏弹性；铁路运输要求准确性和连贯性，发车到站准时，时间上缺乏弹性；送货地点受铁路限制缺乏弹性；列车运量大，货物批量缺乏弹性；另外，铁路运输过程中需要编组、解体和中转改编等作业环节，增加了货物的在途时间，50km以下的短途运输成本比汽车运输高，即铁路运输准备时间长，平均运距要求高。其货物送达效率：装卸停留时间占40%；中转停留时间占25%；途中行驶时间占35%。

11) 铁路运输设备庞大不易维修，战时容易遭受破坏

铁路的运输过程必须依赖所有设施协同配合，由于整个运输体系十分庞大，不易达到完善的维修。此外，从历史中还可以发现，每次战争一爆发，由于铁路设施具有国防价值，而且目标明显，总容易遭受严重破坏。

4.1.2 世界铁路发展概况

世界上第一条铁路1825年9月27日在英国启用。这条铁路由斯托克顿(Stockton)至达林顿(Darlington)，全长约27 km。当时列车由12节货车和22节客车组成，可以搭乘乘客450人，最初速度为4.5 km/h，后来达到24 km/h。铁路同运河连起来，使交通更便利，英国和欧洲及北美看到铁路的种种优势后，很快掀起了修建铁路的高潮。随后,美国、法国、比利时、德国、加拿大、俄国等工业发展较早的国家都先后开始修建铁路。铁路建设很快在世界上得到迅速发展。世界主要工业发达国家铁路相继修通的年份如表4-1所列。

铁路运输是建立在第一次工业革命的基础之上,人类发明了蒸汽机和使用了先进的钢铁冶炼技术,有了建设铁路和制造列车的条件,继水路运输之后发展起来的一种先进的运输方式。铁路基础设施投资大,建设周期长,开始半个世纪建设速度并不快,但19世纪末20年和20世纪初20年是一个快速发展时期。世界铁路至19世纪末总长已达65万km。第一次世界大战(1914~1918)前夕达110万km,20世纪20年代达127万km。其后由于公路和航空运输方式出现,世界铁路修筑速度逐渐缓慢下来。目前世界铁路总长稳定在130万km左右。铁路的出现和发展,引起了交通运输领域革命,并大大促进了工业革命的发展。

铁路运输的发展要有工业技术为基础和条件,同时也离不开经济社会的需求。铁路运输的技术经济特点是适宜于大量旅客和大宗货物的中长距离运输。世界各国铁路运输的管理模式有国营、有私营、也有股份制,其中各有利弊。但铁路运输赚钱,多是因为运载货物量大和距离长,并不完全与管理模式有关。要想在一个小农经济、低需求及鲜有工业基础的国家来经营有利可图的铁路,是一个很大的挑战。所以,从地理分布上来看,铁路在世界各地的分布极不平衡。美洲铁路约占世界铁路总长的2/5,欧洲约占1/3,而亚洲、非洲、大洋洲总和还不到1/3。但是,随着经济发展全球化,目前中国、印度、巴西及非洲等一些幅员广大的发展中国家在经济快速增长的需求下,正在迎来其铁路建设大发展时期。

铁路是工业化的先导,铁路网的建成为工业化奠定了牢固的基础,纵观世界各国工业化发展过程无不如此。美国在总结筑路历史经验时写道:"尽管当时美国很穷,仍不惜借外债大修铁路,没有上个世纪的筑路高潮,便没有今天美国的现代化和空间计划,也不会登上月球。"第二次世界大战后,随着汽车和航空工业的迅猛发展,铁路在与公路、民航的竞争过程中,市场份额不断下降。面对运输市场格局的变化,世界各国按照各自的国情,对本国的铁路系统进行了调整,确立了新的发展和经营模式。首先,各国铁路里程发展趋势有三类:

(1)某些国家大量拆除一些运量小、效益差和闲置的铁路,如美、英、法等国;
(2)某些国家有拆有建或不拆不建,长度变化不大,如德、意、日、瑞典等;
(3)某些国家继续修建铁路,如俄罗斯、中国和许多发展中国家,一些发达国家也继续新建一些高速铁路干线。

此外,为在竞争中求发展,各国在经营模式上,也形成了各自的风格。典型的有以日本铁路为代表的客运型模式,以美国、加拿大铁路为代表的货运型模式和以欧洲铁路以及俄罗斯、印度、中国为代表的客货运输并重型模式。

目前,世界上大多数国家的铁路仍然是客运和货运兼顾的常规铁路,高速铁路、重载铁路和常规铁路虽然基本形式相同,但在技术方面,包括机车和车辆、线路和轨道以及列车的编组和运行都各不相同。因此,各国正在根据各自的具体情况,采取不同的技术修建或改造本国的铁路。铁路运输的这些发展,成为铁路新发展时期的突出特点。现在，全球铁路从长度拥有量来看，截至 2006 年底：全世界 117 个国家和地区拥有铁路约 120 余万 km；铁路里程在各洲的比例大约为美洲 36.8%，欧洲 34.2%，亚洲 17.5%，非洲 7.5%，大洋洲 4.0%；欧洲的铁路总里程虽不是最长，但其铁路密度居世界之冠；铁路通车总里程排名前 20 位的国家如表 4-1 所示。2006 年底，我国铁路拥有量 7.54 万 km，世界排名第三；到 2010 年底，我国营运铁路达 9.10 万 km，居世界第二，仅少于美国。据有关资料：美国铁路里程居世界第一；俄罗斯铁路电气化居世界第一；英国兴建铁路最早；中国目前高速铁路拥有量、铁路客运量、货运量、运输密度、运行效率均居世界第一。

表 4-1 世界铁路通车里程排名(2006 年)及通车时间

排名	国家名称	铁路里程/km	通车时间/年	排名	国家名称	铁路里程/km	通车时间/年
1	美 国	230 668	1830	11	日 本	23 474	1872
2	俄罗斯	87 157	1837	12	波 兰	23 072	1865
3	中 国	75 438	1876	13	乌克兰	22 473	
4	印 度	63 221	1852	14	南 非	20 872	1860
5	德 国	48 215	1835	15	意大利	19 460	1839
6	加拿大	48 068	1836	16	墨西哥	17 665	1873
7	澳大利亚	38 550	1854	17	英 国	16 567	1825
8	阿根廷	31 902	1857	18	西班牙	14 974	1848
9	法 国	29 370	1832	19	哈萨克	13 700	
10	巴 西	29 295	1867	20	瑞 典	11 528	1856

4.1.3 我国铁路发展概况

1876 年，英国商人在上海修建了上海至吴淞的 14.5 km 窄轨铁路，简称淞沪铁路，被认为是中国土地上的第一条铁路，较之世界上第一条正式营运的铁路，落后了 51 年。在此以前，英国商人曾在北京宣武门外建过一条 500 m 长的小铁路，只能供人玩赏。1881 年，清政府为了运煤的需要，由中国人自己出资、自己设计、自己施工修筑了唐山至胥各庄 9.7 km 的标准轨距铁路，从而揭开了中国自主修建铁路的序幕。从 1876～1911 年的 35 年间，我国在清政府时期共建成铁路 9 100 km。1912 年孙中山先生提出要修建 16 万 km 铁路的规划，这是中国最早的铁路网布局设想。从 1922～1949 年，我国又建成铁路 17 100 km。所以，从 1876～1949 年旧中国时期的 70 多年间，我国大陆共修建了 26 200 km 铁路，但由于战争破坏或其他原因拆去 3 600 km。新中国成立前夕，我国大陆共有铁路 22 600 km，铁路桥梁在黄河上只有两座，长江上没有。旧中国铁路建设不但数量少，质量差，而且布局不合理，大部分在沿海地区，西南西北地区几乎没有铁路。这些铁路既不成网，更没有统一的管理。每条铁路各自为政，互相排挤，运输效率低。旧中国一切铁路设备、零件全靠外国进口，种类繁杂，状态陈旧。中国一度成为各国陈旧技术设备的高价倾销地，机车多达

120 种，钢轨 130 多种，故有"万国铁路博览会"之称。

1949 年新中国成立后，中央人民政府成立了铁道部，统一管理全国铁路，组织了桥梁和线路恢复工程，并大力修建新铁路，以保证日益增长的运输需要。至 1976 年底，我国共有营运铁路 46 262 km，其中复线率为 15.7%。1978 年改革开放后，我国国民经济快速发展，铁路客货运量猛增，铁路经历了前所未有的运力紧张和大发展时期，在路网优化和发展的同时，机车、车辆、信号、通信及组织管理方式也发生了翻天覆地的变化。到 2010 年底，我国共有营运铁路 9.10 万 km，运营里程居世界第二，高速铁路居世界第一，其中：复线里程 3.7 万 km；电气化里程 4.2 万 km，电化率 46.6%；西部地区营业里程 3.6 万 km。至 2010 年底，全国铁路机车拥有量 1.94 万台，其中：内燃机车占 56.6%；电力机车占 43.1%；全国铁路客车拥有量达到 5.21 万辆。2010 年，我国铁路客运总量 16.80 亿人次，客运周转量 8 762.20 亿人·km，分别占全国交通运输客运总量的 5.12% 和客运周转量的 31.54%；我国铁路货运总量 36.4 亿 t，货运周转量 27 644.10 亿 t·km，分别占全国交通运输货运总量的 11.4% 和货运周转量的 20.1%。表 4-2 反映了我国近 30 年来铁路线和主要运输设备数量的变化情况。

表 4-2 我国 1980~2010 年铁路线路、机车、车辆数量

年 份	1980	1985	1990	1995	2000	2005	2010
线路/万 km	5.33	5.50	5.78	6.26	6.87	7.54	9.10
机车/台	10 683	121 140	13 970	15 554	15 253	17 473	19 431
客车/辆	16 381	21 106	275 261	32 663	37 249	40 328	52 130
货车/辆	270 253	304 613	368 561	436 414	443 902	541 824	622 284

近十多年，铁路部门在关注不断增加铁路基础设施以适应国民经济需要的同时，更注重技术的改革与创新。如牵引动力方面不仅走过了蒸汽机时代，而且大量制造了适应各种要求的、时速 200 km 以上的高速列车、摆式列车、电力及内燃动车组，同时也开发研制了多种专用货车和新型客货车辆；适应我国铁路需要的新型自动闭塞、调度集中等先进的信号设备的生产和安装，使我国的调度指挥开始向自动化方向迈进。此外，自动化、现代化的大型编组站、客运站和货运站相继建成；计算机技术及先进的数据通信技术在铁路运输生产、经营管理中的广泛采用，进一步推进了铁路运营管理向综合化、自动化发展。

我国东西跨度 5 400 km，南北相距 5 200 km，疆域辽阔、内陆深广、人口众多、资源分布不均，经济发展不平衡，这些因素决定了对中长距离客货运量有着巨大的需求。由于我国资源主要分布在北部和西部地区，而加工业主要集中在东部和南部地区，这就自然形成了西部、北部资源向东部、南部流动，东部、南部的工业产品向西部、北部输送的货运格局。而铁路运输的大运量、全天候的服务特点决定了其发挥着国民经济主动脉的重要作用，在综合交通体系中处于骨干地位。我国铁路运输在各种运输方式中占有的优势更加突出，在经济社会中具有特殊重要的地位和作用，目前大

量的长距离物资运输和中长途旅客运输主要由铁路承担,每年完成的旅客周转量约占全社会旅客周转量1/3多,完成货运周转量约占全社会陆上货物周转量的55%。目前,全国煤炭运输量的75%、矿石的66%、钢铁的62%、粮食的56%是由铁路完成的。在旅客运输方面,铁路适合500~2 000 km中长距离的城间运输和短途的城内运输,在距离为1 000~2 000 km的城市与城市之间,铁路"夕发朝至"与"朝发夕至"列车是大部分旅客的首要选择。铁路运输的巨大贡献无疑对我国经济的发展起着举足轻重的积极推动作用。在未来,我国铁路运输将继续发挥客货运输中的龙头骨干作用,具有非常广阔的发展空间。

目前,我国铁道部是全国铁路运输的主管部门。铁道部的管理体制仍为政企合一,实行铁道部、铁路局、铁路分局三级管理体制。铁道部部属企业有哈尔滨、沈阳、北京、呼和浩特、郑州、济南、南昌、上海、柳州、成都、昆明、兰州、乌鲁木齐等铁路局以及广州铁路集团公司、中铁行包快递有限责任公司、中铁集装箱运输有限责任公司、中铁特货运输有限责任公司、铁道科学研究院、中铁建设开发中心、青藏铁路公司等20个。另外,铁道部有部属事业单位16个,部属学会、协会12个。

至2010年,我国已是世界第二大铁路运输大国和强国,铁路干线遍布全国并延伸到西藏高原;十几座雄伟的大桥屹立在长江天堑;电气化铁道跨越在"难于上青天"的蜀道;成昆铁路伸展在西南的"禁区";被国际社会称为"可与长城媲美的伟大工程"——青藏铁路攻克了多年冻土、高寒缺氧、生态脆弱"三大难题",已顺利建成并于2006年7月1日正式通车运营(图4-1)。我国铁路网的分布和规划可以用12条主要铁路干线和"八纵八横"铁路大通道分析。

图4-1　青藏铁路示意图

1) 我国的 12 条主要铁路干线

新中国成立后，经过 40 年的自力更生和艰苦奋斗，至 1990 年底，全国中央铁路营业里程已达 5.337 7 万 km，铁路网的骨干已初步形成，主要铁路干线有以下 12 条：

(1) 京沈线、京承—锦承线、京通线：京沈线自北京经天津、唐山，过山海关到沈阳，全长 841 km，是联系东北的主要干线。京承—锦承线自北京经承德到锦州，全长 693 km，是京沈线的辅助线(北京—承德 256 km；承德—沈阳 644 km)。京通线自北京经河北隆化、内蒙古赤峰，抵内蒙古通辽，长 870 km，是沟通华北和东北的第 2 条干线。

(2) 哈大线、滨洲—滨绥线：哈大线起自哈尔滨，经长春、沈阳到大连，长约 950 km，均为复线。滨洲—滨绥线西起满洲里，经海拉尔、哈尔滨、牡丹江到绥芬河，全长 1 483 km。哈大线与滨洲—滨绥线在哈尔滨相会，通过沈阳、四平、长春、哈尔滨、牡丹江、齐齐哈尔等铁路枢纽，把东北地区工矿中心、农林牧基地和城市联成一个经济整体。

(3) 京广线、武汉长江大桥：京广线起自北京，向南经石家庄、郑州、武汉、长沙到广州，纵贯 6 省市，全长 2 324 km，是中国南北交通的中轴。1957 年以前，京广线被长江所隔，分为京汉、粤汉两段，以武汉轮渡衔接。1957 年建成长江第一座铁路公路两用桥，使京汉、粤汉两段线路成为统一的京广铁路。

(4) 京沪线、南京长江大桥：京沪线原被长江所隔，割为津浦和沪宁两段。1968 年建成铁路公路两用的南京长江大桥，使津浦、沪宁两线直接联成京沪线，从北京，经天津、济南、徐州、蚌埠、南京，直达上海，全长 1 462 km，是中国又一南北纵贯的铁路大干线。

(5) 陇海—兰新线：东起江苏连云港，经徐州、开封、郑州、西安、兰州、玉门、哈密，到乌鲁木齐，全长 3 651 km，是横贯中国中部六省区的东西大动脉和铁路横轴。

(6) 京包—包兰线：起自北京，途经张家口、集宁、呼和浩特、包头、银川，直抵兰州，全长 1 813 km，是沟通华北、西北的铁路干线。

(7) 宝成—成昆线：北起陇海线上的陕西宝鸡，经凤县、广元、成都、西昌，抵昆明，全长 1 754 km。沿线绝大部分穿行在崇山峻岭之中，其中仅成昆一线(长 1 085 km)即有隧道 427 座，桥梁 991 座，桥隧长度合计逾 400 km。

(8) 成渝—川黔线：北起成都，经内江到重庆，再经遵义，抵贵阳，全长 1 203 km。沿线大部穿越高山深谷，有大小桥涵 600 多座，是西南地区纵贯南北的又一条重要干线。

(9) 沪杭—浙赣—湘黔—贵昆线：沪杭—浙赣线起自上海，经杭州、鹰潭、萍乡到株洲，全长 1 136 km。湘黔—贵昆线，东起株洲，经湘潭、冷水江、怀化、贵阳、水城，到昆明，全长 1 541 km。沪杭—浙赣—湘黔—贵昆线穿过 6 个省市，与陇海线遥相平行，成为横贯中国东西的第 2 条大动脉。

(10) 湘桂—黔桂线：东起湖南衡阳，经桂林、柳州，到达贵阳，穿越三省区。

全长约1 633 km,沿线多丘陵山地;坡度陡峻,1949年后经过改造,运输能力已大有提高。

(11)太焦—焦枝—枝柳线:北起山西太原,南经长治、焦作、洛阳、襄樊、荆门,在枝城过长江,再经怀化,达柳州,全长2 091 km。此线沟通同蒲、京包、京广、陇海、湘黔、黔桂等铁路干线和长江水系,是中国中部与京广线平行的又一条南北交通大动脉。

(12)襄渝线:东起襄樊,经安康、达县,抵达重庆,全长916 km。沿线建有405座隧道,桥梁716座,桥、隧长度占线路总长45%。此线是全国铁路网的新增"链环",起着沟通西南—华中和西北地区之间联系的重要作用,是横贯中国东西的又一重要干线。

2) 我国"八纵八横"铁路大通道

为了适应国民经济发展的需要,我国"十五"期间铁路重点强化了"八纵八横"大通道建设。铁路大通道是指连接区域中心或大城市间的能力强大的铁路线,是由一条或多条功能相近的主要铁路干线构成的有机集合。其基本特征是运输强度大、运输里程较长、汇集和辐射范围广,营业里程占全国路网的43%,承担着全路80%左右的客货周转量,是铁路在综合交通运输中发挥优势的主力,也是国民经济增加控制的着力点。

"八纵"铁路通道是指南北走向,基本与沿海平行的铁路干线,包括:

(1)京哈通道:由北京经天津、沈阳、哈尔滨至满洲里。该通道由现有的京秦、京山、沈山、沈哈、滨州线和规划的京沈哈客运专线构成,是东北与其他地区客货交流的主要通道,也是东北地区的交通命脉。

(2)东部沿海通道:由沈阳经大连、烟台、胶州、新沂、长兴、杭州、宁波、温州、厦门、广州至湛江。该通道由原有的沈大、蓝烟、宣杭线、杭长段、萧甬、鹰厦线、厦门至漳平段、梅坎、广梅汕、三茂、黎湛线,在建的新长铁路,以及规划建设的烟大轮渡,胶州至新沂铁路和宁温、温福、福厦铁路等构成,将沟通环渤海、长江三角洲和珠江三角洲地区,在国家社会经济和国防建设中的地位十分重要。

(3)京沪通道:由北京经天津、济南、徐州、南京至上海。该通道由原有的京沪铁路和现建的京沪高速铁路构成,是华北地区与华东地区客货交流的主要通道。京沪线全线均为复线,既是客运快速线路,也是货运重载线路。

(4)京九通道:由北京经聊城、商丘、九江、南昌、深圳至九龙。包括霸州至天津、麻城至武汉两条支线。该通道是华北、华东、中南地区客货交流的主要通道之一,对京广、京沪通道具有重要的分流作用。

(5)京广通道:由北京经石家庄、郑州、武汉、长沙、株洲至广州。是东北、华北、西北地区通往华南地区的主要通道。

(6)大湛通道:由大同经太原(北同蒲)、洛阳、襄樊、石门、益阳、永州、柳州、黎塘、湛江至海口。该通道由同蒲、太焦、焦柳、石长、湘桂、黎湛和益阳至永州铁路、粤海通道构成。是我国"三西"(山西、陕西、内蒙古西部)煤炭南运的主要通道之一。

(7)包柳通道：由包头经西安、重庆、贵阳至柳州或南宁。该通道由原有包神、西延、襄渝、川黔、黔桂、湘桂铁路和现建神延、西康铁路构成，是我国西部南北向重要铁路通道。

(8)兰昆通道：由兰州经宝鸡、成都至昆明。该通道由陇海线、宝兰线、宝成线、成昆线构成，是西部地区南北向的重要通道。

"八横"铁路通道是指东西走向，大致与长江或黄河平行的铁路干线，包括：

(1)京兰通道：由北京经大同、包头、呼和浩特、兰州、西宁至拉萨。该通道由丰沙、京包、包兰、兰青、青藏铁路构成，是我国横贯东西的重要通道，东段是晋煤外运线路。

(2)煤运北通道：由两条功能单一、运能强大、设施先进的运煤专用铁路构成，即由大秦铁路(大同—秦皇岛)和神木铁路(神木、府谷—黄骅港)构成，是"三西"煤炭外运通道的重要组成部分。

(3)煤运南通道：由自太原经石家庄、德州、济南(长治经邯郸、济南)至青岛(即太原至青岛)，以及自侯马经新乡、菏泽、兖州至日照港两条通道组成，是"三西"煤炭外运的重要线路。太原至青岛通道：由石太、石德、胶济线以及邯长、邯济线构成，将进行线路电气化改造。侯马至日照通道：由侯月、新月、新菏、菏兖和兖日线构成。

(4)陆桥通道：即第二亚欧大陆桥通道，由连云港经徐州、郑州、西安、宝鸡、兰州、乌鲁木齐至阿拉山口。该通道由陇海、兰新和北疆铁路构成，横贯我国东、中、西部，是东西部联系的最重要纽带。

(5)宁西通道：由西安经南阳、潢川、合肥至南京(启东)。该通道由西安至南京、南京至启东铁路构成，连接我国东、中、西部，是我国未来铁路东西运输的重要通道。

(6)沿江通道：由重庆经武汉、九江、芜湖至南京(上海)。该通道由现有的宁芜、芜铜、武九铁路，在建的长荆、达万铁路和规划建设的铜九、万枝(宜)等铁路构成，横跨西南、华中、华东三大经济区，贯穿我国东中西部。

(7)沪昆(成)通道：由上海经杭州、株洲、怀化至贵阳、昆明(重庆、成都)。该通道由原有的沪杭线、浙赣线、湘黔线、贵昆线、达成线和在建的渝怀线构成，是华东地区、中南地区、西南地区客货运输的重要通道之一。

(8)西南出海通道：由昆明经南宁至湛江。该通道由南昆铁路、黎南铁路和黎湛铁路构成，是我国西南地区内陆各省出海的快捷通道。

4.1.4 我国铁路种类及其运输设施和设备

1)我国铁路的种类

现代铁路按其运输作用分为客货混合常规铁路和客运专线高速铁路两大类别，简称为常规铁路和高速铁路。常规铁路客、货运列车混合使用，一般有道渣层，列车行驶速度为 70~90 km/h，干线快速客车为 90~160 km/h，无缝轨道动车组客运列车最高可达 250 km/h；高速铁路供动车组客运列车专用，一般无道渣层，列车行驶速度为 250~400 km/h。目前，按管理权限的不同，我国铁路分为国家铁路、地方铁路、合资铁路、专用铁路、铁路专用线等。

(1) 国家铁路：是指由国家出资修建，由铁道部管理的铁路，一般是国家铁路干线。它在国民经济中具有重要的地位和骨干作用。

(2) 地方铁路：主要是地方自行投资修建或者与其他几种铁路联合投资修建，由地方人民政府管理，担负地方公共客货短途运输任务的铁路。

(3) 合资铁路：分为国内合资铁路和中外合资铁路。国内合资铁路是指由两个或两个以上企业或其他单位合资修建的铁路。中外合资铁路是指由中方具有法人资格的企业或者其他单位与外商投资者联合修建的铁路。

(4) 专用铁路：大都是大中型企业自己投资修建，自备机车车辆，由企业或者其他单位管理，专为企业或者单位内部提供运输服务的铁路。也有一些军工企业、矿业部门、森林管理部门为运输生产需要修建了一些专用铁路。部分专用铁路不仅为企业运输生产服务，而且也为企业人民的生活服务，兼办一些公共客货运输营业。

(5) 铁路专用线：由企业或单位修建与管理，主要为一家或多家企业进行内部货物发到运输服务，运输动力一般可使用与其相接的铁路动力。

2) 铁路运输基础设施和设备

铁路运输由一个综合性的庞大系统组成，为了办理客货运输业务，必须拥有各种相互关联的基础设施和设备、管理机构和员工、运营指挥方式。铁路运输基础设施和设备包括铁路、机车、车辆、车站、信号与通信设施、信息技术设施等。

(1) 铁路：是机车、车辆和列车运行的基础。

(2) 车辆：是装载运送货物和旅客的工具。

(3) 机车：是牵引列车运行和进行调车活动的基本动力。

(4) 车站：是办理旅客和货物运输业务的场所，是铁路内部进行运输生产组织的基地。

(5) 信号及通信设备：是确保行车安全和提高运输效率必要的指挥和通信设施。

(6) 现代化的信息技术和相关设施：是提高铁路基础设施利用率和更加有效地组织运输生产的保障；而安全保障设施是我国铁路行车与调车工作顺利进行的基本保证。

当然，为了确保运输工作安全、顺利、有序、不间断地进行，铁路各种基础运输设施必须保持经常良好的状态，这需要对各种运输设备进行各项保养、维护和检修工作，铁路为此在各级车站专门设置了不同种类的修理工厂、业务段、检修所和信息所等。

4.2 铁路交通运输线路

铁路运输的最大特点是列车必须顺沿轨道行驶。铁路交通运输线路主要由平面线型、铁路路基、铁路轨道（包括道床）等共同构成，其次还包括桥梁、隧道和涵洞等建筑物，简称铁路线路或铁路。线路是铁路运输的基础设施，列车运行的必要条件，其作用是直接引导列车行驶,并承受机车和车辆传来的压力。铁路要求平直,对坡度和直线度有严格的技术标准,且修建后必须精心养护和适时维修,使其保持良好状态,以保障列车不间断地安全运行。

4.2.1 铁路技术标准及线型

1) 铁路主要技术标准

铁路主要技术标准包括铁路用途种类、铁路等级、正线数目、限制坡度、最小曲线半径、机车类型、车站分布等。这些标准是确定铁路运输目标和能力大小的决定因素,不仅对设计要求、工程造价和运营质量有重大影响,而且是确定铁路一系列工程标准和设备类型的依据,所以称为铁路主要技术标准。其中,铁路用途种类有客运和货运兼顾的常规铁路、客运专线高速铁路和重载铁路。三者虽然基本形式相同,但在技术方面,包括机车、车辆、线路和轨道以及列车的编组和运行都各不相同。由于目前常规铁路使用较多,下面主要介绍常规铁路。

2) 铁路平面线型

合适的铁路平面线型,不仅在施工期间可以节省工程费用,而且投入运营后,更可以发挥最大营运效益,减少营运费用以增加收益。因此,要兴建一条铁路,选择路线的工作尤为重要。一般来说,铁路选线时若仅就地形与工程方面考虑而言,必须注意路程最近、路线平直、坡度平坦和工程最易的四项原则。为适应地形起伏以减少工程量,铁路在纵向设置上坡或下坡。为适应地理条件,铁路在横向应设计平面线型。铁路平面线型由直线、圆曲线以及它们之间的缓和曲线组成。

(1) 直线:是铁路最基本的平面线型,在铁路中所占比例最大。如果不受地形限制,或没有改变方向的需要,铁路平面线型应尽量选择直线。

(2) 圆曲线:是铁路改变方向时的平面线型。列车以一定的速度在曲线上行驶

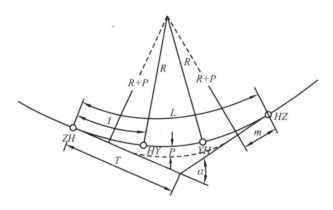

图 4-2 铁路曲线设置示意图

R. 曲线半径 *I*. 缓和曲线长度 *L*. 曲线长度 *T*. 切线长度
ZH. 直缓点 *HY*、*YH*. 圆缓点 *HZ*. 缓直点 *α*. 曲线转角

时，会受到离心力的作用。离心力的大小同行驶速度的平方成正比，同曲线半径成反比。离心力作用时，一方面影响到列车运行的平稳性；另一方面使外侧车轮轮缘紧压外轨，加剧外轨磨损；同时，由于动轮踏面在曲线段会发生横向滑动，会引起车轮同钢轨间的黏着系数下降，使牵引力减小。因此，考虑到线路的稳定和旅客的舒适，圆曲线的曲率半径不能太小，列车在曲线上必须限速行驶。

（3）缓和曲线：在直线与圆曲线之间应设置缓和曲线，如图4-2所示，从缓和曲线所衔接的直线一端起，其半径由无穷大渐变到所衔接的圆曲线半径 R。这样使列车由直线驶向圆曲线时，离心力逐渐增加；列车由直线驶离圆曲线时，离心力逐渐减少直至消失。其目的是缓解外轮对外轨的冲击，使列车运行平稳，旅客舒适，货物无碰撞。

4.2.2 铁路路基

铁路路基（railway subgrade）是为轨道铺设和承受列车荷载，并满足运营条件而修建的土工构筑物。路基必须保证轨顶标高，并与桥梁、隧道连接，组成完整贯通的铁路线路。铁路路基直接承受经轨道传递来的列车载荷压力，并将其传递到地基。路基状态的好坏，直接影响铁路的质量及行车速度和行车安全。铁路路基可以分为普通夯土路基和混凝土高架路基两大类：普通夯土路基是以三合土或普通黏土作为基本夯土坝；混凝土高架路基是以混凝土桥墩支撑混凝土行车走梁，行车走梁上现浇混凝土路基。下面主要介绍普通夯土路基。

普通夯土路基必须填筑坚实，基床应强化处理，并经常保持干燥、坚固、稳定和完好状态，以保证能承受列车重载。同时，路基两侧应留有足够的铁路用地，以利于路基的结构稳定、排水畅通、养护维修、安装设施及植树造林，并能经受风雨冰雪等各种气象变化。

1）铁路路基横断面的主要形式

垂直于铁路中心线的路基断面，称为铁路路基横断面。随着地形的起伏，修筑铁路时路基有的地段需填筑、有的需开挖，有的需半填半挖。所以，铁路路基横断面可分为以下六种主要形式，其中以路堤和路堑式居多，如图4-3所示。

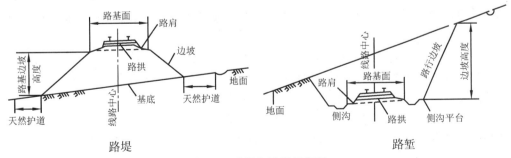

图4-3 路堤和路堑示意图

(1) 路堤式路基：简称路堤，即路基是在地平面之上堆压而成，路面高出天然地面。

(2) 路堑式路基：简称路堑，即路基是在地平面之下挖入而成，路面低于天然地面。

(3) 不填不挖式路基：即路基在地平面之上不填也不挖，路面与天然地面持平。

(4) 半堤式路基：又称半填路基。即路基有一边是在地平面之上堆压而成，其路面高出天然地面；路基的另一边不填也不挖，与天然地面持平。半堤式路基常位于坡地。

(5) 半堑式路基：又称半挖路基。即路基有一边是在地平面之下挖入而成，其路面低于天然地面；路基的另一边不填也不挖，与天然地面持平。半堑式路基常位于坡地。

(6) 半堤半堑式路基：又称半挖半填路基，即路基是挖一半填一半而成，一般路面中线与天然地面持平，一般位于山腰因地形原因修建。

目前，我国正在修建客运专线高速铁路，其区间主要是电力牵引复线路基，其横断面除应符合高速行车规定外，还要为高速运行安全和线路检修提供方便，因而需设计较宽的路肩。法国高速铁路路基宽度为 12.6 m，我国规定高速铁路路基宽度为 13.4 m。

2) 铁路路基工程的主要内容

修筑铁路路基本体、路基排水、路基防护加固建筑物、路基支挡建筑物设施的工程，称为铁路路基工程。铁路路基工程包括以下四项内容：

(1) 路基本体工程：路基本体按横断面形式主要有路堤和路堑。路堤是用土石在地面填筑而成的土体，堤顶面为路基面，高于天然地面，两侧为路堤边坡；路堑是将山体开挖成堑，堑底为路基面，低于天然地面，两侧为路堑边坡。此外，在一定条件下也可不经填筑和开挖而直接以天然地面做路基面。路基本体具有一定的路基面宽度和路基边坡坡度，并要求使用一定的路基填料。

①路基面：路基面中部用于道床铺置，道床两侧是路肩。路基面宽度在路基本体工程中是一项重要标准，不仅决定铁路的占地面积，而且影响工程造价，各国对其都有具体规定。中国路基面的宽度，根据铁路等级、轨道类型、道床标准、路肩宽度和线路间距等因素确定：规定标准轨新建单线直线段路基面宽为 4.9～6.7 m，路肩宽为 0.4～0.6 m；双线段路基面两中心距为 4～4.1 m；曲线段的路基面宽度应根据曲线半径的大小相应增宽。日本高速新干线的路肩宽为 1.2 m。路基面的形状有路拱和无路拱两种。非渗水的路基面往往做成不同形式的路拱，以便排水。

②路肩：路基面两侧未被道碴覆盖部分是路肩，供养路巡道人员行走和放置养路机具及材料。道床宽度因铁路的轨距和轨道标准不同而异；路肩宽度同路基本体的土质条件和横断面形式有关，此外，路肩宽度还考虑养护维修工作的需要。

③路基边坡坡度：边坡坡度大小影响到路基本体的稳定性。边坡坡度同边坡的高度和土质条件有关。中国铁路规定：路堤边坡高度小于 20 m，且地质条件良好时，可根据填料种类和边坡高度采用 1:1.3～1:1.75 的坡度；路堑边坡可采用 1:0.1～1:1.75 的坡度；边坡高度大于 20 m 时，应根据岩土的物理力学性质确定其安全的坡度。

④路基填料：一般情况就地取土填筑路堤，但有些土石不能用作填料，否则将引起路堤坍滑和变形。特别是路基顶部（包括路基面）直接受到列车动荷载作用的部分，其填料必须严格控制，以免产生翻浆冒泥等路基病害。中国铁路部门将填料按其适用性分为 A、B、C、D 四级：A 级为优质填料，如粗粒无黏性土；B 级为良好填料，如细粒含量小于 30% 的混合土和砂黏土等；C 级为限制使用的填料，如细粒含量超过 30% 的混合土和粉砂等；D 级一般为禁止使用的填料，如黏粉土、黏土和有机土等。基床表层应选用 A 级和 B 级的填料。日本新干线用的基床填料：最大粒径小于 75 mm；通过 74 μm 网眼的土占总重的 2%～20%；通过 420 μm 网眼的土超过总重的 40%；匀质系数大于 6；液限小于 35，塑性指数小于 9。

（2）路基排水工程：为保持路基的坚固性和稳定性，使其免受雨水浸湿而产生病害，路基两侧应修建相应的地面和地下排水建筑物：地面排水设施有侧沟、天沟、截水沟和矩形水槽等；地下排水的设施有明沟、槽沟、渗沟和渗管等。图 4-4 为渗沟、渗管断面图。

（3）路基防护加固工程：路基边坡长期裸露，受自然风化及雨水冲刷作用，会出现各种情况的损坏，为保证其坚固和稳定，根据边坡土质和结构情况，常采用坡面种草、铺草皮、抹面、喷浆、勾缝、砌石、修建挡土墙等不同方式加以防护加固，如图 4-5 所示。

（4）路基支挡工程：为保证山区铁路路基和山坡的稳定，以及为减少城市附近铁路路基用地，常在路堤坡脚或路堑边坡处修建支挡建筑物。最常见的是干砌片石垛、重力式圬工挡墙和钢筋混凝土半重力式挡墙。1966 年中国在贵昆铁路和成昆铁路一些地段，采用了修筑桩排架挡墙和挖孔桩等措施，稳定路堤和防止山坡变形。近年来，各国普遍采用一些轻型的新支挡结构，可充分利用地形，减少圬土量，提高施工机械化程度。其中主要有以下两种：①由钢筋混凝土支柱和挡板组成的锚杆挡墙；②由墙面板、拉筋及填土组成的加筋土挡墙。

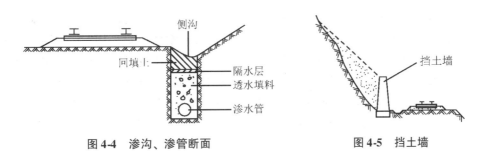

图 4-4 渗沟、渗管断面　　　　　图 4-5 挡土墙

4.2.3 铁路轨道

铁路轨道通常由两条平行的固定轨距的钢轨组成。轨道用于引导列车行驶，令列车无须转向便能行走，同时承受机车和车辆的压力，并把压力分散传递到路基或桥隧结构物上。机车车轮在铁路轨道上滚动行驶时，两者间应有足够的摩擦系数，使机车产生相应的附着力带动列车行驶。一般而言，钢轨固定在轨枕上，轨枕之下为路碴，

路碴之下是路基。钢轨也可以铺在混凝土筑成的基座上(在桥上和无碴铁路就相当常见),甚至嵌在混凝土里。

1) 轨道的组成

铁路轨道一般由钢轨、轨枕、连接零件、道床、防爬设备以及道岔等组成,如图4-6所示。其中道床是铺在路基面上的道碴层,在道床上铺设轨枕,在轨枕上架设钢轨。在相邻两节钢轨的端部以及钢轨和轨枕之间,用连接零件互相扣连。在铁路和铁路连接处铺设道岔。在钢轨和轨枕上,安设必要的防爬设备。

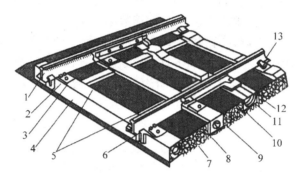

图4-6 轨道的基本组成

1. 钢轨 2. 普通道钉 3. 垫板 4、9. 木枕 5. 防爬撑 6. 防爬器 7. 道床 8. 双头夹板 10. 螺栓 11. 钢筋混凝土轨枕 12. 扣板式中间连接零件 13. 弹片式中间连接零件

(注:图中画了多种类型扣件,是为示例之用)

为了保证列车按规定的速度安全、平稳、不间断地运行,适应旅客列车高速及货物列车重载的发展需要,应根据铁路线路等级、牵引重量和运行速度等条件,选用和铺设轨道的各组成部件,使线路具备足够的强度。

(1) 钢轨:直接承受车轮压力并引导车轮运行方向。它应当具有足够的刚硬性和柔韧性。刚硬性是为了承受车轮的强大压力,同时防止过快地磨损;柔韧性是为了减轻车轮对钢轨的冲击作用。因此,制造钢轨所用的钢材,一般都含有适量的碳、锰、硅等元素。为了使钢轨具有最佳的抗弯性能,钢轨的断面形状采用"工"字形。"工"字形钢轨由轨头、轨腰和轨底组成,如图4-7所示。目前我国钢轨的标准长度为12.5 m和25 m,此外,还有专供曲线地段铺设内轨用的标准缩短轨若干种。在我国,钢轨的类型(或强度)以kg/m表示,现行的标准钢轨类型有:70 kg/m、60 kg/m、50 kg/m、43 kg/m、38 kg/m 5种。高速铁路和重载铁路对钢轨的要求高。目前,日本、法国、德国和意大利等国的高速铁路上,采用的大都是60 kg/m钢轨。我国大秦铁路均采用70 kg/m的重型钢轨,并采用无缝线路。

(2) 轨枕:是钢轨的支座,主要承受从钢轨传来的压力并传给道床,同时轨枕还起到保持钢轨位置和轨距的作用。它必须具备一定的柔韧性和弹性,列车经过时可以适当变形以缓冲压力,但列车过后还得尽可能恢复原状。轨枕有木枕和预应力钢筋混凝土两种,如图4-8所示。目前广泛用钢筋混凝土轨枕代替木枕,因为混凝土轨枕材料来源较多,制造方便,且不受气候、腐朽、虫蛀及火灾的影响,又能保证尺寸一致、坚固耐用等要求。轨枕因应用范围不同，长度也不同，中国铁路普通轨枕长度为 2.5 m，道岔用的岔枕和钢桥上用的桥枕，长度有 2.6~4.85 m 多种。轨枕的间距应根据运量、行车速度及铁路类型等条件决定。中国铁路轨枕间距一般为 52~62 cm，一般以每公里铺设轨枕的根数间接显示轨枕间距，即 1 520~1 840 根/km 之间。不言而喻，每公里轨枕数量越多，轨道强度越大。

(3)连接零件：包括钢轨接头连接零件和钢轨固定在轨枕上的中间连接零件两类。

①接头连接零件：要将两节钢轨连接，必需采用接头连接零件，其包括夹板、螺栓、螺母和弹性垫圈等，如图 4-9 所示。连接时，两节钢轨之间应当预留适当的轨缝，以保证钢轨可自由地伸缩。但由于轨缝的存在，列车通过时必然在轨缝处产生冲击，从而使行车阻力和线路维修工作量显著增加，钢轨接头处往往是轨道上最薄弱环节，也是线路维修工作的重点对象。解决这一薄弱环节的主要措施是大力发展无缝线路，将钢轨焊接成每段 1 000~2 000 m 长的钢轨。目前广泛采用的钢轨接头形式是悬接而又对接，如图 4-10 所示。悬接是指钢轨的接头正好处在两根轨枕之间，这种形式弹性较好。对接是指轨道上两平行钢轨的接头恰好都在纵向的同一位置，不是错开。

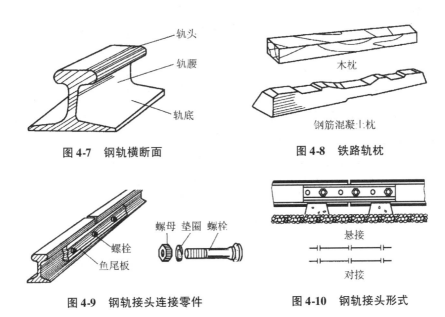

图 4-7 钢轨横断面　　图 4-8 铁路轨枕

图 4-9 钢轨接头连接零件　　图 4-10 钢轨接头形式

②中间连接零件：中间连接零件又称钢轨扣件，其功能是将钢轨紧扣在轨枕之上。目前我国钢筋混凝土轨枕用的中间联接零件有 ω 形弹条式(见图 4-11)、扣板式和拱形弹片式(见图 4-12)。ω 形弹条式扣件主要由 ω 形弹条、螺旋道钉、轨距挡板、挡板座及弹性垫板等组成。ω 形弹条扣件不仅比其他两种中间连接零件用得少，结构简单，而且弹性好，扣压力最大，因此在主要干线和无缝线路上得到了广泛使用。

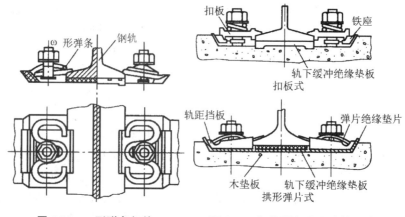

图 4-11 ω 形弹条扣件   图 4-12 钢筋混凝土用连接零件

(4) 道床:是铺在路基面上的道碴层,如图 4-13 所示。其主要作用是支承轨枕,把轨枕上部的压力均匀地传给路基。此外,道床还起到固定轨枕位置,阻止轨枕纵向或横向移动,便于铺设轨枕,并缓和列车车轮对钢轨的冲击作用。道床的材料应当具有坚硬、不易风化、富有弹性并有利于排水的特点,常用材料有碎石、卵石、粗砂等。道床可以是单层或双层,正线一般采用双层,下面是垫层,可以防止翻浆冒泥,厚度一般不小于 20 cm,上面是面层。不易风化的砂石路基,可以不铺垫层。道床顶面的宽度决定于轨枕长度。道床的厚度和宽度根据铁路等级确定。我国客货混合常规铁路一般都采用粗砂加碎石道床,粗砂铺在路基面上作垫层起柔性作用,轨枕铺在粗砂上面,最后铺碎石面层,碎石铺好后再用铁镐楔入轨枕底部可调整钢轨的平直度。中国铁路道床厚度规定为 25~50 cm,重型钢轨道床厚度大。混凝土轨枕道床宽度规定为 3.1 m,碎石道床的边坡为 1:1.75。图 4-13 中尺寸 B 为铁路路基面宽,b 为道碴层面宽,a 为道碴层余宽,L 为铁路路肩宽,其具体尺寸按铁路工程有关技术标准设计和建设。

(5) 防爬设备:列车运行时,常常产生纵向力带动钢轨作纵向移动,有时甚至带动轨枕一起移动,这种纵向移动,称做爬行。轨道爬行后,会造成轨枕歪斜,或一端轨缝被顶严实,而另一端轨缝被拉大的轨缝不匀等现象。轨道爬行后,若轨枕处于松

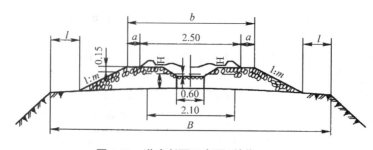

图 4-13 道床断面示意图(单位:m)

软的道床上，轨面易出现凹凸不平的状况，严重危及行车安全。轨道爬行与列车速度、机车和车辆的轴重，与单线区间、双线地段、上坡下坡等因素有关。列车的速度越高，轴重越大，爬行就越严重。为了阻止线路爬行造成的行车危险，必须采取有效措施防止爬行。一般地除加强轨道其他有关组成部件外，通常还采用防爬器和防爬撑来防止轨道爬行，如图 4-6 所示。

（6）道岔：是连接两股或多股相邻轨道的专用设备，主要由转辙器、辙叉和连接轨道组成。道岔为列车由一股轨道转入另一股轨道提供通道，是线路连接设备，是铁路轨道的重要组成部分，通常设于车站。道岔结构复杂，零件较多，往往是轨道中的薄弱环节。

2) 轨道的类型

轨道作为列车运行的基础，它的强度应当满足该线路每年通过的最大运量和最高行车速度的要求。在列车质量、列车密度和运行速度高的线路上，轨道强度应该大些。反之，则可以小些。轨道强度与钢轨的质量和耐磨性、轨枕的种类和数量、联结零件的强度、道床材料、厚度等有关。我国铁路正线轨道共分特重型、重型、次重型、中型和轻型等五种类型，各种类型轨道的有关参数如表 4-3 所列。

3) 铁路等级

铁路等级是铁路的基本标准。其他各项标准都与铁路等级有关。线路的等级不同，在线路平、纵断面设计中所采用的标准和装备类型也不一样。所以在进行设计时，首先要确定铁路的等级。我国《铁路线路设计规范》（GB 50090—2006）规定，新建和改建铁路的等级，应根据它们在路网中的作用、性质和远期的客货运量确定。目前，我国常规铁路共划分为三个等级，即Ⅰ级、Ⅱ级、Ⅲ级。具体划分条件如表 4-4 所列。

4) 轨距和超高

铁路轨距是指两条平行钢轨内侧间的距离，有时又称两根钢轨头部内侧间与轨道中心线相垂直的距离为轨距，可分为窄轨距、标准轨距和宽轨距三种类型。图 4-14 是铁路轨距示意图，其测量工具铁路轨距尺如图 4-15 所示。很早以前，各国铁路的轨距各不相同，1937 年国际铁路协会做出规定：1 435 mm 的轨距为国际通用的标准轨距，1 520 mm 以上的轨距是宽轨，1 067 mm 以下的轨距算作窄轨。现在，尽管多数国家采用的是 1 435 mm 的国际通用的标准轨距，但世界各地仍有 30 多种不同的轨距。例如：越南铁路轨距为 1 200 mm；俄罗斯、蒙古、哈萨克斯坦、吉尔吉斯斯坦、乌兹别克斯坦和塔吉克斯坦等国家铁路轨距为 1 520 mm；中国、朝鲜、韩国、美国、英国等铁路轨距为 1 435 mm 的国际通用的标准轨距，其误差不得超过 $-2 \sim +6$ mm。铁路轨距的标准不一，必然会使铁路运输难以畅通。中国铁路里程数亚洲第一，但是受到轨距标准不一的制约，有 21 条铁路的连接点无法与周边国家连接。货物运到边境要卸车，然后再装到对方国家的列车上，大大提高了运输成本。为了平衡车辆在曲线轨道上行驶时的离心力，轨道外轨须高于内轨，简称超高。中国铁路规定最大超高量不得大于 150 mm。

表 4-3　正线轨道类型

条件	项目			单位	特重型	重型	次重型	中型	轻型
运营条件	年通过总重密度			Mt·km/km	>60	60~30	30~15	15~8	<8
	最高行车速度			km/h	≥160	≥120	120	100	80
轨道条件	钢　轨			kg/m	70	60	50	43	43~38
	轨枕根数	预应力混凝土枕		根/km	1 840~1 760	1 760	1 760~1 680	1 680~1 600	1 600~1 250
		木　枕		根/km	1 840	1 840	1 840~1 760	1 760~1 680	1 600
	道床厚度	非渗水土路基	面层	cm	30	30	25	20	20
			垫层		20	20	20	20	15
		岩石、渗水土路基		cm	35	35	30	30	25

表 4-4　铁路等级划分

等　级	正线轨道类型	铁路在路网中的意义	远期年客货运量/Mt
Ⅰ级铁路	特重型、重型、次重型	在路网中起骨干作用的铁路	≥20
Ⅱ级铁路	次重型、中型	在路网中起骨干作用的铁路	<20
		在路网中起联络、辅助作用的铁路	≥10
Ⅲ级铁路	轻型	为某一区域服务，具有地区运输性质的铁路	<10

注：①远期指运营交付后 10 年；②年客货运量为重车方向的货运量与客车对数折算的货运量之和，每天 1 对旅客列车按 1.0 Mt 货运量折算。

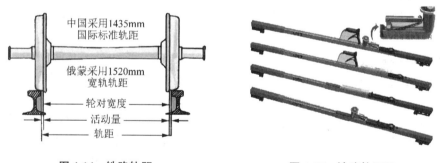

图 4-14　铁路轨距　　　　　　　图 4-15　铁路轨距尺

5）新型轨道

随着铁路运量的增加，机车和车辆轴重提高，列车行驶速度加快，相继出现了许多新型轨道，如无缝线路、宽轨枕线路、整体道床线路和板式轨道等。

（1）无缝线路：又称焊接长钢轨线路，是一种把普通钢轨焊接起来不留轨缝的线路，焊接钢轨每根长不少于 200 m，实际应用时一般为 800~1 000 m 或更长一些。无缝线路大量减少了钢轨接头，减少了车轮通过接头时对钢轨的冲击，使行车平稳、旅行舒适、轮轨磨耗及线路维修工作量减小，有利于节约线路维修费用，延长钢轨使用寿命，减弱机车车辆噪声等，也是轨道现代化的内容之一，因此，发展较快。在 20 世纪 30 年代，德国和美国铁路开始进行小量试铺无缝线路，到 1981 年止，全世界已铺设无缝线路约30万km，其中中国铺设约8 000 km。截至2008年底，我国已铺设正线无缝线路约6.1万km，占正线钢轨比重的65.9%。长轨是在规定温度范围内铺设并固定在轨枕上的。长轨端部有轨缝，而中间部分不能随温度升降而伸缩。因此，钢轨中段夏季将产生很大的温度压力，冬天将产生很大的温度拉力。钢轨内的最大压力和拉力可根据钢轨铺设地的年最高气温和最低气温计算，钢轨所受最大压力应不致于造成轨道胀曲，所受最大拉力应不致于造成钢轨断裂。

(2)宽轨枕线路：又称轨枕板线路。是用预应力混凝土轨枕板，密排铺设在经过压实的道床上，板缝间用沥青或其他材料填封所修筑的线路。预应力混凝土轨枕板宽55 cm，是比普通预应力混凝土轨枕底宽的两倍，其长度和厚度同普通预应力混凝土轨枕相同。因此，宽轨枕与道床的接触面积比普通轨枕增大一倍，从而减少了对道床的压力。宽轨枕线路适用于繁忙干线，也可铺设在维修困难的隧道和站场内，不论石质或土质路基均可铺设，但在具有翻浆冒泥病害的路基上铺设时必须先将路基的病害整治。宽轨枕线路的主要优点有：轨道下沉速度逐渐减慢和停止，线路维修量大大降低，约为普通混凝土轨枕线路的三分之一；脏污物不易侵入道床，轨道易保持整洁，延长了线路大修中修周期；线路平顺、稳定，有利于高速运行及铺设无缝线路。其缺点是造价较高，在繁忙干线上换铺困难。

(3)整体道床：是一种不使用普通轨枕及碎石道床的新型线路，常用于隧道内部、地下铁道、港口码头及石质路基上铺用。结构形式有预埋混凝土短枕式、预埋短木枕式及整体浇筑式等三种，以第一种最常见。中国从1958年开始试铺，1965年起大量推广，到1983年已修建隧道整体道床近300 km。隧道整体道床主要由混凝土道床、隧道底部填充、钢筋混凝土短枕、排水沟、人行道及其他附属设施组成。在整体道床的全长上，随需要设置伸缩缝。其与两端碎石道床连接处，应按规定设置道床弹性渐变的过渡段，以减少机车车辆进出整体道床时的猝然冲击。整体道床坚固耐久，外观整洁，基本上能达到少维修的目的，但必须正确处理好隧道水文地质条件与设计施工之间的关系。缺点是造价高昂，且要求较高的施工精度和特殊的施工方法，在运营过程中一旦出现病害，整治非常困难。

(4)板式无砟轨道：是由板下混凝土底座、CA砂浆垫层、轨道板、长钢轨及扣件等四部分组成。即用钢筋混凝土大板，并在大板下先用乳化沥青水泥砂浆作为调整层替换传统有砟轨道的轨枕和道砟的一种新型轨道形式。这种轨道适用于石质路基或无砟桥面上。铺在土质路基上则须另设压实的沥青混凝土承重层。板式轨道具有无砟轨道所具有的线路稳定性、刚度均匀性好，线路平顺性、耐久性高的突出优点，并可显著减少线路的维修工作量。路基上无砟轨道部件设计主要解决路基沉降的问题，一般用于桥式铁路和客运专线。在客运专线中，多用以桥代路的方式，反而节约投资，日本铁路在新干线上已推广使用。但板式无砟轨道在桥上铺设时，受桥梁不同跨度的影响，需要不同长度的轨道板配合使用，无形中增加了制造成本；曲线地段铺设时，线路超高顺坡、曲线矢度的实现对扣件系统的要求较高；板式轨道结构中CA砂浆调整层的施工质量直接影响轨道的耐久性；板式轨道的制造、运输和施工的专业性较强，包括：轨道板的制造、运输、吊装、铺设；CA砂浆的现场搅拌、试验、运输和

图 4-16 普通铁路(有砟铁路)

图 4-17 新型铁路(无砟铁路)

灌注;轨道状态整理过程中的充填式垫板树脂灌注等。

图 4-16 所示为有砟铁路,图 4-17 所示为无砟铁路。

4.2.4 铁路桥隧建筑物

铁路在跨越江河、深谷、公路或其他铁道线时,需要修建桥梁和隧道等建筑物(简称桥隧建筑物)。桥隧是铁路的重要组成部分,包括桥梁、涵洞、明渠、隧道等。修建铁路时,桥隧建筑物投资占整个工程比重相当大,大型桥隧的工期也是影响整个工程工期的关键。新中国成立以来,在铁路建设历史中桥隧建设也取得了巨大成就。例如:桥隧占全线 40% 的成昆线,飞越天堑的武汉、南京、九江、芜湖长江大桥及大瑶山双线隧道等,都是世界铁路工程中著名的工程;芜湖长江大桥是我国公路和铁路两用跨度最长的大桥,铁路桥长 10 624.4 m,公路桥长 6 078.4 m,如图 4-18 所示;2006 年建成运营的乌鞘岭隧道,全长 20.5 km,是亚洲第一、世界第二的特长山岭隧道,位于兰新线兰武段打柴沟车站和龙沟车站之间,地质复杂,设计为两座单线隧道。乌鞘岭隧道使兰武二线缩短 22 km,如图 4-19 所示。

1)铁路桥梁

由上部结构和下部结构两大部分组成。上部结构又称桥跨结构,包括桥面、梁、

图 4-18　芜湖长江大桥

图 4-19　乌鞘岭隧道

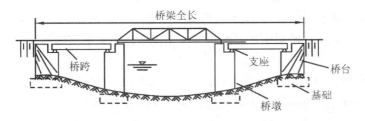
图 4-20　桥梁的组成

支座等；下部结构包括桥墩、桥台和基础，如图4-20所示。

桥面指桥上的路面，即铺设轨道和供人行走的部分，通常有有碴桥面和无碴桥面两种。有碴桥面的钢轨是铺在轨枕与道碴上的，而无碴桥面的钢轨和轨枕直接铺在钢梁或木梁上。桥面上除正轨外，还设有护轨，其作用是控制列车在桥上万一掉道后车轮的运行方向，防止发生翻车事故。梁是桥梁上部结构的主体，它支撑桥面和桥面传来的重力，应有足够的强度。其式样很多，有钢桥梁、钢桁梁及钢筋混凝土梁等。支座是桥梁墩台上支承桥跨的构件，分为固定支座和铰支座两种。桥墩是桥梁中部支承桥跨结构的建筑物。桥台是桥梁两端支承和连接路基的建筑物。基础设置在桥墩和桥台的下部，支承墩台自身的重量、桥跨重量、列车重量和冲击力等，并把这些力传到地基。

两端桥台挡碴墙之间的距离为桥梁全长。每个桥跨两支点间的距离为跨度。每个桥孔在设计水位处的距离为孔径。从设计通航水位（或设计洪水位）至桥跨结构最下缘的垂直高度为桥下净空。桥下净空不得小于排洪所要求的垂直高度以及该江河通航规定的净空高度。

(1)桥梁种类：铁路桥梁分类方法较多，一般可按桥梁长度和结构、桥面所在位置、桥梁跨越的障碍等方法分类。

①按桥梁长度：可分为小桥(桥长<20 m)；中桥(20 m≤桥长<100 m)；大桥(100 m≤桥长<500 m)和特大桥(桥长≥500 m)。

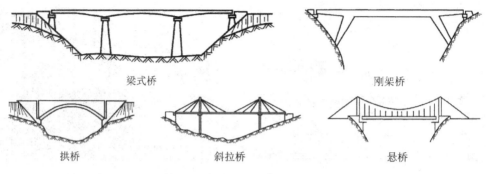

图 4-21　铁路桥梁按桥跨结构分类

②按桥跨结构(见图 4-21)：分为梁式桥——桥的梁由支座支承在桥墩和墩台上；刚架桥——梁与墩台连成一个整体的桥梁；拱桥——桥跨结构的主体呈拱形；斜拉桥——由梁、斜拉索、塔架组成；悬桥——用缆索作主要承重结构，桥面用吊索或吊杆挂在缆索上。

③按桥面所在位置：可分为上承桥——桥面位于主梁上面，如图 4-20 的两端桥跨结构；下承桥——桥面位于主梁下部，如图 4-20 的中部桥跨结构。

④按桥梁跨越的障碍：可分为跨河桥——跨越江河、湖泊；跨线桥——又称立交桥，铁路、公路相互立体交叉时所建的桥梁；高架桥——又称栈桥或旱桥，跨越宽谷、深沟。

(2)桥梁荷载：一座桥梁所承受的荷载主要包括恒载和活载两部分。恒载指桥梁结构本身的自重。活载指列车的重量及冲击力。建桥时桥梁各部分结构要根据铁道线路等级、桥跨材料及跨度，适应列车质量、密度、速度发展的需要，按铁道部制定的标准活载设计。

2)隧道

隧道是修筑在地层内的建筑物。在山区修建铁路时，为避免开挖深路堑或修筑过长的迂回线，开凿隧道往往会改善线路条件、提高运输效率、节省运营费用。

铁道隧道按长度可分为一般隧道(长度小于 2 000 m)、长隧道(长度为 2 000 ~ 5 000 m)和特长隧道(长度大于 5 000 m)；按所在位置和修筑条件又可分为傍山隧道、越岭隧道、地下铁道；按洞内行车线路的多少还可分为单线隧道、双线隧道及多线隧道等。

隧道一般由洞身、衬砌、洞门和避车避人洞几部分组成。洞身是隧道的主体部分，是列车通过的通道。为保证行车安全，洞身应具有一定的净空，按规定的隧道建筑接近限界确定横断面。衬砌指沿隧道周边用石料、混凝土等砌筑的支撑结构。它的作用是用来承受地层压力，阻止坑道周围地层的变形，防止岩石的风化、坍塌，以保证行车安全。洞门指隧道进出口的建筑装饰结构，它的作用是用来保持洞口上方及两侧坡面的稳定，并将洞口上方流下的水通过洞门处的排水沟引离隧道，保证隧道的正常使用。避车洞与避人洞指设于隧道内两侧边墙上交错排列的附属建筑物，它是为列车通过时便于工作人员、行人及运料小车躲避而修建的。避车洞每隔300 m设一个，避人洞在相邻避车洞之间每隔60 m设一个。

4.3 铁路机车

铁路机车是担负铁路运输牵引任务和完成各项调车工作的动力设备，又称火车头。因为铁路车厢不具备牵引动力，必须由机车牵引沿钢轨运行。此外，在铁路车站和一些专用线上需进行列车的解编、转线和取送等，也需要机车的牵引或推送完成相关的调车作业。因此，为了保证铁路各项运输工作的顺利进行，铁路部门必须拥有数量足够、牵引性能良好的机车。

4.3.1 铁路机车的种类

铁路机车可按用途分类，也可按牵引动力分类。此外，世界各国都在发展高速铁路(客运专线)和重载运输技术，高速铁路运行的动车组列车是由专用牵引机车和自带动力的车厢共同作用，行驶速度极快。所以，铁路机车还应有普通铁路机车和高速铁路机车之分。

1) 铁路机车按用途分类

铁路机车按用途分类可分为客运机车、货运机车和调车机车。

(1) 客运机车：主要用于牵引本机务段区间铁路正线的客车。相对货运机车来说，客运机车的牵引力要小一些，速度要快些。这是因为客车的编组较少，一般为20多节，载重量也比货车小得多，没有必要"大马拉小车"造成浪费。

(2) 货运机车：主要用于牵引本机务段区间铁路正线的货车。我国除了重载列车外，一般的货运列车编组为60节，载重量约为3 500 t。显然，货运机车的牵引力要比客运机车大得多，但速度没有客运机车那么快。

(3) 调车机车：主要用于各车站列车的解编、转线和取送等各项调车作业。它的特点是机动灵活，因此车身较短，能通过较小的曲线半径，而速度相对要求不高。

2) 铁路机车按动力分类

铁路机车按动力分类可分为蒸汽机车、内燃机车和电力机车。

(1) 蒸汽机车(steam locomotive)：蒸汽机车是以蒸汽机作为原动力，把燃料(一般用煤)的化学能变成热能，热能膨胀再变成机械能，机械能直接驱动车轮运动的铁路机车。从1804年英国工程师理查德·特里维斯克(Richard Trevithick)研制的第一台单缸蒸汽机车诞辰之时至今，历时已有两个世纪之久了。由于蒸汽机车以煤为燃料，炉膛里大火熊熊，所以被人们称为火车头，由它牵引的列车也一直被人们形象而贴切地简称为火车。由于蒸汽机车的构造比较简单，制造和维修容易，成本也较低，从1825年世界上第一条铁路运营至20世纪70年代，许多国家的铁路运输不论客车货车都以蒸汽机车为动力，可以说蒸汽机车在铁路发展史上曾经起着功不可没的重要作用。但是，由于蒸汽机车的热效率只有5%~9%，煤水消耗量大，还需要设置专用的上煤及给水设备，且其功率与速度发展空间极其有限，因此，美、英、法、日、德和前苏联等国于20世纪60~70年代相继停用，我国也于1988年12月底停止生产蒸汽机车，至2005年12月9日，铁路干线最后一批蒸汽机车也正式退役。

(2) 内燃机车(diesel locomotive)：内燃机车是以内燃机作为原动力，带动传动装置产生液压能或电能，再由液压马达或电动机驱动车轮的铁路机车。20世纪20年代起，德国制成直接用齿轮传动和压缩空气传动的柴油机车。这是内燃机时代的开始，但由于当时柴油成本高且机车速度尚低于蒸汽机车，所以并未得以推广。直至60年代，各发达国家开始成批生产柴油内燃机车并成系列，内燃机车也逐渐成为了牵引动力的主力。与此同时，我国1958年仿照前苏联T33型电传动内燃机车原理，自己制造了第一台"巨龙"号电传动内燃机车，后经改进设计定型，命名为东风型并成批生产。此后内燃机车牵引比重逐年递增，几乎统领了绝大多数调车机车市场，在干线牵引机车中也占据着领先的市场份额。内燃机车一般以柴油为燃料，热效率可达30%左右；灵活机动，独立性强，单节机车功率大；机车的整备时间短，持续工作时间长，而且机车乘务员劳动条件好，便于多机牵引。但内燃机车构造较复杂，制造、维修等费用较高，大功率机车用柴油机将受到限制，对大气和环境污染较大。相对而言，电力机车则是一种更适合于交通可持续发展的牵引动力。

(3) 电力机车(electric locomotive)：电力机车是指从外界获取电力能源，用电动机驱动车轮的铁路机车。因为电力机车所需电能是由电气化铁路供电系统的接触网供给，机车用受电弓接收，所以是一种非自带能源的机车。电力机车是19世纪60年代在欧洲最早出现的，目前已成为各国主要的牵引动力。我国1961年以韶山型电力机车为牵引动力的第一条电气化铁路宝成线建成运营，改变了中国铁路干线没有电力机车牵引的历史。历经半个世纪至2010年底，我国电气化铁路总营业里程已达到4.2万km，占总营业里程的46.6%。电力机车所用电能可由多种能源(如火力、水力、核能等)转换而来，不依赖可采量有限的石油能源，且具有电气设备工作稳定、安全可靠，而且具有起动快、功率大、效率高、速度快、爬坡性能强、运营费用低、污染环境少等优点。使用电力机车牵引列车，可以提高列车运行速度和承载重量，从而大幅度地提高铁路的运输能力和通过能力，适合于山区铁路和运输繁忙的区段采用。但是，电力机车必须由外部电力系统供电，电气化铁路的基本建设投资大，而且电力机车的运用灵活性也受到限制，所以，并不是所有铁路区段都可采用电力机车牵引。

4.3.2 内燃机车

内燃机车根据原动力内燃机的种类，可分为柴油机车和燃气轮机车。由于燃气轮机车的效率低于柴油机车以及耐高温材料成本高、噪声大等原因，所以其发展落后于柴油机车。在中国，内燃机车主要是指柴油机车。内燃机车的类型很多，但其主要组成和工作原理基本相同，都是由柴油机、传动装置、辅助装置、车体走行部(包括车架、车体、转向架等)、制动装置和控制设备等几个主要部分组成。

1) 内燃机车的分类

内燃机车可按工作性质和传动装置分为不同类型，其结构和功率具有明显区别。

（1）按工作性质不同：内燃机车可分为干线内燃机车和调车内燃机车两种类型。

①干线内燃机车：主要用于铁路干线上牵引客、货列车，一般功率较大。

②调车内燃机车：主要用于铁路站场调车、编组、解体等作业或兼作短途牵引客、货列车，也可用于工矿企业内部的站场和线路运输任务，一般功率较小，但机动灵活。

例如：国产东风4B型内燃机车就是干线客、货两用电力传动内燃机车，设有两个司机室、一个动力室、一个冷却室和一个电气室；国产东风2型和东方红1型内燃机车就是主要用于调车和编组。

（2）按传动方式不同：内燃机车可分为机械传动内燃机车、液力传动内燃机车和电力传动内燃机车三种类型。其中电力传动内燃机车的应用最为广泛。

①机械传动内燃机车：是采用机械传动装置的机车，由内燃机通过离合器和齿轮变速箱直接将动力传给机车动轮，仅适用于工矿专用的小功率内燃机车上。

②液力传动内燃机车：是采用液力传动装置的机车，由内燃机带动液力变扭器，通过液压装置将内燃机动力间接传给机车动轮。

③电力传动内燃机车：采用电力传动装置的机车，由内燃机带动发电机，将内燃机的机械能转变为电能，电能输给电动机，再由电动机驱动机车的动轮使机车运行。

（3）内燃动车组：是指以内燃机为动力源的动车组。动车组是由动力机车、自带动力车厢（也可以有不带动力的车厢）编成的客车车组，主要用于大城市市郊或邻近城际间的短途客运，以及高速铁路运输。

2）柴油机

柴油机是内燃机车的源动力，将柴油燃烧产生的热能转变为机械能。即柴油机燃料在汽缸内部燃烧，所产生的高温高压气体在汽缸内膨胀，推动活塞往复运动，连杆带动曲轴旋转对外做功，燃料的热能转化为机械功。柴油机发出的动力传输给机车的传动装置。

图4-22　国产东风内燃机车

图4-23　16V240ZJB型柴油机

目前铁路机车上的柴油机多为四冲程、多缸、废气涡轮增压、压燃式柴油机。为满足各种功率的需要，常设计和生产相同气缸直径和活塞，不同气缸数的系列产品：功率较小用6缸、8缸直列或8缸V形；功率较大用12、16、18和20缸V形，其中以12、16缸的最为常用。柴油机气缸排列形式：小功率的多为直列形，汽缸纵向一字排列；大功率的一般都是V形，汽缸呈V形排列。柴油机转速分为：高速机1 500 r/min

左右；中速机 1 000 r/min；低速机 1 000 r/min 以下。各种柴油机都用一定的型号来表示，如东风 4B 型内燃机车的柴油机是 16V240ZJB 型：16V240 表示有 16 个气缸分两排 V 形排列，缸径 240 mm；Z 表示设有涡轮增压器和中间冷却器；J 表示铁路牵引用柴油机；B 表示产品改进型号，第二代产品。

3) 传动装置

传动装置是为使柴油机的功率传到动轴上能符合机车牵引要求而在两者之间设置的媒介装置。柴油机扭矩-转速特性和机车牵引力-速度特性完全不同，不能用柴油机来直接驱动机车动轮：柴油机有一个最低转速，低于这个转速就不能工作，因此无法直接启动机车；柴油机功率基本上与转速成正比，只有在最高转速下才能达到最大功率值，而机车运行的速度经常变化，使柴油机功率得不到充分利用；柴油机不能逆转，机车也就无法换向。所以，内燃机车必须加装传动装置来满足机车牵引要求。常用的传动方式有机械传动装置、液力传动装置和电力传动装置。

(1) 机械传动装置：主要由离合器、齿轮变速箱、减速箱等组成，用于机车的间接启动、变速和传递扭矩。因其功率受到限制，在铁路内燃机车中不再采用。

(2) 液力传动装置：主要由液力变扭器、液力传动箱、车轴齿轮箱、万向轴等组成，用于将柴油机的机械能变成液动能，再将液动能变成机械能驱动机车。其中，液力变扭器（简称变矩器）是液力传动机车最重要的传动元件，由泵轮、涡轮、导向轮组成。泵轮与柴油机曲轴相连，泵轮叶片带动工作液体使其获得能量，并在涡轮叶片流道内流动中将能量传给涡轮叶片，由涡轮轴输出机械能做功，通过万向轴、车轴齿轮箱将柴油机功率传给机车动轮；工作液体从涡轮叶片流出后，经导向轮叶片的引导，又重新返回泵轮。液力传动内燃机车操纵简单、可靠，特别适用于多风沙和多雨的地带。

(3) 电力传动装置：是由内燃机带动一台牵引发电机（又称主发电机），将内燃机的机械能转变为电能，向安装在机车转向架上的数台牵引电动机供电，牵引电动机通过车轴齿轮箱驱动机车的动轮运行。按照牵引发电机所产生和牵引电动机所使用的电流制式不同，电力传动系统可分为三大类：直-直流电力传动；交-直流电力传动和交-直-交流电力传动。我国铁路上广泛应用的东风系列内燃机车均为电力传动内燃机车。

直-直流电力传动装置：是牵引发电机和牵引电动机均为直流电机，由内燃机带动直流牵引发电机发电，将直流电直接供各牵引直流电动机驱动机车动轮。

交-直流电力传动装置：其牵引发电机为交流发电机，牵引电动机为直流电动机，由内燃机带动三相同步交流发电机，发出的三相交流电经大功率半导体整流装置变为直流电，供给直流牵引电动机驱动机车动轮，其组成部分及工作原理如图 4-24 所示。交流电能，经主整流器 1ZL 整流后，变成直流电，供 6 台并联的牵引电动机 1D～6D 使用，将电能又变成机械能，通过传动齿轮驱动动轮旋转，使机车运行。牵引发电机的励磁机 LF 也是一台三相交流发电机，它是由柴油机曲轴通过变速箱来带动的。励磁机 LF 发出的交流电，经过励磁整流器 2ZL 整流后，将直流电送到牵引发电机的励磁绕组。机车运行方向是通过转换开关来控制的：当 ZK 接通左边一组触点时，各台牵引电动机上的励磁绕组 CID~C6D 的电流就如图中实线箭头所表示的方向流动，机车运行方向为前进，若改变转换开关触点，使它右边一组接通时，励磁绕组上的电流方向正好相反，如图中虚线箭头所表示的那样，从而改变了牵引电动机的旋转方向，机车运行方向也就由前进变为后退。此外，为了控制和保护柴油机和电机等部件的正常工作、调节电路中的各种转换等，在机车上还设有各种电器，如控制电器、保护电器、测量电器以及机车辅助传动装置等。

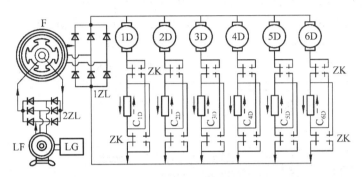

图 4-24 交－直流电传动装置的组成及工作原理（LF 为励磁机；F 为交流发电机）

交－直－交流电力传动装置：由内燃机带动三相同步交流牵引发电机，发出的交流电通过整流器到达直流中间回路，中间回路中恒定的直流电压通过逆变器调节其振幅和频率，再将直流电逆变成三相变频调压交流电压，并供给三相异步交流牵引电动机驱动机车动轮。这样的间接变频，使逆变器输出的三相交流电的频率与牵引发电机发出的三相交流的频率没有任何关系。其组成部分及工作原理如图 4-25 所示。在机车起动和调速的整个工作范围内，交流牵引电动机的三相电源的电压和频率都能按控制规律平滑地调节，从而实现机车恒转矩起动、恒功率运行的牵引性能。

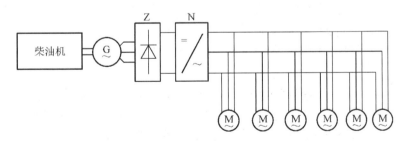

图 4-25 交－直－交流电传动装置的组成及工作原理（Z 为硅整流器；N 为逆变器）

4）车体走行部

内燃机车的车体走行部一般采用三轴或二轴的转向架形式。其作用是承受机车上部重量，并将它们均匀地传递给轮对，传递牵引力和制动力，缓和来自线路的冲击和隔离振动，保证机车沿轨道运行并顺利通过曲线。车体走行部包括车架、车体、转向架等基础部件：

（1）车架是机车走行部的骨干，是安装动力机、车体、弹簧装置的基础，为一矩形钢结构，由中梁、侧梁、枕梁、横梁等主要部分组成，上面安装有柴油机、传动装置、辅助装置和车体（包括司机室），下面由两个转向架支撑并与车架相连，车架中梁前后两端的中下部装设车钩、缓冲装置，车架承受荷载最大，并传递牵引力使列车运行，因此，车架必须有足够的强度和刚度；

（2）车体是车架上部的外壳，起保护机车组人员和机器设备作用，按其承受载荷情况分为整体承载式和非整体承载式，按其外形分为罩式和棚式车体；

（3）转向架是机车的走行装置，又称台车，由构架、轴箱、轮对、车轴齿轮箱（电力传动时包括牵引电机）、摩擦旁承、侧挡、制动缸、油压减振器、砂箱、圆弹簧、轴箱连杆、牵引杆装置以及同车架的连接装置、基础制动装置等主要部件组成，其作用是承载车架及其上面装置的重量，传递牵引力，帮助机车平衡运行和顺利通过曲线。图4-26所示为三轴内燃机车转向架。

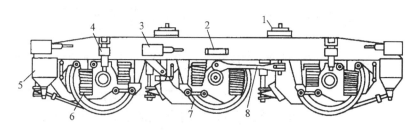

图4-26　三轴内燃机车转向架
1. 摩擦旁承　2. 侧挡　3. 制动缸　4. 油压减振器　5. 砂箱　6. 圆弹簧
7. 轴箱连杆　8. 牵引杆装置

5）制动装置

机车单独行走和牵引列车时的减速、停车及下坡操作都需要制动装置。一般机械传动内燃机车装有空气制动和手制动两种制动装置；液力传动内燃机车装有液力制动、空气制动和手制动三种制动装置；电力传动内燃机车装有电阻制动、空气制动和手制动三种制动装置，例如，我国东风4B型电力传动内燃机车上就设有这三种制动装置。

（1）空气制动装置：空气制动是机车上的主要制动方式。其制动装置主要由空气压缩机、总风缸、分配阀、制动缸、单独制动阀（即小闸）和自动制动阀（即大闸）等部件组成。当司机操纵小闸时，通过分配阀的作用能单独控制机车，使机车产生制动或缓解作用。

（2）电阻制动装置：电阻制动是利用直流电机的可逆原理，在机车需要减速时，将机车转换为制动工况，此时牵引电动机转换为发电工况，并通过轮对将列车的动能变成电能，再通过制动电阻把电能转换为热能消耗掉，使机车速度降低而起制动作用。

电阻制动的特点是速度低时制动力小，速度高时制动力大。因此电阻制动特别适合于在长陡下坡道上进行恒功率制动，不但安全性比较高，可以缩短制动时间，提高区间通过能力,还可以大大减少车轮和闸瓦的磨耗。当进站停车速度降低到 15 km/h 以下时,电阻制动的制动力就很小了,因此必须和空气制动装置配合使用。

6) 辅助装置

辅助装置是用来保证柴油机、传动装置、走行部、制动装置和控制调节设备等的正常工作和可靠运行的装置,主要包括:燃油系统、冷却系统、机油管路系统、空气滤清器、压缩空气系统、辅助电气设备等。

7) 国产内燃机车概况

我国内燃机车的主要生产基地有中国北车集团大连机车车辆厂、北京二七机车厂、大同机车厂,中国南车集团资阳机车厂、常州工矿内燃机车集团公司等。国产东风系列电传动内燃机车,1964 年开始成批生产,用于常规铁路干线客货运牵引机车,目前是中国内燃机车的主力,保有量占国产内燃机车总数的一半以上。东风系列内燃机车有东风1、东风2、东风3、东风4、东风5、东风6、东风7、东风8、东风9、东风10、东风11、东风12 及东风21。对于双节重联机车,可由任一机车的司机操纵机车。例如,我国 DF11G 型内燃机车是戚墅堰机车车辆厂为响应中国"铁路实现跨越式的发展"口号和为铁路的第五次提速而研制生产的双节重联客运型内燃机车;首台出厂的年份是 2003 年;轴式为 2(Co-Co);最高时速可达 200 km/h,线上最高运行时速为 180 km/h;轨距 1 435 mm;轮径 1 050 mm;轴重 23 t;计算整备质量 2×138 t;长度(车钩中心距) 2×22 200 mm;宽度 3 304 mm;高度 4 736 mm;机车装配 16V280ZJA 型牵引用主柴油机、JF204D 型同步主发电机、ZD106E 型牵引电动机、进口的 MTU12V183TB12G 型供电用辅助柴油机及 LSA47.1L11-4P 型发电机。该机车特点:柴油机装车功率 2×3 610 kW,牵引 20 节客车速度 160 km/h 时仍有 0.024 5 m/s^2 的剩余加速度;机车具有向列车供电功能,装有辅助柴油发电机组,最大供电功率 2×400 kW,供电制式为 AC380V。机车设计制造精良,吸收、借鉴和提升了机车制造的所有成果,全面提升机车设计制造水平,采用流线型车体、管路规范化。

4.3.3 电力机车

采用电力机车牵引的铁路称为电气化铁路。电气化铁路由牵引供电系统和电力机车两部分组成。电力机车本身没有原动能,而是靠其顶部升起的受电弓从牵引供电系统的接触网上取得电能并转换成机械能使机车运行,是一种非自带能源的机车。

1) 电力机车的种类

电力机车按使用场合可分为工矿电力机车和干线电力机车两类。工矿电力机车多采用直流制,功率和速度一般比干线电力机车小,习惯上按机车的黏着重量分级,如 150 t,100 t,85 t,70 t,60 t,50 t 和更轻的等级,较轻型的机车多用于各种窄轨距线路,较大吨位机车用于标准轨距线路。干线电力机车按用途可分为客运电力机车,货运电力机车,客货两用电力机车和调车电力机车四种。电气化铁路供电系统接触网供给电力机车的电流有直流电和交流电两种,根据使用的电流制式不同,电力机车一般可以分为直-直流电力机车、交-直流电力机车、交-直-交流电力机车三类。

(1) 直-直流电力机车:是采用直流制供电,即铁路牵引变电所内设有整流装置，将三相交流电变成直流电后，再送到接触网上。因此，电力机车可直接从接触网上取得直流电供给直流串励牵引电动机使用，简化了机车上的变频设备。但是，直流制的缺点是接触网的电压低，一般为 1 500 V 或 3 000 V，接触导线要求很粗，要消耗大量的有色金属，加大了建设投资。所以，大功率电力机车采用直流制供电几乎不能实现。

（2）交－直流电力机车：是采用交流制供电，目前世界上大多数国家的电气化铁路都采用工频（50 Hz）交流制，或 25 Hz 低频交流制。即铁路牵引变电所将三相交流电改变成 25 kV 工频单相交流电后送到接触网上，受电弓从接触网上取得的是单相交流电，在电力机车上仍采用直流串励电动机，把交流电变为直流电的任务在机车上完成。这种机车的缺点是要配置整流设备，总体结构复杂，重量大。这种机车最大优点是接触网的交流电压是 25 kV，单相工频为 50 Hz，电压比直流制时提高了很多，接触网导线的直径可以大大减小，从而减少有色金属的消耗和建设投资；另外，这种机车采用直流串励电动机调速简单，只需改变电动机的端电压，就能很方便地在较大范围内实现对机车的调速。因此，工频交流制电力机车得到了广泛采用，目前，我国和世界上绝大多数电力机车都采用交－直流电力机车。

（3）交－直－交流电力机车：这种电力机车从接触网上引入的仍然是单相交流电。它首先把单相交流电整流成直流电，然后再把直流电逆变成可以使频率变化的三相交流电供三相异步电动机使用。因为交流无整流子牵引电动机（即三相异步电动机）在制造、性能、功能、体积、重量、成本、维护及可靠性等方面远比整流子直流电机优越得多，具有优良的牵引能力，很有发展前途。德国制造的 E120 型电力机车就是这种机车。

交－直流电力机车采用交流制供电、直流串励电动机驱动，虽然调速简单，但是这种电动机带有整流子，使制造和维修很复杂，体积也较大。而三相异步交流电动机其他方面远比直流电动机优越得多。它之所以迟迟不能在电力机车上应用，主要原因是调速比较困难。改变端电压不能使这种电机在较大范围内改变速度，而只有改变电流的频率才能达到目的。因此，只有当电子技术和大功率晶闸管变流装置得到迅速发展的今天，才能生产出采用三相交流电机的先进电力机车。目前，我国也正在发展交－直－交流电力机车。

2）电力机车的结构

电力机车由机械部分、电气部分和空气管路系统三部分组成。

（1）机械部分：包括走行部和车体。走行部是承受机车自重和载重在钢轨上行走的部件，由两轴或三轴转向架以及安装在其上的弹簧悬挂装置、基础制动装置、轮对和轴箱、齿轮传动装置和牵引电动机悬挂装置组成。车体用来保护机车，安放各种设备，同时也是乘务人员的工作场所，由底架、司机室、台架、侧墙和车顶等部分组成。司机室设在车体的两端，有走廊相通。司机室内安装控制设备，如司机控制器、制动阀、按钮开关、监测仪表和信号灯等。两司机室之间用来安装机车的全部主要设备，有时划分成小室，分别安装辅助机组、开关设备、换流装置以及牵引变压器等。部分电气设备如受电弓、主断路器和避雷器等则安装在车顶上。车钩缓冲装置安装在车体底架的两端牵引梁上。车体和设备的重量通过车体支承装置传递到转向架上，车体支承装置并起传递牵引力与制动力的作用。

（2）电气部分：是指机车上的各种电气设备及其连接导线。包括机车上的各种电机、电器和电路设备。按其功能和作用分为主电路、辅助电路、控制电路以及它们的保护系统四个独立的电路系统。

①主电路：是指供电给电力机车上牵引电动机的高电压大电流的动力回路，是电力机车最重要的组成部分，决定机车的基本性能，由牵引电动机、受电弓、主断路器、主变压器（即牵引变压器）、整流调压电路、电抗器柜、制动电阻等电气设备和导线共同组成。在主电路中流过全部的负载电流，其电压为牵引电动机的工作电压或接触网的网压，所以主电路是电力机车上的高电压大电流的动力回路。它将接触网上的电能转变成列车所需的牵引动力。

②辅助电路：是指给电力机车上的各种辅助电动机供电的电气回路。辅助电动机驱动多种辅助机械设备，如冷却牵引电动机和制动电阻用的通风机，供给各种气动器械所需压缩空气的压缩机等。辅助电动机可以是直流的，也可以是交流的。

③控制电路：是指主电路和辅助电路中各电气设备的控制电器与电源、照明、信号等控制装置连成一个电路系统，包括各种控制开关、接触器、电空阀等。控制电路是由司机控制器和控制电器的传动线圈和联锁触头等组成的低压小功率电路。其作用是使机车主电路和辅助电路中的各种电器按照一定的程序动作。这样，电力机车即可按照司机的意图运行。

④保护系统：是指保证上述各种电路和电器设施正常工作的保护设施。

以上各个电路系统在电气方面一般是相互隔离的，但他们通过电磁、电控或机械传动等方式相互联系，配合动作，用低压电控制高压电，以保证操作的安全和实现机车的运行。

（3）空气管路系统：按用途可分为风源管路系统、控制管路系统、辅助管路系统和制动气路系统。

①风源管路系统是为机车和车辆提供洁净、干燥和稳定的压缩空气，以保证列车制动系统、空气弹簧、风动门装置及气动电器等正常工作。

②控制管路系统是向机车受电弓、主断路器及高压电器柜内的电空接触器、转换开关等机车气动电器提供压缩空气，以保证机车的安全、正常使用。

③辅助管路系统用以改善机车运行条件、确保机车运行安全。它主要由撒砂器、喇叭、刮水器、轮缘润滑装置及其连接管路组成。

④制动气路系统是供给机车和车辆制动所需压缩空气的空气制动气路系统。

此外，电力机车上还有防空转系统、过压、过流、短路、接地等各种保护装置以及司机室的显示屏装置等。

3）电力机车接触网

电力机车接触网是指沿电气化铁路架设的向电力机车或电动车组供电的线路。电力机车从接触网上获取电能，接触网供给电力机车的电流有直流和交流两种。直流电电压低，电网铜线粗，很少采用；交流电电压高电网铜线细，运用较多，但机车上必须设置变频装置。接触网由接触悬挂、支持装置、定位装置、支柱与基础等几部分组成。

(1) 接触悬挂：通过支持装置架设在支柱上，其功用是将从牵引变电所获得的电能输送给电力机车，包括接触线、吊弦、承力索以及连接零件。我国采用的铜接触线多为 TCG—110 和 TCG—85 两种型号，其字母 T 表示铜材，C 表示电车线，G 表示带沟槽形式，后面的数字表示该型铜接触线的截面积。近年来我国也引进使用日本的铜接触线。接触网导线高度是指悬挂定位点处接触线距轨面的垂直高度，设计规范规定最高高度不大于 6 500 mm。最低高度：一般中间站和区间不小于 5 700 mm；编组站、区段站及配有调车组的大型中间站，一般情况不小于 6 200 mm，确有困难时可不小于 5 700 mm；隧道内正常情况不小于 5 700 mm，困难情况不小于 5 650 mm，特殊情况不小于 5 250 mm。接触线高度的允许施工偏差为 ±30 mm。

(2) 支持装置：用以支持接触悬挂，并将其负荷传给支柱或其他建筑物。根据接触网所在区间、站场和大型建筑物而有所不同，支持装置包括腕臂、水平拉杆、悬式绝缘子串，棒式绝缘子及其他建筑物的特殊支持设备。

(3) 定位装置：包括定位管和定位器，其功用是固定接触线的位置，使接触线在受电弓滑板运行轨迹范围内，保证接触线与受电弓不脱离，并将接触线的水平负荷传给支柱。

(4) 支柱与基础：用以承受接触悬挂、支持和定位装置的全部负荷，并将接触悬挂固定在规定的位置和高度上。我国接触网中采用预应力钢筋混凝土支柱和钢柱。基础是对钢支柱而言的，即钢支柱固定在下面的钢筋混凝土制成的基础上，由基础承受支柱传给的全部负荷，并保证支柱的稳定性。预应力钢筋混凝土支柱与基础制成一个整体，下端直接埋入地下。接触网支柱的侧面限界是指支柱靠线路一侧至线路中心线的距离。它是为了确保行车的安全。支柱侧面限界任何时候不得小于 2 440 mm；机车走行线可降为 2 000 mm；曲线区段适当加宽；直线中间支柱一般取为 2 500 mm；软横跨支柱一般取为 3 000 mm；软横跨支柱位于站台时，为便于旅客行走，一般取为 3 000 mm。

(5) 接触网的电压等级：各国制造的电力机车电压制较复杂，不便于国际间铁路联运过轨。近年来国际上已定出几种电力机车用标准电压。直流电压为 600 V（非优先选用）、750 V、1 500 V 和 3 000 V。单相交流电压为 6 250 V（非优先选用）、工频 50 Hz 或 60 Hz，电压 15 000 V、工频 50 Hz 或 60 Hz，电压 25 000 V、工频 50 Hz 或 60 Hz 等几种。我国接触网的电压等级为工频 50 Hz，单相交流制电压 25 000 V。

4) 国产电力机车概况

我国电力机车的主要生产基地有中国南车集团株洲电力机车有限公司，中国北车集团大同电力机车有限责任公司。1958 年原株洲电力机车厂生产出中国第一台干线电力机车韶山 1 型（SS_1）。2009 年，世界最大功率货运机车 HXD1B（9 600 kW）在株洲电力机车有限公司下线。国产韶山系列交-直流电力机车，1958 年开始成批生产，主要用于常规铁路干线客货运牵引机车，目前是中国电力机车的主力。例如：我国 SS_4 型电力机车是由各自独立且又互相联系的两节车组成的双节重联货运机车，每节车均为一个完整的系统，如图 4-27 所示；主电路采用四段经济半控桥，相控调压；它具有恒压或恒流控制的牵引特性和恒速或恒励磁控制的电阻制动特性；空气制动采用电空制动机；首台出厂日期是 1985 年，至 2001 年已生产 158 台；机车整备质量 2×92 t；长度 32.8 m；宽度 3.1 m；高度 4.7 m；最大功率 6 400 kW；最大牵引力 636.5 kN；最大速度 100 km/h；每节车有两个两轴转向架；牵引电动机采用抱轴悬挂式；车体广泛使用高强度低合金结构钢；该机车牵引及制动功率大、起动平稳、加速快、工作可靠、司机室工作条件良好、污染少、维修简便。图 4-28 所示为我国最新生产的和谐号交－直－交流电力机车。

图 4-27　国产韶山 SS_4 型电力机车

图 4-28　国产和谐号电力机车

4.4　铁路车辆与列车

铁路列车是在铁路轨道上行驶的铁路交通运输工具，简称列车或火车；铁路车辆是组成列车的基本单元，简称车厢。普通铁路列车由机车和车辆组成。用于运送乘客的列车称为客车，用于运送货物的列车称为货车。列车由一辆或几辆机车与十几辆或几十辆车厢组成。

4.4.1　铁路车辆

铁路车辆是乘坐旅客和装载货物的载运工具，按照用途不同分为客车车辆和货车车辆两大类，即客车车厢和货车车厢。普通铁路车厢上一般没有牵引动力。为了满足使用、检修、管理、统计的需要，铁路车厢上都应具有 TB/T1.1—1995《铁道车辆标记　一般规则》中所规定的各种标记。车辆标记一般由基本型号、辅助型号及号码三个部分组成。基本型号用汉语拼音字母表示，代表车辆种类。客车用两个字母表示；货车一般用一个字母表示。主要车辆的基本型号如表 4-5 所示。

1) 铁路车辆的主要组成部分

由于不同的目的、用途及运用条件，使铁路车辆形成了许多类型，但其构造基本相同，大体均由车体、车体架、转向架、车钩缓冲装置、制动装置、车辆内部设备和车轮等部分构成。

(1) 车体：是容纳运输对象的地方，又是安装与连接其他组成部分的基础，固装在车底架上。车体一般采用金属材料按规格做成各种箱体、罐体或平板式样。

(2)车底架：是承托车体的长方形构架，是车体的基础，由各种纵向梁和横向梁组成。车体与车底架构成一个整体，支撑在转向架上。

(3)转向架：由两个或两个以上的轮对组成，并安装弹簧及其他部件，组成一个独立结构的小车，称为转向架。转向架设在车底架下部，是车辆的走行部分，承受车辆自重和载重并引导车辆沿轨道行驶，具有随弯转向作用，以保证车辆运行质量。

(4)车钩缓冲装置：由车钩及缓冲器等部件组成，装在车底架两端，其作用是将机车车辆连挂到一起，成为一组列车，并传递纵向牵引力和冲击力，缓和各车辆之间的冲击。

(5)制动装置：是保证列车安全运行的最重要部分，使高速运行中的车辆能在规定距离内停车或减速，一般包括空气制动机、手制动机(脚制动机)和基础制动装置部分。

(6)车辆内部设备：主要指客车上为旅客旅行所提供的设备。客车有座席、卧铺、行李架、给水、取暖、空调、通风、照明等装置。货车由于类型不同，内部设备也因此千差万别，但一般较为简单，主要是根据各货车的用途而设的附属装置。

(7)车轮：在轨道上滚动行驶。轮缘在轨道内侧，防止脱轨；踏面是圆锥体，有向线路中心1:20的斜度，有利于弯道行驶。因此，钢轨轨面也需相应内倾，以防钢轨轨面磨耗不匀和轨腰弯曲。为此，在铁路线的直线段上，钢轨铺设时轨底要有一定坡度，即轨底坡。中国铁路规定轨底坡为1:40或1:20的斜坡。

表4-5　部分铁路车辆的基本型号

序号	货车车种	基本型号	序号	客车车种	基本型号
1	棚车	P	1	软座车	RZ
2	敞车	C	2	硬座车	YZ
3	敞车	N	3	软卧车	RW
4	罐车	G	4	硬卧车	YW
5	保温车	B	5	行李车	XL
6	守车	S	6	邮政车	UZ
7	集装箱车	X	7	餐车	CA
8	家畜车	J	8	公务车	GW
9	水泥车	U	9	试验车	SY
10	特种车	T	10	代用座车	ZP
11	长大货物车	D	11	硬座双层客车	YZS

2)客车车辆

客车车辆是指为铁路客运服务，为满足旅客不同旅行时间和其他生活所需的车辆，包括：运送旅客用的车辆，如硬座车(YZ)、软座车(RZ)、硬卧车(YW)、软卧车(RW)；为旅客服务的车辆，如餐车(CA)、行李车(XL)；特种用途的车辆，如邮政车(UZ)、公务车(GW)、卫生车(WS)、医务车(YI)、实验车(SY)、维修车

(EX)、文教车(WJ)等。客车内设有门窗、座椅、卧铺、茶桌、行李架、盥洗室、厕所和给水、照明、播音、通风供暖或空调装置等。近几年,我国应用铝合金型材、玻璃钢、不锈钢等新材料生产的带有空调或机械强迫通风装置,设计速度达 160km/h 的轻型高速客车和空调双层客车,在铁路干线上也得到了广泛使用。这种车内设施先进、结构完善的新型客车,也适用于繁忙的郊区和中短途城际间的旅客运输。2002年,我国自主研制的设计时速达 160km 的摆式列车也通过评审并加以应用。摆式列车通过弯道时,车厢的倾斜靠液力系统的动作可抵消 70% 的弯道离心力,乘坐在车厢里的旅客,由于随车摆动,既舒适,又安全。摆式列车不仅适合于平原地区,在地形复杂多山的地区更能显示出它的特殊优势,在我国有着巨大的发展潜力。凡参加国际联运的客车在车体两侧还应涂打国徽。图 4-30 所示为客车车辆。

3) 货车车辆

货车车辆是指为铁路货运服务的车辆。为了适应各种货物不同特性的要求,货车车辆可分为通用货车和专用货车。通用货车是装运普通货物的车辆,其货物类型常不固定,也无特殊要求,所占比例较大,一般有敞车(C)、棚车(P)、保温车(B)和罐车(G)等几种。专用货车一般指只运送一种或很少几种货物的车辆,其用途比较单一,同一种车辆要求装载的货物重量或外形尺寸比较统一,有时在铁路上的运营方式也比较特别,如固定编组、专列运行等。专用货车一般有集装箱车(X)、长大货物车(D)、毒品车、家畜车(J)、水泥车(U)、粮食车和特种车(T)等。近年来,随着改革开放的不断深入和科学技术的进步,我国铁路研制了一批新型货车,如加长敞车、大型凹底平车、行包快运棚车、活顶棚车、平车——集装箱两用平车等。凡中国铁道部所属货车均应涂打路徽标记。货车车辆都有标记,一个完整的货车标记包括基本型号、辅助型号和车号。如:C62A 4785930,C 是基本型号,表示是货车的敞车;62 是辅助型号,表示重量系列或顺序系列;A 也是辅助型号,表示车辆的材质或结构;4785930 是车号。图 4-29 所示为货车车辆。

图 4-29　货车车辆

图 4-30　客车车辆

4.4.2　铁路客车

根据运送的对象不同,铁路列车可分为旅客列车和货物列车两大类。我国铁路每天开行的列车数以千计,为了区别不同方向、不同种类、不同区段和不同时刻的列车,就需要为每一列车编排一个标识码,这就是车次。根据《中国铁路车次编号规则》,车次用阿拉伯数字表示,客车车次还要在阿拉伯数字前,加上列车种类汉语拼音的首字母。为了保证行车安全,维护运输秩序和车次编码的规范化,铁道部规定,全路向北京、支线向干线或指定方向的为上行方向,车次编为双数;反之为下行方向,车次编为单数。

铁路客车是指用于运送旅客、行李、包裹、邮件的旅客列车,简称客车。在铁路客运组织中,为了满足乘客的不同需求,我国将铁路客车分为不同营运种类。其标识码的编组方法曾有"1996年前的规则"、"1997~2000年的规则"和"2004~2009年3月30日的规则",现在使用2009年4月1日起执行的规则。按其运行距离远近和运行速度对旅客列车分类为:高速铁路动车组(G字头)、城际动车组列车(C字头)、动车组列车(D字头)、直达特快旅客列车(Z字头)、特快旅客列车(T字头)、快速旅客列车(K字头)、普通旅客快车(无字头)、普通旅客慢车(无字头)、通勤列车(无字头)、临时旅客列车(L字头)、临时旅游列车(Y字头)。

1) 高速动车组(高铁G)

高速动车组是铁道部在2009年4月1日新增车次,用于高速动车组旅客列车。"G"字头车次在2009年12月26日武广客运专线开通起开始使用,最高运行速度为350 km/h。其中车次G1~G5998为跨局,车次G6001~G9998为管内。标准读法为"高X次"。

2) 城际动车组(C)

城际动车组是京津城际铁路的CRH3型动车组于2008年8月1日随京津城际铁路开始对公众运营而新增的车次,以C字代表城际动车组,最高运行速度为350 km/h。其中车次C1~C1998为跨局,车次C2001~C9998为管内。标准读法为"城际X次"。

3) 动车组(D)

动车组是2007年4月18日中国铁路第六次大提速起新增的车次,均使用和谐号动车组运行,最高速度为200~250 km/h。其中车次D1~D3998为跨局,车次D4001~D9998为管内动车,各铁路局管内动车组车次由铁道部确定。标准读法为"动车X次"。

4) 直达特快列车(直快Z)

直达特快列车是2004年4月18日中国铁路第五次大提速后新开行的夕发朝至跨局空调列车,以"点到点"模式运行,大部分直达特快车次全程一站直达,也有部分会停靠起点站和(或)终点站所在局管内大站,以及中途必须技术停车的车站,最高时速162 km/h。大部分为全列软席,部分列车挂有硬卧与硬座。直达特快列车不区分跨局和管内,车次范围为Z1~Z9998。标准读法为"直X次"。

5) 特快列车(特快T)

特快列车是2000年10月21日中国铁路第三次大提速起新增的车次。特快列车一般全程只停省会城市、副省级市和少量主要地级市等特大站,全部为空调列车,在线路条件容许情况下最高时速142 km/h。其中车次T1~T4998为跨局,车次T5001~T9998为管内。铁路系统标准读法为"特X次"。

6) 快速列车(快车 K)

快速列车是 1999 年 10 月 1 日中国铁路第二次大提速起新增的车次,但多年来等级有很大变化,目前一般全程停靠地级市和以上级别城市的中大站、特大站,95%以上为空调列车,最高速度为 120 km/h。其中车次 K1～K6998 为跨局,车次 K7001～K9998 为管内。铁路系统标准读法为"快 X 次"。

7) 普通旅客快车(普快)

普通旅客快车沿途停靠的车站数量比快速列车更多,一般来说除了停靠线路上所有地级市和以上级别城市的车站,也停靠不少县级市车站,最高速度为 120 km/h。全国普快列车当中约有 30% 为空调列车。车次没有英文字母,车次范围为 1001～5998。其中 1001～1998 为跨三局及以上,2001～3998 为跨两局,4001～5998 为管内。

8) 普通旅客慢车(普客,慢车)

普通旅客慢车一般全程停靠沿途大部分车站,基本上"站站停",而且票价低廉,很受农村乘客喜爱。少数普客为空调列车。车次范围为 6001～7598。其中 6001～6198 为跨局,6201～7598 为管内。

各铁路局管内普客车次分配情况:哈尔滨局 6201～6300 次,沈阳局 6301～6400 次,北京局 6401～6500 次,太原局 6801～6850 次,呼和浩特局 6851～6900 次,郑州局 6901～6950 次,武汉局 6951～7000 次,西安局 7001～7050 次,济南局 7051～7100 次,上海局 7101～7200 次,南昌局 7201～7250 次,广铁集团 7251～7300 次,南宁局 7301～7350 次,成都局 7351～7450 次,昆明局 7451～7500 次,兰州局 7501～7550 次,乌鲁木齐局 7551～7580 次,青藏铁路公司 7581～7598 次。

9) 通勤列车

通勤列车通常用于铁路职工和周边居民上下班,列车"站站停"。车次范围为 7601～8998,均为管内列车。

10) 临时旅客列车(L)

临时旅客列车一般在春运、暑运、国庆长假等客流高峰时候开行的临时旅客列车,停靠县级市和以上级别城市的站点,按普通旅客快车等级运行和调度。不少临客列车都没有空调。由于客流对象一般是回乡或去城市打工的民工(尤其在春节前后),因此也被称为"民工专列"。车次范围为 L1～L9998,其中 L1～L6998 为跨局,L7001～L9998 为管内。铁路系统标准读法为"临 X 次"。

11) 临时旅游列车(Y)

临时旅游列车主要为旅游高峰客流而开行的旅客列车,也可以是旅行社向铁道部申请组织成团包车的旅游专列。目前仅有少数列车使用"Y"字头车次,例如北京城铁 S2 线。车次范围为 Y1～Y998,其中 Y1～Y498 为跨局,Y501～Y998 为管内。铁路系统标准读法为"游 X 次"。

12) 优先权

当因为特殊原因(如自然灾害,车祸等)火车发生晚点的时候,或者因为车辆时间调整引起同一段铁路两辆或以上的列车需要通过的时候,车次较高级的有优先通过权。如 T5 和 K21 在衡阳站同时等待开往永州，那么 T5 先走，K21 等待。如果拼音字母代码相同的时候，车次号较小的有优先权。假如说 D1 和 D3 因为水害的原因同时在山海关站等待开往沈阳北，这时候前方铁路异常状态排除，那么 D1 先开，之后 D3 再开。拼音字母代码不相同时，按照下列顺序排：D＞Z＞T＞K＞普＞L。

4.4.3 铁路货车

铁路上用于载运货物的列车统称为铁路货车，简称货车。铁路货车由货车车辆编组而成，有时也把货车车辆简称为货车。为了满足货物运输的不同需求，我国铁路货车分为不同营运种类。包括五定班列、快运货物列车，以及直达列车、直通列车、整列短途列车、区段列车、摘挂列车和小运转列车。

1) 五定班列

五定班列是一种运行速度较高的货物列车，以日行 800 km（单线 600 km）的标准运行。具有装车站和卸车站固定（定点）、运输线固定（定线）、班列车次固定（定车次）、货物发到时间固定（定时）、全程运输价格固定（定价）五个特点，故称"五定班列"。其车次为 80001～81748，其中集装箱五定班列 80001～80998，普通货物五定班列 81001～81998。

2) 快运货物列车

快运货物列车运行速度快，如行邮特快专列，最高行驶速度为 160 km/h，运行优先等级按特快旅客列车办理。行包快运专列，最高运行速度为 120 km/h，运行优先等级按快速货物列车办理。车次为 81751～81998。

3) 直达列车

直达列车是在技术站编组，通过一个以上编组站不进行改编作业的列车。其车次为煤炭直达列车（82001～84998），石油直达列车（85001～85998），始发直达列车（86001～86998），空车直达列车（87001～87998），技术直达列车（10001～19998）。

4) 直通列车

直通列车是在技术站编组，通过一个以上区段站不进行改编作业的列车。其车次为 20001～29998。

5) 区段列车

区段列车是在技术站编组，不通过技术站，但在区段内不进行摘挂作业的列车。其车次为 30001～39998。

6) 摘挂列车

摘挂列车是在技术站（或中间站）编组，在区段内中间站进行摘挂作业（或进行零担装卸作业）的列车。其车次为 40001～44998。

7) 小运转列车

小运转列车车次为：45001～49998，是在枢纽和区段内几个站间开行的列车。

8) 其他列车

其他列车的车次为超限货物列车（70001～70998）；重载货物列车（71001～72998）；冷藏列车（73001～74998）；自备车列车（60001～69998）；军用列车（90001～91998）。

4.5 铁路车站

铁路车站口语常称火车站，是办理铁路客、货运输业务的地方，是乘客、货物客户与铁路运输经营单位进行运输业务交易的场所；旅客上下车手续和货物装卸作业都是在车站进行的，所以车站也是铁路运输组织工作的基层生产单位；在车站，除了办理客货运输各项业务外，还进行机车和车辆的换挂、检查、修理、清洗、补水、补充食物等作业，此外，还进行列车的接发、会让、越行、解体、编组等作业，所以车站还是列车来往、停靠和汇驻之家，是铁路营运的后勤保障基地；同时，车站还是铁路线的分界点，铁路网络的节点。所以说，车站的合理设置与各项工作对铁路运输提高效率和安全生产具有极其重要的意义。

4.5.1 铁路车站的分类

铁路车站的规模和性质不同时，其办理的运输业务、进行的作业项目、接纳的服务对象和完成的工作重点等有所不同。为了安全有序地组织铁路运输，必须对铁路网络中的车站进行分类设置和建设。铁路车站分类方法很多，可以根据其所处单线或复线分界点、办理业务对象、技术作业内容等分为不同的种类。

1) 车站按单线或复线分界点分类

为了保证列车运行，铁路线分为区间和闭塞分区(无自动信号铁路只有区间)两种。列车从一个区间或一个闭塞分区进入另一个区间或闭塞分区的地点，或调整列车通过这些地段的地点，都称为分界点。根据分界点在单线或复线上，可以将其分为会让站和越行站两种类型。这两种车站一般除正线外，只设置1~2股到发线，布置形式也较简单，分横列式、纵列式和混合式(半纵列式)三种。

(1)会让站：是指设于单线铁路上分界点处，供列车交会和越行之用，一般也办理少量客货运作业的车站。即在单线铁路上的分界点处，一般除正线外，还应设有用于列车避让和等待的配线，这种在单线上保证列车会让和越行的分界点，称为会让站。

(2)越行站：是指设于复线或多线铁路上分界点处，供快车超越慢车之用的车站，一般也办理少量客货运作业的车站。即在复线或多线铁路上的分界点处，一般除正线外，也应设有用于列车避让和等待的配线，这种在复线或多线上供快车超越慢车之用的分界点，称为越行站。但是，如果分界点没有配线，不能称为车站，仅进行调整列车运行作业。

2) 车站按办理业务对象分类

车站按办理业务的对象分为客运站、货运站、客货运混合站：

(1)客运站：是指从事客运业务的车站，包括乘客的乘降和中转、行包托运等业务和旅客列车的到发站作业。客运站应根据需要设置若干到发线和站台，以及客运站房。大型客运站还应配备检修和清洗列车等作业场所。客运站的布置形式基本分两种：一是通过式的客运站，其正线和到发线是贯通的，客运站房布置在铁路的一侧；二是尽头式客运站，其到发线是尽头式的，客运站房设于到发线的终端或一侧。客运站按国家标准《铁路旅客车站建筑设计规范》(GB 50226—2007)设计和建设,应设有旅客候车和安全乘降设施,并由站前广场、站房、站场客运建筑三者组成整体车站。其建筑规模根据旅客最高聚集人数划分为四级:

①特大型:最高聚集人数 $H(人)$:$H \geqslant 10\,000$。
②大型:最高聚集人数 $H(人)$:$2\,000 \leqslant H < 10\,000$。
③中型:最高聚集人数 $H(人)$:$400 < H < 2\,000$。
④小型:最高聚集人数 $H(人)$:$50 \leqslant H \leqslant 400$。

(2)货运站:是指从事货运业务的车站,包括货物交付、承运、装卸作业和货物列车的到发作业。货运站根据需要设置若干到发线、编组线和货物库场、库房等设施。货运站的布置形式基本分两种:一是通过式的货运站,其正线和到发线是贯通的,货运库场布置在铁路的一侧;二是尽头式货运站,其到发线是尽头式的,库场设于到发线的终端或一侧。

(3)混合站:是指同时从事客运与货运业务的车站。混合站中的客、货列车的到发场及编组站的布置型式有横列式、纵列式和混合式,一般大混合站多为纵列式和混合式。

3)车站按技术作业内容分类

车站按技术作业内容一般主要分为中间站、区段站、编组站,此外还有为工矿企业服务的专业化的车站。

(1)中间站:是指为了办理列车会让、越行和客货运业务而在铁路区段设置的铁路车站。中间站一般是综合性的车站,既为列车运行从事技术作业,又担负较大的客货运输业务,一般设在小城镇或县城。其主要作业有:列车的到发、通过、会让等列车运转作业;本站作业车的摘挂作业和向货场、专用线取送车辆的调车作业;客货运量较大的中间站还有始发、终到客货列车的作业;旅客的乘降和行包的承运,保管与交付等客运业务;货物的承运、装卸、保管与交付等货运业务。

为了完成上述作业,中间站应设以下设备:旅客站舍(售票房、候车室、行包房)、旅客站台、雨棚和跨越设备(天桥、地道、平过道)等客运设备;货物仓库、货物站台和货运室、装卸机械等货运设备;到发线、牵出线和货物线等站内线路;信号及通信设备。中间站的布置较会让站、越行站复杂,按到发线的配置分为横列式和纵列式两种基本类型。中间站设备规模虽然较小,但是数量很多,遍布全国铁路沿线中、小城镇和农村,在发展地方工农业生产,沟通城乡人员和物资交流中起着重要作用。其位置既要符合线路通过能力的要求,又要适当满足地方需要,并考虑地形、地质等自然条件。

(2)区段站:是指设在中等城市和铁路网牵引区段的分界处,为相邻牵引区段服务的铁路车站。区段站通常在下列场合设置:有较多货物集散和旅客乘降的中等城市或地区行政中心,如保定、常州;两条以上铁路相会处,而线路转运量和客货运量不大、不足以设枢纽站的地点,如怀柔、向塘;在一条线路上,两区段间线路坡度变更较大的地点,如南口、康庄、都匀。

区段站的主要任务除包括中间站常有的列车运转作业、车辆作业、客运业务、货运业务外，还包括办理机车的更换或机车乘务组的换班、列车编组或车辆摘挂、列车的中转等机车和列车作业。区段站亦可说是设有机务段、编组场的中间站。其站场结构与布置比中间站复杂，一般可分为四个用途不同的部分：客运区、货运场、编组场、到发场。区段站一般配备有机务段、车辆段、到发线、调车线和牵出线等作业单位和设施。

为了完成上述作业，区段站还应具备列车运转设备、机务设备、车辆设备、货运设备和客运设备等比中间站更多更完善的设备。区段站的构成与布置主要是根据正线、旅客列车到发线(场)及上、下行货物列车到发线(场)相互位置而形成，常见的布置型式有横列式、纵列式及客货纵列式三种类型。

(3) 编组站：是铁路网上集中办理大量货物列车到达、解体、编组、出发、直通和其他列车作业，并为此设有比较完善的调车作业场地和设施的车站。铁路编组站是铁路枢纽的核心，是车流集散和列车解编的基地，常有"列车工厂"之称。编组站和区段站统称为技术站。它们办理的技术作业种类大致相同，都办理列车的接发、编解、机车乘务组的更换、机车整备及车辆检修等作业。但二者又有区别：区段站以办理无中转列车为主，改编列车较少，办理少量区段列车和摘挂列车的改编作业；而编组站按照编组计划要求，除办理通过列车外，主要是解体和编组直达、直通的各种货物列车，以办理改编列车为主。

据统计，货车一次全周转时间中，在车站作业和停留的时间约占70%。货车从装车到卸车，平均要进行5~6次调车作业，其中在编组站作业停留的时间占30%以上。全路用于调车的机车台数，约占全部机车的1/5。加强编组站的现代化建设，对提高作业效率和缩短车辆周转时间有重大意义。

编组站通常设在有大量列车编组和解体的几条主要铁路干线交汇点处，以及有大量装卸作业地点的大城市、港口或大工矿企业附近。编组站内常配有为列车服务的机务段和车辆段，供办理列车到达作业用的到达线，办理列车发车作业用的出发线，或设兼有到达线和出发线功能的到发线，办理货物列车解体、集结和编组作业用的调车线(又称编组线)，供调车机车牵出车列进行解体、编组等调车作业用的牵出线和驼峰等设施。

编组站的基本布置形式有：到发场与调车场并列布置的横列式；到达场和调车场与出发场顺序布置的纵列式；以及二者混合布置的形式。图4-31是双线铁路三级六场编组站布置图。编组站按调车设备的现代化程度可以是自动化、机械化和非机械化的。先进的编组站采用自动化系统，利用计算机控制编组站作业和处理数据资料。实现编组站自动化，可以提高作业效率和改善劳动条件。我国现有编组站49处，其类别及名称如表4-6所列。编组站通常可分为路网性编组站、区域性编组站、地方性编组站三种类型。

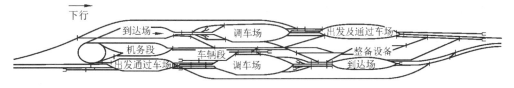

图4-31 双线铁路三级六场纵列式编组站布置图

表 4-6 编组站类别及名称表

性 质	数量/个	名 称
路网性编组站	15	哈尔滨南、沈阳西、沈阳南、山海关、丰台西、石家庄、济南西、徐州北、阜阳北、南京东、南翔、鹰潭、郑州北、株洲北、襄樊北
区域性编组站	17	三间房、四平、哈尔滨、南仓、大同西、向塘西、江岸西、武昌南、衡阳北、广州北、柳州南、西安东、宝鸡东、兰州西、成都东、重庆西、贵阳南
地方性编组站	17	牡丹江、长春、通辽南、梅河口、太原北、乔司、艮山门、淮南西、青岛西、来舟、怀化南、包头西、迎水桥、武威南、乌鲁木齐西、昆明东、安康东

①路网性编组站:设置在有 3 条及以上主要铁路干线的交汇点,编组 2 个及以上远程技术直达列车(通过 1 个以上编组站的列车),每昼夜编解 6 000 辆及以上车辆。

②区域性编组站:设置在有 3 条及以上铁路干线的交汇点,主要编组相邻编组站直通列车,每昼夜编解 4 000 辆及以上车辆。

③地方性编组站:设置在有 3 条及以上铁路干、支线的交汇点,或工矿区、港湾区、终端大城市地区附近,主要编组相邻编组站、区段站、工业站、港湾站间的直通、区小运转列车,每昼夜编解 2 000 辆及以上车辆。图 4-32 是编组站外景照片。

图 4-32 铁路编组站和亚洲最大的编组站郑州北站

4.5.2 铁路车站的分级

为了衡量车站客、货运量和技术作业量大小,以及在政治上、经济上和铁路网中的地位所划分的不同等级,称为车站等级。我国对以单项业务为主的客运站、货运站、编组站,及对综合业务为主的综合性车站,根据铁道部规定,按其业务量和地理条件等分为特、一、二、三、四、五等站共六个等级。

铁路车站数量每年都在变化之中,当新线开通时,会增加若干车站;当旧线改造后,也可能减少若干车站。截至 2008 年底,我国全路共计有 5 470 个车站,其中特等站 50 个,一等站 236 个,二等站 362 个,三等站 936 个。特等站包括北京、上海、郑州、郑州北、兰州西、昆明东、哈尔滨南、沈阳西、徐州北、太原等;一等站包括兰州、重庆、太原西、昆明等。核定车站等级应依据铁道部《铁路车站等级核定办法》相关规定。

1) 客运站、货运站、编组站的等级

对办理以单项业务为主的客运站、货运站、编组站,以下列条件划分其车站等级。

(1)具备下列三项条件之一者为特等站：

①日均上下车及换乘旅客在 60 000 人以上，并办理到达、中转行包在 20 000 件以上的客运站。

②日均装卸车在 750 辆以上的货运站。

③日均办理有调作业车在 6 500 辆以上的编组站。

(2)具备下列三项条件之一者为一等站：

①日均上下车及换乘旅客在 15 000 人以上，并办理到达、中转行包在 1 500 件以上的客运站。

②日均装卸车在 350 辆以上的货运站。

③日均办理有调作业车在 3 000 辆以上的编组站。

(3)具备下列三项条件之一者为二等站：

①日均上下车及换乘旅客在 5 000 人以上，并办理到达、中转行包 500 件以上的客运站。

②日均装卸车在 200 辆以上的货运站。

③日均办理有调作业车在 1 500 辆以上的编组站。

2)综合性车站的等级

对办理客、货业务及货车编解等技术作业的综合性车站，以下列条件划分其车站等级。

(1)具备下列三项条件之二者为特等站：

①日均上下车及换乘旅客在 20 000 人以上，并办理到达，中转行包在 2 500 件以上的。

②日均装卸车在 400 辆以上的车站。

③日均办理有调作业车在 4 500 辆以上的车站。

(2)具备下列三项条件之二者为一等站：

①日均上下车及换乘旅客在 8 000 人以上，并办理到达，中转行包在 500 件以上的。

②日均装卸车在 200 辆以上的车站。

③日均办理有调作业车在 2 000 辆以上的车站。

(3)具备下列三项条件之二者为二等站：

①日均上下车及换乘旅客在 4 000 人以上，并办理到达，中转行包在 300 件以上的。

②日均装卸车在 100 辆以上的车站。

③日均办理有调作业车在 1 000 辆以上的车站。

(4)具备下列三项条件之二者为三等站：

①日均上下车及换乘旅客在 2 000 人以上，并办理到达、中转行包在 100 件以上的。

②日均装卸车在 50 辆以上的车站。

③日均办理有调作业车在 500 辆以上的车站。

(5)办理综合业务，但按核定条件，不具备三等站条件者为四等站。

(6) 只办理列车会让、越行的会让站与越行站，均为五等站。

3) 核定站等的参考条件

核定站等时，是在依照核定条件，全面核定站等后，对某些尚未全部合乎高一等条件要求的站，经过综合平衡，考虑其所在地的政治、经济、文化、外事和运输布局等情况的需要，可按下列参考条件分别酌定其站等：首都、中央直辖市及个别省府所在的车站，可酌定为特等站。省府所在地的车站及重要的国境站、口岸站，可酌定为一等站或二等站。工矿企业比较集中地区所在地的车站及位于三个方向以上并担当机车更换、列车技术作业的车站，可酌定二等站或三等站。

上述数字，均应为上年度全年实际日均数字。凡由统计部门掌握的数字，均应经统计部门认定；统计部门没有掌握的数字，以业务统计为依据。另外，特等站、一等站是和车务段平级，不受车务段管理。车站等级每3年核定一次。核定后，日常不做核定与调整。特等站的站等，由铁路局提出核定意见，报铁道部审批。一等及以下车站的站等，由铁路局核定并审批；应将一、二、三等站的站等报铁道部备案。

4.5.3 铁路车站的布置图

铁路车站除铁路正线外，一般还由很多辅助线、场、段、站组成。它们包括：接发旅客列车的客车到发线(场)；接发货物列车的货车到发线(场)；编组和调度旅客列车的客车编组场或调车场；编组和调度货物列车的货车编组场或调车场；为列车服务的机务段和车辆段等；较大的区段站及编组站还分设客运站和货运站等。中国双线铁路靠左行，这些辅助线、场、段、站在铁路车站内的位置相对于铁路正线的布置型式，主要根据车站类型、规模和地理条件确定，常见的有横列式、纵列式、客货纵列式和混合式等布置图。

1) 横列式布置图

当上、下行到发线(场)平行布置在正线一侧，编组场或调车场在到发线(场)的一侧，即所有辅助线、场都平行于正线的同一侧同一位置时，称为横列式布置图。横列式布置图的主要优点是，布置紧凑、站坪长度短、占地少、设备集中、管理方便、作业灵活、对各种不同地形的适应性强。其缺点是，一个方向的列车机车出入段走行距离长，对站房同侧的货物取送车和正线有交叉干扰。图 4-33 是单线铁路横列式区段站布置图，图 4-34 是双线铁路横列式区段站布置图。

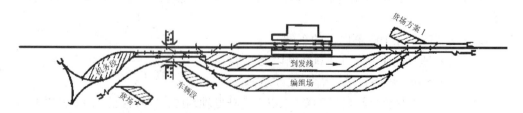

图 4-33　单线铁路横列式区段站布置图

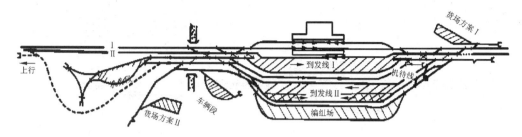

图 4-34 双线铁路横列式区段站布置图

2) 纵列式布置图

当上、下行到发线(场)平行布置在正线一侧，而编组场或调车场在到发线(场)的另一侧，并在逆运行方向全部错移，即所有辅助线、场不在同一侧也不在同一位置平行于正线时，称为纵列式布置图。纵列式布置图的优点是，作业上的交叉干扰较横列式少；机车出入段走行距离短；当机车采用循环运转制时，到发线上的整备设备比较集中；对站舍同侧的支线或工业企业线的接轨也比较方便。其缺点是，站坪长度长、占地多、设备分散、投资大、定员较多、管理不便、一个方向货物列车的机车出入段要横切正线。因此，一般只有在采用循环交路时，才采用这种图型，以便充分发挥其优越性。图 4-35 是双线铁路纵列式区段站布置图。

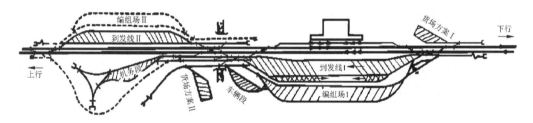

图 4-35 双线铁路纵列式区段站布置图

3) 客货纵列式布置图

当车站的客运站和货运站分设，其客运运转设备(主要指旅客列车到发场)与货运运转设备(主要指货物列车到发场)相对于铁路正线纵向配列时，称为客货纵列式布置图。此种图型往往是改建时逐步形成的，故客、货运转设备和机务设备相互位置的配置形式很多。其优缺点与纵列式图型大致相同。在复线铁路上，当运量较大时，为了减少站内两端咽喉区上、下行客、货列车进路的交叉干扰，多采用纵列式布置图。图 4-36 是双线铁路客货纵列式区段站布置图。

4) 混合式布置图

对于客货运输业务大、列车接发数量多的编组站，列车到达场与出发通过场，机务段与编组场等一般是分开设置。当他们的布置有的在同一位置平行于正线，有的在不同位置平行于正线，既有横列式也有纵列式时，称为混合式布置图。图 4-37 是单线铁路二级四场混合式编组站布置图。

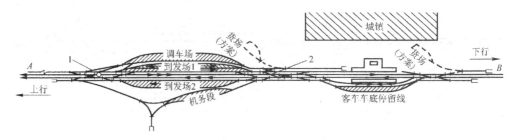

图 4-36 双线铁路客货纵列式区段站布置图

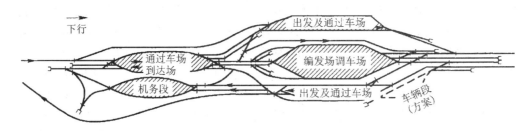

图 4-37 单线铁路二级四场混合式编组站布置图

4.5.4 铁路枢纽及驼峰编组场

1) 铁路枢纽

铁路枢纽是指在铁路各线交会处或与其他交通线路的连接处,由若干个铁路车站、联络线和进出站线等技术装备构成的铁路综合设施。其功能是使各向铁路线相互沟通,与其他运输方式顺畅衔接。其主要作业内容是组织各向列车的到发和通过、客货的集散和中转、车辆改编以及货物承运与换装等。铁路枢纽通常设有编组站、客运和货运站,有时也可由一个站办理各种作业。在各站之间以联络线联结,在枢纽范围内引入车站的进出站线路。铁路枢纽是组成铁路网的路网的中枢,也是城市交通运输枢纽重要组成部分,服务于城市、工矿企业和港埠,是铁路与各种交通运输工具及城市和国民经济各部门联系的纽带。

铁路枢纽是在铁路运输事业不断发展,铁路网络不断完善,城市和国民经济的快速增长过程中逐步建设形成的。各个铁路枢纽的结构、布局和设备,均有其地理特征、历史特点和发展条件,一般都经历由小到大、由简单到复杂、由不合理到合理的发展过程。

(1) 铁路枢纽的类型:铁路枢纽按其在路网中的地位和作用,分为路网性、区域性和地方性枢纽;按其衔接线路、车站数量和规模,分为特大、大、中、小型枢纽;按其主要服务对象,分为工业、港湾、综合性枢纽;按其布置图型,分为一站、三角形、十字形、顺列式、并列式、环形、混合形和尽端式铁路枢纽等。图 4-38 为环形铁路枢纽示意图,图 4-39 为混合式铁路枢纽示意图。

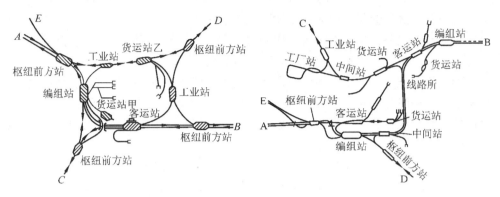

图 4-38　环形铁路枢纽示意图　　图 4-39　混合式铁路枢纽示意图

(2) 铁路枢纽内设备：铁路枢纽内设备有：铁路线路，包括引入线、联络线、环线、工业企业专用线等；车站，包括客运站、货运站、编组站、工业站、港湾站等；疏解设备，包括铁路线路与铁路线路的平面和立交疏解、铁路线路与城市道路的立交桥和道口以及线路所等；其他设备，包括机务段、车辆段、水电段、客车整备所等。

(3) 中国主要铁路枢纽：铁路枢纽是由铁路新线建设和城市及工业发展等原因逐步形成和发展起来的。因此，枢纽所在地区的政治与经济特征、在地理上和路网中的位置、城市和工业建设的要求等对它所承担的运输生产任务有着密切的关系。以下是分布在我国华北、华东、华南、华中、西北、西南主要铁路枢纽的基本情况。

① 北京铁路枢纽：位于中国首都城市北京市，是联结八个方向的中国最大的铁路枢纽，有京广、京沪、京九、京沈、京包、京通等铁路呈辐射状通向全国，并有国际列车通往朝鲜、蒙古和俄罗斯。北京铁路枢纽属环形铁路枢纽，是以特大型客运站北京站、北京西站和路网性编组站丰台西站为主。北京铁路枢纽范围：京广线至琉璃河南站；京山线、京九线至黄村站；京包线至南口站；京原线至良各庄站；京承线至密云站；京秦线至通县站；京通线至怀柔北站；丰沙线至安家庄站。

② 郑州铁路枢纽：位于中国中部的中心城市郑州市，是一个线路纵横交错、大小车站相连、庞大而又复杂、闻名中外的铁路枢纽和国家综合交通枢纽。它是京广和陇海两大铁路大动脉、京港高铁(世界最长的高铁线路)和徐兰高铁(欧亚大陆桥)两大时速 350 km 高铁交通大动脉的交会点，是沟通南北，连贯东西的交通要冲，居于全国路网中心的重要位置上，素有中国铁路心脏之称，具有重要的战略地位。

③ 上海铁路枢纽：位于中国最大城市上海市，是东部沿海地区最大的枢纽站，既是京沪线和沪杭线的终点，又是我国远洋航运和沿海南北航线的中心，客流量和货运量极大。

④ 广州铁路枢纽：位于中国南大门城市广州市，是中国华南的水陆交通中心，有京广、广深铁路与珠江航运在此汇合，黄埔港居广州之外，其海内外旅客和进出口货物流量很大。

⑤ 武汉铁路枢纽：位于中国江汉平原长江中下游重镇武汉市，是京广、襄汉、汉

九(江)铁路和长江、汉水航运交汇的交通中心,素有"九省通衢"之称,以水陆中转联运为其特色。武汉铁路枢纽为我国铁路八大枢纽之一、六大客运中心之一和四大机车客车检修基地之一,是武广客运专线的起点和全国铁路通道的交会点,从武汉去上海、北京、广州、重庆等各个方向的重要城市都只需 5~6 h,前往中部城市不超过 3 h。

⑥西安铁路枢纽:位于中国历史古都和文化名城西安市,是目前西北地区最大的铁路枢纽,联结陇海、西康、宁西、包西、侯西、咸铜和西户等铁路线,乃西北地区主要的客、货集散地和中转中心,也是联结华北、华东、中南等地区与西北、西南各省的纽带。

⑦成都铁路枢纽:位于中国西南地区"天府之国"四川平原成都市,是宝成、成昆、成渝、达成以及沪蓉、西成、成兰、成贵、川青、川藏等铁路干线,成绵乐客运专线、成渝客运专线的交汇点,是目前西南地区最大的铁路枢纽和主要的客、货集散地和中转中心,是我国重要的铁路枢纽和六大铁路客运枢纽之一,成都北编组站也是西南地区最大的铁路编组站。

⑧重庆铁路枢纽:位于中国四大直辖市之一和五大中心城市之一西南地区重庆市,是国家历史文化名城,长江上游地区经济中心、国家重要的现代制造业基地,西南地区综合交通枢纽的铁路枢纽。铁道部根据重庆直辖市的发展态势,及成为全国统筹城乡综合配套改革试验区后的新变化,在调整中的《全国铁路网中长期规划》里,已明确提出要把重庆打造成"全国第五大铁路枢纽"的新目标,成为京广线以西最大的铁路枢纽中心。2020 年前,将有 10 条铁路干线经过重庆主城,分别是老成渝线、成渝城际列车线、兰渝线、襄渝线、渝万线、遂渝线、渝怀线、渝利线、渝黔线、渝泸线,客运量将比现在大大增加。其中,除老成渝线外,其他铁路线都将建成复线。

⑨兰州铁路枢纽:位于中国甘肃省省会、西北区域中心城市兰州市,属环形铁路枢纽,通过环线连接陇海铁路、陇海客运专线、兰渝铁路、兰成客运专线、青藏铁路、兰新铁路、兰新客运专线、包兰铁路、包兰客运专线等 9 条铁路干线,以及兰合、兰张、兰天 3 条城际铁路,形成一环十二射的枢纽格局,以特大型客运站兰州站、兰州西(客)站和路网性编组站兰州北(编组)站为主,辅之以秦川站、榆中站等客运站和兰州西(编组)站、河口南站等枢纽辅助编组站,以及集装箱中心、青白石站、大沙坪站、兰州东站等货运站组成的中国西部最大的路网性铁路枢纽。

⑩沈阳铁路枢纽:位于中国东北平原、重工业中心城市沈阳市,南与北京局相依、北与哈尔滨局相邻、东与朝鲜铁路相接。管辖范围以沈阳枢纽为中心,所辖线路东西长 1 216 km,南北长 822 km,营业里程 8 809.2 km(不含秦沈客运专线 404 km)。管辖线路跨及辽宁、吉林省的全部,内蒙古自治区东南部,黑龙江省南部,河北省东北部分地区。经济吸引区占地面积逾 60 万 km^2,总人口 7 500 余万人。

⑪哈尔滨铁路枢纽:位于中国东北北部最大的中心城市哈尔滨,是连接五个方向的东北北部最大的铁路交通中心,有哈大、滨洲、滨绥、滨吉等干线在此汇合,南与沈阳铁路局管辖线路衔接,北与俄罗斯远东铁路、后贝加尔铁路接轨,过境运输量很大,管辖线路覆盖黑龙江省全境,兼跨内蒙古自治区呼伦贝尔市和吉林省北部,有干线、支线和联络线 67 条,营业里程 6 734.7 km。

⑫徐州铁路枢纽：位于中国南北方过渡地带、向有兵家必争之战略要地的历史文化名城徐州市，是京沪铁路、陇海铁路两大铁路干线交汇点，是沟通华东诸省与全国各地物资交流和连云港出口物资运输的路网性枢纽之一，东西长28.5 km，南北长20 km。

2) 驼峰编组场

驼峰编组场是指具有驼峰的铁路编组场。驼峰是编组站的主要特征，是供货车快速解体和编组的重要调车线路设施。所谓"驼峰"，就是在地面上修筑的犹如骆驼峰背形状的小山丘，设计成适当的坡度，上面铺设铁路，利用车辆的重力和驼峰的坡度所产生的位能，辅以机车推力来解体车列的一种调车设施，是编组站解体车列和编组新列车的一种主要方法，由于其貌似骆驼的峰背而得名。驼峰线路由推送部分、峰顶平台、溜放部分和调车场四部分组成。驼峰线路的配套设备有调车机车、调速工具以及相应的信号和通信设备。在进行驼峰解体和编组货物列车时，机车将车列推上峰顶，然后用较低的速度推送（一般为3～5 km/h），使摘开车钩的车辆借助重力溜下驼峰，到达调车场内指定的线路上，以备编组新的列车。由于利用驼峰可以大大提高调车作业的效率，所以，现代编组站一般都建有驼峰编组场，充分利用驼峰解体和编组列车。常见的驼峰及驼峰编组场如图4-40所示。

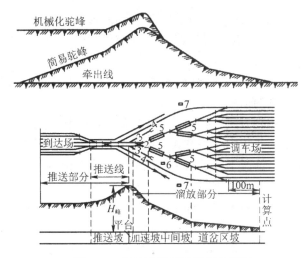

图4-40 驼峰及驼峰编组场示意图
1. 推送线 2. 溜放线 3. 禁溜线 4. 迂回线 5. 缓行线 6、7. 信号楼

4.5.5 铁路信号与通信设备

铁路信号设备是为保证行车安全，提高运输效率，铁路信号、联锁、闭塞等设备的总称。铁路通信设备是为迅速、准确地指挥列车运行和联络铁路业务的通信系统总称。

1) 信号设备

信号是指示列车运行和调车工作的命令。有关操作人员必须按照信号的指示办事，以保证铁路运输安全和提高运输效率。铁路信号包括听觉信号和视觉信号两大类。听觉信号是用音响表示的信号，如号角、口笛、机车鸣笛、响墩等信号。视觉信号是用颜色、形状、位置、显示数目及灯光状况表示的信号，如用信号旗、信号灯、信号牌、信号机、信号表示器显示的信号。

视觉信号分为手信号、移动信号和固定信号：手持信号旗或信号灯发出的信号，叫手信号；在地面上临时设置的可以移动的信号牌，叫做移动信号，如防护线路施工地点临时设置的方形红牌、圆形黄牌等；为保护一定目标或为了某种目的，常设于固定地点的信号，称为固定信号，如信号机和信号器等，在机车内设置的信号，称为机车信号，也属于固定信号。

我国铁路视觉信号的基本颜色是红色、黄色和绿色：红色信号的基本意义是停车，黄色信号是注意或减速运行，绿色信号是按规定速度运行。此外，还有白色和蓝色，分别表示准许和不准许越过该信号机调车。

2) 联锁设备

车站道岔区上道岔的不同开通方向构成多条作业进路。为了保证车站内行车和调车作业安全，必须实现进路、道岔及信号机三者的联系和制约，称为联锁。进路、道岔及信号机之间的联锁关系可归纳为以下几类：

(1) 放行列车或进行调车工作以前，必须先将进路上的所有道岔置于正确位置，信号机才能开放。

(2) 信号机开放以后，该进路上的所有道岔全被锁闭，不能扳动。

(3) 信号机开放以后，所有敌对进路(相互间有冲突的进路)的信号机全被锁闭，不能开放。

(4) 主体信号开放以前，预告信号机不能开放；正线出站信号机开放以前，进站信号机不能显示正线通过的信号。

按道岔和信号机的控制方式，联锁可分为非集中联锁和电气集中联锁两种。电锁器联锁为我国目前主要的非集中联锁方式。道岔由人工分散在现场操纵，每个道岔握柄都装有电锁器，在供电情况下，道岔可以扳动，利用电锁器上定位接点或反位接点沟通不同进路的信号电路。当某进路信号开放后，电路断开，道岔不能再动，称为进路锁闭。只有作业完成、信号关闭、进路解锁后，道岔才能恢复自由动作。

小站电气集中联锁是为适应小站运营特点设计的，全站所有信号机和道岔都用电气方式集中在信号楼操纵，而进路、道岔和信号机之间的联锁也全部借助于电气锁闭原理来完成。即在室内用按钮操作，通过继电器、轨道电路和电动转辙器来控制联锁动作。

大站电气集中联锁是用于区段站、编组站的联锁设备，不仅可以了解道岔、信号机及进路的状态，而且能反映列车在站内运行情况。它还根据大站作业复杂、繁忙的特点，考虑了调车信号机的控制问题；采用双按钮控制进路，即按压进路始、终端按钮，则进路自动排好、信号自动开放，在列车通过某段后，逐段解锁，提高了车站作业效率。电气集中联锁在我国铁路已得到广泛应用。

由于计算机技术的高度发展和应用，铁路车站的电气集中联锁设备正在逐步向微机联锁方向发展。

3) 闭塞设备

闭塞设备是用来保证列车在区间运行安全并提高区间通过能力的区间信号设备。

它能控制列车运行，保证在一个区间内同时只能有一条列车占用。我国《铁路技术管理规程》规定行车基本闭塞方法有电气路签(牌)闭塞、半自动闭塞、自动闭塞。前一种只能用于单线，后两种可用于单、双线。

路签(牌)闭塞是早期采用的列车行车闭塞方法。从路签机中取出路签，交给司机作为占用区间的行车凭证。此时，相邻两站都不能再取出路签。此法效率低，我国已很少采用。

半自动闭塞是一种以出站信号机的显示作为列车占用区间行车凭证的闭塞方式。发车站必须用电话与接车站联系，得到送电同意后，发车站的出站信号机才能开放。列车进入区间后，出站信号机自动关闭，同时两站闭塞机处于锁闭状态，不能重新开放出站信号发车。当列车到达相邻站后闭塞机才能复原。由于开放信号需人工操纵，而关闭信号是自动的，故称为半自动闭塞。

自动闭塞是由运行中的列车自动完成闭塞任务的闭塞方式。将站间区间分成若干个闭塞分区，以通过信号机作为分界点防护。由于闭塞分区内装有轨道电路，因而能反映列车运行情况，并传给通过信号机显示出来，向接近它的列车指示运行条件。由于通过信号机的显示是随列车的运行由列车自动控制的，不需要人工操纵，故称自动闭塞。

我国铁路广泛采用的是三显示自动闭塞，它用红、黄、绿三种颜色的灯光指示列车运行的不同条件。亮红灯时，表示前方闭塞分区占用，列车需在信号机前停车；亮黄灯时，表示前方有一个闭塞分区空闲，列车应注意运行；绿灯表示前方至少有两个闭塞分区空闲，列车不必减速。四显示自动闭塞是在三显示红、黄、绿灯光基础上增加一个黄绿灯光显示，要求高速列车越过黄绿信号后必须减速，以便在黄灯下运行时不超过允许速度，保证能在红灯前停车。对于低速列车，越过黄绿信号后则不必减速，这样就解决了某些线路上不同速度列车的行车要求。图 4-41 是三显示自动闭塞示意图。

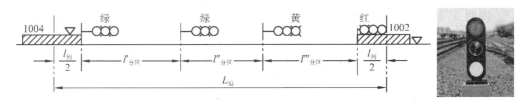

图 4-41 三显示自动闭塞示意图

4) 通信设备

通信设备是实现铁路运输生产集中统一指挥的保证。铁路通信按传输方式分为有线通信和无线通信；按服务区域分为长途通信、地区通信、区段通信及站内通信；按业务性质分为公用通信、专用通信及数据传输等。

铁路专用通信是指专门用于组织及指挥铁路运输生产的通信设备。这些设备有特定用途，接通指定用户，自成系统。它包括各种调度电话、其他专用电话、列车预确报、扩音装置等。

列车调度电话是调度所调度员指挥沿线各车站及列车段、机务段等有关列车运行人员关于列车运行业务的通信设备。其总机操纵部分安装在调度所，分机安装在沿线各站。列车无线调度电话则可供列车调度员、机车调度员、车站值班员等调度人员和司机通话。站内无线通信是为车站调度员、驼峰值班员等站内调车作业指挥人员和调车机车司机相互通话而设置，可以更好地防止作业事故，提高作业效率。

4.6 高速铁路与重载运输

世界铁路的新发展主要表现在客运高速和货运重载两个方面。为了适应铁路向高速、重载发展，各国都十分重视采用和发展新技术，主要表现是：在铁路牵引动力改革中，强调发展电气化铁路；电力、内燃机车的性能和自动控制能力不断提高；车辆向高强度、大轴重、大型化、双层客车发展；线路向整体结构、无缝线路、重型钢轨和高承载能力迈进；自动控制信号、无线通信等各种先进技术设备在区间、车站和机车上普遍设置，为高速重载提供了安全保障；电子计算机广泛在铁路各部门应用，带来了行车指挥自动化、多机车同步操纵、驼峰解编作业自动化、铁路运营管理自动化等。

4.6.1 高速铁路

人类 100 多年的铁路发展史，就是追求铁路高速运输的过程。1825 年英国建成世界第一条公用铁路，1830 年在这条铁路上举行了火车速度比赛，斯蒂芬森父子制造的"火箭号"蒸汽机车取得了冠军。虽然仅拉了 17 t 重的车辆，平均速度仅 22 km/h，但要比当时马拉车在木轨上行驶快得多。1948 年我国在沪宁线上也开行过称为"飞快"的列车，用蒸汽机车牵引 8 节客车，全程运行 5 h，旅行速度达到 60 km/h，这在当时已经是中国了不起的速度。

19 世纪末，英、法两国先后用蒸汽机车创造了 145 km/h 和 144 km/h 的试验速度；美国在纽约中央铁路创造了 181 km/h 的试验速度；德国用电力机车创造了 210 km/h的试验速度，用内燃动车组在柏林—汉堡间创造了 230km/h 的试验速度。第二次世界大战后，民用航空和高速公路的发展和竞争，更促使铁路提高速度：1955 年法国用一台电力机车牵引 3 节客车创造了 331 km/h 的试验速度，1981 年用 TGV-PSE 电动车组创造了 381 km/h 的试验速度；1988 年德国用 ICE 电动车组创造了 406.9 km/h 的试验速度；1990 年法国又用 TGV-A 创造了 515.3 km/h 的试验速度；1993 年日本在上越新干线用 STAR21 型电动车组创造了 425 km/h 的试验速度；2007 年法国再次用 TGV 创造了 574.8 km/h 的更高纪录。这些试验速度虽然要到若干年后才能在正式运营中实现，但已充分表明世界铁路努力攀登速度高峰的趋向。

1) 高速铁路的标准

高速铁路是一个国际性的概念，最初人们对高铁的定义并不统一，一般认为 250 km/h 就算是高速了。但是 2008 年在世界高速铁路大会上，与会代表就这个问题进行讨论，最后达成了一个新的共识：把高速铁路定义为是新建的专用铁路，在这个线路上开行运营时速达到 250 km/h 以上的动车组，采用了专用的列车控制系统的铁路。即高速铁路应符合以下三个标准：

(1) 一是新建的专用铁路：铁路"专用"的含义就是客运，高速铁路应是新建的客运专线。因为以往的普通铁路是客货列车共用，设计标准不同，提速能力有限，不算高速铁路。

(2) 二是开行 250 km/h 以上的动车组列车：普通列车是由机车牵引数量很多的车辆组成，其车辆是不带动力的，运行速度有限。而动车组列车是由机车和多辆动车组成，其动车自带动力。列车动力分散在动车上，牵引力分布在轨道上，有能力提高列车速度。

(3) 三是高速铁路最核心的技术是列车的运行控制系统：这种运行控制系统和普通铁路是完全不同的，它是一个计算机化的控制系统。普通火车都是机器控制和人控制相结合，是以人控制为主，机器控制为辅；而高速铁路是反过来，机器控制优先为主，人控制为辅。高速铁路必须要用这样一个先进的运营控制系统，才能认定这是高速铁路。

2) 高速铁路的优点

与高速公路、民用航空相比，高速铁路具有运能大、速度快、能耗省、污染小、占地少、安全度高、经济效益好等优点。

(1) 运能大：高速客运专线双向年输送能力可达 1.2 亿人以上，运输能力大于高速公路。如日本东海道新干线 1975 年运送旅客达 1.57 亿人。

(2) 速度快：高速铁路的行驶速度约为高速公路的 2~3 倍。从节省旅途时间角度看，高速铁路的经济运输距离约在 200~1 000 km 之间。国外研究表明：若高速铁路的速度为 250~300 km/h，考虑各种运输方式所用时间在内的旅途时间，则高速铁路与长途汽车比，优势距离大于 85 km；与小汽车比，优势距离大于 200 km；与民用航空比，优势距离小于 1 000 km。

(3) 能耗省：据日本统计，各种运输方式每人公里的能耗比：高速铁路:长途汽车:小汽车:民用航空为 1:1.02:5.77:5.23。高速铁路仅为小汽车和民用航空的 1/5~1/6。

(4) 污染小：交通运输污染环境主要是废气和噪声。高速铁路若采用电力牵引，则没有废气污染。噪声污染因仅为一条线，波及范围不大，还可修建隔声墙减少其危害程度；汽车与飞机的噪声波及范围大，高速公路的废气则是社会的一大公害。

(5) 占地少：四车道的高速公路路面宽 26 m，而高速铁路路基面宽度仅约 13.8 m，约为高速公路的一半。一个大型飞机场，包括跑道、滑行道、停机坪、候机大楼及其他设施，占地约 20 km^2，又多为市郊良田。而高速铁路车站无须此要求。

(6) 安全度高：据德国统计，每百万人公里的伤亡人数比例，当高速铁路为 1 时，公路为 24，航空为 0.8。日本的新干线安全性高，其事故率仅为公路的 1/1 570，为航空的 1/63，同时高速铁路舒适性最好，全天候运行准时性好，而民航则受大雾、雷雨等天气影响。

(7) 经济效益好：高速铁路的造价低于同等长度的高速公路。完成相同的旅客周转量,高速铁路的机车和车辆购置费远低于小汽车的购置费。高速铁路能吸引大量客流,经济效益高。日本东海道新干线和法国东南干线都是运营不到 10 年,所获盈利就超过了全部投资。

根据国际铁路协会(IRCA)和国际铁路联盟(UIC)研究,就欧洲而言,在既有线客、货能力已经饱和的条件下,双向年客运量达到和超过 1 000 万人时,修建高速客运专线是有利的。根据德、法、比利时三国研究,在既有线能力饱和的条件下,当双向年客运量大于 500 万人时,修建客货共线的高速铁路是有利的。

3) 高速列车的技术条件

高速列车技术条件的主要区别是牵引模式、动车构造、列车组合、牵引功率、制动方式和铁路形式等方面与普通列车不同。

(1) 牵引模式:目前,世界上高速列车的牵引模式,按照动力类型可分为电力动车组和内燃机动车组两种类型;按照传动方式可分为电传动和液力传动两种类型;按照动力分布又分为两类,一是动力分散式动车组,二是动力集中式动车组。

动力分散式是将动力分散安装于客车下部,全列车大部分为动车、少量为拖车。如日本 100 系列车 12 辆为动车、4 辆为拖车;300 系列车 10 辆为动车、6 辆为拖车。意大利 ETR450 型摆式列车,10 辆为动车,仅 1 辆为拖车。动力分散式高速列车的动车轴重较轻,一般仅为 12~16 t,对线路作用力小;牵引力和制动力分散于多个轴上,不受轮轨黏着条件限制,可使全列车的牵引力和制动力较大。其缺点是制造和维修费用高,车内的噪声和振动较大。

动力集中式高速列车多在头尾两端配置动车,中间为拖车。如法国的 TGV、德国的 ICE、意大利的 ETR500。动力集中式高速列车制造和维修费用低,西欧各国普遍采用。其动力多采用交流电动机,因其重量轻、功率大、可靠性高、故障率低,其中交流异步电动机性能更为优越,是牵引电机的发展方向。如德国的 ICE 和法国的 TGV-N 就采用了交流异步牵引电动机。

(2) 动车构造:动车与普通客车车辆不同,其车厢本身具有动力,既可牵引,又可载客,这样的客车车辆便称为动车。列车运行的时候,不光是机车带动力,车厢也会"自己跑",这样把动力分散,更能达到高速的效果。动车车厢全封闭,不可向外抛物,车内禁止吸烟。高速客车都力争降低车辆自重,如改进车体结构、采用铝合金材料、减少转向架数量,采用单轴转向架等,法国、日本的高速客车自重已降低到 36 t 左右。

(3) 列车组合:动车组列车是由机车、动车和拖车组合而成;机车是牵引车,置于列车两端,用力时可拉可推;动车是自带动力的车辆,主要是载客,自己也能跑;拖车是不带动力的车辆,只载客,自己不能跑。动车组列车在两端都有驾驶室,掉头时无须先把机车从一端移到另一端,大大加快了运转速度,也减少车务人员的工作及提高安全。

(4) 牵引功率:机车和动车所能产生的功率由动轴的功率决定,直流牵引电动机的轴功率一般为 800~900 kW,4 轴机车的总功率为 3 200~3 600 kW。交流牵引电动机的轴功率一般为 1 100~1 200 kW,8 轴总功率为 8 800~9 000 kW。功率受轮轨间黏着力的制约,虽然可用增加轴重的方法来增加牵引力,但高速列车的轴重过大,对轨道损伤严重。所以各国都对轴重加以限制,如德国 ICE 最高速度为 300 km/h,轴重最大为 19.5 t。列车运行时所受的空气阻力至少与行车速度的平方成正比,还与列车流线型的程度、车辆断面大小、转向架性能和轨道结构等因素有关。速度越高,阻力越大,需要的牵引功率越高。

(5)制动方式:高速列车行车速度高、动能大,要在一定的制动距离内使列车停止,需要强大的制动力,仅靠闸瓦与车轮之间的摩擦力产生制动力是远远不够的,一般都需在动力车上安装动力制动装置。动力制动有两类,一类是制动力要受轮轨间黏着力制约,如电阻制动、再生制动、旋转涡流制动等;另一类可不受轮轨间黏着力的限制,如磁轨制动、线性涡流制动。高速列车都采用联合制动系统。

(6)铁路形式:高速铁路的标准是客运专线;轨距与各国普通铁路轨制相同,我国是国际标准轨距 1 435 mm;铁路线一般是无渣道床;线路大部分高架,也可设在地面和地下;铁路正线数目一般是双线,无侧向干扰,我国是靠左行;钢轨连接是无缝焊接。

图 4-42 是高速铁路与动车组列车的外景照片,图 4-43 是普通铁路与动车组列车的外景照片。

图 4-42 高速铁路与动车组列车

图 4-43 普通铁路与动车组列车

4.6.2 气垫列车与磁浮列车

随着火车速度的提高,轮子和钢轨便产生猛烈的冲击和磨损,引起列车强烈震动,发出高强度噪声,车轮也对列车的高速行驶会带来诸多不利影响。由于黏着铁路受极限速度的限制很难实现 500 km/h 的最高速度,因此,需要研制新的轨道运输工具。于是,没有轮子的气垫列车与磁浮列车便随之产生。

1)气垫列车

气垫列车是利用功率很强的燃气轮机作动力产生高压喷气,向轨道上喷射压缩空气,使列车的车底和轨道之间形成一层几毫米厚的空气垫,从而将整个列车托起,悬浮在轨道面上,再用装在后面的螺旋桨式发动机推动列车前进。这种火车通常叫做

"气悬浮列车"。由于它好像被气垫托起来一样,所以又称"气垫列车"。

法国是世界上最早修建气垫列车的国家。20 世纪 60 年代,巴黎和奥尔良郊外建成了两条气悬浮式铁路,一条长 18 km,另一条长 6.7 km,曾进行了多次运行试验。1969 年在奥尔良郊外使用的气垫列车,长 26 m,宽 3.2 m,高 4.35 m,重 20 t,可乘 80 人。列车的试验速度为 200~422 km/h。用 530 kW 的燃气轮机产生气垫,用 2 956 kW 的动力驱动,在 18 km 长的高架轨道试验线上试运行时,最高时速达 422 km。后来,英国、前苏联和美国在 20 世纪 60~70 年代也进行了气垫列车的研制和试验。此后因未取得显著成就而停顿,且因喷气机污染环境、噪声太大,都先后停止了气垫列车的进一步探索,转而研制磁浮列车。

2) 磁浮列车

磁浮列车是利用法拉第的电磁感应原理,使列车在轨道上悬浮起来,克服了轮子和轨道的摩擦阻力,列车的速度非常快,可与一般飞机的飞行速度媲美。乘坐这种列车,使人感到既舒适、安全,又特别迅速。在车内听不到单调刺耳的车轮撞击声,即使行驶速度很高时,乘客也会觉得像坐飞机那样平稳。它的速度可达 500 km/h 以上。

磁浮列车采用的电磁原理是 1922 年由德国工程师肯佩尔提出的,并于 1934 年获得专利。世界上第一条实用性的磁浮铁路建在原联邦德国汉堡市展览馆至展览广场之间,全长 908 m,轨道为高架桥式。磁浮列车长 26.24 m,可载客 68 人。它可浮离轨面 10 mm 运行,最高时速为 75 km/h。1969 年德国开始正式研制,至今已经历了 8 代,设计时速高达 500 km,实际运行时速为 400 km。磁浮列车有两种类型,一种是常导体吸引式磁浮列车,另一种是超导体相斥式磁浮列车。两种磁浮列车技术都日臻成熟。还有一种是管道磁浮列车的设想。

(1) 常导体吸引式磁浮车:常导磁浮车的车辆跨坐在导轨之上,车上安装的集电设备向供电轨供电,导轨相应部位安装感应轨,利用两轨间磁场的吸引力将车辆吸起 10 mm 左右,然后利用线性电动机驱动车辆前进。这种磁浮车因需外部供电,故速度受一定限制。

如美国 1974 年 8 月曾在普通轨道中心加铺铝感应轨,启动时用喷气机驱动,启动后用线性电动机驱动,最高时速达 410 km。英国伯明翰在机场到铁路车站间 0.4 km 内,建成了磁浮高架线路,并正式投入商业运行。由于距离太短,最高速度为 50 km/h,全程运行时间为 15 min。每辆车载客 40 人,每小时可运送旅客 1 500 人。

德国已研制出向地面功能件供电的常导磁浮车,其行车速度可不受取流设备的限制;1983 年用两辆磁浮车,载客 200 人,试验速度达 400 km/h。此后修建了柏林—汉堡间 292 km 的磁浮线,最高速度为 450~500 km/h。

20 世纪 90 年代初我国西南交通大学经多年研究试制出载人磁浮车,1997 年与四川省合作,在都江堰市青城山下修建 2.0 km 长的常导磁浮线,采用单线高架结构,运行最高速度为 100 km/h。2010 年 4 月 8 日,我国首辆高速磁浮国产化样车在成都实现交付。由中航工业成都飞机工业(集团)有限公司制造的磁浮列车最高可达 500 km/h,国产化率达到 70% 以上,性能比上海目前使用的磁浮列车更优越。这标志着我国已经具备磁浮国产化设计和制造能力。

世界第一条磁悬浮列车示范运营线——上海磁悬浮列车建成后,从浦东龙阳路站到浦东国际机场,30 多千米只需 8 min。上海磁悬浮列车是"常导磁吸型"(简称"常导型")磁悬浮列车,是利用"异性相吸"原理设计的一种吸力悬浮系统。它利用安装在列车两侧转向架上的悬浮电磁铁和铺设在轨道上的磁铁,在磁场作用下产生的吸力使列车浮起来。上海磁悬浮列车时速 430 km/h,一个供电区内只能允许一辆列车运行,轨道两侧 25 m 处有隔离网,上下两侧也有防护设备,转弯处半径达 8 000 m,肉眼观察几乎是一条直线;最小的半径也达 1 300 m,乘客不会有不适感。轨道全线两边 50 m 范围内装有目前国际上最先进的隔离装置。2002 年 12 月 31 日全线试运行,2003 年 1 月 4 日正式开始商业运营。这是世界第一条商业运营的磁悬浮专线。这列当今世界上最酷最炫的列车,带车头的车厢长 27.196 m,宽 3.7 m。中间的车厢长 24.768 m,14 min 内能在上海市区和浦东机场之间打个来回。

(2)超导体相斥式磁浮车:超导磁浮车的车辆跨坐在导轨上,车上装置超导电磁线圈,超导体线圈由铌钛合金制成,浸入 -268.8℃的氦溶液中,线圈电阻接近于零,一旦有电流通过,即可持续通电,不需再供电。车下导轨相应部位也安装线圈,当车辆通过时,导轨上的线圈产生感应电流,出现磁场,超导体线圈的磁场与导轨上线圈的磁场产生相斥力,可使车辆浮起 100 mm 左右,适合于高速运行。其仍采用线性电动机驱动车辆前进。

如日本 1979 年 12 月在宫崎县 7 km 长的试验线上,实现了 517 km 的最高时速,持续时间 5 s,运行距离 0.7 km,其余 6.3 km 用于加减速。试验车长 13.5 m,宽 3.8 m,高 2.7 m、质量约 10 t,磁浮力为 100 kN,驱动力为 44 MN,每吨车辆具有 4 400 kN 的推力。1980 年又对磁浮车的车型和导轨进行了改进,1982 年进行载人运行,最高时速达 262 km,1987 年 2 月最高时速达 375 km 和 408 km,磁浮技术已接近实用阶段。

(3)管道磁浮:列车在地面高速运行时要克服空气阻力,当速度超过 500 km/h 后,空气阻力将非常大,所以产生了管道磁浮线路的设想。将磁浮车系统置于空气稀薄的管道中,时速就几乎可以无限制地提高。美国兰德公司设想一种管道磁浮高速运输系统。该设想的轮廓是:由纽约到洛杉矶修建一条横贯美国东西的长 3 950 km 的地下隧道,隧道内抽成相当于 1‰ 个大气压的真空,将磁浮系统安装在隧道内,悬浮力和驱动力都由超导电磁形成。速度受 3 950 km 的加速与减速距离限制,3 950 km 的一半用于加速,一半用于减速,中间速度最高为 22 550 km/h。即令采用中速 13 000 km/h,平均速度为 6 750 km/h,由纽约到洛杉矶也只要 36 min 30 s 的旅行时间,隧道当然不宜转弯,转弯时曲线半径需达 700~800 km。20 世纪 80 年代估算,隧道造价要 1 850 亿美元,包括磁浮系统总费用约需 2 500 亿美元。

4.6.3 重载运输

铁路重载运输是指采用大功率内燃或电力机车单机、双机或多机牵引,增加货物列车编组车辆数,提高牵引吨数,增大运输能力,降低运输成本,提高运输效率的运输方式。

1) 世界重载运输的发展

美国、俄罗斯、加拿大、澳大利亚和我国都在发展多种形式的重载列车。美国1967年重载列车的单列总重达4.4万t；澳大利亚和俄罗斯也都开行了万吨级以上的重载列车；俄罗斯大部分开行两列或三列合在一起的组合式重载列车，具有分合灵活、组织简便的优点。我国2006年在大同—秦皇岛—山海关间成功开行了2万t重载列车。铁路重载运输的发展，对降低运输成本，提高经济效益发挥了重要作用，对大宗货物、中长距离的货物运输具有更大的吸引力。由于各个国家的货流特点、平均运距、原有铁路的设备和能力利用率各不相同，且要求实现的运输目的也不尽相同。所以，技术比较先进的国家都根据本国的国情路情，努力发展铁路重载运输，并逐步形成了以下三种不同的运输方式：

(1) 大吨数牵引、小密度行车：这种运输方式以美国为代表，加拿大、澳大利亚、巴西、南非等国在煤炭、矿石的运输中，也广泛地采用重载列车直达运输方式。这种运输方式与其国情、路情有关。在具有大宗货源和路况承载能力时，为了降低铁路长距离运输的成本，提高与水运的竞争能力，铁路公司采用多机牵引的重载列车，组织专列直达运输，牵引吨数为万吨的列车很普遍，有的装运煤炭或矿石的列车牵引吨数高达3万t以上。

(2) 小吨数牵引、大密度行车：这种运输方式以西欧各国为代表，日本的铁路也具有这种特点。这些国家国土面积较小，大城市间的距离较近，既有铁路的货物运距较短、运量不大、设备标准较低，但是这些国家的铁路的复线比重较高，通信信号设备也很先进，铁路的通过能力有较大富余。在这种条件下，这些国家没有大幅度提高牵引吨数，而采用增大行车密度的办法来适应运量的增长。但是，需要时也可开行直达超重货物列车，同时适当加大行车密度，以此显著提高运输效率，降低运输成本，增加经济效益。西欧各国的直达超重货物列车主要运送的是矿石、煤炭等大宗货物，牵引质量一般为4 000~5 500 t。

(3) 大吨数牵引、大密度行车：这种运输方式以俄罗斯为代表。俄罗斯国土广阔，铁路客货运量在整个交通运输业中所占比重较大，客、货周转量分别在1/2~1/3以上。加之铁路网的密度不太高，客、货运量集中，且大宗货流的运距较远，这样就形成前苏联铁路客、货运输任务重，具有大吨数牵引、大密度行车的需求和条件。

2) 我国铁路的重载运输

我国国土面积大，人口众多，资源分布广泛，文化风俗浓厚，人员流动量和货物运输量大，铁路运输任务繁重，数十年如一日，对发展重载运输有需求和战略决策。我国1994年《铁路主要技术政策》就确定了铁路发展重载运输的方向——"大力提高列车重量，积极增加行车密度，努力提高行车速度"。到20世纪80年代末，我国已能批量生产大功率电力机车、内燃机车和重载车辆，为重载运输奠定了设备基础。电力机车如韶山SS_6和SS_7型功率为4 800 kW，双节SS_4型功率为6 400 kW。内燃机车如东风$DF10$型功率为4 260 kW，$DF8$型功率为3 676 kW，双节DF_{4E}型功率为4 860 kW。车辆如C_{61}、C_{62A}、C_{63}型载重60 t以上，全路载重60 t的货车车辆拥有量已达

81%。且还在进一步研制载重 70~75 t、轴重 25 t 的大型货车车辆。机车车辆的车钩强度、缓冲器容量和制动装置都有了很大改进。

到 2008 年，全国铁路正线铺设 60 kg/m 重型及以上的钢轨长度已占 80.2%，正线的无缝线路里程已达 65.9%。重载铁路(指单机牵引重量达到 8 000 t 及以上、线路长度在 150 km 以上、年运量至少 4 000 万 t 的铁路)营业里程超 1.6 万 km，整体货运能力目前居世界第一。我国铁路完成了对京沪、京广、京沈等繁忙干线的线路改造和轨道加强，改铺重型钢轨、改造站场，将到发线有效长度延长到 1 050 m，平交道口已全部改为立交道口。此后，其他繁忙干线也逐步进行了线路改造和轨道加强。图 4-44 和图 4-45 所示分别为中国普通铁路与重载列车。

图 4-44　普通铁路与重载列车

图 4-45　普通铁路与两万吨重载列车

我国自 20 世纪 80 年代中期以来，通过学习国外经验及科学试验，逐步开行重载列车，经历了两个发展阶段，逐步采用了组合式、单元式、整列式三种重载列车运输模式。

(1) 组合式重载列车：既可作为线路大中修时封锁线路的应急措施，也可作为季节性货运量增长时的临时运输扩能措施，效果较显著，在单线和双线铁路上均可采用。

(2) 单元式重载列车：可以大幅度增加铁路运力，提高运营效率，降低运输成本。适用于货流量大，运品单一、流向集中的铁路。

(3) 整列式重载列车：整列式重载列车的到发、编组和装卸作业与普通货物列车完全一样，只不过是列车重量有显著提高。列车由大功率的单机或双机牵引，在线路最大坡度和站线有效长度的可能条件下，最大限度地增大列车重量，在平原丘陵地区列车重量达到 5 000 t，山岳地区达到 3 000~4 000 t。整列式重载列车是大面积、大幅度提高繁忙干线输送能力的有效措施，也是我国今后发展重载运输的主要形式。

小结

本章以铁路交通运输为研究对象，主要内容包括铁路交通运输概述、铁路线路、铁路机车、铁路车辆与列车、铁路车站以及高速铁路与重载运输共 6 节。铁路线路是铁路交通运输的基础设施和必要条件，主要由路基、轨道和桥隧建筑物等组成，修建铁路线路投资较大，在铁路运输成本中所占比例最大。铁路车站也是铁路运输的基础设施,是铁路运输的活动基地和正常营业的后勤保障,主要由辅助线路和有关建筑及构筑物组成,按技术作业的不同分为中间站、区段站、编组站等。铁路列车是铁路运输的载运工具,普通列车由铁路机车和铁路车辆组成,主要分为旅客列车和货物列车。

铁路运输的技术作业主要是列车的编组、排序和到发;铁路运输的营业活动主要是客、货运组织工作。铁路机车是列车的动力车头,担负着列车的牵引任务和完成各项调车工作,按动力来源不同分为蒸汽机车、内燃机车和电力机车三种类型。铁路车辆是列车的车厢,可分为客车车辆和货车车辆两大类。高速铁路与重载运输是铁路运输的新技术和发展趋势。其中:高速铁路是指供动车组列车以 250 km/h 以上的行驶速度运行的客运专线;动车组列车是由机车、动车和拖车组合而成,两端都有驾驶室,可双向行驶。本章重点是铁路线路、铁路机车、铁路车辆与列车,难点是铁路机车的构造与工作原理。

思考题

1. 铁路交通运输的特点有哪些优点和缺点?
2. 铁路平面线型由哪几种线型组成?何谓缓和曲线?其有何作用?
3. 常用的铁路客车车辆和货车车辆各有哪些?说出其名称和基本代号?
4. 机车如何分类?各类型机车的特点是什么?
5. 内燃机车的主要结构包括哪些组成部分?
6. 电力机车有哪几种型式?各有何特点?
7. 铁路车站按技术作业的不同分为哪几类?各有何特征和作用?
8. 车站布置图有哪几种型式?各有何含义和特点?
9. 编组站中的驼峰是什么?有何作用?包括哪几部分?
10. 按国际性的概念,高速铁路应符合哪些标准?
11. 铁路重载运输有哪几种不同的运输方式?各有何特点?
12. 动车组列车由什么组成?何谓动车?

推荐阅读书目

1. 铁路运输设备. 吴芳. 中国铁道出版社,2007.
2. 现代铁路运输设备. 黄方林,马国龙. 西南交通大学出版社,2003.
3. 交通运输工程学. 沈志云,邓学钧. 人民交通出版社,2008.
4. 高速动车组概论. 李芾,安琪,王华. 西南交通大学出版社,2008.
5. 铁路运输节能减排技术. 孙忠国. 化学工业出版社,2009.
6. 铁道工程概论. 陈小雄. 人民交通出版社,2009.

第 5 章
航空交通运输

[本章提要]

　　本章以航空交通运输为研究对象,主要内容包括航空交通运输概述、航空交通运输飞机、航空运输的机场与航线、航空交通运输管理共四节。其中:飞机是航空运输载运工具;机场是航空运输的基础设施;航线是航空器的飞行路线;它们都是航空运输的物资基础和必要条件;航空运输管理包括了航线、航路和空域管理、国际民航的组织及法规等内容。航空是一种现代化的交通运输方式,在国际政治、经济和文化交往中具有特别重要的作用和地位。世界上各个国家和地区,只要有能力,都争相发展航空交通运输事业。学习本章内容,可以较全面地了解航空交通运输的基本概念、飞机、机场、航线、航空交通运输管理等有关专业知识。

航空交通运输是一种具有较多高科技含量，且极为重要的现代化交通运输方式。航空运输体系包括载运工具飞机、基础设施机场及其设备、空中交通管理系统和飞行航线等基本组成部分。航空运输业是建立在现代先进的科学技术水平、完善的工业制造体系和发达的经济社会需求基础之上的一个相对垄断的高科技、高投入的产业。因为航空运输的飞机和设备都具有技术先进、价格昂贵、操作复杂等特点，对驾机人和管理者的要求高；机场建设成本投资巨大。航空交通运输虽然没有水路交通运输发展早，也没有道路交通运输普及，但是，却具有速度快，不受地形限制等独特优势，在国际政治、经济和文化交往中具有特别重要的作用和地位；而且飞机制造和航空运输业能有效带动其他相关科技和产业的发展，并可反映和树立国家的综合实力与形象。所以，世界上发达国家和地区都十分重视航空运输业的发展。世界大国和强国都积极发展飞机制造产业。世界上其他国家和地区，只要有能力，都争相发展航空交通运输事业。因为具有现代经济社会的需求和条件，航空交通运输在短短半个多世纪内得到快速的发展，已成为现代社会不可缺少的重要的交通运输方式和行业。

5.1 航空交通运输概述

航空运输是指使用航空器在空气空间飞行，运送人员、行李、货物和邮件的一种运输方式。航空运输的产生历史可以追溯到19世纪70年代。1871年普法战争中，法国人用气球把法国政府官员和物资、邮件等送出被普军围困的巴黎。1903年12月美国莱特兄弟完成了首次空中飞行，实现了人类梦寐以求的翱翔蓝天的愿望。使用飞机的航空运输则始于1918年5月5日在纽约—华盛顿—芝加哥之间。20世纪30年代初期，美国生产的CD-3型运输机得到较为广泛的应用。同时，工业发达国家开始研制多台发动机的大型单翼全金属结构的运输机，进行远程、越洋飞行的尝试。第二次世界大战中，喷气技术开始在航空领域应用，远程轰炸机和军用运输机在战争中得到很大发展。大战结束后，战争中发展起来的航空技术转入民用，定期航线网在全世界逐步展开。20世纪50年代初，大型民用运输机陆续问世。而到了60年代，航空运输已进入了现代化水平。随着经济建设的高速发展，社会活动节奏的不断加快，以速度为优势的航空运输得到了前所未有的迅速发展。目前，世界航空运输业已发展成为一个规模庞大的行业，以各国主要都市为起讫点的世界航线网已遍及世界各地。

我国筹办民用航空运输始于1918年3月，北洋政府交通部于1920年4月24日筹办航空事宜处，组织了北京—上海航线的北京—天津段试航，载运了邮件和报纸；同年5月8日正式开航，载运了旅客和邮件，这是我国最早的民航飞行。我国的航空运输事业在新中国成立以前的30多年里发展缓慢。新中国成立以后，我国航空运输事业得到了较快的发展，特别是改革开放以来，得到了快速的发展。

5.1.1 航空运输的体系与特点

1) 航空运输体系

航空运输体系包括飞机、机场、空中交通管理系统和飞行航线四个基本组成部分，是航空交通运输的必要条件。这四个部分有机地结合，在空中交通管理系统的协调控制和管理下，分工协作，有条不紊地共同完成航空运输的各项飞行和地勤业务活动。除了四个基本部分以外，航空运输还有商务运行、机务维护、航材供应、油料供应、地面辅助及保障等辅助系统作保障。

(1) 飞机：飞机是航空交通运输的主要运载工具。它是 20 世纪初出现的、科学技术含量极高、原理结构非常复杂、制造工艺堪称完美、人类智慧卓越体现、而且发展迅速的一种空中载运工具。民用飞机按用途不同，可分为客运和货运服务的航空运输机和为工农业生产服务的通用飞机两大类。航空交通运输主要是指航空运输机，即客机和货机。航空运输机按座位和吨位，可分为大型、中型、小型飞机；按航程又可分为远程、中程、短程飞机。

(2) 机场：机场是供飞机起飞、着陆、停驻、维护、补充给养及组织飞行保障活动的场所，也是旅客和货物运输的起点、终点或中转点。机场由飞机使用部分和旅客使用部分两大部分组成，飞机使用部分包括飞机起飞降落的飞行区和为飞机地面服务的航站区；旅客使用部分包括旅客办理手续和上下飞机的航站楼、地面交通设施及各种附属设施。

(3) 空中交通管理系统：是指为飞机飞行服务的各种助航设备和空中交通管制机构及规则。助航设备分为仪表助航设备和目视助航设备；仪表助航设备用于指示航路和收发信息等，包括通信、导航、监视(雷达)等装置；目视助航设备用于引导飞机起降、滑行等，包括灯光、信号、标志等装置。空中交通管制机构通常按区域、进近、塔台设置。空中交通管制规则包括飞行高度层配备，垂直间隔、水平间隔(侧向距离、纵向距离)的控制等。管制方式分程序管制和雷达管制。

(4) 飞行航线：是指航空运输的线路，是由空管部门设定的，飞机从一个机场飞抵另一个机场的通道。飞行航线分航路、固定航线、非固定航线等种类：航路是指用于国与国之间、跨省市航空运输的飞行航线，规定其宽度为 20 km；固定航线是指用于省市之间和省内定期航班飞行，尚未建立航路的飞行航线；非固定航线是指用于临时性的航空运输或通用航空飞行，在航路和固定航线以外的飞行航线。

2) 航空运输的主要优点

航空运输虽然起步较晚，但发展异常迅速，并特别受现代经济社会青睐，这与其自身优势分不开。和其他运输方式相比，航空运输的主要优点是：

(1) 速度快：这是航空运输的最大特点和优势。现代燃气涡轮发动机客机，巡航速度为 800~900 km/h，比一般汽车、火车快 5~10 倍，比轮船快 20~30 倍，比高速列车快 3~4 倍。距离越长，航空运输所能节约的时间越多，快速的特点也越显著。

(2) 机动性大：飞机在空中飞行，不受高山、河流、沙漠、海洋的阻隔，受航线条件限制的程度比汽车、火车、轮船小得多。它可以飞往任何地方，可以定期或不定期飞行。可根据客、货源数量随时增加班次。尤其对灾区的救援、供应、边远地区的急救等紧急任务，航空运输已成为必不可少的手段。

(3) 直达性好：飞机不受地理条件的阻隔，可以直达目的地，可以将地面上任何距离的两个地方连接起来，而且可以尽量取直线距离，直达性能好。

(4) 舒适性好：民用航空运输机的巡航高度一般在 10 000 m 左右，飞行不受低空气流影响，平稳舒适。现代客机宽敞，噪声小，机内有供膳、视听等设施，旅客乘坐舒适。

(5) 安全性好：由于科学技术的进步和对民航客机适航性的严格要求，航空运输的安全性比以往已大大地提高，据国际民航组织统计，平均每亿客公里的死亡人数为 0.04 人，是普通交通方式事故死亡人数的几十分之一到几百分之一，是比火车更为安全的交通运输方式。

(6) 基本建设周期短、投资少：航空运输虽然是高科技、高投入产业，但从基础设施和设备条件看，只需修建机场和添置飞机。这与修建铁路和公路相比，一般来说建设周期短、占地少、投资省、收效快。据计算，在相距 1 000 km 的两个城市间建立交通线，若载客能力相同，修筑铁路的投资是开辟航线的 1.6 倍，修筑铁路要载客需 5~7 年，而开辟航线只需 2 年。

3) 航空运输的主要缺点

相对于其他运输方式而言，航空运输的主要缺点是：

(1) 运载量较小：飞机机舱容积较小，客机载客量较少，一般载客 100~300 人，最大的"空中客车"载客 550 人，不宜运送大客流量；货机载重量较小，不宜运输大宗货物，只适用于重量轻，时间要求紧急，航程又不能太近的运输。

(2) 运输价格高：飞机在空中飞行时虽然水平方向空气阻力小，但须平衡垂直方向地球吸引力，能源消耗大，加上控管设备和人员花费大，所以运输成本和价格比地面高。

(3) 对驾驶人员和工作人员要求高：航空运输技术性强，对驾驶人员和工作人员的思想和业务素质要求高，要经受严格的挑选和专业训练。

(4) 飞行受气象和距离条件影响：在大雾、雷雨等恶劣天气条件下飞机升降困难，影响航班正点。此外，航空运输速度快的优点在短途运输中难以充分发挥。航空运输比较适宜运送大于 500 km 以上的长途客运，以及时间性强的鲜活易腐和价值高的货物的中长途运输。

(5) 起降场地有限制：飞机必须在飞机场起降，一个城市最多不过几个飞机场，而且机场受周围净空条件的限制多分布在郊区。由于从飞机场到市区往往需要一次较长的中转过程，一般给高速列车提供了 800 km 以内距离的城际运输市场空间。

(6) 单次事故死亡率高，影响安全感：虽然民航客机每亿客公里的死亡人数远低于其他运具，但飞机本身旅程远比其他运输工具长，所以这个数值被拉低。飞机速度快、离地高，且单次事故死亡率高，对乘客的安全感有一定影响。

5.1.2 航空运输的地位与作用

1) 航空运输的地位

尽管航空运输和其他运输方式一样属于第三产业中的流通服务业，其客运量和货运量所占比重都不比其他运输方式大，2010 年在我国五种运输方式中航空客运周转量为 14.5%，货运周转量仅 0.13%，但是，航空运输对发展国民经济和促进国际交往有着重要意义。多数国家都很重视发展航空运输事业，政府设立专门机构进行管理。一些国家实行多种优惠政策支持航空运输企业的发展，如政府直接投资、贷款、减免捐税等。航空运输之所以在现代交通运输中享有如此独特的重要地位，除其本身特点和作用外，还具有以下重要特性：

(1) 国际性：当今世界，航空运输已经成为具有国际性的最重要的交通运输形式，在国际间政治往来和经济合作中起着不可缺少的纽带作用。它的国际性既包括其航线的跨国性也包括其国际间的友好合作，还包含着其业务在国际间的激烈竞争。因为航空运输的服务、运价、技术标准、经营管理和法律法规的制订实施等都要受国际统一标准的制约和国际航空运输市场的影响，而且反映一个国家的综合实力。

(2) 准军事性：人类的航空活动首先投入军事领域，而后才转为民用。现代战争中制空权的掌握是取得战争主动地位的重要因素。因此，很多国家在法律中规定，航空运输企业所拥有的机群和相关人员在平时服务于国民经济建设，作为军事后备力量，在战时或紧急状态时，民用航空即可依照法定程序被国家征用，服务于军事上的需求。

(3) 资金、技术、风险密集性：航空运输业科学技术要求高、运输设备价值昂贵、对驾驶人员和工作人员的综合素质要求高、运营过程中风险性大，是一个资金、技术、风险密集性的产业。其发展需要国家财力和政策扶持。

(4) 自然垄断性：由于航空运输业投资巨大，资金、技术、风险高度密集，投资回收周期长，一般来说，政府对航空运输的经营主体资格限制较严，市场准入门槛高，加之历史的原因，使得航空运输企业在发展过程中形成自然垄断。

(5) 服务性：航空运输属于服务性行业。它以提供"空间位移"的多寡反映服务数量，又以服务手段和服务态度反映服务质量。这一属性决定了承运人必须不断扩大运力满足社会上日益增长的服务需求，遵循"旅客第一、用户至上"的原则，为服务需求者提供安全、便捷、舒适、正点的优质服务。航空运输客运周转量的单位是"人·km"，货运周转量的单位是"t·km"。航空运输的经营质量标准主要从安全水平、经济效益和服务质量三方面评价。

(6) 赢利性：由于航空运输是一个高投入的重要产业，在世界各国都被认为不属于社会公益事业，政府可以投资扶助和支持其发展，但不会花费财力像贴补城市公共交通一样去补贴本国的航空运输企业。所以航空运输企业都必须以盈利为目标才能维持其正常运营和发展。《中华人民共和国民航法》第九十一条规定："公共航空运输企业，是指以营利为目的，使用民用航空器运送旅客、行李、邮件或者货物的企业法人"。明确了公共航空运输企业"以营利为目的"的特点，与其他公共交通方式相比较，在淡化了公益性色彩的同时指出营利是航空运输企业能够继续为公众提供运输服务的前提条件，从法律上确定了航空运输产品的商品特性和赢利性。

2) 航空运输的作用

据世界前沿理论分析，在科学和经济迅猛发展的时代，民航业的地位与作用日渐凸显。目前，世界上所有经济中心城市和发达地区，无一例外都是依托航空运输。它对经济所起的作用主要表现为：

(1) 航空运输是交通运输体系的一个重要组成部分:航空运输是长距离旅行,特别是国际、洲际间旅行的主要工具。它和其他交通运输方式分工协作、相辅相成,共同满足社会对运输的各种要求。随着经济社会的发展、人民生活的提高、工作节奏的加快,航空运输将越来越普及,例如美国年人均航空旅行距离,1950 年、1960 年、1970 年、1980 年和 1990 年分别为 183 km,630 km,2274 km,4704 km 和 7576 km。

(2) 航空运输促进了全球经济、文化的交流和发展:航空运输本身是国家经济领域的一个重要产业,除了其自身的经济效益外,还带动了一批相关产业的发展,如旅游业、制造业、通信业等。它使国际间的经济、文化、科技的交流往来十分方便,有利于国家或地区间的相互协作、共同发展,有利于经济发达国家或地区到经济不发达国家或地区投资开发。在我国,航空运输发展已成为某地区经济是否发达、对外开放是否有利的重要标志。

(3) 航空运输带动了飞机制造及相关行业和技术的发展:国际航空运输业的不断发展,使几个主要飞机制造商,如波音公司、空客公司,保持了长盛不衰的势头,也给相关设备的生产厂家提供了广阔商机。航空技术属于高新技术领域,航空运输的发展,促使新的、更安全舒适的民航客机机型的不断出现,也使通信、导航、监视等设备与技术不断更新完善。

5.1.3 航空运输的现状与趋势

1) 世界航空运输发展现状

据权威部门统计,至 2009 年,全球通用飞机约有 34 万架,其飞行员达 70 万名,其中,美国约 23 万架,占全球通用飞机的 70% 左右,加拿大约 3.1 万架,澳大利亚、俄罗斯、巴西等国均在 1 万架以上,我国在册通用飞机约 1 000 架。全球大型民用航空运输机约 6 万架,其飞行员约 40 万名,我国在册大型民用航空运输机 1 417 架。据在德国柏林举行的第 66 届国际航空运输协会 IATA(简称"国际航协")公布,2009 年世界航空客运量排名前 10 位的航空公司依次是:美国航空公司(8 572.0 万人次)、美国达美航空公司(6 793.5 万人次)、中国南方航空公司(6 628.0 万人次)、美国联合航空公司(5 602.4 万人次)、德国汉莎航空公司(5 322.3 万人次)、美国合众航空公司(5 079.5 万人次)、法国航空公司(4 796.5 万人次)、美国大陆航空公司(4 403.2 万人次)、中国东方航空公司(4 338.2 万人次)、日本全日空航空公司(4 192.1 万人次)。作为中国最大的航空公司,南航是亚洲唯一进入世界航空客运前三甲的航空公司。目前,美国波音公司和欧洲空客公司是世界上两家最大的飞机制造商。波音公司是世界最大的航空航天公司,1997 年波音公司与麦道公司合并,其主要民机产品包括波音 717、737、747、757、767、777 飞机和波音公务机。全球正在使用中的波音客机达 11 000 多架。欧洲空客公司成立于 1970 年,如今已成为美国波音飞机公司在世界民用飞机市场上的主要竞争对手。30 年来,该公司共获得来自 175 家客户的订货 4 200 余架。

2) 我国航空运输发展现状

我国航空运输业起步较晚,民用航空事业直到新中国成立以后才开始发展起来,从 1950 年至 20 世纪 70 年代末的 30 年是从无到有和稳步发展时期,从 20 世纪 80 年代改革开放以后得到了快速发展。主要业绩表现有:

(1) 航空运输在世界上的地位不断提高:我国航空运输总周转量 1950 年为 0.015 7 亿 t·km,1995 年为 71.438 5 亿 t·km,年均增长 20.6%;航空客运周转量 1950 年为 0.097 8 亿人·km,1995 年为 681.303 6 亿人·km,年均增长 21.7%;分别比同期世界的航空运输总周转量和客运周转量年均增长率高出一倍左右。我国航空运输总周转量在国际民航组织中的排位:1978 年为第 37 位,1992 年为第 12 位,1994 年为第 11 位,1996 年为第 10 位,2005 年为第 2 位。

(2) 航空运输在国内运输系统中的地位不断提高:1950 年至 1994 年我国铁路、公路、水路和航空等四种运输方式所完成的旅客运输量年均增长 9.11%,其中铁路增长 4.43%,公路增长 14.23%,水路增长 5.69%,航空 20.18%,航空增长速度最快,为铁路的 4.56 倍。60 多年来,我国交通运输结构发生了很大变化,根据 1950 年、1978 年、1995 年、2010 年铁路、公路、水路、航空四种运输方式当年客运量和客运周转量占当年总量的百分比 4 年的比较可知,航空运输所占比重上升最快。例如 1950 年铁路、公路、水路、航空运输完成的旅客周转量占总周转量分别为 88.5%、5.33%、6.13%、0.04%,到 1995 年分别为 38.83、51.74%、1.97%、7.46%,航空运输上升了 186.5 倍,如表 5-1 所列。目前,航空运输在我国的绝对量还是比较小的,但它在我国运输体系中具有特殊的地位并拥有巨大的发展潜力。

表 5-1 四种运输方式当年客运量和客运周转量占当年总量的百分比 4 年比较　　　%

年 份	铁路运输		道路运输		水路运输		航空运输	
	客运量	周转量	客运量	周转量	客运量	周转量	客运量	周转量
1950	77.03	88.5	11.3	5.33	11.67	6.13	0.005	0.04
1978	32.1	62.7	58.8%	30.0	9.1	5.8	0.09	1.6
1995	8.75	38.83	88.62	51.74	2.19	1.97	0.44	7.46
2010	5.12	31.54	93.4	53.7	0.67	0.26	0.82	14.5
变化排名	下降第二	下降第二	上升第二	上升第二	下降第一	下降第一	上升第一	上升第一

(3) 我国航空运输目前概况:根据《中国民用航空局 2010 年民航行业发展统计公报》数据,至 2010 年底,我国大陆(未含港、澳、台)共有颁证运输机场 175 个,全部开通定期航班,其中:东北地区 19 个,占 11%;东部地区 46 个,占 26%;西部地区 85 个,占 49%;中部地区 25 个,占 14%。全国共有定期航班航线 1 880 条,按重复距离计算的航线里程为 398.1 万 km,按不重复距离计算的航线里程为 276.5 万 km。定期航班国内通航城市 172 个,定期航班通航香港的内地城市 43 个,通航澳门的内地城市 5 个,通航台湾地区的内地城市 32 个。我国与其他国家或地区签订双边航空运输协定 112 个,其中:亚洲 36 个,非洲 24 个,欧洲 40 个,美洲 8 个,大洋洲 4 个。国内航空公司的国际定期航班通航国家 54 个,通航城市 110 个。我国共有航空运输公司 43 家,按不同类别划分:国有控股公司 35 家,民营和民营控股公司 8

家,全货运航空公司 11 家,中外合资航空公司 16 家,上市公司 5 家。

截至 2010 年底,我国民用航空运输机在册架数 1 597 架。2010 年,我国航空运输总周转量 538.45 亿 t·km,其中:旅客周转量 359.55 亿 t·km;货邮周转量 178.90 亿 t·km;国内航线周转量 345.48 亿 t·km(其中港澳台航线完成 11.59 亿 t·km);国际航线完成运输周转量 192.97 亿 t·km。各航空集团业绩:中航集团完成飞行 146.7 万 h,完成运输总周转量 175.3 亿 t·km,其中旅客运输量 0.72 亿人次,货邮运输量 180.1 万 t;东航集团完成飞行 121.4 万 h,完成运输总周转量 136.0 亿 t·km,其中旅客运输量 0.65 亿人次,货邮运输量 164.8 万 t;南航集团完成飞行 139.2 万 h,完成运输总周转量 131.0 亿 t·km,其中旅客运输量 0.76 亿人次,货邮运输量 111.7 万 t;海航集团完成飞行 60.2 万 h,完成运输总周转量 57.1 亿 t·km,其中旅客运输量 0.31 亿人次,货邮运输量 52.2 万 t;其他航空公司共完成飞行 43.4 万 h,完成运输总周转量 39.0 亿 t·km,其中旅客运输量 0.23 亿人次,货邮运输量 54.2 万 t。"十一五"期间我国航空运输总周转量年平均增速 15.6%。

2010 年,我国航空运输全行业在册运输飞机平均日利用率为 9.35H,正班客座率平均为 80.2%,总营业收入 4 115 亿元,总利润 434 亿元。其中:航空公司总营业收入 2 999 亿元,总利润 351 亿元;机场总收入 417 亿元,总利润 51 亿元;保障企业总营业收入 699 亿元,总利润 32 亿元。全行业运输收入水平为 5.30 元/(t·km),其中:国内航线 6.28 元/(t·km);国际航线 3.45 元/(t·km)。全行业客公里收入水平 0.63 元/(客·km),货邮运收入水平 1.88 元/(t·km)。截至 2010 年底,全行业从业人员 110 万人,其中直接从业人员 57.1 万人。

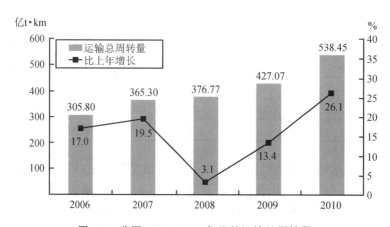

图 5-1 我国 2006～2010 年民航运输总周转量

3) 我国航空运输业发展环境

我国改革开放极大地解放了生产力,民航已建立了与社会主义市场经济和国际趋势相适应的行业管理与运行机制。当前,我国航空运输业的发展环境,既有持续快速发展的强大动力和有利条件,同时也面临着全球激烈竞争的挑战和压力。在未来一段时间,可能影响我国航空运输业发展的主要环境因素如下:

(1) 经济持续快速增长，对航空运输业提供了发展动力。
(2) 经济全球化进程加快，为航空运输业提升了发展空间。
(3) 强大的人口需求，使航空运输业的潜在市场不断扩大。
(4) 走新型工业化发展道路，航空运输业需求结构将发生深刻变化。
(5) 中国航空运输业依然面临挑战和压力。

4) 航空运输的发展趋势

航空运输是一种科技含量高而密集的运输方式。高水平航空科技成果和大型、高速运输飞机的发展，先进通信、导航设备和技术的应用、新一代空中交通管理技术的实施，机场及其设施的现代化、自动化以及运输管理系统的信息化等都是航空运输发展新水平的体现，也是 21 世纪航空运输进一步发展的方向和目标。随着科学技术的不断进步、制造水平的不断提高和经济社会需求的不断变化，航空运输的发展将呈以下趋势：

(1) 推出新一代航空运输载运工具。20 世纪的航空设计和制造技术决定了目前绝大部分民用飞机只能是亚音速客机，最大载客量不超过 500 人。预计在 21 世纪，在解决音爆、高升阻比、高温材料、一体化飞行推力控制系统等问题的基础上，将推出一批新机型。届时，超音速客机的飞行速度将达 2～3 倍音速，亚音速客机的最大载客量将达 800～1 000 人，旋转翼垂直起降运输机载客可达 100 人左右的能力。两栖运输船(又称地效飞机)是 21 世纪最看好的运输工具之一，可搭载 100 人左右，沿水面或较平坦的地面飞行。

(2) 实施新一代通信、导航、监视和空中交通管理系统：现行的空管系统有三大缺陷：覆盖范围不足，对大洋和沙漠地区无法有效控制；运行标准不一致，跨国跨地区飞行安全难以保障；自动化程度不够，管制人员的负担过重。为此，ICAO 正在全球部署实施 CNS/ATM(Communication Navigation System and Air Transportation Management)系统，预计新系统 21 世纪上半叶完成。

(3) 信息技术在航空运输中得到更普遍的应用。从 20 世纪 50 年代起，计算机就开始应用于美国航空公司的航班定票系统。现在，计算机信息处理已渗透到商务、机务、航务、财务等各个领域。预计在不久的将来，航空公司的生产组织和运行管理将进入系统化的动态控制时期，届时信息技术将广泛应用于航空运输的市场预测、机队规划、航班计划、价格决策、收益管理、定座系统、机务与航材管理、飞机运行管理、财务数据分析、运行统计评估等各个方面。机场生产自动化和管理信息化将成为现实，以信息化为核心的机场运作体系将涉及运行信息、现场管理、旅客服务信息、进离港系统、货运系统、保安系统以及航空公司和空管部门的信息接口等各个业务领域。

5.2 航空交通运输飞机

航空交通运输飞机是航空交通运输体系中的载运工具。飞机是指具有机翼和一台或多台发动机，靠自身动力能在大气中飞行的重于空气的航空器。严格地说，飞机是具有固定机翼的航空器，是航空器中人们最为熟知的一种。20 世纪初，美国的莱特兄弟在世界的飞机发展史上做出了重大的贡献，在1903年制造出了第一架依靠自身动力进行载人飞行的飞机"飞行者1号"，并且获得试飞成功，他们因此于1909年获得美国国会荣誉奖。同年，他们创办了"莱特飞机公司"。自从飞机发明以后，飞机日益成为现代文明不可缺少的运载工具，深刻地改变和影响着人们的生活，有力地推动着人类社会的发展和进步。

5.2.1 飞机的种类与性能

根据国际民航组织的定义："航空器是指可以从空气的反作用中取得支撑力的机器"。航空器按用途分为民用航空器和国家航空器两大类别。国家航空器是指用于执行军事、海关、警察等飞行任务的航空器。民用航空器按机翼是否固定可分为民用飞机和民用直升飞机。民用飞机按用途又可分为航空运输机和通用飞机两大类。航空运输机主要是指民用客机、货机和客货两用飞机；通用飞机主要是指为工农业生产服务的飞机。

飞机是指具有固定机翼和一台或多台发动机，靠自身动力能在大气中飞行的重于空气的航空器。无动力装置的滑翔机、以旋转翼作为主要升力面的直升机以及在大气层外飞行的航天飞机都不属飞机的范围。所以，飞机是航空器的一种，具有两个基本特征：①飞机自身密度比空气大，并且自带飞行驱动动力；②飞机有固定的机翼，机翼提供升力使飞机翱翔于天空。不具备以上特征者不是飞机，譬如：密度小于空气的飞行器是气球或飞艇；没有动力装置、只能在空中滑翔的飞行器是滑翔机；机翼如果不固定，而是靠机翼旋转产生升力和前进力的飞行器是直升机或旋翼机。由于各类飞机的用途和结构特点大不相同，以下仅介绍民用飞机。

1）飞机的种类

合理分类对于飞机的设计、制造、使用和管理是非常必要的。民用飞机按机翼形式、飞行速度、航程和用途可分为以下不同类型：

(1) 按机翼形式不同分类：飞机可分为旋转翼飞机和固定翼飞机两大类。

固定翼飞机飞行时，其机翼相对于机身是固定的，如双翼机，螺旋桨飞机，喷气式飞机，双发飞机，四发飞机等。旋转翼飞机飞行时，其机翼相对于机身是旋转运动的，如直升机。它是民用航空器的一种，不属飞机的范围，但其使用数量较大，仅次于固定翼飞机，常称直升飞机。

(2) 按飞行速度不同分类：在1个标准大气压（1 atm = 101.325 kPa）和15℃的条件下，声音在空气中的传播速度约340 m/s（1 224 km/h）。海拔升高，温度降低，气压减小，音速变小，在11 000～20 000 m的同温层内，音速的标准值是1 062 km/h，而且基本稳定。为了摆脱音障，飞机速度应避开音速。飞机按最大飞行速度不同可分为亚音速飞机和超音速飞机。

①亚音速飞机：最大飞行速度不超过音速。低速飞机，最大飞行速度在400 km/h以下；高亚音速飞机，最大飞行速度约400～1 000 km/h，目前大部分客机属于高亚音速飞机，飞行高度10 000 m左右。

②超音速飞机：最大飞行速度超过音速，这种民用飞机较少。物体飞行速度一旦

超过音速，必然产生激波，会极大地增加飞行阻力，影响到整个飞行状态以及燃料的消耗。

(3) 按航程不同分类：可分为短程飞机、中程飞机和远程飞机。

①短程飞机：航程 1 000 km 以内，中途不着陆，不加油，一般用于支线飞行。

②中程飞机：航程 3 000 km 以内，中途不着陆，不加油，一般用于国内干线飞行。

③远程飞机：航程 11 000 km 以内，中途不着陆，不加油，一般用于洲际跨洋飞行。

(4) 按用途不同分类：民用飞机按用途不同可分为航空运输机和通用飞机两大类。

①航空运输机：是指为民用客运和货运服务的飞机，主要包括是指民用客机、货机和客货两用飞机。以下主要介绍航空运输机。

②通用飞机：是指除军事、警务、海关缉私飞行和公共航空运输以外的航空活动，用于为工农业生产服务的民用航空活动的飞机，包括从事工业、农业、林业、渔业和建筑业的作业飞行以及医疗卫生、抢险救灾、气象探测、海洋监测、科学实验、教育训练、文化体育等方面的飞行活动。在经济发达国家，通用飞机使用普遍，其数量远多于航空运输机；但我国目前通用飞机使用数量少于航空运输机，发展空间很大。

2) 飞机主要性能

不同用途的飞机，对飞行性能的要求不同。对现代民用航空运输机而言，主要应考虑飞机的速度、爬升、续航和起降性能。

(1) 飞机速度性能：飞机优于其他运输工具的主要特点之一是速度快。标志飞机速度性能的重要指标是飞机的最大平飞速度和巡航速度。飞机的飞行速度增大时，飞机的阻力就增大，克服阻力需要的发动机推力也应增大。当飞机作水平直线飞行，飞机的阻力与发动机的最大可用推力相等时，飞机能达到的最大飞行速度就是飞机的"最大平飞速度"。由于飞机的阻力和发动机的推力都与高度有关，所以飞机的最大平飞速度在不同的高度上是不相同的。通常是指在 11 km 左右同温层内的高度，飞机能获得的最大平飞速度。飞机不能长时间地以最大平飞速度飞行，这一方面会损坏发动机，另一方面消耗的燃油也太多。所以对需作长途飞行的运输机而言，更注重的是巡航速度。所谓最大平飞速度和巡航速度含义分别是：

①飞机最大平飞速度，是指飞机在 11 km 高度水平飞行时，能达到的最大平飞速度。

②飞机巡航速度，是指飞机发动机每公里消耗燃油最少情况下的飞行速度。飞机以巡航速度飞行时，最为经济，航程最远或航时最长。

(2) 飞机爬升性能：民用航空运输机的主要爬升性能是指飞机的最大爬升速率和升限。飞机的爬升受到高度限制，因为高度越高，空气密度越小，发动机的推力就越小，爬升速度也越小。飞机有理论升限和实用升限的区别。它们的含义分别如下：

①理论升限：飞机达到某一高度只能克服飞行阻力和重力，不能再继续爬升了，

这一高度称为飞机的"理论升限"。

②实用升限：是指飞机还能以 0.5 m/s 的垂直速度爬升时的飞行高度，这一高度又称飞机的静升限。

(3) 续航性能：航空运输机的续航性能主要是指航程和航时。两者既有区别又有联系。

①航程：是指飞机起飞后，中途不加油，不停降，所能连续航行的最大水平距离。飞机的航程不仅取决于飞机的载油量和飞机单位飞行距离耗油量，而且与业务载重量有关。严格地说，飞机的航程是在设计最大载油量和飞机单位飞行距离(巡航速度)耗油量最小的情况下所能航行的最大水平距离。由于飞机的满燃油重量与最大业务载重量的总和通常大于飞机最大航程的起飞重量，所以，为了要达到最大航程就不得不减少部分业务载重量。同样，飞机欲以最大业务载重量飞行，则通常要减少部分航程。

②航时：是指飞机起飞后，中途不加油，不停降，所能连续航行的最长时间。同样，飞机的航时不仅取决于飞机的载油量和单位飞行距离耗油量，而且与业务载重量有关。所以，严格地说，飞机的航时是在设计最大载油量和飞机单位飞行距离(巡航速度)耗油量最小的情况下所能航行的最长时间。为了获得航时，有时不得不在载重量和飞行速度上作选择。

(4) 起降性能：即飞机的起飞性能和降落性能。起飞性能包括飞机的起飞离陆速度、起飞滑跑距离、起飞爬升距离和飞机离陆距离；降落性能包括飞机着陆速度和着陆距离。为了改善飞机的起降性能，使飞机起降阶段在较小的速度下能获得较大的升力，现代民用航空运输机均采用了不同的增升装置，如襟翼、前缘缝(襟)翼等，从而减低飞机的离地和接地速度。

5.2.2 飞机的主要结构和设备

民用航空运输机主要由机身、机翼、尾翼、起落装置、动力装置、操纵系统和机载设备七大基本部分组成，如图5-2所示。现代飞机飞行时还带有飞行信息记录系统(黑匣子)。其中机身、机翼、尾翼、起落装置四个部分构成机体。机体是飞机的身架和体格，构成飞机的形状并承担飞机的主要功能。除起落架外，机体一般都是以骨架为基础加蒙皮的薄壁结构，用铝合金或复合材料等强度与质量比高、刚度与质量比大的材料制造，其特点是强度高、刚度大，质量轻。复合材料多为纤维增强树脂基的层状结构材料。

1) 机身

机身是民用航空运输机的主体，用于装载人员、货物、安装设备，并连接飞机各部件，一般是左右对称的流线体，由机头、前端、中段、后段和尾锥组成。机头主要是雷达天线和整流罩；前段和中段为气密增压舱，空间被地板分成上、下两部分，上部为驾驶舱和客舱，下部为货舱、设备舱和起落架舱；后段主要安装尾翼及部分设备；尾锥主要是辅助动力装置的排气管。

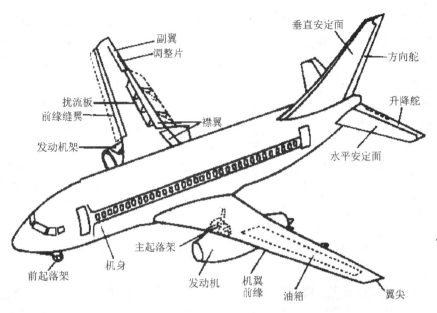

图 5-2 民用航空运输机结构示意图

2) 机翼

机翼是飞机产生升力的部分，也是飞机较重要的空气动力部件。表面上看起来机翼只是一块有一定面积、形状和厚度的板式结构部件，实际上却是一个非常复杂的部件，设计难度很大，设计和制造成功与否直接决定飞机的总体性能。大部分大型飞机的机翼在翼根处与机身的下部连接（即下单翼形式）。高速飞机常采用后掠翼设计，即机翼从翼根到翼尖向后倾斜。机翼上还装有很多用于改善飞机气动特性的装置，包括副翼、襟翼、前缘缝翼、扰流板等。机翼内部还往往用来贮存燃油、放置起落架，机翼外部还可外挂副油箱。机翼上下两侧的形状是不一样的，上侧的要凸些，而下侧的则要平些。当飞机滑行时，等于是空气沿机翼流动，在同样的时间内，机翼上侧的空气比下侧的空气流过了较多的路程（曲线长于直线），也即机翼上侧的空气流动比下侧快。根据流动力学的原理，机翼上侧的空气压力要小于下侧，这就使飞机产生了一个向上的升力。当飞机滑行到一定速度时，这个升力就达到了足以使飞机飞起来的力量。机翼各组成部分的名称和作用如下：

（1）副翼：位于机翼后缘外侧，远离机身，一对副翼与机身中线对称分布，一边一个，工作时总是以相反的方向偏转，使一侧机翼的升力增加而另一侧机翼的升力减小，从而使飞机滚转，是飞机的主操纵面之一。

（2）襟翼：位于机翼后缘靠近机身，两个襟翼与机身中线对称安装，放下时可以改变翼型形状和增加机翼面积，向上下张开时可以增加飞机起飞降落的升力，以缩短飞机的起降滑跑距离，是机翼的辅助装置之一。

（3）前缘缝翼：位于机翼前缘，与机身中线对称安装，工作时用于增加飞机起、降的升力，以缩短飞机的起降滑跑距离，还可打开增加机翼面积，减少飞机最小平飞速度。

(4) 扰流板：扰流板是铰接于机翼上表面的金属薄板，打开时分离上翼面气流，造成机翼上的升力下降、阻力增加，在空中可以协助副翼使飞机滚转，在地面可起减速板作用。

3) 尾翼

尾翼的主要功用是用来操纵飞机俯仰和偏转，以及保证飞机能平稳地飞行，即用于飞机的方向操纵性和水平稳定性，通常位于飞机的尾部。尾翼包括水平尾翼(平尾)和垂直尾翼(垂尾)，由固定翼面和活动翼面组成。

(1) 水平尾翼：主要用于飞机的水平稳定性和俯仰操纵性，由固定的水平安定面和可动的水平升降舵组成。某些型号的民用机和军用机整个平尾都是可动的控制面，没有专门的升降舵。水平尾翼的结构是对称的。

(2) 垂直尾翼：主要用于飞机的方向稳定性和方向操纵性，安装在水平翼的中部，由固定的垂直安定面和可动的垂直方向舵组成。

4) 起落装置

起落装置是飞机起飞、降落和停放过程中支撑飞机的装置，一般由承力支柱、减震器、机轮、刹车装置和收放机构等组成。其功用主要是使飞机起降时能在地面滑跑和滑行，以及使飞机能在地面移动和停放。因为三点成一面，定位可靠，起落架由三个轮子组组成，两个主轮组，以及一个可以在飞机后面或者前面的第三个轮组，每组轮子只相当于一个支点，但有多个浮动安装的轮子。使用后面安装第三个轮组的起落架称为传统起落架。当第三个轮组位于飞机头部位置时称为前三点式飞机。可操控的前轮或者尾轮允许在地面上对飞机的全部转向控制。由于后三点式飞机着陆滑跑稳定性差，机头较高，飞行员不易观察，所以现代先进的飞机多采用前三点式。在冰雪上起降的飞机用滑橇代替机轮，在水上起降的水上飞机则用浮筒代替机轮。20 世纪 20 年代以前，飞机的起落架不能收放。现代大型航空运输机起落架都是可以收放的，飞行过程中起落架收入机身或机翼内，可大大降低阻力，也有利于飞行姿态的控制。由于收放机构会增加重量和复杂性，轻小型飞机的起落架则多采用不可收放式。

5) 动力装置

动力装置主要用来产生拉力或推力，使飞机前进，又称推进装置，其次还可以为飞机上的用电设备提供电力，为空调设备等用气设备提供气源。现代飞机的动力装置主要包括燃气涡轮发动机和内燃活塞发动机两种。目前，内燃活塞式发动机仍是时速小于 300 km 轻型飞机最经济的推进系统。现代大型航空运输机采用燃气涡轮发动机作动力。应用较广泛的涡轮动力装置有四种：涡轮喷气发动机；涡轮螺旋桨发动机；涡轮轴发动机；涡轮风扇发动机。随着航空技术的发展，火箭发动机、冲压发动机、原子能航空发动机等，也有可能会逐渐被采用。动力装置除发动机外，还包括一系列保证发动机正常工作的系统，如燃油供应系统等。飞机动力装置的设计应选择推重比。推重比就是飞机的推力与飞机所受到的重力的比值。目前，一般民用飞机的推力小于飞机的重力，主要是降低飞机制造成本。当飞机的推力大于飞机的重力的时候，如战斗机等可以实现高速爬升甚至垂直爬升。另外，飞机推重比越大，机翼面积就越小，飞机巡航阻力就越小，速度就越快，滑跑距离就越长；反之亦然。

6) 飞机系统

飞机系统主要有操纵系统、液压传动系统、燃油系统、空调系统、防冰系统等。

(1) 飞机操纵系统：用于传递驾驶员在驾驶舱内发出的操纵指令(操纵动作)，驱动舵面或其他有关装置，改变和控制飞行姿态。随着电子技术的发展，飞行操纵装置的形式也发生了根本性的变化。在大型飞机中，传统的机械式操纵系统已逐渐地被更为先进的电传操纵系统所取代。计算机系统全面介入飞行操纵系统，驾驶员的操作已不再像是直接操纵飞机动作，而更像是给飞机下达运动指令。由于某些采用电传操纵系统的飞机取消了原有的驾驶杆或驾驶盘等装置而改为侧杆操纵，驾驶舱的空间显得比以往更加宽松，所以有些驾驶员称此类驾驶舱为"飞行办公室"。

(2) 飞机液压传动系统：飞机采用液压系统传动和控制操纵系统和起落架系统等。

(3) 飞机燃油系统：用于贮存飞机所需的燃油，按照要求的压力和流量连续可靠地向发动机供油。此外，燃油还可以用来冷却飞机上的有关设备和平衡飞机等。

(4) 飞机滑油系统：用于贮存飞机所需的润滑油，并按要求向需要润滑和冷却的机件供油。一般活塞式发动机和涡轮螺旋桨发动机减速器有许多转动机件，需要较多滑油用于散热和润滑。涡轮喷气发动机和涡轮风扇发动机传动机件简单，所需滑油数量和吸热量不大，发动机内部的少量滑油利用燃油散热已能满足要求，不需要在飞机上另设外滑油系统。

(5) 飞机空调系统：飞机在高空飞行气象条件较好，风速与风向稳定，保持相对空速时，发动机消耗的燃料比低空时少，航程与续航时间可相应增大，经济性提高。因此，现代大、中型客机的巡航高度都在 10 000 m 左右。但高空飞行时的低压、缺氧和低温使人体难以承受，因此现代飞机都采用了气密座舱加座舱空气调节系统。座舱空气调节系统能在飞行高度范围内，向座舱供给一定压力、温度的空气，并按需要调节，保证机上人员的舒适与安全。

(6) 飞机防冰系统：飞机在高空飞行时，大气温度都在0℃以下，飞机的迎风部位，如机翼前缘、尾翼前缘、驾驶舱挡风玻璃、发动机进气道等，容易结冰。为了防止结冰给飞机带来危害，现代飞机都有防冰系统。防冰系统包括防止结冰与除去结冰。

(7) 发动机散热装置：活塞式发动机气缸需要散热。气冷式发动机直接利用飞行时迎面气流进行冷却。液冷式发动机的冷却方法类似于汽车发动机，用循环水或其他液体冷却发动机，而冷却液又通过蜂窝状空气散热器进行冷却。为了提高冷却效率和降低阻力，发动机需要散热装置。

(8) 防火和灭火装置：包括防火墙、预警和灭火系统。防火墙实质上是设置在发动机舱周围的防火隔板；预警系统向驾驶员指示发生火情的部位，以便及时妥善处置；灭火系统能自动扑灭火情于萌芽状态，保证飞行的安全。

7) 机载设备

机载设备是飞机完成特种任务或保障正常飞行的各种设备，一般根据飞机的性能和复杂性选装。现代大型运输机驾驶舱内的机载设备包括飞行和发动机仪表、导航、通信和飞行控制等辅助设备。机载设备为驾驶员提供有关飞机及其系统的工作情况，使驾驶员能随时得到飞行所必需的信息，并可在飞行后向维修人员提供有关信息。

(1) 飞行仪表：飞机的飞行仪表很多，有指示飞行速度、飞行高度、升降速度的全静压系统仪表，有指示飞行姿态和方向的仪表，有指示时间和加速度的仪表，等等；现代飞机上还有自动驾驶仪等复杂的仪表系统。

(2) 发动机仪表：发动机仪表测量并指示发动机的工作状态。其种类和用途也较多，所测量的参数包括不同部件(部位)的温度、压力、转速、油量等。

(3) 基本的导航设备：包括甚高频全向信标接收机(沿选择的航线提供电磁制导)、测距接收机(采用应答式无线电波脉冲测距技术，确定与导航台之间的距离并显示于仪表上)、以及仪表着陆系统。较高性能水平的飞机还具有更先进的导航设备，如全球定位导航系统、惯性导航系统等。

(4) 基本的通信设备：是能够调谐各种频率的双向无线电设备，使驾驶员可与空中交通管制人员、气象台站、其他飞机中的驾驶员、公司总部以及客舱机组等进行联络。大型飞机上的无线电通信设备不止一套。此外，所有的商用飞机都备有应答器，以能够对空中交通管制雷达的询问自动地发出应答编码。

8) 飞行信息记录系统(黑匣子)

飞行信息记录系统是国际民航组织规定飞机飞行时必须安装的，用于记录飞机飞行时有关信息的记录系统，俗称黑匣子，但它的颜色却不是黑的，而是醒目的橙色。因为在电子技术中，把只注重其输入和输出的信号而不关注其内部情况的仪器统称为黑匣子。一架飞机失事后，有关部门都要千方百计地去寻找飞机上落下来的"黑匣子"。因为黑匣子是判断飞行事故原因最重要和最直接的证据。飞行信息记录系统包括两套仪器：一个是驾驶舱话音记录器，实际上就是一个磁带录音机。从飞行开始后，它就不停地把驾驶舱内的各种声音，例如谈话、发报及其他各种声音响动全部录下来。但它只能保留停止录音前 30 min 内的声音。第二部分是飞行数据记录器，它把飞机上的各种数据即时记录在磁带上，现在记录的数据已可达到 60 种以上。其中有 16 种是重要的必录数据，如飞机的加速度、姿态、推力、油量、操纵面的位置等。记录的时间范围是最近的 25 h，25 h 以前的记录就被抹掉。

飞行信息记录系统飞行过后可以回放：用以重现已被发现的失误或故障；维修人员利用它可以比较容易地找到故障发生的位置；飞行人员可以用它来检查飞机飞行性能和操作上的不足之处，改进飞行技术；一旦飞机失事，这个记录系统就成为最直接的事故分析依据。为了保证记录的真实性和客观性，驾驶员只能查阅记录的内容而不能控制记录器的工作或改动记录内容。为了确保记录器即使在飞机失事后也能保存下来，就必须把它放在飞机上最安全的部位(一般放在飞机尾翼下方的机尾)。黑匣子被放进一个(或两个)特殊钢材制造的耐热抗震的球形或长方形容器中，如图 5-3 所示。它能承受自身重力 1 000 倍的冲击、经受 11 000℃的高温 30 min 而不被破坏，在海水中浸泡 30 天而不进水。为了便于寻找它的踪影，国际民航组织规定此容器要漆成醒目的橘红色而不是黑色或其他颜色。在它的内部装有自动信号发生器能发射无线电信号，以便于空中搜索；还装有超声波水下定位信标，当黑匣子落入水中后可以自动连续 30 天发出超声波信号。有了以上这些技术措施的保障，不管是经过猛烈撞击的、烈火焚烧过的、掉入深海中的黑匣子，在飞机失事之后，绝大多数都能被寻找到。根据它的记录，航空事故分析业务进展了一大步。在保障飞行安全，改进飞机设计直至促进航空技术进步各方面，黑匣子都是功不可没。

图 5-4 是空中客车 A320 飞机的外观图。

图 5-3　飞行信息记录器(黑匣子)

图 5-4　空中客车 A320 飞机

5.2.3　飞机燃气涡轮发动机

在第二次世界大战以前，所有的飞机都采用活塞式发动机作为动力。到了 20 世纪 30 年代，特别是第二次世界大战开始以后，飞机开始采用燃气涡轮发动机(gas turbine engine 或 combustion turbine engine)作动力。现代大型航空运输机都是采用燃气涡轮发动机作动力。燃气涡轮发动机是以航空煤油为燃料，从大气中吸取空气作为燃料燃烧的氧化剂，燃油与空气混合后在燃烧室进行燃烧成为高温高压气体。这种高温高压气体就是燃气能量，是飞机上所有动力和能量的来源。燃气涡轮发动机或称燃气轮机，主要由压缩机(compressor)、燃烧室(combustion chamber)、涡轮机(turbine)三大部分组成。因为这三大部分所组成的装置是用来产生高温高压气体的，因此称为燃气发生器，又称核心机。根据利用燃气能量的方式不同，飞机燃气涡轮发动机可以分为涡轮喷气发动机、涡轮螺旋桨发动机、涡轮轴发动机和涡轮风扇发动机四种类型。

1) 涡轮喷气发动机

涡轮喷气发动机简称涡喷发动机，如果燃气发生器后紧跟一个尾喷管，由燃气发生器出来的燃气在尾喷管中膨胀加速，以高速由喷管中排出，对飞机产生推力，这种发动机称为涡轮喷气发动机（见图 5-5）。涡喷发动机是 20 世纪 50～60 年代应用最为广泛的航空燃气涡轮发动机。由于它的推力是由高速排出高温燃气所获得的，所以在得到推力的同时有不少由燃料燃烧所产生的能量以燃气的动能和热能的形式排出发动机，能量损失较大，因此其耗油率较高。此类发动机的主要优点是飞行速度快，主要缺点是噪声大，耗油量大，且不适合低速飞行，主要用于军事飞机和超音速飞机。

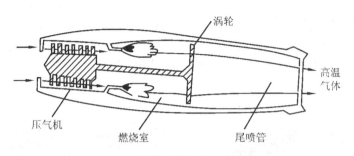

图 5-5　涡轮喷气发动机示意图

2) 涡轮螺旋桨发动机

涡轮螺旋桨发动机简称涡桨发动机。如果从燃气发生器出来的燃气绝大部分在其后的动力涡轮中膨胀做功变成机械能，使动力涡轮高速旋转，然后通过减速装置降低转速后再驱动螺旋桨旋转对飞机产生拉力（约占 85%），燃气中剩下的少部分能量在尾喷管中膨胀，对飞机产生一小部分推力（约占 15%），这种发动机称为涡轮螺旋桨发动机（见图 5-6）。涡轮螺旋桨发动机的主要优点是经济性好，与涡扇、涡喷发动机相比排气能量损失少，推进效率高，所以耗油率低，在低速飞行和低高度中使用涡轮螺旋桨的推进效率更高；其缺点是噪声大，不适合高速飞行等等，同时涡轮螺旋桨的推进效率与飞行高度也有关。涡桨发动机由于有直径较大的螺旋桨，所以飞行速度受到限制。它主要用于时速低于 800 km 的飞机，一般用于时速为 300~400 km 的飞机上，20 世纪 50 年代研制的运输机上采用这种发动机的较多，目前其仍是支线旅客机的主要动力。

3) 涡轮轴发动机

涡轮轴发动机简称涡轴发动机。涡轴发动机是直升飞机的动力。其工作原理和结构基本与涡桨发动机相同。不同的是其燃气涡轮输出的能量主要是驱动直升飞机旋翼而不是螺旋桨。此外，燃气发生器排出的燃气基本上已在动力涡轮中完全膨胀，燃气由尾喷管排出时，气流速度很低。与活塞发动机相比，涡轮轴发动机的功率重量比要大得多，所产生的功率也大得多。缺点主要是制造复杂，维护困难，特别是由于涡轮轴发动机的功率大，转速高，就需要更大的减速齿轮来进行减速，有时候甚至减速齿轮重量占了发动机一半。

4) 涡轮风扇发动机

涡轮风扇发动机简称涡扇发动机。涡轮风扇发动机（见图 5-7）与涡喷、涡桨、涡轴发动机相比，结构和工作原理稍有不同。它的动力涡轮的传动轴通过燃气发生器轴的中心，驱动外径比燃气发生器大的风扇叶片。这个风扇的作用不像螺旋桨产生拉力，而是为发动机吸入更多空气，使流入发动机的空气经风扇增压后，一部分流过燃气发生器，称为内涵气流；一部分由围绕燃气发生器的流道环中流过，称为外涵气流。发动机由内、外涵气流分别产生对飞机的推力。内涵与外涵空气流量之比称为涵道比或流量比，一般采用高涵道比发动机。在亚音速状态下，涡扇发动机与涡喷发动机相比推进效率更高，具有耗油率低、起飞推力大、推重比高、噪声低等优点；主要

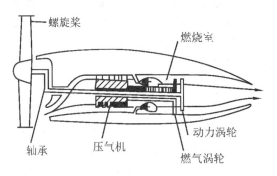

图 5-6 涡轮螺旋桨发动机示意图

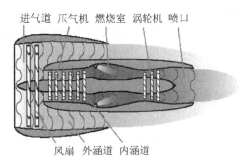

图 5-7 涡轮风扇发动机示意图

图 5-8 涡桨(右)和涡扇(左)航空运输机

缺点是发动机迎风面积大，风阻较大，不适合高超音速飞行。因此，目前高涵道比、大推力的涡扇发动机广泛应用于大型运输机上，是民航客机的主流发动机。涡扇发动机主要用于速度大于 800 km 小于 1 000 km 的飞机，如美国波音公司、欧洲空中客车公司和俄罗斯的大型客机，我国产 ARJ21 和运 10 等飞机都以涡扇发动机为动力。

图 5-8 是涡桨、涡扇两种航空运输机外观照片。

5.3 航空交通运输机场和航线

机场和航线是现代航空交通运输体系中的基础设施和飞行线路，是实现航空交通运输的物质基础和必要条件。机场是为飞机的运行提供各种服务的基地。航线是运用航空通信与导航设备在空气空间为飞机引导的飞行路线。

5.3.1 民用机场的构成

《中华人民共和国民用航空法》规定："民用机场是指专供民用航空器起飞、降落、滑行、停放以及进行其他活动使用的划定区域，包括附属的建筑物、装置和设施。"民用机场主要由飞行区、航站区和进出机场的地面交通系统三部分构成。当然，其中还有相应的空域、相关的建筑物、必要的设施与装置组成，还包括飞机跑道、停机坪、指挥塔、助航系统、输油系统、维护修理基地、货栈和航空楼等各种机场设施。习惯上将机场分为空侧(airside)和陆侧(landside)两大部分。空侧是受机场当局控制的区域，包括飞行区、站坪等，进入该区域是受控制的。陆侧是为航空运输提供各种服务的区域，是公众能自由进出的场所和建筑物。

民用航空运输机场的作用广泛。它不仅是供民用航空器起飞、降落、滑行、停放的地方，同时，还是飞机维护和补充给养的基地，是安装航空通信与导航设备、组织飞行保障活动、为飞行活动提供各种服务的场所，也是旅客、货物、邮件的集散地，是民航运输网络中的节点，即航空运输的起点、终点和经停点。从交通运输角度看，机场是空中运输和地面运输的转接点。它一方面要面向空中，送走起飞的飞机，迎来着陆的飞机；另一方面，要面向陆地，为旅客、货物、邮件的进出提供各种服务。机场可实现运输方式的转换，因此，又称航空站。

民用航空运输机场的要求很高。它占地面积大，地理位置选择和环境条件要求很讲究，而且还包括相应的空域。机场必须要有足够的面积容纳飞行区和航站区，同时要求平坦开阔；考虑噪声影响和持续发展，机场应适当远离城市市区；还应考虑周围地势、海拔高度、气象(尤其是风向)、相邻机场距离和方位、附近居民区和工业区状况、陆上客货运输工具进出机场的方便程度等。

1) 民用机场的飞行区

飞行区是指机场内用于飞机起飞、着陆和滑行的区域，通常还包括用于飞机起降和盘旋的空域在内，由飞机跑道系统、滑行道系统和机场净空区构成。

(1) 飞机跑道系统：跑道是机场工程的主体，是飞行区的陆地部分。它是一块结构良好的平坦的长方形区域，提供飞机起飞滑跑、着陆滑跑甚至起飞滑跑前和着陆滑跑后运转的场地。因此，跑道必须有足够的长度、宽度、强度、粗糙度、平整度以及纵向与横向坡度要求。机场的构形主要取决于跑道的数目、长度、方位、强度以及跑道与航站区的相对位置。

设计跑道长度主要是依据预计使用该机场飞机的起降特性。此外，跑道长度还与下列因素有关：飞机起降质量，飞机起飞或降落质量越大，则离地速度或接地速度越大，滑跑距离就越长；机场所在环境，如机场的海拔高度和地形；气象条件，特别是地面气温、大气压、风向和风力等；跑道条件，如表面状况、湿度和纵向坡度等。海拔越高，空气密度越低或气温越高，起降滑跑距离越长。逆风起降可缩短滑跑距离。一般设计标准是：进近速度小于或等于 56 km/h 的短距起降飞机或超轻型飞机，海平面高度的跑道长度不应小于 90 m，高于海平面的跑道长度应按每高出 300 m 标高增加 9 m 的比率增加；进近速度大于 56 km/h，但小于或等于 93 km/h 的飞机，海平面高度的跑道长度不应小于 240 m，高于海平面的跑道长度应按每高出 300 m 标高增加 24 m 的比率增加；进近速度大于 93 km/h 的飞机跑道长度，应根据该飞机生产厂家提供的飞机性能曲线，通过对最大起飞全重、机场当地海拔和气温进行计算。进近速度是指飞机接近机场即将着陆时，准备降落阶段的速度。

跑道方位主要与当地常年主导风向有关，但也受其他因素的影响。飞机最好是逆风起降，侧风过大将妨碍飞机起降，跑道的方位尽量与当地常年主导风向相近；此外，还受周围地形、发展规划、可用面积以及相邻机场状况的影响。跑道方位以跑道磁方向角度表示，由北顺时针转为正。我国首都机场跑道方位为179°~359°。

跑道按道面结构可分为水泥混凝土、沥青混凝土、碎石、草皮和土质等若干种。水泥混凝土称为刚性道面，其余称为柔性道面。道面要有足够强度和刚度，以承受飞机运行的荷载。ICAO要求会员国必须用ACN-PCN法通报供起飞质量大于5 700 kg的飞机使用的道面强度。ACN即飞机等级序号，表示飞机与道面相对作用的数字。PCN即道面等级序号，表示道面可供无限次使用的承载强度数字。在通报跑道道面强度时，除报告PCN数值外，还要报告：道面的类型，R代表刚性道面，F代表柔性道面；土基强度类型，分别以A、B、C、D代表高、中、低和极低强度；最大允许胎压，分别以W、X、Y、Z表示允许高、中、低和极低胎压；评价道面等级所用方法，T表示技术方法评定，U表示用经验法评定。如我国首都机场东跑道的道面强度通报为108/F/C/W/T。对于起降质量小于5 700 kg飞机的跑道，则仅需通报最大允许飞机质量和最大允许胎压即可。

(2)滑行道系统：是指飞行区除跑道外飞机滑行活动的其他道路系统。例如：飞机从跑道滑行到机窝的道路；飞机从跑道滑行到航站楼的道路；飞机从机窝滑行到航站楼的道路；飞机从跑道滑行到维护修理基地的道路等。

(3)机场净空区：飞机在起降时必须按规定的起落航线飞行。机场能否安全有效地运行，与场址内外的地形和人工构筑物密切相关。它们可能使可用的起飞或着陆距离缩短，使可以起降的气象条件范围受到限制。因此，必须对机场附近沿起降航线一定范围内的空域提出要求，也就是净空要求。这个区域称为机场净空区，不应有高障碍物。航空无线电导航是以各种地面和机载无线电导航设备，向飞机提供准确可靠的方向、距离及位置信息。因此，对机场周围的一定范围内，还必须提出电磁环境的净空要求。

2)民用机场的航站区

航站区是飞行区与机场其他部分的交接部，包括航站楼和停机坪等。

(1)航站楼：主要是指旅客航站楼，是航站区的主体建筑物。其基本功能是为旅客、行李及货邮办理各种手续，为旅客安排好航班和提供候机与登机服务，为行李安排好流程和托运与领取服务，使航空运输安全有序。其基本场地和设施应包括：公共大厅(办票大厅)、候机大厅、安检设施、政府联检机构、行李处理设施、机械化代步设施、登机桥、旅客信息服务设施及商业经营和服务设施等。因此，航站楼不仅是民航的营运中心，而且还是商业中心。

航站楼的水平布局分为空侧和陆侧：空侧要有足够停机位以便接纳到站港和离港的飞机；陆侧应有足够的地面旅客接纳能力。为妥善处理航站楼空侧与陆侧位置及协调好机位与登机门位的关系，航站楼的水平布局方式有：前列式、指廊式、卫星式、转运车式。客流量较少时，可采用指廊式或卫星式。当航站楼前机位不够用，飞机停放在远机位时，可用转运车接送旅客上下飞机。对于客流量很大的机场，往往需要用综合式水平布局。

航站楼的竖向布局应按照客流量的大小、航站楼可用土地的面积以及空侧、陆侧交通组织等情况合理安排，一般竖向布局可采用一层式、一层半式、二层式和三层式等。

(2) 停机坪：停机坪包括站坪、维修机坪、隔离机坪、等候机位机坪、等待起飞机坪等。停机坪上设有供飞机停放的划定位置，即机位。在靠近航站楼所设停机坪称站坪，可供飞机滑行、停驻机位、停靠门位以便上下旅客、行李和货邮及加油。客机坪的平面布局受机位数目、机位尺寸、飞机停靠方位及进出机位方式、旅客登机方式、航站楼布局、飞机地面服务要求等因素的影响。

3) 进出机场的地面交通系统

地面交通系统通常是指机场和附近城市相连接的公路、铁路、地铁(或轻轨)和水运码头等，用于机场旅客和货邮集散，燃料和其他物资的供应，以及机场工作人员的上下班。

5.3.2 民用机场的设施

民用机场设施主要有目视助航设施、地面活动引导和管制系统、其他目视助航设施等。

1) 目视助航设施

目视助航设施主要包括用于助航的灯光、标志和其他目视助航设施。

(1) 助航灯光系统：是目视助航设施中最重要也是最复杂的，主要有跑道引入灯光系统、进近灯光系统、目视进近坡度指示系统、盘旋引导灯、跑道和滑行道灯光系统、机场灯标、机坪泛光照明、目视停靠引导系统、机位操作引导灯、应急灯光等。例如，跑道边灯是在夜间或日间视程低于 800 m 时飞机跑道两边设置的灯光，其具体要求是沿跑道两侧的边缘或边缘以外距离不大于 3 m 处、与跑道中线等距的两条平行线上设置，间隔均匀，间距不应大于 100 m，发光强度可变的白光恒定发光灯，在一般情况下，发光强度应大于 50cd，但在周围没有灯光的机场，发光强度可降低到 25cd。又例如，跑道入口灯是指设置了跑道边灯的跑道入口应设置的灯光，其具体要求是应在垂直于跑道中线的直线上，尽可能靠近跑道入口端 3 m 以内，至少应有 6 个灯，在两行跑道边灯之间等距布置，应为发绿色光的单向恒定发光灯，光束应对着跑道进近方向。其发光强度和光束扩散角应能满足跑道使用时的能见度和周围灯光条件的需要。还有，跑道末端灯是指设置了跑道边灯的跑道末端应设置的灯光，其具体要求是应在垂直于跑道中线的直线上，并尽可能靠近跑道终端，但不得设置在跑道终端 3 m 以外的位置，至少应有 6 个灯，在两行跑道边灯线之间等距布置，应为发绿色光的单向恒定发光灯，光束应对着跑道进近方向。其发光强度和光束扩散角与跑道入口灯要求相同。

(2) 场内标志：是为了引导飞机在跑道、滑行道和机坪上运行，道面上用不同颜色的线条和数字作标志，以显示某些特定的功能。跑道标志采用白色。滑行道标志和机位标志必须为黄色。机坪安全线的颜色必须鲜明并与机位标志的颜色反差良好，以便利用安全线标出地面设备停放区、工作道路和旅客通道等。涂写标志应采用适宜品种的油漆,以尽可能减少由于标志引起的不均匀摩擦的危险。标志主要有飞行区地面标志和直升机场识别标志。飞行区地面标志有跑道中线标志和跑道边线标志等;直升机场识别标志由字母 H 代表,颜色为白色。

(3)其他目视助航设施:机场必须设置风向标、着陆方向标、信号灯等指示标和信号设施。为了向驾驶员提供各种不同信息,需要设立各种标记牌,如强制性标记牌、通知性标记牌等。在不具备设置标志(或灯光)条件的地方,可以用标志物显示出边线、中线等。例如,着陆方向标应设置在机场上明显的位置,通常在降落方向的左侧,距离跑道侧边 10 m,距离跑道头 50 m 的位置上,其形状为"T"字形,颜色应根据与背景的反差效果最明显来选择,通常为白色或橙色。

2)地面活动引导和管制系统

地面活动引导和管制系统是指由助航设备、设施和程序组成的系统。该系统主要是使机场能安全地解决运行中提出的地面活动需求,即防止飞机与飞机、飞机与车辆、飞机与障碍物、车辆与障碍物以及车辆之间的碰撞等。该系统可以是简单的,如能见度良好、交通量不大的小机场可用目视标记牌和一套机场交通规则;也可以是复杂的,如低能见度或交通繁忙的大机场。

3)地面特种车辆和场务设备

进出港的飞机都需要一系列的地面服务,这些服务大多是由各种车辆或设备来完成,包括牵引车、电源车、气源车、空调车、清洗车、食品车、污水车、垃圾车、行李车、升降平台车、客梯车、摆渡车、加油车等。为保证飞机在飞行区和停机坪内正常运行,机场应配备维护、检测设备(如清扫车、吹雪车、推雪车、割草机、除胶车、道面摩擦因数测试车等)以及驱鸟设备等。

5.3.3 民用机场的分类

民用机场名称一般可由地点加类别组成。机场类别一般可表示其规模、性质、地位和作用等,一般有以下几种分类方法:

1)按航线性质分类

民用机场按航线性质可分为国际航线机场(国际机场)和国内航线机场。

(1)国际机场:有国际航班进出,设有海关、边防检查(移民检查)、卫生检疫和动植物检疫、商品检验等政府联检机构,一般可分为国际定期航班、国际不定期航班机场和国际定期航班预降机场。

(2)国内航线机场:是专供国内航班使用的机场。在我国还包括"地区航线机场",即指内地与港、澳、台等地区之间定期和不定期航班飞行使用的机场,并设有相应的类似国际机场的政府联检机构。

2)按在运输网络系统中的作用分类

民用机场按在运输网络系统中的作用可分为枢纽机场、干线机场和支线机场。

(1)枢纽机场:是指国内和国际航线密集且中转旅客比例较高的机场。如我国内地的北京首都国际机场(图 5-9)、上海虹桥国际机场、广州白云国际机场等。

图 5-9　首都国际机场一角

（2）干线机场：是指各直辖市、省会、自治区首府以及一些重要城市或旅游城市（如大连、厦门、桂林和深圳等）的机场。干线机场连接枢纽机场，空运量较为集中。

（3）支线机场：是指空运量较少，航线多为本省区内航线或邻近省区支线。

3）按所在城市的性质和地位分类

按所在城市的性质和地位，我国将民用机场划分为Ⅰ、Ⅱ、Ⅲ和Ⅳ类机场。

（1）Ⅰ类机场：即全国经济、政治、文化大城市的机场，是全国航空运输网络和国际航线的枢纽，运输业务繁忙，除承担直达客货运输外，还具有中转功能。北京、上海、广州三城市机场均属于此类机场，亦为枢纽机场。

（2）Ⅱ类机场：即省会、自治区首府、直辖市和重要的经济特区、开放城市和旅游城市，或经济发达、人口密集城市的机场，可以建立跨省、跨区域的国内航线，是区域或省区内民航运输的枢纽。有的可开辟少量国际航线，亦为干线机场。

（3）Ⅲ类机场：即国内经济比较发达的中小城市，或一般的对外开放和旅游城市的机场，除开辟区域和省区内支线外，可与少量跨省区中心城市建立航线，故又称次干线机场，如青岛、温州、三亚等机场。

（4）Ⅳ类机场：即省、自治区内经济比较发达的中小城市和旅游城市，或经济欠发达、但地面交通不便城市的机场。航线主要是在本省区内或连接邻近省区。这类机场又称支线机场。

4）按旅客乘机目的分类

民用机场按旅客乘机目的可分为始发机场、终程机场、经停机场（过境机场）、中转机场等。始发机场和终程机场中，始发和终程旅客占旅客的大多数，始发和终程的飞机或掉头回程架次比例很高。目前国内机场大多属于这类机场。经停机场往往位于航线的经停点，没有或很少有始发航班飞机，只有比例不大的始发、终程旅客，绝大多数是过境旅客，飞机一般停驻时间很短。中转机场中，有相当大比例的旅客下飞机后,立即转乘其他航线的航班飞机飞往目的地。

5) 按服务对象分类

机场按服务对象可分为军用机场、民用机场和军民合用机场。民用机场主要供航空客、货运输机使用,但也可供为工农业生产服务的通用飞机使用。

除以上所述划分机场类别的标准外,从安全飞行角度考虑还须确定备降机场。备降机场是指在飞行计划中事先规定的,当预定着陆机场不宜着陆时,飞机可前往着陆的机场。在我国,备降机场是由民航总局事先确定的。起飞机场也可以是备降机场。

5.3.4 民用机场的等级

民用机场等级是表示机场适应飞机起飞和降落等业务能力的标志,也是科学规划、设计、建设和使用机场,合理配备机场的人员和相应设施的依据,所以,必须给机场划分等级。机场等级可以从多方面表达,目前主要有飞行区等级、跑道导航设施等级、航站业务量规模等级、民航运输机场规划等级、机场的救援和消防等级。其中,飞行区等级直接反映机场接待飞机的业务能力,飞行区各项构筑物的技术要求和飞机的特性有关,我国已制定行业标准 MH 5001—2000《民用机场飞行区技术标准》加以规范,是表达机场等级最直观最重要的标准。所以,我国目前常直接使用机场飞行区等级指称机场等级。

1) 飞行区等级

飞行区等级是飞行区设施的规模、水平的一种表示方法。划定飞行区等级的依据是飞行区设施所能适应吨位最大的航空器。即机场跑道的性能及相应的设施决定了什么等级的飞机可以使用这个机场,机场按这种能力分类,称为飞行区等级。根据我国航空民航标准 MH 5001—2000《民用机场飞行区技术标准》规定,飞行区等级用两个部分组成的编码来表示:第一部分是数字代号,从小到大分为 1、2、3、4 四个等级,称飞行区等级指标 I,表示飞机性能所相应的跑道性能和障碍物的限制;第二部分是字母代号,从小到大分为 A、B、C、D、E、F 六个等级,称飞行区等级指标 II,表示飞机的尺寸所要求的跑道和滑行道的宽度。因而对于跑道来说飞行区等级的第一个数字表示所需要的飞行场地长度,第二位的字母表示相应飞机的最大翼展和最大轮距宽度,其相应数据如表 5-2 所列。例如:飞行区等级为 4E 级的机场,代表跑道长度 $L \geq 1\,800$ m,可以起降翼展 $52\text{ m} \leq WS < 65\text{ m}$、主起落架外轮间距 $9\text{ m} \leq T < 14\text{ m}$ 的大型飞机。飞行区等级并不直接与机场跑道长度宽度等同,而还与道面强度、道面摩擦力等相关,这些具体用道面等级序号 PCN 与飞机等级序号 ACN 指称。实际飞行区跑道的长度大于其等级标准。因为,增加跑道长度有利于在降落时气象条件不佳、制动反推失效或错过最佳接地点的情况下避免冲出跑道。增加跑道宽度有利于在滑跑偏离跑道中心线的情况下有较大修正余地,避免飞机冲出跑道。例如:我国北京首都国际机场 PEK 3 800×60、3 200×50、3 800×60,上海浦东国际机场 PVG 4 000×60、3 800×60、3 400×60,广州白云国际机场 CAN 3 800×60、3 600×45 等的飞行区等级都是 4E 级别。截至 2010 年,我国省级行政中心城市尚未建有 4E 等级及以上飞行区等级机场的只有吉林长春、安徽合肥、宁夏银川、甘肃兰州、青海西宁。在天气与

跑道长度允许的情况下偶尔可在低等级飞行区起降高等级飞机,例如我国大部分 4E 级机场均可以减载起降 4F 级的空中客车 A380 飞机,但这会造成跑道寿命降低,并需要在起降后人工检查跑道道面。

表 5-2 飞行区基准代号及等级指标

飞行区等级指标 Ⅰ		飞行区等级指标 Ⅱ		
代码	飞机跑道基准长度/m	代字	翼展/m	主起落架外轮外侧之间距/m
1	$L < 800$	A	$WS < 15$	$T < 4.5$
2	$800 \leq L < 1\,200$	B	$15 \leq WS < 24$	$4.5 \leq T < 6$
3	$1\,200 \leq L < 1\,800$	C	$24 \leq WS < 36$	$6 \leq T < 9$
4	$L \geq 1\,800$	D	$36 \leq WS < 52$	$9 \leq T < 14$
		E	$52 \leq WS < 65$	$9 \leq T < 14$
		F	$65 \leq WS < 80$	$9 \leq T < 14$

注:4F 级飞行区配套设施必须保障空中客车 A380 飞机全重(560 t)起降。

2) 跑道导航设施等级

跑道导航设施等级是按配置的导航设施能提供飞机以何种进近程序飞行来划分。

(1) 非仪表跑道:供飞机用目视进近程序飞行的跑道,代字为 V。

(2) 仪表跑道:供飞机用仪表进近程序飞行的跑道,可分为:

① 非精密进近跑道:装备相应的目视助航设备和非目视助航设备的仪表跑道,足以对直接进近提供方向性引导,代字为 NP。

② Ⅰ类精密进近跑道:装备仪表着陆系统和(或)微波着陆系统以及目视助航设备,能供飞机在决断高度低至 60 m 和跑道视程低至 800 m 时着陆的仪表跑道,代字为 CAT Ⅰ。

③ Ⅱ类精密进近跑道:装备仪表着陆系统和(或)微波着陆系统以及目视助航设备,能供飞机在决断高度低至 30 m 和跑道视程低至 400 m 时着陆的仪表跑道,代字为 CAT Ⅱ。

④ Ⅲ类精密进近跑道:装备仪表着陆系统和(或)微波着陆系统的仪表跑道,可引导飞机直至跑道,并沿道面着陆及滑跑。此类跑道又可分为三类:以 CAT Ⅲ A、CAT Ⅲ B 或 CAT Ⅲ C 为代字。

目前,我国民用机场尚无有Ⅲ类精密进近跑道;Ⅱ类精密进近跑道也不多(如北京首都国际机场、上海浦东国际机场);多是Ⅰ类精密进近跑道。

3) 机场的救援和消防等级

救援和消防勤务主要是救护受伤人员。为了保障救援和消防,必须要有足够的手段。这其中包括必要的器材(如灭火剂)、设备、车辆和设施(如应急通道)等。这些物质保障的配备是以该机场接受的飞机外形尺寸(机身全长和最大宽度)为依据的。由此划分机场的救援和消防等级,可分为 1~10 级。外形尺寸越大,级数越大。

4) 航站业务量规模等级

航站业务量规模等级是按照航站(机场)的年旅客吞吐量或货物(及邮件)运输吞

吐量来划分机场等级。业务量的大小与航站规模及其设施有关，也反映了机场繁忙程度及经济效益。因此，可按航站业务量为参考标准划分机场等级，如表 5-3 所列。若年旅客吞吐量与年货邮吞吐量不属于同一等级时，可按较高者定级。

表 5-3 航站业务量规模等级分级标准

航站业务量规模等级	年旅客吞吐量/万人	年货物吞吐量/kt
小 型	$P<10$	$t<2.0$
中小型	$10 \leqslant P<50$	$2.0 \leqslant t<12.5$
中 型	$50 \leqslant P<300$	$12.5 \leqslant t<100.0$
大 型	$300 \leqslant P<1\,000$	$100.0 \leqslant t<500.0$
特大型	$P \geqslant 1\,000$	$t \geqslant 500$

5) 民航运输机场规划等级

以上三种划分等级的标准，是从不同侧面反映机场的状态：能接收机型的大小；保证飞行安全和航班正常率的导航设施的完善程度；客货运量的大小。在综合上述三个标准的基础上，还有一种按民航运输机场规划分级的方案，如表 5-4 所列。当三项等级不属于同一级别时，可根据机场的发展和当前的具体情况，确定机场规划等级。

表 5-4 民航运输机场规划等级分级标准

机场规划等级	飞行区等级	跑道导航设施等级	航站业务量规模等级
四 级	3B，2C 以下	V，NP	小 型
三 级	3C，3D	NP，CAT I	中小型
二 级	4C	CAT I	中 型
一 级	4D，4E	CAT I，CAT II	大 型
特大级	4E 以上	CAT II 以上	特大型

5.3.5 航空运输航线

飞机飞行的路线称为空中交通线，简称航线。飞机的航线不仅确定了飞机飞行具体方向、起讫点和经停点，而且还根据空中交通管制的需要，规定了航线的宽度和飞行高度，以维护空中交通秩序，保证飞行安全。飞机航线的确定除了安全因素外，取决于经济效益和社会效益的大小，国际航线还涉及领空权。一般情况下，航线以大城市为中心，在大城市之间建立干线航线，同时辅以支线航线，由大城市辐射至周围小城市。航线按起讫点的归属不同分为国际航线和国内航线。其中国内干线航线是指北京连接各省会、直辖市和自治区首府或各省省会、直辖市和自治区首府之间的航线，如北京—上海航线、上海—南京航线、青岛—深圳航线等。支线航线则是指一个省或自治区之内的各城市之间的航线。

民航线路布局是对空中交通线的起讫点、必经点以及线路性质和等级的总体部署。民航线按其作用分为国际民航线、国内民航线和地方民航线。国际民航线布局是根据国家间的友好往来、协商而建立，主要承担国际旅客、邮件和货物的运送，为国家对外政治、经济、文化交流和旅游服务。国内民航线布局主要为国家和地区的经济联系、旅游业及人员往来、文化交流和信息传播服务，并与其他运输方式合理分工，承担长途和边远地区的旅客与贵重物品的运输。在选择合理的航线时，应考虑自然条件(如天气等)的影响。地方民航线布局一般为省或地区内政治、经济联系服务，主要联结省会与省内中心城市或大型工矿区，以及省会与交通不便的边缘地区。

(1)航路：是国与国之间、跨省市航空运输的飞行航线，其宽度为20 km(航路中心线两侧各10 km)，沿途应有良好的备降机场，良好的导航设备和监视雷达，以保证飞机准确地在航路内飞行。目前我国建立的航路主要有北京—上海、北京—广州—深圳、上海—广州、广州—昆明等20条。

(2)航线：是为了保证省、市、区之间和省区内两个机场之间进行定期的航班飞行，尚未建立航路的飞行航线称为固定航线。固定航线的导航设备应尽量与航路相同。因临时性的航空运输或通用航空飞行的需要，在航路和固定航线以外飞行的航线，称为非固定航线或临时航线。临时航线的导航设备不能保证飞机作仪表飞行时，应作目视飞行。

(3)航段：航段通常分为旅客航段(简称航段)和飞行航段(通常称为航节)。旅客航段指能够构成旅客航程的航段；飞行航段是指航班飞机实际飞行的航段。

(4)航班：按照民航管理当局批准的民航运输飞行班机时刻表、使用指定的航空器、沿规定的航线在指定的起、迄、经停点停靠的客、货、邮运输飞行服务，称为航班(flight service)。航班用航班号标识其具体的飞行班次。

(5)空中走廊：空中走廊是在机场飞行频繁的地区，为减少飞行冲突、提高飞行空间的利用率，在机场区域内划定飞机进出机场的空中通道，其宽度为8～10 km。目前我国划有空中走廊的机场有沈阳、北京、上海、武汉、广州、成都等城市。

(6)机场区域：机场区域是指机场及其附近地区上空，为飞机在机场上空飞行、加入航线、进入机场和进行降落而规定的空间，包括空中走廊和飞行区域。

补充阅读资料：法兰克福机场简介

法兰克福机场(FRA)是德国最大的机场，也是欧洲空中交通枢纽之一，位于德国法兰克福。它是德国最大的机场和欧洲第二大机场，是全球各国际航班重要的集散中心。

法兰克福国际机场比伦敦的希斯罗国际机场提供更多的飞行目的地，但按乘客流量来算，法兰克福国际机场在欧洲位列第三位，排在伦敦的希斯罗国际机场和巴黎的戴高乐国际机场之后。2004年法兰克福国际机场客运量为51 098 271人次，希斯罗机场为67 344 054人次，戴高乐机场为51 260 363人次。法兰克福机场以477 475架次的起降量位列欧洲第二，排名在戴高乐机场(525 660架次)和希斯罗机场(475 999架次)之间。按货运量来算，法兰克福机场依然是第二位(1 838 894 t)，仅次于戴高乐机场(18 769 000 t)，位列希斯罗机场(1 412 033 t)之前。

(摘自法兰克福机场集团中国网站 www.fraport.cn)

5.4 航空交通运输管理

随着世界经济的全球化，航空运输业在全球范围内迅速发展，已成为现代文明社会重要的交通方式，并逐步实现航空运输的全球化，成为国际间政治往来和经济合作的纽带。在民用航空运输领域，越来越先进的大型宽体飞机大量投入运营，越来越多的国家和地区参与和发展航空运输事业，使得航空运输市场的结构复杂化。这里面既包括国际间的友好合作，也包含着国际间的激烈竞争。这既给民航业的发展带来机遇，又要求航空运输管理和经营方式与市场相适应。如在服务、运价、技术标准、经营管理和法律法规的制订实施等方面，都要受国际统一标准的制约和国际航空运输市场的影响。而且，由此而产生的许多国际性问题，已经超出一个国家自身能够解决的能力范畴。为了保障国际航空运输的安全性和协调性，需要建立机场、航线、导航、通信等方面的国际性规则和标准。所以，航空交通运输管理在航空运输事业的发展过程中非常重要。目前，航空交通运输管理主要包括空中交通管制、空域管理、国际民航组织与法规、国际民航市场管理等内容。

5.4.1 空中交通管制

在浩瀚无垠的天空，飞机似乎可以不受约束地随意飞行，其实不然。如同车辆在地面行驶必须遵守交通规则，要接受警察和红绿灯的指挥一样，飞机在天上飞行也要遵守交通规则，也要受到专门机构的指挥与调度，这就是空中交通管制（air traffic control）。由于航空器的起飞、降落和飞行受诸多因素的限制和影响，人们通过实践以及飞行事故的痛苦教训，逐步形成了一套管理空中飞行的规章制度和组织方法，即空中交通管制方法。

1) 航空运输限制因素

航空器飞行限制因素和制约航空器飞行的各种因素主要包括：

(1) 航空器性能的限制：不同型号的飞机有不同的商务载重、起降条件、巡航时速等。20世纪50年代以前的客机不能飞往西藏高原，而当代则有多型飞机能在高原机场起降。

(2) 气象条件的限制：不同型号的航空器有不同的飞行气象标准。

(3) 不同性质的飞行任务的限制：民用运输机飞行高度相对固定，且不同型的飞机有不同的最佳飞行高度层。通用农业飞机喷洒农药时要求在低空飞行时喷洒效果好。

(4) 时间的限制：为了防止飞机在天空出现危险接近或相撞，既要在空间垂直方向和水平方向保持高度差和距离，同时在时间上要合理调配次序，拉开时间间隔。

(5) 地理环境的限制：如山峰、高压电塔、电视塔等突出物都对飞行有影响，飞行规则对此有种种限制。还有，重要城市市区、军事要地空域不准飞入，列为"空中禁区"。

(6) 地面保障设施的限制：为了飞行安全可靠，地面保障有：通信、导航、监视、雷达、气象、指挥、搜索、救援等设施，一旦设施不完备或出现故障，对飞行活动就有限制。

(7) 地面对空活动的限制：如地面体育和军事对空射击靶场，国家重要军事、政治、经济和文化活动区域，都可能设置永久或临时禁飞区，禁止飞机飞入。

2) 空中交通管制的任务和目的

为了保证飞行安全，每个国家都有严格的空中交通管理法规、健全的管制机构和相应的设备和设施。除了保障空中交通安全以外，空中交通管制部门还担负着协调各部门对空域的使用、为国土防空系统提供空中目标识别情报、预报外来航空器入侵和本国飞机擅自飞入禁区或非法飞越国界等多项任务；空中交通管制的主要目的是：保证一切飞机的飞行活动随时受地面指挥调度的管理，严格按计划（高度和航线）飞行；有效利用空间，保证空中交通有秩序进行；保证准确与安全的导航勤务，防止飞机在空中相撞或与地面障碍物相撞；提供有助于保障飞行安全的有效信息和情报，识别进入航管区域飞机的有关数据和代号，以便采取必要措施；必要时提供有关迷航、遇险飞机的情报。

3) 空中交通管制的分类

为了维持飞行秩序，保证飞行安全，空中交通管制部门要划定航线、避免各类飞机在空中相撞或与地面障碍物（如山头、高层建筑物等）相撞等事故发生。飞机从起飞到降落，一直处在空中交通管制之下，严格按预定时间、航线、高度、速度飞行，受机场空域管制中心、沿途航路管制中心和终点机场空域管制中心的指挥与调度。根据适用范围和时间空中交通管制大致可分为：

(1) 一般空中交通管制：适用于整个国土上空；

(2) 特别空中交通管制：适合于边境地区、通过国界的空中走廊和某些特殊地区上空；

(3) 临时空中交通管制：适合于演习、飞行检阅和航天器发射场区上空；

(4) 地方空中交通管制：适合于某些地方航线和经过该地区航线的管制。

4) 空中交通管制机构

空中交通管制机构一般包括航路交通管制中心、进近管制室、飞机场管制塔台和民航总局调度室等，其作用和设置办法如下：

(1) 航路交通管制中心：也称区域管制，可以设在飞机场的航管楼内，也可以在飞机场外单建，对所管制的飞机沿航路和在空域其他部分飞行时进行引导和监视。每一个区域管制中心，均有一个明确的地理区域，它对所管辖的地理区域分为若干扇区。如果备有雷达设备，这一雷达须能探测整个扇区，并能监视扇区内飞机间的间隔。飞机机组和管制员之间的联系用无线电话。在标明本中心的管制区域界限的边界点上，飞机被交给相邻的航路交通管制中心或交给进近管制室。

(2) 进近管制室：进近管制是管制从飞机场管制塔台的边界至距离飞机场 50～100 km 范围内，从航路交通管制中心把飞机接收过来，并将其引导到所管辖的机场中的一个。在提供这样的引导时，要按顺序安排好飞机，使它们均匀地和有秩序地飞往目的地。进近管制室可以设在飞机场的航管楼内，也可以在飞机场外单建，对所管辖的区域也分为若干个扇区,以均分管制员的工作负担。当飞机飞向或飞离机场大约10 km时,进近管制室将到达的飞机"交给"飞机场管制塔台;或飞机场管制塔台将飞离的飞机"交给"进近管制室。当进近管制设有雷达时,称为"航站雷达进近管制(TRACON)"。

(3) 飞机场管制塔台:用于对飞机场上和在飞机场区内所规定的空域内起飞和降落的飞机进行管制,向机组提供关于风向、气温、气压等气象要素和飞机场上有关飞行的情报以及管制在地面上除停放场地外所有的飞机。飞机场管制塔台有的是独立建筑,有的是建在航管楼的顶层。小型飞机场一般将进近管制的任务并在飞机场管制塔台内,不单建进近管制室。飞机场管制塔台应布置在便于观看飞机起飞和降落的地方,最好设在跑道中部附近,结合航站区的规划布置,并服从飞机场的总体规划。

(4) 民航总局调度室:国家设置全国民航总调度室,负责监督、检查全国范围内跨地区高空干线、国际航线的飞行以及外国航空器在中国境内的飞行,控制全国的飞行流量,组织承办和掌握专机飞行,处理特殊情况下的飞行。

5) 空中交通管制方法

空中交通管制主要有程序管制和雷达管制两种方法,后者比前者先进。

(1) 程序管制:程序管制方式对设备的要求较低,不需要相应监视设备的支持,其主要的设备环境是地空通话设备。管制员在工作时,通过飞行员的位置报告分析、了解飞机间的位置关系,推断空中交通状况及变化趋势,同时向飞机发布放行许可,指挥飞机飞行。航空器起飞前,机长必须将飞行计划呈交给报告室,经批准后方可实施。飞行计划内容包括飞行航路(航线)、使用的导航台、预计飞越各点的时间、携带油量和备降机场等。当空中交通管制员收到航空器机长报告的位置和有关资料后,立即同飞行进程单的内容校正,当发现航空器之间小于规定垂直和纵向、侧向间隔时,立即采取措施进行调配间隔。这种方法速度慢精确度差,为保证安全因而对空中飞行限制很多,如同机型同航路同高度需间隔 10 min,因而在划定的空间内所能容纳的航空器较少。这种方法是中国民航管制工作在以往很长一段时间使用的主要方法。该方法也在雷达管制区雷达失效时使用。随着民用航空事业的迅速发展,飞行量的不断增长,中国民航加强了雷达、通信、导航设施的建设,并协同有关部门逐步改革管制体制,在主要航路、区域已实行先进的雷达管制。

(2) 雷达管制(radar control):雷达管制员根据雷达显示,可以了解本管制空域雷达波覆盖范围内所有航空器的精确位置,因此能够大大减小航空器之间的间隔。管制人员由被动指挥转变为主动指挥,提高了空中交通管制的安全性、有序性、高效性。民航管制使用的雷达种类为一次监视雷达和二次监视雷达。一次监视雷达发射的一小部分无线电脉冲被目标反射回来并由该雷达收回加以处理和显示,在显示器上只显示一个亮点而无其他数据。二次监视雷达是一种把已测到的目标与一种以应答机形式相配合设备协调起来的雷达系统,能在显示器上显示出标牌、符号、编号、航班号、高度和运行轨迹等及特殊编号。

(3) 两者区别:雷达管制与程序管制相比是空中交通管制的巨大进步。程序管制和雷达管制最明显的区别在于两种管制手段允许的航空器之间最小水平间隔不同。在区域管制范围内,程序管制要求同航线同高度航空器之间最小水平间隔10 min(对于大中型飞机来说,相当于150 km左右的距离),雷达监控条件下的程序管制间隔只需75 km,而雷达管制间隔仅仅需要20 km。允许的间隔越小,单位空域的有效利用率越大,飞行架次容量越大,越有利于保持空中航路指挥顺畅,更有利于提高飞行安全率和航班正常率。国外空中交通管制发达的国家已经全面实现了雷达管制,而中国民航正逐步在主干航路实现雷达管制。

6) 空中交通管制的实现条件

空中交通管制是一项复杂的系统工程,应具备如下条件:

(1) 有一套完善的、适合本国国情和符合国际民航组织标准的航空法规、程序和方法;

(2) 要明确划分空域,规定管制和非管制空域,有一套完善的航路、航线网;

(3) 要有健全的管理体制和管理机构,并有一支训练有素、思想和业务素质好的空中交通管制人员,以保证空中交通管制的高质量和高效率;

(4) 要有一套现代化的空中交通管制设备,包括通信设备(地空、空地通信和卫星通信),近程、远程和进场着陆导航设备,覆盖整个空域的雷达监视设备,这些设备都由计算机联网,实施高度自动化的控制和管理;

(5) 要建立空中交通管制科研机构,不断完善和开发新的空中交通管制设备、方法和系统,以适应日益增长的空中交通流量的需要。

7) 空中交通管制设施

20世纪80年代后,空中交通管制主要设施是话音通信和雷达。

(1) 话音通信:飞机场管制塔台和进近管制室的话音通信采用甚高频收发信机;航路交通管制中心除甚高频收发信机外,尚装备有短波单边带收发信机,可与飞机远距离通话。

(2) 雷达和雷达站:雷达的作用是使管制员根据雷达显示器发现的飞机,不间断地目视观察和监视飞机在空中的位置。按设备分为一次雷达和二次雷达;按有效作用距离分为近程雷达(100 km左右)、中程雷达(200 km左右)和远程雷达(350 km)。近程和中程雷达一般用于机场区域内,远程雷达多用于航路上。雷达站所在的场地要开阔、平坦和不被水淹。雷达天线对任何物体的距离要大于450 m,对任何电子设备的台、站至少相隔800 m。雷达天线的安装高度一般在7.5~25.5 m,以期在360°范围内可环视净空。在建筑物比较多的地方,可将雷达天线安装在最高的建筑物屋顶上,雷达站的设备及其附属房间就设在该建筑物内。

5.4.2 空域管理

空域是国家资源,空域管理与使用是面向公众的公共服务,空域应得到合理、充分和有效的利用。中国空域的管理体制是由国务院、中央军委空中交通管制委员会领导,全国的飞行管制由空军统一组织实施,各有关飞行管制部门按照各自的职责分工提供空中交通管制服务。

航空运输飞行的航线和区域十分广阔。为了对航空运输飞机及时提供有效的管制服务、飞行情报服务和告警服务,防止飞机空中相撞和与地面障碍物相撞,保证飞行安全,促使空中交通有秩序地运行,必须进行空域管理。空域管理的主要内容为空域划分与空域规划。

1) 空域划分

空域划分包括飞行高度层规定和空中交通服务区域的划分两个方面。

(1) 飞行高度层的规定:飞行高度层是有关飞行的术语。为了防止飞机在飞行中相撞,根据飞机的飞行方向、气象条件和飞机性能的区别,各国规定了不同的飞行高度层。中国2007年10月《国务院、中央军委关于修改〈中华人民共和国飞行基本规则〉的决定》的规定是:

机场区域内:等待空域通常划设在导航台上空;飞行活动频繁的机场,可以在机场附近上空划设。等待空域的最低高度层,距离地面最高障碍物的真实高度不得小于600 m。8 400 m以下,每隔300 m为一个等待高度层;8 400~8 900 m每隔500 m为一个等待高度层;8 900~12 500 m每隔300 m为一个等待高度层;12 500 m以上,每隔600 m为一个等待高度层。

航线区域内:真航线角在0~179°范围内,高度由900~8 100 m,每隔600 m为一个高度层;高度由8 900~12 500 m,每隔600 m为一个高度层;高度在12 500 m以上,每隔1 200 m为一个高度层。真航线角在180°~359°范围内,从600~8 400 m每隔600 m为一个高度层;高度由9 200~12 200 m,每隔600 m为一个高度层;高度在13 100 m以上,每隔12 000 m为一个高度层。

(2) 空中交通服务区域的划分:按照统一管制和分区负责相结合的原则,可将空域划分为若干飞行情报区和飞行管制区,并建立相应的机构,对在该区内的航空飞行提供空中交通服务。同时,为了对航空飞行实施有效的管制,要求飞机沿规定的路线在规定的区域内飞行。在飞行情报区和管制区内划定飞行的航路、航线、空中走廊和机场区域,并对禁止飞行和在规定时间与高度范围内禁止飞行的区域,划定空中的禁航区、限制区和危险区。

① 飞行情报区:是为飞行提供情报服务和告警服务而划定的范围空间。我国的飞行情报区主要是对外国飞机进出和飞越我国境内而划定的。目前我国内陆、沿海及毗连公海的空域,共划分沈阳、北京、上海、广州、武汉、昆明、兰州、乌鲁木齐(除香港、台北外)共八个飞行情报区,其工作由有关的区域管制中心负责。

② 飞行管制区:是对飞行提供空中交通管制服务而划定的范围空间。国际民航组织(ICAO)制定了空域分类标准,将空中交通服务空域分为A、B、C、D、E、F、G七个基本类型。我国民航飞行管制区分A、B、C、D四类管制空域。

A类空域为高空管制空域:我国境内6 600 m(含6 600 m)以上的空间划分为若干个高空管制空域。在此空域内飞行的航空器必须按照仪表飞行规则飞行,并接受空中交通管制。

B类空域为中低空管制空域:我国境内6 600 m(不含6 600 m)以下最低高度层以上的空间,划分为若干个中低空管制空域。在此空域内飞行的航空器,可以按照仪表飞行规则飞行。如果符合目视飞行规则的条件,由航空器驾驶员申请,并经中低空管制室批准,也可以按照目视飞行规则飞行,并接受空中交通管制服务。

C类空域为进近管制空域:通常是指在一个或几个机场附近的航路汇合处划设的便于进场和离场航空器飞行的管制空域。它是中低空管制空域与塔台管制空域之间的连接部分。其垂直范围通常在6 000 m(含6 000 m)以下最低高度层以上;水平范围通常为半径50 km或走廊进出口以内、除机场塔台管制范围以外的空间。在此空域内飞行的航空器,可以按照仪表飞行规则飞行,如果符合目视飞行规则的条件,由航空器驾驶员申请,并经进近管制室批准,也可以按照目视飞行规则飞行,并接受空中交通管制服务。《中华人民共和国民用航空法》第七十八条规定:"民用航空器除按国家规定经特别批准外,不得飞入禁区;除遵守规定的限制条件外,不得飞入限制区。禁区和限制区依照国家规定划定。"《中华人民共和国飞行基本规则》第二十条规定:"空中禁区、空中限制区、空中危险区的划设、变更或者撤消,应当根据需要分布。"

D类空域为塔台管制空域:通常包括起落航线、第一等待高度层以下、地球表面以上的空间和机场机动区。

2)空域规划

空域规划是指对某一给定空域(通常为终端区),通过对未来空中交通量需求的预测,根据空中交通流的流向、大小与分布,对其按高度方向和区域范围进行设计和规划,并加以实施和修正的全过程。其目的是:增大空中交通容量;理顺空中交通流量;有效地利用空域资源;减轻空中交通管制员工作负荷;提高飞行安全水平。

3)空中禁区、限制区和危险区

是指一个国家或地区因特别需要或自然条件而在自己陆地或领海上空内划定的禁止、限制和警告的民用航空活动空域。根据有关国际民航公约规定,一个主权国家有权根据军事或其他需要在本国领空划定民航禁区和限制区。

(1)空中禁区:是指在一个国家或地区的陆地或领海上空,禁止航空器飞行的划定空域。如国家重要的政治、经济、军事目标上空,可以划设空中禁区和临时空中禁区。未按照国家有关规定经相关部门特别批准的,任何航空器不得飞入空中禁区和临时空中禁区。我国的永久性禁区,如北京市、上海市、沈阳市、葫芦岛市等。

(2)空中限制区:是指在一个国家的陆地或领海上空,根据某些规定的条件,限制航空器飞行的划定空域。航路、航线附近的军事要地、兵器试验场上空和航空兵部队、飞行院校等航空单位的机场飞行空域,可以划设空中限制区。根据需要还可以在其他地区上空划设临时空中限制区。在规定时限内,未经飞行管制部门许可的航空器,不得飞入空中限制区或者临时空中限制区。

(3)空中危险区:是指一个在某些规定的时间内存在对飞行有危险活动的划定空域。如位于机场、航路、航线附近的对空射击场或者发射场等,根据其射向、射高、范围,可以在上空划设空中危险区或者临时空中危险区。在规定时限内,禁止无关航空器飞入空中危险区或者临时空中危险区。

5.4.3 国际民航组织与法规

当今时代,航空交通运输已经发展为一种重要的国内和国际间运输方式之一,而且不论是客运、货运和邮运,其业务量不论是地域或数量都在不断扩大和发展。为了飞行活动的安全有序,为了民航市场的健康发展,为了保障航空运输相关人的合法权益,各个国家或地区都制定了相应的民用航空法律、法规和标准进行管理。但是,当开展国际航空运输业务时,将涉及国家主权、领空主权、国家关系、航空法律、运价、航线权、航班等问题,需要通过国际性民航组织来协调,也需要通过国际性的民航法规、民航公约等来规范与约束。同时,国与国之间也需要签定双边或多边协议进行平等互利的协作。

1) 国家主权概念

在国际事务中,尊重国家主权是一个至关重要的原则性问题。国际航空运输的所有活动应建立在这个原则基础之上。一个国家行使它的航空主权,是对在本国领土、领海和领空范围内,国内和国外的所有航空运输活动以及本国航空运输企业在国外的航空运输事务享有依法行政管理权利。

2) 领空主权概念

第一次世界大战之后,各国政府考虑到本国安全和利益,对其领土之上的空间提出了主权要求。1919年10月通过的《国际民用航空公约》(又称巴黎公约)确立了领空主权原则。1944年12月在美国芝加哥修订的《国际民用航空公约》(又称芝加哥公约)中,进一步明确了领空主权的原则。该公约认为,国家领空主权是"缔约各国承认每一个国家对其领土之上的空气空间具有完全的和排他性的主权"。航空器的空中活动场所或范围,称为空域或空气空间(air space)。根据各国达成的一致原则,空气空间实行领空主权制度,每一个国家对其领空(territorial air)享有完全的、排他性的主权。例如,《中华人民共和国民用航空法》规定:"我国的领陆和领水之上的空域为中华人民共和国领空。中华人民共和国对领空享有完全的、排他的主权。"

3) 国际民用航空运输组织和协会

国际民用航空运输组织和协会是指负责制定国际航空运输活动的有关公约,协调国际间航空运输业务,以保障国际航空运输的航行安全和市场有序的国际性的航空运输管理机构。目前全球存在多个国际性民用航空运输的组织和协会,具有较大影响的主要有两个:一是"国际民用航空组织(International Civil Aviation Organization,ICAO)",另一个是"国际航空运输协会(International Aviation Transport Association,IATA)"。

(1) 国际民用航空组织:它是主权国家政府之间的国际性组织,成立于1947年4月4日,总部设在加拿大的蒙特利尔市(Montreal,Canada)。

它的宗旨是:保障《国际民用航空公约》的实施;开发国际航行的原则和技术;促进国际航空运输的规划和发展。

它的作用是:制定和监督飞机安全和飞行秩序标准;在业务上促进发展与和平利用航空技术;保证飞行安全;在政治上,尊重主权,协调发展。

它的最高权力机构是"大会",由常设机构"理事会"负责召开,每3年至少召开一次。"理事会"由大会选举出的33个缔约国组成。在"大会"休会期间,"理事会"代表缔约成员国处理日常事务。下属机构除了"理事会"之外,还有空中航行委员会、航空运输委员会、空中航行服务联合支持委员会和财经委员会等。

我国于 1974 年 2 月 25 日宣布承认《国际民用航空公约》和有关修正协议书，并参加"国际民用航空组织"的活动，同年 9 月，在"国际民用航空组织"的大会上，中国当选为理事国。

(2) 国际航空运输协会：它是全世界航空公司之间最大的国际性民间组织，于 1945 年 4 月在古巴的哈瓦那成立，总部设在加拿大的蒙特利尔市。其四个地区办事处，分别设在安曼、圣地亚哥、新加坡和华盛顿。

它的宗旨是：促进国际航空运输安全、规范和经济的发展；促进航空运输业界的合作。

它的主要任务是：制定国际航空客货运输价格、运载规则和运输手续；协助航空运输企业间的财务结算；执行 ICAO 制定的国际标准和程序。

它的最高权力机构是"大会"，每年召开一次。它的常设机构是"执行委员会"，并设置运输、货运、技术和财务四个常务委员会。

IATA 由经营国际定期或不定期航班的航空公司参加。协会会员所属国必须是有资格参加 ICAO 的国家。它形式上是一个航空企业的行业联盟，属非官方性质组织，但是由于世界上的大多数国家的航空公司是国家所有，即使非国有的航空公司也受到所属国政府的强力参预或控制，因此航协实际上是一个半官方组织。它发挥着通过航空运输企业来协调和沟通政府间政策，解决实际运作困难的重要作用。IATA 的活动一般分为两大类：

①行业协会活动(Trade Association Activities)：通常是程序性会议，所有会员必须参加，主要讨论国际性客运和货运的价格、专用票据格式、行李规定运价、订座程序等问题。

②运价协调活动(Tariff Coordination Activities)：通常是通过运价协调会议方式进行，会员可以选择参加。会议主要讨论客票价格、货运费率与运价、代理人佣金率等问题。

4) 国际民用航空主要法规

自 1918 年 11 月 11 日第一次世界大战结束以后，各国政府为保护本国的安全和利益，建立空中交通秩序，保障航行和旅客安全，自 1919 年起共同努力先后通过了一系列国际性航空公约。其中具有重大影响的国际公约有：

(1)《巴黎公约》：即 1919 年 10 月 23 日，在法国巴黎会议上通过的《国际民用航空公约》。这是国际民航史上的第一部大法，对国际民航的发展产生了重要的影响。它第一次确定了领空主权原则，规定了无害通过领空的权利和限制以及国际航线的规则和条件，并对航空器的分类、国籍登记、适航性、出入境、机组人员执照以及禁运物品等作了具体规定。

(2)《哈瓦那公约》：即 1928 年 2 月在古巴哈瓦那通过的《哈瓦那公约》，对国际商业性航空运输和造成的地面损害赔偿问题达成共识，做出了明确的规定。

(3)《华沙公约》：即 1929 年 10 月通过的《华沙公约》，对航空运输凭证、承运人的责任和管辖权等进行了规定。

(4)《芝加哥公约》：即 1944 年 12 月在美国芝加哥修定了《国际民用航空公约》，对国家领空主权和保证国际航行安全等作了进一步明确的规定；对航行技术，行政管理、运输经营等国际性问题，作了详细阐述，成为一部更为广泛接受的航空法典。《芝加哥公约》在 1947 年 4 月 4 日生效。1974 年 2 月 15 日中国政府承认《芝加哥公约》。

(5)《日内瓦公约》：1948 年 6 月在瑞士日内瓦通过的《关于国际承认航空器权利的公约》，规定了航空器的拥有权、转让权、租赁权、抵押权、典当权等。

(6)《东京公约》：1963 年 9 月在日本东京签订的《关于在航空器内犯罪和犯有某些其他行为的公约》，为制止航空器内的犯罪行为制定了国际性的制裁依据。1979 年 2 月，中国政府承认《东京公约》。

(7)《海牙公约》：1970 年 12 月在海牙通过的《关于制止非法劫持航空器的公约》，对共同打击非法劫机犯罪活动达成协议。1979 年 10 月，中国政府承认《海牙公约》。

(8)《蒙特利尔公约：1971 年 9 月在加拿大蒙特利尔通过了《关于制止危害民用航空安全的非法行为的公约》，对共同制止和打击危害航空运输和旅客安全的非法行为制定了更为详细的规定。1979 年 10 月，中国政府承认《蒙特利尔公约》。

5.4.4 国际民航市场管理

国际航空运输是一种跨国或者跨地区的航空运输活动。当航空器所飞行航线，或使用的起点、经停点、终点机场，或从事的航空业务活动等在两个以上不同国家或地区时，就不仅涉及国家主权和领空问题，而且还涉及主权国市场准入问题。为了既维护各个国家和地区的领空主权，又支持国际民航权利和促进国际民航事业的发展；既保障国际民航活动安全和有秩序地进行，又保护国际民航活动当事人各方的合法权益。国际民航活动必需根据有关国际民航公约，加强国际民航市场管理，协调好国际民航业务等事宜。

1) 国内民航市场准入问题

在国内设立公共民航企业、开辟航班、以及民用航空器的飞行，必须经国家民用航空主管部门审查和批准。《中华人民共和国民用航空法》第九十二条规定："设立公共航空运输企业，应当向国务院民用航空主管部门申请领取经营许可证，并依法办理工商登记；未取得经营许可证的，工商行政管理部门不得办理工商登记。"第三十七条规定："具有中华人民共和国国籍的民用航空器，应当持有国务院民用航空主管部门颁发的适航证书，方可飞行。"这是国内民航市场准入问题，属国家行政管理范畴。

2) 国际民航市场准入问题

当一个国家的某个航空公司计划开辟国际航线，准备开通到另一个国家某个城市的航班时，不但要经本国审批，还必须经对方国家或地区的同意和批准，具有对方国家或地区主管部门授予的航空运输市场准入权。这是国际民航市场准入问题，其审批和实施，应基于《芝加哥公约》的有关规定。国际航空运输市场准入的内容之一是业务经营权。一国授予另一国的某航班在授权国的经营权利，就是规定承运人、航班次数、航班号、航班飞机型号、航班经营方式等事项，并在航运协定中详细说明。经营权利包括飞越权、技术降停权、加班飞行权等一系列事项。获得、保护、保留或撤销这些权利的法律基础是相关的国际民航公约以及两国政府的协定。

3) 国际民用航空的权利

主权国家政府之间的"国际民用航空组织，ICAO"于1944年通过《国际民用航空公约》，因其在美国城市芝加哥签订，故又称其为《芝加哥公约》。我国于1974年2月15日承认该公约，同时决定参加国际民用航空组织的活动。《芝加哥公约》是迄今为止最重要的有关国际航空的国际公约。它承认缔约国对本国的领空享有主权。国际民用航空组织的缔约国还签订了两项适用于国际定期航班的特别协议，即《国际航空过境协定》和《国际航空运输协定》。这两项协议规定，每一个缔约国应当给予其他缔约国五项权利：不降停而飞跃一国领土的权利；非运输义务性（比如加油、修理）降停的权利；卸下来自航空器所属国领土的旅客、货物和邮件的权利；装载前往航空器所属国领土的旅客、货物和邮件的权利；装卸前往或者来自任何其他缔约国领土的旅客、货物和邮件的权利。

4) 国际民航航行权的内容

航行权是指国际航空运输中的过境权利和运输业务权利，又称国际航空运输的业务或空中自由权。它是国家重要的航空权益，必须加以维护，在国际航空运输中交换这些权益时，一般采取对等原则，有时候某一方也会提出较高的交换条件或收取补偿费以适当保护本国航空企业的权益。

国际民航航行权的内容，是基于"国际民用航空组织，ICAO"1944年的《芝加哥公约》。当时称为"空中自由"(freedoms of the air)或称"特权"(privileges)。之后，在实践中，发展成"Traffic Rights"的概念，除上述"五大空中自由"外，还发展成"第六、七、八、九种自由"，实践中九大航行权的名称及其含义如下：

(1) 第一航行权：领空飞越权。是指本国定期或不定期国际航班，在不着陆的情况下，可以在协议国的领空飞过，前往其他国或地区的目的地的权利。

例如：北京—旧金山，中途飞越日本领空，那就要和日本签订领空飞越权协议，获取第一航行权，否则只能绕道飞行，增加燃料消耗和飞行时间。

(2) 第二航行权：技术经停权。是指本国定期或不定期国际航班，在飞至另一国或地区途中，因为加油、故障或气象等非营运原因和理由，可以在协议国境内指定机场降落和经停的权利。这种降落和经停不得作诸如上下客、货、邮等任何航空业务性活动。如遇紧急机务情况需要卸下客、货、邮时，应经协议国同意，并在飞离时重新装载带走。

例如：北京—纽约，由于机型的原因，不能直接飞抵，中间需要在日本降落并加油，但不得在该机场进行上下旅客和货物的航空业务活动。那就要和日本签订技术经停权协议，获取第二航行。

(3) 第三航行权：目的地卸载权。是指本国定期或不定期国际航班，可以在协议国境内指定机场降落、经停、卸下来自承运人所在国的客、邮、货的权利，但不能进行装载业务。这种权利表明，允许承运人向协议国境内指定机场运送旅客或货物。

例如：北京—东京，如获得第三航行权，中国民航飞机可从事向东京运送旅客、货物、邮件的民航业务，但只能空机返回。

(4)第四航行权：目的地装载权。是指本国定期或不定期国际航班，可以在协议国境内指定机场降落、经停、卸下来自承运人所在国的客、邮、货，并且装载旅客、货物、邮件返回承运人所在国的权利。这一权利允许承运人在协议国指定机场有搭载旅客或货物业务。

例如：北京—东京，如获得第四航行权，中国民航飞机在东京机场能载运旅客、邮件或货物搭乘原机返回北京，否则中国民航只能空载返回。

第三、四航行权是一对孪生兄弟。因为航空公司要飞国际航班，就是要进行国际客、货运输，将本国的客货运到其他国家，再将其他国家的客货运到本国，这种最基本的商业活动权利就是第三、四航行权。否则只能单向运输，空载返回。

(5)第五航行权：中间点权或延远权，又称第三国运输权。它有两种情况，比较复杂：第一种情况是指本国定期或不定期国际航班，在飞往境外第二国目的地前，可以经停境外第三国指定机场上下客、货、邮的权利；第二种情况是指本国定期或不定期国际航班，在飞往境外第二国目的地后，再由第二国目的地飞到境外第三国指定机场。这两种情况都可以在境外协定机场上下客、货、邮。由于这一权利具有较大的业务经营范围，从法律上意味着授权国向承运人所在国开放航空运输市场，对于保护本国的航空运输市场无疑是一个挑战，所以要和两个或两个以上的协议国进行双边及多边谈判。

例如：新加坡（本国起点）—厦门（境外第三国，经停点地）—芝加哥（境外第二国，目的地），如新加坡获得中、美授予的第五航行权，可以在新加坡—芝加哥航线上在厦门经停并上下客、货、邮，再飞到目的地芝加哥。

例如：新加坡（本国起点）—芝加哥（境外第二国，目的地）—厦门（境外第三国，延远点），如新加坡获得中、美授予的第五航行权，可以将新加坡—芝加哥的航线延长至厦门，即在芝加哥上下客、货、邮后，再飞到延远点中国厦门。

(6)第六航行权：桥梁权。是指本国定期或不定期国际航班，可以将第一协议国境内指定机场作为起点站上下客、货、邮，将本国作为经停点，再飞往第二协议国境内指定机场的权利。即承运人的国际航班可以在协议国卸载或装载来自或前往承运人所在国的客、货、邮，而这些客、货、邮可以由该承运人的不同航班运往承运人所在国或第三国。也就是本国航班可以用两条航线的名义，接载甲国和乙国乘客及货物往返，但途中必须经过本国。这意味着允许承运人的不同航班在两协议国和本国之间经营联运业务。

例如：伦敦—北京—汉城，中国航班不能直接从伦敦飞到汉城，但如果获得英国和韩国授予的第五航行权，可以从伦敦经停北京再飞到汉城。

(7)第七航行权：完全第三国运输权。是指本国国际航班，可以在协议国境内指定机场接载旅客和货物直接运往第三国，而不用返回本国的权利。即本国航班可以在甲、乙两国间指定机场接载乘客和运载货物。换言之，就是允许在协议国境内指定机场接载来自或前往其他国旅客和货物，然后飞往第三国或其他国家。

例如：伦敦—巴黎，由德国汉莎航空公司承运。伦敦和巴黎都在德国境外，德国却从英、法两国获得了第七航行权。

（8）第八航行权：国内运输权。是指本国国际航班，可以在协议国境内指定的两个不同机场之间接载旅客和货物往返的权利。但航班应以本国为终点站，是本国至协议国境内航线的延长。这个权利表示协议国基本上向别国开放了境内民航运输业务。

例如：纽约—北京—成都，如果由美国某航空公司承运。即表示中国给予了美国第八航行权，向美国某航空公司开放了这条航线的北京—成都段。

（9）第九航权：国内运输权。是指本国航班可以在协议国领域内两地间作国内航线运营，且航班不必以本国为终点的权利。所谓第九航行权是指第八航行权分为连续的和非连续的两种航线，如果是"非国内航线的连续"即为第九航权。值得注意的是，第八和第九航行权的区别，虽然两者都是在另一个国家境内运输客货，但是：第八航行权所谓"cabotage"，只能是从自己国家的一条航线在别国的延长；但是第九航行权，所谓的"full cabotage"，是某国完全在另外一个国家领域内两地间开设航线载运客货，也称境内经营权。

例如：北京—成都，如果由美国某航空公司承运。即表示中国给予了美国第九航行权，向美国某航空公司开放了国内北京—成都航线。

关于第一至第五航行权，是基于1944年的《芝加哥公约》；第六、第七、第八、第九航行权，目前尚未得到"国际民用航空组织，ICAO"及其大多数成员国的认可。

5）运力管理

运力是航空运输运营能力的体现。在国际航空运输市场准入的协定中，准入运力标志者授权国允许开放本国航空运输市场的程度。换言之，在两国的航空运输协定中，将明确说明准入航班在运营航线上的机型和座位数或吨位。这种运力协定可以是对等的，也可以有差额，通过其他途径进行补偿。

小结

本章以航空交通运输为研究对象，主要内容包括航空交通运输概述、航空交通运输飞机、航空交通运输机场与航线、航空交通运输管理共4节。航空交通运输概述主要介绍航空交通运输的体系与特点、地位与作用、现状与趋势；航空交通运输飞机主要介绍飞机的种类和基本结构；航空运输的机场与航线主要介绍机场的构成、设施、分类、等级以及航线的种类等；航空交通运输管理介绍空中交通管制、空域管理、国际民航的组织及法规等。本章重点是航空交通运输飞机，难点是航空交通运输管理。

思考题

1. 航空运输的特点和作用主要有哪些？
2. 飞机的主要性能包括哪些方面？飞机的组成包括哪些部分？
3. 机场由哪些部分构成？其中机场的设施主要包括哪些？
4. 按所在城市的性质和地位，我国将机场划分为四种类型，其中 I 类机场的含义是什么？
5. 什么叫仪表跑道？其主要分为哪几种类型？代号分别是什么？
6. 飞机场终端导航设备包括哪些？

7. 航空器飞行限制因素是什么？制约航空器飞行的主要因素有哪些？
8. 空中交通管制可分为哪几种类型？
9. 空中交通管制中雷达管制和程序管制的区别在哪里？
10. 我国民航飞行管制区分为几类管制空域？其中 A 类空域的含义是什么？

推荐阅读书目

1. 交通运输工程学. 2 版. 沈志云，邓学钧. 人民交通出版社，2008.
2. 飞机设计手册. 飞机设计手册总编委会. 航空工业出版社，2000.
3. 飞机结构设计. 王志瑾，姚卫星. 国防工业出版社，2007.
4. 交通运输工程学. 郭晓汾，王国林. 人民交通出版社，2006.
5. 国际航空运输管理. 顾其行. 知识出版社，1987.

第 6 章
管道运输

[本章提要]

　　本章以管道运输为研究对象,主要内容包括管道运输概述、长距离输油管道、长距离输气管道、固体料浆的管道运输、城镇燃气管道共 5 节。其中:输油管道的储油罐容量确定、水力特性、热力特性属于输油管道的设计指标,以国家标准《输油管道工程设计规范》(GB 50253—2003)为依据;输气管道的强度设计、稳态水力计算、稳态热力计算、工艺方案设计属于输气管道的设计方法,按国家标准《输气管道工程设计规范》(GB 50251—2003)要求设计;城镇燃气管网系统属于城镇燃气管道设计的范畴,以国家标准《城镇燃气设计规范》(GB 50028—2006)为依据;城镇燃气管道的安全管理属于燃气使用安全的范畴,以国务院《城镇燃气管理条例》为依据。学习本章内容,可以较全面地了解管道运输中输油管道、输气管道、固体料浆管道、城镇燃气管道的基本概念和有关专业知识。

随着现代工业的发展，管道运输方式在世界范围内广泛运用。通过管道运输的物资不仅有水、气、油，而且有固体粒状物料煤、铁精矿、磷精矿、尾矿、粉煤灰、石灰石、土砂等，涉及的工业部门有石油、化工、冶金、煤炭、能源、水利、建材等许多领域。管道输送已成为继公路、铁路、水运、航运之后的第五大运输方式，成为一切先进的工业化国家不可缺少的现代运输方式和产业，成为衡量一个国家发达程度的标志之一。

6.1 管道运输概述

管道运输是使用管道输送流体货物的一种运输方式，所输送的货物主要是油品、天然气、煤浆以及其他矿浆。管道运输是随着石油开发而兴起，并随着石油、天然气等流体燃料需求量的增长而产生和发展。在当今世界上，大部分的石油、绝大部分的天然气是通过管道运输完成。虽然石油的远洋运输以大型油轮运输最经济，但是在石油开发到成品油交付用户的整个生产、销售链中，管道运输几乎是不可缺少的环节。

6.1.1 管道运输的作用、地位及特点

管道运输的原理是通过压力差，使管内的流体从高压处向低压处流动。输送过程中，由于摩擦损失及高程差，流体的压力逐渐下降。为了给流体加压，长距离管道中，液体管道需要设置中间泵站；气体管道需要设置中间压缩机站。

1) 管道运输的分类

运输管道常按所输送的物品不同分为原油管道、成品油管道、天然气管道和固体料浆管道，前两类常统称为油品管道或输油管道。

(1) 原油管道：用于输送原油。原油一般具有密度大、黏稠和易于凝固等特性，用管道输送时，要针对所输原油的物性，采用不同的输送工艺。原油运输是自油田将原油输给炼油厂、转运原油的港口或铁路车站，或两者兼而有之。其运输特点是：输量大、运距长、收油点和交油点少，故特别适宜用管道输送。世界上的原油运输周转量约有85%以上是用管道输送的。

(2) 成品油管道：用于输送汽油、煤油、柴油、航空煤油等成品燃料油，以及从油气中分离出来的液化石油气等。每种成品油在商业上有多种牌号，常采用在同一条管道中按一定顺序输送多种油品的工艺，这种工艺能保证油品的质量和准确地分批运到交油点。成品油管道的任务是将炼油厂生产的大宗成品油输送到各大城镇附近的成品油库，然后用油罐汽车转运给城镇的加油站或用户。有的燃料油则直接用管道输送给大型电厂，或用铁路油槽车外运。成品油管道运输的特点是批量多、交油点多。因此，管道的起点段管径大，输油量大；经多处交油分输以后，输油量减少，管径亦随之变小，从而形成成品油管道多级变径的特点。

(3) 天然气管道：用于输送天然气和油田伴生气。天然气管道包括集气管道、输气干线和供配气管道。就长距离运输而言，输气管道系指高压、大口径的输气干线。这种输气管道约占全世界管道运输总长的一半。

(4)固体料浆管道：用于输送固体料浆。固体物料用管道运输需要先将固体粉碎为细小颗粒，然后加入水或其他液体作载体，制备成浆状流体后进入管道输送。因此，固体料浆管道输送系统一般有三个环节：浆体制备系统、浆体输送系统（泵站和管道）和脱水系统。

此外，运输管道按敷设方式不同可分为埋地管道、架空管道、水下管道。考虑到保温和减少土地占用面积，陆地上大多数输送管道都采用埋地敷设方式。

2）管道运输的特点

用车、船舶、飞机等运输货物，是驱动装运货物的载输工具将货物运往目的地；用管道运输货物，管道是静止的，它通过输送设备（如泵、压缩机等）驱动货物，使之通过管道流向目的地。因此，管道运输的特点是：

(1)运输量大：不同于车、船等其他运输方式，输油管道可以连续运行。一条直径720 mm 的管道每年可输送原油2 000 万 t 左右，直径1 220 mm 的管道每年则可输送原油1亿 t 以上。

(2)能耗少，运费低：管道的直径越大，单位运费越低。输送每吨公里轻质原油的能耗只有铁路的1/17～1/12。成品油运费仅为铁路的1/6～1/3，接近于海运，且无须装卸和包装，无空车回程问题。

(3)安全可靠，对环境污染小：石油天然气易燃、易爆、易挥发、易泄露，由于管道一般都埋于地下且密闭输送，可以大大减少挥发损耗和对空气、水、土壤的污染，其运输油品的损耗率较铁路、公路、水路运输都低，既安全又环保，是一种绿色运输方式。

(4)投资省、占地少：管道建设的投资和施工周期均不到铁路的1/2。运输管道埋藏于地下的部分占管道总长度的95%以上，因而对于土地的永久性占用很少，分别仅为公路的3%，铁路的10%左右，交通运输规划优先考虑管道运输方案，对于节约土地资源，意义重大。

(5)劳动生产率高。现代油气管道设备可靠性高，均可远程控制，场站操作人员少，劳动生产率高，美国原油管道0.048 人/km，干线输气管道0.070 人/km，配气管网0.044 人/km。

(6)受地理条件限制少、受气候环境的影响小：管道可以从河流、湖泊乃至海洋的水下穿过，也可以翻山越岭，其允许敷设的坡度较铁路、公路大，受地理条件限制少，易于选择捷径，缩短运距。管道基本埋藏于地下，其运输过程受恶劣多变的气候条件影响小，可以确保运输系统长期稳定地运行。

管道运输的缺点是不如其他运输方式灵活，承运的货物比较单一，货源减少时不能改变路线，当运输量降低较多并超出其合理运行范围时，优越性就难以发挥。适于定点、量大、单向的流体运输。

3）管道运输的主要技术经济特征

管道运输对于一定直径的管道，有一经济合理的输送量范围，输量高于或低于此数值都使运输成本上升，输量变化超过一定范围甚至会影响到管道输送的经济合理性，因此，要求管道输送量应尽可能接近设计输送量。对于一定的输送量，有经济合理的最远输送距离,在同样的管径和输送量下,输送距离愈远,每吨油的运输费用也愈高,运费占原油成本的比例也愈大,因此,为使管道运输有较强的竞争力,当管道运输距离较远时,必须要有足够大的输送量,才能使每吨油的运输费用不超过油价的某一比例。对于已建成的管道,其最大输送量受泵或压缩机的性能、管道强度的限制。对于加热输送的输油管道,还存在最小输量的限制,所以,管道运输有极限输量的限制。

6.1.2 管道运输的历史、现状及发展趋势

1) 管道运输发展史

管道运输的发展与能源工业,特别是石油天然气工业的发展密切相关。近代管道运输起始于19世纪中叶。1865年美国宾夕法尼亚州建成了世界上第一条原油管道,直径50 mm,长约10 km。真正具有现代规模的长距离输油管道始于第二次世界大战中,当时德国潜艇对油轮的袭击严重威胁了美国的油料供应,美国于1942年初开始仅用一年多的时间就紧急建成了一条全长2 011 km、直径600 mm、当时世界最大的原油管道,半年之后又投用了一条长2 365 km、直径为500 mm的成品油管道,对保证盟国的战争胜利起了重要作用。战后,随着石油工业的发展,管道运输得到了很大发展。

1886年,美国建成了世界上第一条工业规模的输气管道,全长为140 km,直径200 mm。近几十年来全球天然气管道发展迅速。在北美、前苏联及欧洲,天然气管道已连成地区性、全国性乃至跨国性大型供气系统。目前,全球干线输气管道总长度超过140万km,约占全球油气干线管道总长度的70%,其中美国逾40万km,居世界第一位;前苏联逾20万km,居世界第二位。20世纪70~80年代是全球输气管道建设高峰期,在此期间建成的输气管道长度约占当时输气管道总长度的1/3。目前世界上比较著名的大型油气管道系统有:

(1)前苏联的友谊输油管道:是世界上最长的输油管道之一。从前苏联的阿尔梅季耶夫斯克(第二巴库)到达莫济里后分为北、南两线,北线进入波兰和前民主德国,南线通过捷克和匈牙利。北、南线长度分别为4 412、5 500 km,直径分别为1 220、1 020、820、720、529、426 mm,年输原油量超过1亿t/a,管道工作压力4.9~6.28 MPa。

(2)美国阿拉斯加原油管道:该管道纵贯阿拉斯加,是世界上第一条伸入北极圈的输油管道,其全长1 287 km,管径1 220 mm,工作压力8.23 MPa,设计输油能力1亿t/a。

(3)美国科洛尼尔成品油管道系统:该管道系统干线管道直径为1 020、920、820、750 mm,总长4 613 km,干线与支线总长8 413 km,输送汽油、柴油、燃料油等100多个品级和牌号的油品。全系统的输油能力为1.4亿t/a。

(4)西西伯利亚的乌连戈依特大型气田至前苏联中央地区的大型输气管道系统:由6条直径为1 420 mm的管道构成,总长度约2万km,总输气能力每年可达2 000亿m^3。

(5)从俄罗斯向欧洲大陆供气的乌连戈依—波马雷—乌日格罗德管道:起点是西西伯利亚的乌连戈依气田,终点位于前苏联与捷克交界处,全长4 451 km,是目前世

界上最长的单根输气管道。

(6)北海挪威海区到比利时的 Zeepipe 管道：长度 821 km，管径 1 016 mm，是目前世界上最长的海底输气管道。

利用管道输送固体物料的浆体已有 100 多年的历史。1957 年，美国俄亥俄州建成了世界上第一条煤浆输送管道，长 173 km，直径 254 mm，年输送量 130 万 t，浆体中固体含量 50%。1967 年澳大利亚建成了世界上第一条铁精矿输送管道，长 85 km，直径 244 mm，年输送量 230 万 t，浆体中固体含量 50%~60%。1977 年巴西建成了世界上规模最大的铁精矿输送管道，长 397 km，直径 508 mm/457 mm，年输送量 1 200 万 t，浆体中固体含量 60%~70%。世界上已投产的规模最大的输煤管道是美国 1970 年建成的黑迈萨煤浆管道，全长 439 km，由 457 mm 和 305 mm 两种直径的管段组成，年输煤 500 万 t，有四座中间加压泵站。目前，利用浆体管道输送的固体物料包括金属矿山和非金属矿山的精矿和尾矿、火力发电厂的灰渣、洗煤厂的煤粉、水利工程的泥沙等。

2)我国管道运输业的发展现状

我国是世界上最早使用管子输送流体的国家，蜀汉时代已经用竹筒连接起来输送卤水及天然气，然而现代管道运输起步较晚。20 世纪 60~70 年代，随着大庆、胜利、华北、中原等油田的开发，迎来了我国管道运输的第一个大发展时期，兴建了贯穿东北、华北、华东地区的原油管道网。

(1)我国输油管道：我国第一条长距离输油管道建于 1958 年，其长度为 147 km，直径 150 mm，将克拉玛依油田的原油输送至独山子炼油厂。随后又修建了东北地区的大庆—铁岭(双线)、铁岭—大连、铁岭—秦皇岛四条干线输油管道直径均为 720 mm，总长 2 181 km，形成了从大庆到秦皇岛和大庆到大连的两大输油动脉，年输油能力 4 000 万 t；还修建了位于世界屋脊青藏高原上、穿过永久冻土带等地质条件极为复杂地区的格尔木—拉萨成品油管道全长 1 076 km，管径 150 mm，用于输送汽油和柴油。新近建成投产的兰州—成都—重庆成品油管道是目前我国最长的成品油管道，全长约 1 200 km。

我国于 2009 年 5 月开始投资建设的中俄原油管道，分为从泰舍特至斯科沃罗季诺的远东石油管线、斯科沃罗季诺至漠河的边境管线以及中国境内漠大线 3 个部分，全长 999.04 km。中国境内段(漠大线)起自黑龙江漠河，途经黑龙江省和内蒙古自治区 13 个县市区，止于大庆油田(见图 6-1)，全长 9 927.04 km，年设计输量 1 500 万 t，设计压力 8 MPa(局部 9.10 MPa)，管径 813 mm，总投资 80 亿元，合同期 20 年，2011 年 1 月 1 日正式投入运行。该管道的建设标志着中俄能源全面、长期合作迈出了实质性步伐，同时将成为中国从陆路进口俄罗斯原油的重要战略通道。

(2)我国天然气管道：我国第一条长距离天然气输送管道于 1963 年建成，其长度为 55 km，直径 426 mm，将四川南部的天然气输送至重庆市。从 20 世纪 60 年代中后期到 80 年代末，川渝地区输气管道建设经历了一个较快发展阶段，以 1966 年底威远—成都输气管道建成及 1989 年北干线投产为标志，建成了一批输气干线及连接城市和大型化工厂的输气支线，构成了全长 1 400 km 的川渝环形输气管网。目前我国还有两条长距离海底输气管道：一条是 1996 年初投产的南海崖 13-1 气田至香港输气管道，长度 797 km，直径 711 mm，设计压力 8 MPa，年输气能力 34 亿 m^3，其长度居世界海底输气管道第二位；另一条是 1999 年投产的东海平湖凝析气田至上海南汇的凝析气管道，长度为 400 km。

西气东输工程是 21 世纪我国四大工程之一。西气东输一线工程于 2002 年 7 月正式动工，2004 年 10 月 1 日全线建成投产，主干线西起新疆塔里木轮南油气田，东西横跨 9 个省区，全长 4 200 km，最终到达上海市白鹤镇，是我国自行设计、建设的第一条世界级天然气管道工程。西气东输二线管道西起新疆的霍尔果斯，经西安、南昌，南下广州，东至上海，途经新疆、甘肃等 13 个省、自治区、直辖市（见图 6-2）。干线全长 4 859 km，加上若干条支线，管道总长度超过 7 000 km。主干线设计年输气能力 300 亿 m^3，压力 10～12 MPa，管径 1 219 mm，2008 年动工，2011 年 6 月 30 日其干线全线投产。该管道是引入境外（中亚）天然气资源的战略通道工程，完全实现自动控制，平均每 10 km 约用 1 人管理，成为我国第一条超长距离、大口径、高压力、大输量、自动化程度最高的天然气管线。

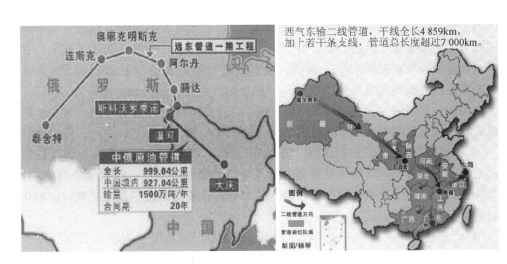

图 6-1 中俄原油管道线路走向图　　图 6-2 我国西气东输二线管道走向图

（3）我国浆体管道：我国在 20 世纪 70 年代以前建成投产的浆体管道多为选矿厂的尾矿输送管道和火力发电厂的灰渣输送管道，输送距离短、输送浓度低。进入 20 世纪 80 年代后，开始重视提高输送浓度，并着手开发煤炭、铁精矿和磷精矿的长距离浆体管道输送技术。在 1995 年投产修建的一条从山西省孟县至山东省青岛的孟县—潍坊—青岛输煤管道，运距 720 km，输送重量浓度达 50%，年输送能力为 70 万 t。1997 年，我国第一条铁精矿长距离浆体输送管道—太原钢铁集团（公司）尖山铁精矿管道运输工程顺利投入生产，该管线全长 102 km，年输精矿 200 万 t。2003 年由玉溪大红山矿业有限公司规划建设一条铁精矿输送管线，管线全长 171 km，年输送量为 230 万 t，输送重量浓度达 65%，起点海拔高度 670 m，终点海拔高度 1 895 m，沿程地形复杂，山峦起伏，是国内目前输送距离最长、扬程最高、地形复杂和输送难度最大的一条铁精矿输送管线。经过多年坚持不懈的研究，我国浆体管道输送技术已趋成熟。

3) 管道运输的发展趋势

随着科学技术的进步，管道运输的设计、施工和控管能力将进一步提高；随着石油和天然气开采的广泛深入，管道运输的使用区域将进一步扩大；随着经济社会和工农业生产的需求，管道运输的使用范围将进一步拓展。我国管道运输的发展战略在指导思想上，实现了由国内重点工程建设为主向国内重点工程和国际工程并重转变，由施工型工程公司向施工加管理型工程公司转变；将站在管道事业持续发展的战略高度，向"布网(建管道网络)、建库(参与国家地下储备库建设)、进城(加强城市燃气建设)、下海(开发海洋管道)"的方向发展。总之，管道运输的发展将呈以下趋势。

(1) 油气输送干线向长距离、大口径、高压力、大输量的方向发展。近20年来，世界上新开发的大型气田大多远离天然气的消费市场，同时国际天然气贸易量迅速增加，这就导致全球新建输气管道的平均长度增加。1990年，苏联的天然气平均运距为2 698 km，为1980年的1.4倍，1970年的3倍，1960年的4.6倍。降低管道输气成本的需要促使干线输气管道向大口径和高压力的方向发展。一条直径1 420 mm、输送压力7.5 MPa输气管道的输量可与三条直径1 020 mm，输送压力5.5 MPa的管道相当，且前者可节省投资35%。目前，输气管道的最大直径为1 420 mm(俄罗斯)，欧美国家输气管道最大直径为1 220 mm；陆上输气管道的最高设计压力为12 MPa(加拿大至美国的联盟输气管道)，海底输气管道的最高工作压力为15 MPa(阿尔及利亚至意大利输气管道穿越西西里海峡段)。

(2) 采用高强度、高韧性及可焊性良好的管材。随着输油管道向大口径、高压力方向发展，对管材的要求也日益提高。为了防止管道断裂事故、保证管道焊接质量，要求管材有良好的韧性和可焊性。目前API X70钢在油气管道中占主导地位，X80钢已开始用于新建管道。

(3) 管道建设向极地和海洋延伸。目前世界上新开发和待开发的大型油气田不少分布在北极地区或海洋中，如俄罗斯的亚马尔半岛、美国的阿拉斯加、欧洲的北海等。据统计，1986～1990年在欧洲和美洲海区共建设了6 737 km海底管道，年平均增长率达49.9%。迄今为止，全球海底管道长度已达10万km，铺设水深已达1 463 m。

(4) 形成大型供气系统。目前全世界已形成若干地区性、全国性乃至跨国性大型供气系统。一个大型供气系统通常由多条输气干线、多个集气管网、多个配气管网以及地下储气库等子系统构成，可以将许多气田(或油田)与成千上万的用户连接起来。大型供气系统具有多气源、多通路供气的特点，有利于供气的可靠性与灵活性。在前苏联，国家统一供气系统连接了300多个气田、数十座地下储气库及2 000多个城镇，管道总长度超过30万km，总输气能力每年超过10 000亿 m^3。目前欧洲大陆的供气系统从北海延伸到地中海、从东欧边境延伸到大西洋，而阿尔及利亚至意大利和西班牙的两条输气管道又将与北非产气区相连。

(5)多相流体混输、高压富气输送等管道输送的新技术渐趋成熟。以往油气水多相流体混输仅局限于油田内部的短管道。海洋、极地、沙漠油气田环境条件恶劣,地面工程投资大,若将油气处理设施建在岸上或自然条件较好的地区,可大大降低工程投资,便于运行管理和环境保护,但这就需要增加油气混输的距离。目前混输管道已从过去的小直径、短距离逐步向大直径、长距离的方向发展。位于北海的英国与挪威交界处的 Frigg 大气田到苏格兰 Saint Fergus 的直径 32in(812.8 mm)、长 365 km 的输送天然气——凝析液的混输管道便是一例。高压富气输送是天然气管道输送技术的重大创新,已在加拿大至美国的联盟输气管道上使用。

(6)油气管道的安全日益受到高度重视:由于油气管道所输送介质高度具有易燃易爆的特点,世界各主要工业国家都十分重视油气管道的安全可靠性。管道安全技术是每两年一届的国际管道会议的主要议题之一。美国在 20 世纪 60 年代末就有油气管道安全的立法,其能源部设有管道安全办公室,其他工业发达国家也设有类似职能的机构。为了提高管道风险管理水平,北美和欧洲管道工业发达国家都在制定和完善管道风险评价的标准,建立油气管道风险评价的信息数据库,管道风险评价技术正向定量化、准确化和智能化的方向发展。

6.2 长距离输油管道

长距离输油管道是连接油田、炼油厂、油库或其他用油单位的长距离输送原油或成品油的管道。每一条管道常是一个独立进行经济核算的企业。原油管道的起点大多是油田,终点则可能是炼油厂,或转运原油的港口、铁路枢纽。成品油管道的起点常是炼油厂或成品油库,沿途常有较多的支线分油或集油。其终点和分油点则是转运油库或分配油库,在该处用铁路油槽车或汽车油罐车将各种型号的成品油送给城镇的加油站或用户;也有用支线将油品直接送给大型用油企业的,如将轻油送给化工厂,或将燃料油送给发电厂;或有沿途接入其他炼厂或油库的进油支线,以构成地区性的产、运、销管网系统。

6.2.1 长距离输油管道的组成

长距离输油管道是指长距离输送原油或成品油的管道,主要由输油站与线路两大部分组成。其输送距离可达数百、数千公里,单管年输油量在数百万吨到数千万吨之间,个别可达亿吨,直径多在 200 mm 以上,现有最大的直径为 1 220 mm;其输送成本按元/(t·km)计算。目前,位于东欧的"友谊"原油输送管道是世界上最长的。它起自俄罗斯鞑靼自治共和国,经俄罗斯的欧洲部分,到达莫济里附近分为北、南两条支线:北线进入波兰并延伸到德国;南线进入捷克和斯洛伐克、匈牙利;全长 5 327 km(其中俄罗斯境内 3 688 km)。年输原油约 1 亿 t。是前苏联、波兰、捷克和斯洛伐克、匈牙利和原民主德国共同兴建的。

1) 输油站

输油站的基本任务是给油流提供能量(压力能、热能)，安全经济地将油品输送到终点，有的还有接收或分输功能。依据输油站在管道所处位置不同，输油站分为首站、中间站和末站。中间站按其任务不同又可分为中间泵站、加热站、热泵站、分(合)输站等。输油泵站的主要功能是提供输送油品所需的压能。对于某些原油和重质燃料油(如我国生产的绝大部分原油)，由于常温下黏度太高，需要加热降黏才能输送，故须设置加热站。

(1)首站：是长距离输油管道的起点，通常位于油田、炼油厂或港口附近。其任务主要是接受来自油田或海运的原油，或来自炼油厂的成品油，经计量、加压(有时还加热)后输往下一站；还有发送清管器、油品化验、收集和处理污油等辅助作业；有的还兼有油品预处理任务，如原油的脱盐、脱水、脱杂质、加添加剂或热处理等。其工艺流程如图6-3所示。

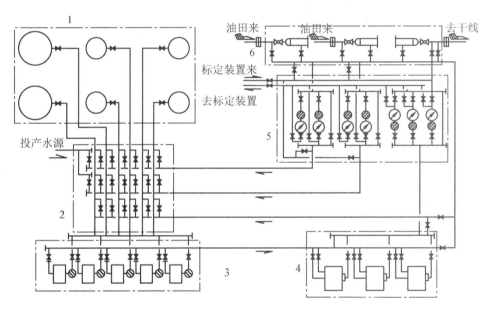

图 6-3　长距离输油管道首站工艺流程图
1. 油罐区　2. 阀区　3. 输油泵房　4. 加热炉区　5. 计量间　6. 收发球间

(2)末站：是长距离输油管道的终点，往往是收油单位的油库或转运油库，或两者兼而有之。接受管道来油，将合格的油品经计量后输送给收油单位；或改换运输方式，如转换为铁路，公路或水路继续运输。末站的主要任务之一是解决管道运输和其他运输方式之间输量的不均衡问题。为保证管道能连续地按经济输量运行，需要设置足够容量的油罐。油罐区容量的大小要根据转运方式的运转周期、一次运量、运输条件及管道输量等因素综合考虑。除此之外，还有计量，化验和转输设施，如铁路装油栈桥，水运装油码头及与之配套的泵机组、阀门组或加热装置等。图6-5是原油管道末站工艺流程图，既向炼油厂供油又装火车外运。

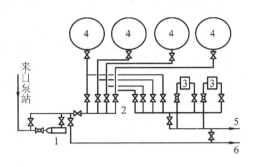

图 6-4　某原油管道末站工艺流程图
1. 清管球接收筒　2. 阀室　3. 装车油泵　4. 油罐　5. 去火车接油台的管线　6. 去炼厂的管线

(3) 中间站：是长距离输油管道的中间加压和加热站(对于原油)。油品在输送过程中由于摩擦、地形高差等原因，压力会不断下降，因此在长距离管道中途需要设置中间输油泵站，给油品增压。对于长距离加热输送的管道，油品在输送过程中温度逐渐下降，需要有中间加热站给油品升温。中间输油泵站的连接方式(又称为管道的输送方式)主要有两种：旁接油罐方式和密闭输送方式。旁接油罐输送方式是上一站来的输油干线与下一站输油泵的吸入管道相连，同时在吸入管道上并联着与大气相通的旁接油罐，如图 6-5 所示。旁接油罐起到调节两站间输量差额的作用，由于它的存在，长距离输油管道被分成若干个独立的水力系统，即每一个泵站与由其供应能量的站间管道构成一个独立的水力系统。因此，以这种方式运行的管道便于人工控制，对管道的自动化水平要求不高，但不利于能量的充分利用，存在罐内油品的挥发损耗。密闭输送又称从"泵到泵"输送。它是上一站来的输油干线与下一站输油泵的吸入管道相连，正常工作时没有起调节作用的旁接油罐，如图 6-5 所示。其特点是各站的输量必然相等，各站的进出站压力相互直接影响，全线构成一个统一的水力系统。这种输油方式便于全线统一管理，但需要有可靠的自动控制和安全保护措施。现代化的输油管道均采用密闭输送方式。

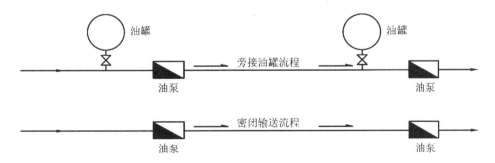

图 6-5　中间输油泵的连接方式

2) 线路

输油管道线路包括干线管道部分，及经过河流、公路、峡谷、海底等自然障碍时的穿跨越工程，为防止管道腐蚀而设的阴极保护系统，为维修而设的线路截断阀室，以及通信与控制系统等。输油管道由钢管焊接而成，一般采用埋地敷设。为防止土壤对钢管的腐蚀，管外都包有防腐绝缘层，并采用电法保护措施。长距离输油管道上每隔一定距离设有截断阀室，大型穿(跨)越构筑物两端也有此室，其作用是一旦发生事故可以及时截断管内油品，防止事故扩大并便于抢修。通信系统是长距离输油管道的重要设施，用于全线生产调度及系统监控信息的传输，通信方式包括微波、光纤与卫星通讯。据国外统计，在长距离输油管道的建设中，泵站的投资一般约占17%，管道用管的投资约占30%，用于征地的费用约占3%，施工费用约占40%，其他费用约占10%。

6.2.2 长距离输油管道的主要设备

长距离输油管道线路长、库站多、压力高、运量大，运送介质是易燃、易爆、易凝的危险品，并且要求连续运行。因此，管道生产需要先进可靠的设备确保输油效率和安全。其管道输送设备是指输油库站的生产和监控设备，主要包括输油泵与原动机、加热装置、储油罐、安全监控与数据采集系统等。

1) 输油泵与原动机

输油泵用于增加油压，是长输管道输送的动力源，应具有排量大、扬程高、效率高、可长时间连续运行、便于检修和自控等特点。因为离心泵具有排量大、运行平稳、易于维修等优点，因而在长距离输油管道上得到广泛应用，但离心泵在输送高黏油品时效率较低，因此在一些输送高黏油品的管道上采用螺杆泵。离心泵通过由原动机驱动的、高速旋转的叶轮，将能量传递给液体。离心泵的主要工作特性包括扬程、功率、效率等。其扬程是以液柱高度表示压力，代表离心泵给流体增加的机械能。

原动机用于驱动输油泵，一般采用电动机、柴油机、燃气轮机等。使用何种原动机需根据泵的性能参数、原动机的特点、能源供应情况、管道自控及调节方式等因素确定。电动机在输油管道上应用最多。它比柴油机价廉、轻便、体积小、维护管理方便、工作平稳、便于自控、防爆安全性好，但它依赖于庞大的输配电系统。一个大型输油泵站的所需电功率可达 10 000 kW 或更大。驱动输油泵可采用同步或异步电动机。在供电不能满足要求的地区，可采用柴油机离心泵。当功率较大时，柴油机的体积、重量很大，故其主要适用于缺乏电源而机组功率不大的中、小型管道。缺乏电源时，大型管道上一般选用燃气轮机。燃气轮机单位功率的重量和体积都比柴油机小得多，可以用多种油品与天然气作燃料，运行安全可靠，便于自控，故在输油管道上的应用日益增多。其主要缺点是效率低，功率为 2 200 kW 的燃气轮机的效率为 25% 左右。机组功率由管道设计输送能力选择匹配。为防止输油泵原油泄漏引起火灾爆炸，输油泵房内的电动机与输油泵之间设有防爆隔墙。露天装置的输油泵机组现已在我国主要输油管道上广泛应用。

2) 加热装置

加热装置用于提高原油温度、降低原油黏度，使之在管内减少流动阻力。它是长输加热管道的关键设备，也是主要的耗能设备。对加热炉的要求是热效率高、能适应管道输量变化、可长期安全运行。目前加热装置分为直接加热与间接加热两种。

直接加热是指油流通过加热炉炉管。直接加热式加热炉设备简单、投资省，应用很普遍，但油品在炉管内直接加热，一旦断流或偏流，容易因炉管过热使原油结焦，甚至烧穿炉管造成事故。我国输油管道使用的加热炉主要有方箱形、圆筒形、卧式圆筒形等多种型式。

间接加热是指油流不直接通过加热炉炉管，由热媒介质通过热交换器传热给原油，避免了火焰直接加热油管，减少了原油结焦和加热炉火灾事故。间接加热系统由热媒加热炉、换热器、热媒罐、热媒泵、检测及控制仪表组成。热媒是一种化学性质较稳定的液体，高温时蒸汽压较低，不存在结焦问题，对金属没有腐蚀性。热媒加热炉的原理、结构与直接加热的加热炉相似，只是炉管内加热的是热媒而不是原油。热媒在炉中加热至260~315℃，进入管壳式换热器与管道的原油换热。加热系统有两套温度控制系统，分别控制热媒和原油的温度，故能适应管道输量的大幅度变化。间接加热系统的主要缺点是系统复杂、占地面积大、造价较高（比直接加热炉高3~4倍）、耗电量较大。目前我国主要采用热媒间接加热。

3) 储油罐

储油罐是储存油品的容器，在长距离输油管道用于发放、储存、接收、中转原油或石油产品。输油管道的首、末及中间站都需要设置储油罐，用以使管道连续和均匀地输油。首站储油罐用来收集油田产油或工厂生产的成品油待输，所需罐容量大；末站储油罐用来接收管道输来的油品待用或待转运，所需罐容量大；中间站储油罐用来缓冲、调节和均衡管道的输量，所需罐容量中等。在计量系统不完善的情况下，储油罐还可供油品交接计量用。采用旁接储油罐输送的中间站设置旁接油罐，以平衡进出站的输差。密闭输送的中间站应设置水击泄放用储油罐，以防水击效应损坏油管。

储油罐的类型：按材质，可分为金属储油罐和非金属储油罐两大类。金属储油罐是采用钢板材料焊成的薄壳容器，具有造价低、不渗漏、施工方便、易于清洗和检修、安全可靠，适合于储存各类油料等优点，因而得到了广泛应用。输油站内的储油罐一般都是金属储油罐。普通金属储油罐采用的板材是一种牌号为A3F的平炉沸腾钢；寒冷地区采用的是A3平炉镇静钢；对于超过10 000 m³的大容积油罐采用的是高强度的低合金钢。按形状，常用的金属储油罐又可分为立式圆筒形、卧式圆筒形和球形三类。立式圆筒形储油罐按罐顶结构可分为固定顶储罐和活动顶储罐两类。活动顶罐可分为外浮顶和内浮顶两种。外浮顶罐的浮顶外为大气空间，内浮顶罐是在固定顶储罐中加设内浮盘。1万m³以上的油罐宜选用浮顶罐。目前，我国浮顶罐的最大容量为10万m³。

储油罐容量的确定：首（末）站油罐区总容量取决于管道输送量及所需的储备天数。储备天数与来油或转油的方式有关。油罐区的总容量按下式计算：

$$V = \frac{G \cdot K}{350\rho \cdot \varepsilon} \tag{6-1}$$

式中：V 为首（末）站油罐总容量，m³；G 为首（末）站油品年总转运量，t；ρ 为储存温度下油品的密度，t/m³；ε 为油罐容积利用系数（立式固定顶金属罐取0.85，浮顶罐取 0.9）；K 为油品储备天数，d。

国家标准《输油管道工程设计规范》（GB 50253—2003）规定，不同类型输油站的原油储备天数按下列原则考虑：首站，与油田管道相连时 $K=3\sim5$ d，为铁路卸车油库时 $K=4\sim5$ d，为水运码头油库时海运 $K=5\sim7$ d、河运 $K=3\sim4$ d；末站，为装车油库时 $K=4\sim5$ d，为水运装船码头油库时海运 $K=5\sim7$ d、河运 $K=3\sim4$ d，为向用户供油的管道转运站时 $K=2\sim3$ d。顺序输送管道的罐容量取决于循环次数、油品种类和输油量。

4）管道的监控与数据采集系统

现代输油管道通过计算机监控与数据采集系统（SCADA）实现全线的集中控制。SCADA 系统主要由控制中心计算机系统、远程终端装置（RTU）、数据传输及网络系统及应用软件组成。控制中心的计算机通过数据传输系统对设在泵站、计量站或远控阀室的 RTU 定期进行查询，连续采集各站的操作数据和状态信息，并向 RTU 发出操作和调整设定值的指令，从而实现对整条管道的统一监视、控制和调度管理。

6.2.3 长距离输油管道的运行控制

长距离输油管道生产不仅需要先进可靠的设备，还需要全面了解管道的运行特性，采用科学的设计方法和先进的技术手段，对生产过程进行精心设计、严格管理、精心维护、准确监控，确保输油过程安全平稳和连续运行。输油管道的特性主要是指水力特性和热力特性，其科学设计和运行控制方法主要有管道工况的调节、提高管道输量的措施、管道的水击问题及其控制、清管、管道的优化设计与优化运行等几个方面。

1）输油管道的水力特性

包括输油管道的压能损失和管道的工作特性两个方面。

输油管道的压能损失是指输油过程中管道内流体的压能消耗。管道输送流体的过程就是压能的供给与消耗过程，压能消耗主要有两部分：一部分用于克服地形高差；另一部分是摩擦损失，包括油流通过直管段时的摩擦损失（简称沿程摩阻）和油流通过各种阀件、管件时的摩擦损失（简称局部摩阻）。长距离输油管道站间的摩擦损失主要是沿程摩阻，局部摩阻只占 1%～2%。对于牛顿流体，管道的沿程摩阻损失 h_1 可按列宾宗公式计算：

$$h_1 = \beta \frac{Q^{2-m} \cdot \nu^m \cdot L}{d^{5-m}} \tag{6-2}$$

式中：Q 为油品的流量体积，m³/s；ν 为油品在输送温度下的运动黏度，m²/s；L 为管道长度，m；d 为管内径，m；β 和 m 为与流态有关的参数（对层流和紊流的水力光滑区，β 分别为 4.15 及 0.024 6，m 分别为 1 和 0.25；其他流态下 β 和 m 的取值或计算方法可以在有关著作或手册中查到）；h_1 为沿程摩阻（油柱压降），m。

在额定输量下运行的原油管道一般处于水力光滑区，低输量的黏稠原油管道可能进入层流区。式(6-2)说明了沿程摩阻与管道长度、输量及油品物性的关系。以紊流光滑区为例，沿程摩阻与管道长度、流量的 1.75 次方及黏度的 0.25 次方成正比，与管径的 4.75 次方成反比。因此,管道输量的增大将导致摩阻压降明显增大,而加大管径对于降低摩阻有非常显著的作用。对于管内径及长度一定的输油管道,其起点至终点的总压降为(以油柱表示):

$$H = h_1 + h_m + (Z_z - Z_q) \tag{6-3}$$

式中:$Z_z - Z_q$ 为管道终点与起点的高程差,m;h_m 为泵站的站内摩阻(对多个泵站的管道为各泵站的站内摩阻之和);H 为管道总压能损失(总油柱压降),m。

管道的工作特性是指管道输送一定油品时,管道能量消耗(压能损失)H 随流量 Q 变化的关系。如图 6-6 所示:曲线 G 是管道特性曲线(假设 $Z_z - Z_q = \Delta Z > 0$,管道 d、L、v、ΔZ 一定的情况下);曲线 C 是离心泵泵站特性曲线(即泵站的能量供应曲线,扬程,m);A 为压力供需平衡的条件下,泵站与管道系统的工作点。在长距离输油管道中,泵站与管道组成了一个水力系统,管道所消耗的压能(包括终点所要求的剩余压力)必然等

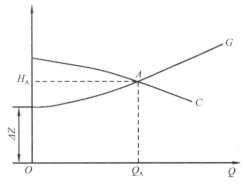

图 6-6 泵站与管道的工作点

于泵站所提供的压能,即二者必然会保持能量供求的平衡关系。管道流量与泵站出站压力等参数之间的关系,通过泵站特性曲线 C 与管道特性曲线 G 的交点即可确定 A 点。

2) 输油管道热力特性

输油管道热力特性是指管道中油温随有关因素变化的特性。加热输送管道中油品温度高于环境温度,故油品向环境散热而降温。油流在管道中的温降与输量、环境条件、管道散热条件、油温等因素有关。忽略摩擦生热时,管内油品的温度可按苏霍夫公式计算:

$$T_l = T_0 + (T_R - T_0) \cdot \exp\left(-\frac{K \cdot \pi \cdot D}{G \cdot c}l\right) \tag{6-4}$$

式中:T_l 为距起点 l 米处的油温,℃;T_0 为管道周围介质温度,对埋地管道取管中心埋深处自然地温,℃;T_R 为管道起点油温,℃;G 为 l 米长度管道内的油品的质量,kg;c 为油品的比热容,J/(kg·℃);D 为管道外直径,m;l 为输送的距离,m;K 为管道的总传热系数,W/(m²·℃)。

由式(6-4)可见,管道中油品温度随输送距离延长按指数规律下降。对输送某油品的一定管道(D 一定,K 基本不变),输量 G 越小,温度下降越快。图 6-7 所示为固定加热站进站温度时,不同输量情况下的温降曲线。可见输量越小,要求上一加热站出站温度越高。原油的最高出站温度 $T_{R\max}$ 受沥青防腐层耐热性能、管道热应力、加热炉功率等的限制,原油最低进站温度 $T_{l\min}$ 则受原油流动性的限制(进站温度一般应高于原油凝点 3℃)。由式(6-4)可知,对于一定的管道和环境条件,输送一定的原

油，存在最小输量。总传热系数 K 是热力计算的关键参数。对于埋地管道，油流的传热主要有三个过程：油流与管壁的对流换热、管壁（包括沥青绝缘层和保温层）的热传导，以及管外壁至周围土壤的传热（包括土壤的导热和土壤至大气及地下水的放热）。对于埋地不保温管道，K 值主要取决于管壁至土壤的传热。K 值可以通过理论公式或经验公式计算。实际上，输油管道的水力、热力特性是相互影响的。管道输量变化时，油品的温降规律也要发生变化，而温度条件的变化反过来又影响管道的压降规律。

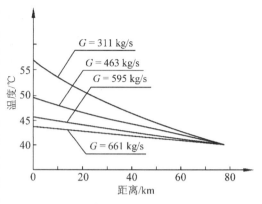

图 6-7 不同输量下输油管道的温降曲线

3) 输油管道工况的调节

泵站与管道系统的工作点由系统的能量供需关系决定，当管道的输量由于某种原因需要改变时，能量供需关系即发生变化。输油管道的调节就是通过改变管道的能量供应（改变泵站特性）或改变管道的能量消耗（改变管道特性），使之在给定的输量下达到新的能量供需平衡。

改变泵站特性的方法有：改变运行的泵站数或泵机组数，这种方法适用于输量变化范围较大的情况；调节泵机组转速，这种方法用于小范围调节电动机驱动的离心泵，常采用变频调速的方法；更换叶轮，通过改变叶轮直径，可以改变离心泵的特性，这种方法主要用于调节后输量稳定时间较长的情况。

改变管道工作特性最常用的方法是改变出站调节阀的开度，人为地改变局部阻力，即把多余的能量消耗在节流上。这种方法操作简单，但能源浪费大，当泵机组不能调速时，输量的小范围调节常用这种方法。

4) 提高管道输量的措施

输油管道的最大输量受输油泵的特性、管道强度、油品流动性质的限制。对于已建成的输油管道，若需要进一步提高输量，可更换更大输量的输油泵（必须重新校核管道强度）或在现有管道的两站之间增设泵站。这些都是永久性的措施。对于短期的或季节性的增输要求，则可采用添加紊流减阻剂的方法。

5) 输油管道的水击问题及其控制

输油管道密闭输送的关键之一是解决水击问题。水击是由于突然停泵（停电或故障）或阀门误关闭等造成管内液流速度突然变化，引起管内压力的突然大幅度上升或下降对管道所造成的冲击现象。水击所产生的压力波在输油管道内以 1 000～1 200 m/s 的速度传播。水击压力的大小和传播过程与管道条件、引起流速变化的原因、过程、油品物性、管道正常运行时的流量及压力等有关。

水击对输油管道的直接危害有两种：一是水击的增压波（高于正常运行压力的压力波）有可能使管道压力超过允许的最大工作压力，使管道破裂；二是减压波（低于正常运行压力的压力波）有可能使稳态运行时压力较低的管段压力降至液体的饱和蒸汽压，引起液流分离,在管道高点形成气泡区,液体在气泡下面流过。对于建有中间泵站的长距离管道,减压波还可能造成下游泵站进站压力过低,影响下游泵机组的正常吸入。

通常采用以下两种方法来解决水击问题,即泄放保护及超前保护。泄放保护是在管道上装有自动泄压阀系统,当水击增压波导致管内压力达到一定值时,通过阀门泄放出一定量的油品,从而削弱增压波,防止水击造成危害。超前保护是在产生水击后,由管道控制中心迅速向有关泵站发出指令,各泵站采取相应的保护动作,以避免水击造成危害。

6) 清管

原油管道的清管,主要是清除输油过程中沉积在管内壁上的石蜡、油砂等凝聚物。管壁沉积物使管道的流通面积缩小,摩阻增加,增大了管输的动力消耗。例如:非洲利比亚的一条直径 850 mm、长度 960 km 的原油管道,因没有清管,投产 3 年之后就无法运行,经 3 个多月的连续清管后,才使管道恢复正常;我国一条 426 mm 直径的原油管道,输油不到 1 年,因管道结蜡使摩阻增加了 1 倍,大大降低了输送能力。清管是保证输油管道能够长期在设计输量下安全运行的基本措施之一。

清管方法是向管内投放与管内壁紧密接触的清管器,使其在油流的推动下顺着管壁前进,刮掉管壁上的沉积物。清管器有皮碗刮刀型(见图 6-8)、球型等多种,从材质上分有机械型和泡沫塑料型等。为了投放和取出清管器,需要在输油站上设置清管器收发装置。目前,清管器的功能已拓展到管内检测(检测管道的腐蚀、裂纹、变形等)和为管道内壁做防腐处理工作,即所谓智能清管器。这种做内检测与内防腐的特殊清管器在我国尚未普遍使用。

7) 输油管道的优化设计与优化运行

管道线路的走向和管道的设计方案对其投资和运行成本有很大影响,因此管道设计参数需要优选。例如,在一定任务输量下,提高管道运行压力将可以减少中间泵站、节省泵站建设的投资,但这要求管子有更高的强度,须提高管子用钢的等级和(或)增大管子壁厚等,以及需要更高扬程的泵,还涉及设备技术指标的约束(管子耐压和泵扬程的提高有一定限度),因而存在最优工作压力。再如,对于加热输送管道,在一定任务输量下,提高加热温度可使油品黏度下降,从而减小输油泵的电能消耗,其代价是燃料油消耗上升;反之,降低输送温度可节省燃料油消耗,但导致耗电量增加。油温上限还受管道热应力、防腐层耐热性能等因素的约束。在图 6-9 中:对具体管道系统,S_P 为输油泵的动力费用变化曲线;S_R 为加热的燃料费用变化曲线;S 为总能耗费用(动力费用与燃料费用之和)随出站温度 T_R 的变化曲线。总能耗费用最低的出站温度就是最优的出站温度。

一般来说,在等温输油管道的设计中,若把线路走向、管径、管材、管壁厚度、泵机组型号、运行参数等都作变量考虑,可能的设计方案数目非常多。对于加热输送管道,还涉及进出站温度、加热方式与设备、管道埋深的确定及管道保温的选择等。为了确定输油管道的最优设计参数,必须采用最优化的数学方法,借助计算机求取数值解。这是一个涉及投资、施工、环保等多变量的非线性规划、动态规划等的多目标综合性规划问题。

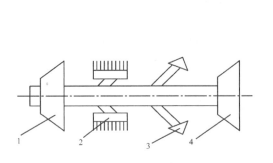

图 6-8 机械式清管器结构示意图
1. 前皮碗 2. 钢刷 3. 刮板 4. 后皮碗

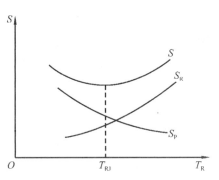

图 6-9 出站油温 T_R 与能耗费用 S 的关系

6.2.4 多种油品的顺序输送

在同一管道内，按一定顺序连续地输送几种油品，这种方式称为多种油品的顺序输送。输送成品油的长距离管道一般都采用这种输送方式。这是因为成品油的品种多，而每一种油品的批量有限，当输送距离较长时，为每一种油品单独铺设一条小口径管道显然是不经济的，甚至是不可能的。而采用顺序输送，可铺一条大口径管道，输油成本将大大降低。用同一条管道输送几种不同品质的原油时，为了保证石油产品质量，避免不同原油掺混导致优质原油降级，也会采用顺序输送。国外有些管道还实现原油与成品油及化工产品的顺序输送。

1) 顺序输送的特点

由于经常变换输油品种，所以顺序输送管道在起、终点要建造较多的储油罐，以调节供油、输油、收油、用油之间的不平衡；两种油品交替时，在接触界面处将产生一段混油，实践表明，在紊流状态下输送时，混油量一般为管道总体积的 0.5% ~ 1%，因此，顺序输送管道需要有一套混油跟踪、检测、控制、切割、处理的措施和设备；大型的油品顺序输送系统往往面向多个炼油厂和多个用户，具有管网多、油种多、批量大小不一等特点，首、末站或中间站分油点也越多；由于油品的物理性质（黏度、密度等）存在差异，当两种油品在管内交替时，管道的运行参数处于缓慢的变化中，从而导致泵站与管道系统工作点不断的变化。要保证管道系统安全、高效运行，必须借助计算机系统进行监控。

2) 成品油与成品油的顺序输送

顺序输送中两种成品油在管道内交替时，由于其性质不同，在接触界面处将产生一段混油。流态的不同对混油有很大的影响。层流时，管道截面上流速分布不均匀是造成混油的主要原因，管中心流速比平均流速大一倍，故后行油品会进入前行油品，形成楔形油头。在质量浓度差的作用下，两种油品的分子相互扩散，形成混油。这种混油量的总容积较大。管内紊流的速度分布较层流均匀，产生混油的主要原因是紊流扩散作用，由此产生的混油量比层流时要小得多。因此，顺序输送管道不应在层流下运行，流速应高于某一数值。使用机械隔离器或液体隔离塞等措施，可以减少混油量。但不能杜绝混油，且增大了操作难度，故目前国内外使用隔离措施的顺序输送管道很少。

混油段可分前行段、中行段、后行段三个部分：前行段含前行油品比例高进前行油品储油罐；中行段前、后行油品混合严重进中行油品储油罐；后行段含后行油品比例高进后行油品储油罐。这个切换的过程就是"混油切割"。混油往往不符合产品的质量指标，需重新加工，或者降级使用，或者按一定比例回掺到纯净油品中使用，以不导致该油品的质量指标降级为限。某一种油品中允许混入另一种油品的比例与这两种油品物理化学性质的差异以及油品的质量潜力有关。性质越接近，质量潜力越大，则允许混入另一种油品的比例也越大。故顺序输送管道中油品的排序有一定规则，性质相近的油品相邻输送。例如，汽油和柴油中允许混入煤油的比例比汽油中允许混入柴油或柴油中允许混入汽油的比例大若干倍。因此，应尽量以汽油和煤油、柴油和煤油作相邻油品。

混油段跟踪和检测的结果是顺序输送管道运行调度、混油切割和处理的重要依据。混油成分检测的方法有两大类：物性指标检测与外加标记物检测。物性指标检测是利用不同油品的密度差别进行检测。因此，采用在线密度计，连续检测管道中油品的密度，即可推断混油的成分及其变化。声波在液体中传播的速度与液体的密度等性质有关。例如，在常温条件下，柴油中的声速为 1 375~1 390 m/s，煤油中为 1 320~1 335 m/s，汽油中为 1 175~1 190 m/s。因此，基于声学原理的仪器广泛应用于顺序输送中混油成分的测量。

外加标记物检测是在不同油品连接处添加少量记号物质（荧光燃料、化学惰性气体等）。记号物质与油流一起流动并随混油段扩散。通过检测这些物质便可确定混油段及混油界面。

3) 原油与成品油顺序输送

在运输流向相同时，如果能够实现原油和成品油的顺序输送，则可更充分地利用管道的运力，节省建设投资。国外已有原油和成品油顺序输送的成功例子。如加拿大埃得蒙顿到温哥华的贯山管道（Trans Mountain Pipe Line），始建于1953年，全长约1 260 km，途经洛矶山脉和海岸山脉，有数百英里[1 mile（英里）= 1 609.344 m]的管段处于大高差、多起伏地带。该管道系统从1993年开始实现原油和成品油的顺序输送。所输油品包括航煤、汽油（无铅汽油及优质无铅汽油）、柴油（常规含硫、低硫及低温柴油）、甲基叔丁基醚（MTBE）及原油（轻质低硫原油、轻质含硫原油与重质原油）。由不同成品油段组成的"列车"可长达350 km。原油被置于成品油"列车"之间。

原油与成品油的顺序输送除了具有成品油顺序输送的特点和存在问题外，还有一些特殊的问题与难点，例如原油中胶质、沥青质、蜡和机械杂质等在输送过程中会粘附或沉积在管壁上，在成品油段到来之前，必须有效地清除这些污染物。再如，易凝高黏原油通常采用加热输送，而对成品油的加热不仅浪费能源，还会对管道运行造成不利影响。因此，易凝高黏原油与成品油顺序输送的难度更大。

6.2.5 易凝高黏原油的输送工艺

易凝原油是指凝固点高于管道所处环境温度的含蜡量较高的石蜡基原油（常称含蜡原油）；高黏原油是指在温度为50℃的条件下其黏度值高达数泊（1 泊 = 10^{-1} Pa·

s)的胶质、沥青质含量较高、密度较大的重质原油(常称稠油)。这两类易凝高黏原油在常温下流动性较差，管道输送为了降黏和减阻，传统上主要采用加热输送工艺。迄今为止，我国已建的原油输送管道所输送的大多是易凝高黏原油，轻质原油在我国原油产量中只占很小的份额。例如我国大庆、胜利、中原、华北等都是易凝高黏原油，塔里木油田的塔中原油是轻质原油。俄罗斯、北非、南美、东南亚等地，管道输原油的开采量和输送量也正在逐年增加。表6-1所列为我国部分原油的物性。在一定条件下原油失去流动性的最高温度称凝点，它是衡量原油流动性的一个重要指标，在我国和前苏联应用较普遍。国际上通用的类似指标是倾点，它是一定条件下原油保持流动性的最低温度。含蜡原油流动性的特点是凝点高，在远高于凝点的温度下，原油为牛顿流体；当油温降至原油凝点以上5~15℃时，由于蜡结晶析出，原油开始转变为非牛顿流体，其剪切应力与剪切速率的关系不符合牛顿内摩擦定律，且黏度随温度降低而增长的速率加快；再继续降温原油将胶凝，失去流动性。重质原油即使在较高温度下也具有相当高的黏度。图6-9、图6-10所示分别为典型含蜡原油和重质原油的黏度随温度变化的曲线。

表6-1 我国部分原油的物性

原油物性	大庆混合油	胜利混合油	中原混合油	辽河高升油	渤海埕北油	塔中油
20℃密度/kg·m^{-3}	861.4	882.9	849.0	944.3	952.0	842.0
50℃运动黏度/mm^2·s^{-1}	23.5	42.8	12.6	2435	614.8	7.33
凝点/℃·s^{-1}	33	28	32.5	13	0	-25
蜡含量/%·s^{-1}	25.6	15.8	24.7	6.6	6.3	1.38
胶质含量/%·s^{-1}	15.7	23.0	6.81	47.6	25.0	4.40
沥青质含量/%·s^{-1}	0	0.4			0	

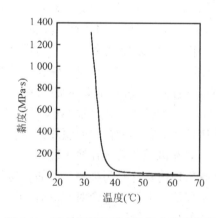

图6-10 某含蜡原油黏度随温度变化曲线

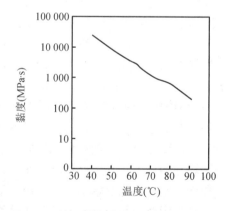

图6-11 某重质原油黏度随温度变化曲线

1) 加热输送

由图6-10、图6-11可见升高温度可以显著降低原油的黏度，改善流动性，因此，传统上常采用加热的方法输送易凝高黏原油。原油的加热温度取决于原油黏度随温度变化的规律、输油管道直径、输量、环境温度等，不同管道变化很大。我国东北地区 720 mm 管道输送大庆原油在满输量运行时，加热站出站温度为 45℃ 左右。输量较小的管道加热温度要高于此值，在 50~60℃ 之间，甚至更高。加热输送的方法虽行之有效，但也存在若干弊端：①能耗大，我国东北地区的直径 720 mm 管道在接近满负荷运行时，年平均每千公里用于加热的燃料油消耗接近输油量的 0.4%，每吨公里总能耗约为 410 kJ，在低于设计输量的工况下运行时每吨公里油耗更大，管径愈小，相对油耗愈大；②就某一具体管道而言，允许的输量变动范围窄，难以适应投产初期和末期不同输量运行的需要；③热油管道长时间停输后管内原油若冷却至胶凝将阻塞管道，重新疏通管道代价高昂；④设置加热站增加了管道建设的投资和运行管理的难度及费用。因此，易凝高黏原油的经济、安全输送一直是石油管道科学研究的课题之一。

2) 含蜡原油改性输送

在较低温度下含蜡原油流动性差，是因为其中的蜡结晶析出，并相互联结形成海绵状的蜡晶结构。因此，改善蜡晶结构就可以改善含蜡原油的低温流动性。添加降凝剂处理是目前最成功的含蜡原油改性输送技术。降凝剂是高分子聚合物，其分子由极性部分和非极性的烷基链组成，可以用作含蜡原油降凝剂的化学剂有多种，但目前大多数降凝剂都是以乙烯—醋酸乙烯酯共聚物（EVA）为主复配而成的。一般认为，降凝剂是通过共晶和吸附作用，改变蜡晶的形态和结构，从而改善原油流动性。共晶是指降凝剂分子中的烷基链与原油中的蜡分子共同结晶，吸附则是降凝剂分子吸附在已析出蜡晶的表面。图 6-12 是降凝剂处理前后某新疆原油的蜡晶照片，亮点（白色处）为蜡晶，黑色处为液态油。可见降凝剂前，原油中的蜡晶细小均布于原油中。添加降凝剂处理后，蜡晶颗粒变粗并趋于聚集。降凝剂剂量应合适，超过一定数量后改性效果趋于饱和，目前我国添加量一般为 50 g/t。

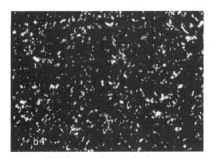
降凝剂处理前2℃（凝点9℃）

降凝剂处理后2℃（凝点-6℃）

图 6-12 某新疆原油加降凝剂处理前后的蜡晶照片

3) 重质原油的降黏减阻输送工艺

由于常规石油资源的减少，高黏重质原油（稠油）从 20 世纪 80 年代初开始引起国际石油界的关注。据估计世界上重质原油的资源与常规原油相当。输送重质原油的主要困难是它的高黏度，例如，胜利油田单家寺原油在 50℃ 的黏度接近 10 000 mPa·s

(毫帕·秒),比大庆原油高近 500 倍,80℃的黏度仍高达 750 mPa·s。目前,重质原油的主要降黏减阻输送工艺有以下几种:

(1)稀释输送:其原理是在重质原油中掺入低黏油品。这是传统的重质原油输送方法,因其工艺简单,效果可靠,得到广泛应用。例如,在黏度 21 000 mPa·s 的单家寺原油中掺入黏度为 28 mPa·s 的含蜡原油,当稀释油在混合油中的比例为 20% 时,混合油黏度降至 1 545 mPa·s,降黏率 93%。用作稀释剂的低黏油可以是轻质原油、原油的馏分油或天然气凝析液。一般地,除非稀释油掺入量较大,否则重质原油稀释后仍需加热输送,只是加热温度可以大大降低。随着重质原油产量上升,稀释剂相对匮乏,另外考虑到经济或炼制加工方面的因素,国内外都在研究稀释输送的替代技术。

(2)水包油乳化降黏输送:水包油乳化降黏输送是使原油以很小的液滴(几微米至几十微米)分散于水中,形成油为分散相、水为连续相的水包油乳状液,把黏稠原油与管道壁面的摩擦变为水与管壁的摩擦,从而大大降低输送时的摩阻。用单家寺重质原油制备的含水 30% 的水包油乳状液,其 50℃ 时的黏度仅为 54 mPa·s(原油黏度为 9 260 mPa·s)。用于输送的乳状液的油水比一般为 7:3 左右,相应的黏度在 50~200 mPa·S 的范围。乳状液或直接用作燃料,或输送到终点后破乳脱水后销售。这项技术的关键是制备出稳定性好,能够经受管道输送过程中各种剪切和热力作用而不被破坏的乳状液,在委内瑞拉等国已经得到应用。

(3)水环输送:水环输送的原理是在管壁附近形成稳定的水环,把高黏重质原油与管壁隔开,从而起到减阻作用。试验表明,水量占管输量的 8%~12% 时较好(88%~92% 为原油),其输送摩阻约为同等输量输水时的 1.5 倍,减阻效果很好。其技术关键是如何保持水环的稳定性,长距离输送过泵加压时如何不破坏水环是一个难题。因此,这一技术主要适用于输送距离不长的重质原油,在美国、委内瑞拉已有小规模应用。

6.3 长距离输气管道

长距离输气管道又称干线输气管道,它是连接天然气产地与消费地的运输通道,所输送的介质一般是经过净化处理的、符合管输气质要求的商品天然气。天然气是清洁的优质能源和化工原料,对改善人民生活、支持国民经济发展、保护环境方面发挥着重要作用。天然气管道输送系统是天然气生产和应用过程中的重要环节,其工程建设技术水平、运行管理水平直接关系到生产安全、环境保护以及用户的切身利益。因此,长距离干线输气管道的任务是把净化处理的天然气从气田输送到城市门站或大型的工业用户。

6.3.1 长距离输气管道的组成及设计

长距离输气管道管径大、压力高,距离可达数千公里,大口径干线年输气量高达数百亿立方米。特别是现代输气管道建设的趋势向长运距、大口径、高压力、高强度管材、高水平的自动化遥控、形成大型供气系统、向极地和海洋延伸等方向发展。目前，世界上天然气管道运输的最大运距已超过 5 000 km，干线输气管道的最大直径达到 1 420 mm，陆上干线输气管道的最高操作压力达到 10 MPa，输气管道所采用的管材等级已达到 X80，单根管线的年输气能力达到 300 亿标准立方米（温度 20℃，压力为 1 个标准大气压时，我国天然气的体积计量单位）。长距离输气管道的规划、设计和建设很重要。

1) 长距离输气管道的组成

长距离输气管道一般由干线输气管段、首站、压气站（又称压缩机站）、中间气体接收站、中间气体分输站、末站、清管站、干线截断阀室、线路上各种障碍物（水域、铁路、地质障碍等）的穿跨越段等组成，如图 6-13 所示。此外，还包括通信与仪表自动化两个辅助系统，它们是构成管道 SCADA 系统的基础，其功能是对管道运行过程进行实时监测、控制和远动操作。

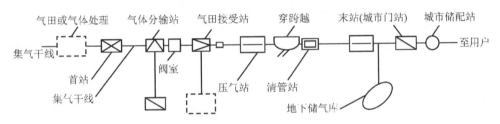

图 6-13　干线输气管道总体结构与流程

首站的主要功能是对进入管道的天然气进行分离、调压和计量，同时还具有气质检测和发送清管器功能。若输气管道需加压输送，则首站一般也是压气站。

中间进气站的功能是收集管道沿途支线或气源的来气，而中间分输站的功能是向管道沿途支线或用户供气。这些站一般设有天然气调压和计量装置，某些接收站或分输站同时也是压气站。如果压气站位于管道起点或分支点，则还应该具有计量和调压功能。

清管站的功能是发送、接收清管器，间距一般为 100～150 km。清管站通常与其他站场合建，例如压气站一般都设有清管装置，但也有单独建清管站的情况。清管的目的是定期清除管道中的杂物，如水、液态烃、机械杂质和铁锈等。

若输气管道末站直接向城市输配气管网供气，则称为城市门站。末站具有分离、调压、计量功能，有时还兼有为城市供气系统配气的功能。为适用用气量随时间波动，输气干线有时与地下储气库或地面储配站相连。地下储气库一般设有压气站，当用气低谷时，利用该压气站将干线中多余的天然气注入地下储气空间；而用气高峰时，抽出库内天然气并将其注入输气干线中。由于地下储气空间可能会污染储存的天然气，故必须对从中抽出的天然气进行净化处理后才能将其注入输气干线。干线截断阀室是为方便事故抢修、防止事故扩大而设置的。国家标准《输气管道工程设计规范》（GB 50251—2003）规定干线截断阀室最大间距不得超过 32 km。对于管道的穿跨越段，还应在其两端设置干线截断阀。

2) 长距离输气管道强度设计

输气管道强度设计的主要内容是在设定管径、管材与最大允许操作压力的前提下确定管道壁厚，或在管材、管径与壁厚已定的前提下确定最大允许工作压力。国际上采用两种不同的输气管道强度设计原则：以前苏联为代表的东欧国家采用距离安全性原则，意指管道与周围建构筑物之间要保持一定的安全距离；以美国为代表的欧美国家采用强度安全性原则，意指根据管道所经地区的敏感程度确定管道的强度裕量，即管道经过敏感程度不同的地区时应采用不同的壁厚。我国《输气管道工程设计规范》（GB 50251—2003）规定采用强度安全性原则，要求按一定的标准将管道经过地区划分为若干等级。划分的依据是管中心线两侧 200 m 宽、连续 2 km 长范围内的居民住户数量和建筑物种类。具体标准如下：一级地区，建筑物内的居民户数不超过 15 户；二级地区，建筑物内的居民户数 15 户以上、100 户以下；三级地区，建筑物内的居民户数达到或超过 100 户，通常包括市郊居民区、商业区、工业区、开发区以及不够四级地区条件的人口稠密区；四级地区，四层及四层以上的楼房（不计地下室层数）普遍集中，交通繁忙、地下设施多。

设计系数是描述输气管道强度设计裕量的定量指标。表 6-2 给出了对应不同地区等级的强度设计系数。

表 6-2 输气管道强度的设计系数表

地区等级	一级地区	二级地区	三级地区	四级地区
设计系数 F	0.72	0.6	0.5	0.4

输气管道的基本强度计算基于钢管的环向应力计算，基本计算公式为

$$p = \frac{2\sigma_s \delta}{D} \times F \times \varphi \times t \tag{6-5}$$

式中：p 为管道设计压力或最大允许操作压力，MPa；σ_s 为所采用管材的规定最小屈服强度，MPa；D 为管道公称外径，cm；δ 为管道公称壁厚，cm；F 为设计系数；φ 为焊缝系数；t 为温度折减系数（当输气管道温度低于 120℃时，取 $t=1$）。

3) 输气管道的稳态水力计算

工艺设计是整个输气管道设计工作的龙头，主要包括管道水力与热力计算、确定管道设计压力与压气站的压比（即出站压力与进站压力之比，简称站压比）、压气站布站、压缩机组配置、各种工艺站场的流程设计等内容。

按流量、压力、温度等运行参数是否随时间变化，输气管道工况分为稳态与非稳态两类。虽然输气管道常处于非稳态工况，但工艺设计时通常先按稳态工况考虑，在给出工艺设计方案后再进行非稳态工况校核。输气管道稳态水力计算的基本任务是确定管道流量与沿线压力分布的关系，即在已知管段两端压力的前提下计算其流量，或者在已知管段流量及某一端压力的前提下计算管段沿线的压力分布，其基本流量的计算公式为

$$Q = 1\,051\sqrt{\frac{(p_1^2 - p_2^2)d^5}{\lambda \cdot Z \cdot \Delta \cdot T \cdot L}} \tag{6-6}$$

式中：Q 为气体流量（$p_o = 0.101\,325$ MPa，$T = 293$ K），m³/d；p_1 为输气管道计算段的起点压力（绝），MPa；p_2 为输气管道计算段的终点压力（绝），MPa；d 为输气管道的内直径，cm；L 为输气管道计算段长度，km；T 为管段中气体的平均温度，K；Z 为气体的压缩因子；Δ 为气体的相对密度；λ 为管段中气体流动的摩阻系数，取决于管段中气体流动的雷诺数 Re 和管内壁的相对粗糙度，定义 $Re = 1.536 Q \cdot \Delta / d \cdot \mu$（式中：$\mu$ 为气体的动力黏度，Pa·s），干线输气管道的雷诺数常常高达 $10^6 \sim 10^7$ 数量级，比一般输油管道高 10~100 倍，流态处于水力粗糙区或混合摩擦区，而城市输配气管道的流态一般为水力光滑区。由式（6-6）中可以看出管径对流量影响最大。在其他条件不变的前提下，管径增大一倍将使管段流量增大到原来的 5.66 倍。

4）输气管道的稳态热力计算

输气管道热力计算主要有两个目的，一是为同一管段的水力计算服务，二是预测管段中出现凝析液及水合物的情况。热力计算可以确定管道沿线的温度分布及平均温度，该平均温度是管道基本流量公式中的一个参数。输气管道在稳态工况下的沿线轴向温度分布可以用以下方程描述：

$$t_x = t_0 + (t_1 - t_0)e^{-ax} - j\frac{p_1 - p_2}{ax}(1 - e^{-ax}) \tag{6-7}$$

式中：t_x 为距管段起点 x 米处的气体温度，℃；t_1 为管段起点的气体温度，℃；t_0 为管道埋设处的土壤温度，℃；j 为气体的焦耳-汤姆逊系数，℃/MPa；a 为综合系数，$a = 225.256 \times 10^6 K \cdot D / (Q \cdot \Delta \cdot c_p)$（式中：$K$ 为输气管道中气体到土壤的总传热系数，W/(m²·K)；Q 为气体流量（$p_o = 0.101\,325$ MPa，$T = 293$ K），m³/d；D 为输气管道外直径，m；Δ 为气体的相对密度；c_p 为气体的定压比热容，J/(kg·K)。

相同管径输气管道的设计质量流量一般只有输油管道的 1/4~1/3，而天然气的定压比热与石油差不多。因此，如果直径相同的输气与输油管道都处于满负荷稳态工况，且其他条件均相同，则前者温降比后者快很多。应该指出，由于焦耳-汤姆逊效应的影响，随着气体沿管段流动，其温度可能从高于环境温度降到低于环境温度，而输油管道不会出现这种情况。

5）输气管道中的水合物

水合物是天然气的某些组分与液态水在一定的温度、压力条件下形成的一种冰霜状的物质。水合物的形成机理及条件与水结冰完全不同，即使温度高达 29℃，只要天然气的压力足够高仍然可以形成水合物。一种气体可形成水合物的最高温度称为该种气体的水合物临界温度。当温度高于临界温度时，在任何压力下也不可能使这种气体形成水合物。表 6-3 列出了天然气中各种组分的水合物临界温度。形成水合物的必要条件是有液态水与天然气接触、足够高的压力和足够低的温度。此外，气流扰动、出现水合物晶种、天然气中含硫化氢和二氧化碳等因素将促使水合物形成。在输气管道中形成水合物将增大管路摩阻甚至堵塞管道，而且一旦形成了水合物，要消除它往往相当麻烦，因此在管道运行过程中要尽量避免形成水合物。防止水合物形成的关键是避免在管内出现液态水，其次是管道清扫，即在输气管道预投产过程中要对管道线路进行严格的清扫和干燥，扫尽其中的积水和管内壁上的水膜。通常采用压缩空气推动清管器进行管道清扫，在清扫后还要进行干燥。常用的干燥方法有干空气法、干燥剂法和真空法。

表6-3 天然气各组分形成水合物的临界温度

气体名称	甲烷	乙烷	丙烷	异丁烷	正丁烷	二氧化碳	硫化氢
临界温度/℃	21.5	14.5	5.5	2.5	1	10	29

6) 干线输气管道工艺方案设计

工艺方案设计是干线输气管道可行性研究及初步设计的重要内容，其任务是确定管道的总体工艺方案，即在管道线路走向已定的前提下，确定各管段的管材、管径、管壁厚度及设计压力、管道全线压气站的数目及位置、各压气站的进、出站压力与温度、压比及压缩机组配置方案、管道沿线各分支点（进气点、分气点）的压力等。

(1) 工艺方案设计的基本步骤：根据管道沿线各管段的流量、地区类别及其他条件确定各管段的管材、管径、管壁厚度及设计压力（最大允许工作压力），同一条管道通常采用同一种管材及同一个设计压力值；确定每个压气站在其设计流量下的压比，GB 50251—2003中建议，当采用离心压缩机时，压气站的压比取1.2~1.5为宜；取每个压气站的出站压力刚好等于其所在位置处管段的设计压力；根据对管道末段（最后一个压气站出口到管道终点的管段）储气能力的要求，确定末段长度、管径及管壁厚度，将最后一个压气站布置在末段起点；从管道起点开始，根据设定的压气站出站压力、压气站压比及管段的水力热力计算结果沿管道线路布置压气站；根据每个压气站的流量及站压比确定其压缩机组的配置方案，包括压缩机组的类型、数目、型号规格、特性及连接方式等。

(2) 管道末段的储气能力：如果在干线输气管道设计时对末段储气能力有所要求，则在布置压气站之前必须确定末段的长度、管径与壁厚。末段储气的基本原理是利用该段管道中气体压力的变化改变其中所充装的气体数量。所谓末段储气能力是指该管段在最大平均压力下与最小平均压力下的气体充装量之差。工程上通常按稳态工况计算方法估算管道末段的储气能力。末段储气能力与该管段的内部横截面积成正比，故增大管径是提高末段储气能力的有效方法。末段储气能力随末段长度的变化规律是：在一定范围内，储气能力随末段长度增加而增大，但当达到某个长度时储气能力将达到最大值，该长度称为最优末段长度。在进行末段设计时，一般先假设末段管径与其前面相邻管段的管径一致，根据该管径可以计算出相应的最优末段长度及最大储气能力。若该储气能力满足设计要求，则以最优末段长度作为设计值。否则，适当增大末段管径，然后重新计算相应于新管径的最优末段长度及最大输气能力。如此继续直到相应于新管径的最大末段储气能力满足设计要求为止。

6.3.2 输气管道的主要设备

输气管道无需加热，主要设备是指压缩机组、阀门和清管器等工艺设备，分别用于气流的驱动(增压)、截断和调节、清管等。

1) 压缩机组

压缩机及与之配套的原动机统称为压缩机组，是干线输气管道的主要工艺设备，同时也是压气站的核心部分，其功能是给所输送的气体增压，用于气流的驱动，使管道沿线各管段的流量满足相应的输量的要求。干线输气管道的运行可靠性和经济性在很大程度上取决于其所采用压缩机组的性能。

(1) 输气压缩机的类型及特点：输气管道的输气压缩机有两种类型，往复式和离心式。离心压缩机的主要特点是：排量大，压比低，特别适合于干线输气管道这种大排量的应用场合；运动部件少，结构紧凑，体积小；无往复运动部件，振动和噪声小，不需庞大而笨重的基座，易损件少，运行可靠性高，连续运转时间可达一年以上，维护工作量大大低于往复压缩机；转速高，可与燃气轮机或蒸汽轮机直接连接而不需变速装置；排气均匀、连续，多台压缩机可以直接串联运行；存在喘振与滞止现象，稳定工作范围较窄，效率较低，干线输气管道上大型离心压缩机的最高效率一般为80%~84%。干线输气管道一般采用离心压缩机。

与离心压缩机相比，往复压缩机的主要特点是：曲轴转速低，出口排量小；压比高，适用的压力范围广，用于干线时大型往复压缩机的排出压力一般不超过20 MPa；效率高，干线上往复压缩机的效率可达86%~90%；适应性较强，同一台压缩机适用于较宽流量范围，且流量调节比较方便；结构复杂、体积庞大、易损件多、维护保养工作量大；排气不连续，排气流量和压力是脉动的，运行时振动较大，不宜串联运行。

(2) 输气压缩机组的原动机：输气压缩机组的原动机主要是燃气轮机和燃气发动机，在某些情况下也采用电动机和蒸汽轮机。燃气轮机-离心压缩机组和燃气发动机-往复压缩机组是最常用的机组类型，特别是大功率机组(3 700 kW 以上)基本上为第一种类型。

燃气轮机：燃气轮机的基本工作原理是将气体燃料的热能(内能)转化为机械能(输出功)，其燃料在燃烧室燃烧产生膨胀气体做功。燃气轮机具有比其他热机更简单的结构、更小的体积和质量，且较容易对其热力过程实现自动控制，本身不需冷却，只需少量水冷却润滑油，适合于在缺水地区使用。燃气轮机的最大输出功率随气温降低而增大，故特别适合于一般干线输气管道的工况变化规律，因为输气管道的高峰负荷往往在气温较低时出现。输气管道上使用的燃气轮机的燃料通常就是从管道中引出的天然气。燃气轮机的主要缺点是效率低。当不采取任何回热利用措施时，重型工业燃气轮机、航空改型燃气轮机以及混合型燃气轮机的热效率分别为22%、24%和26%左右。

燃气发动机：燃气发动机是以天然气作燃料的内燃机，气体燃料在气缸内部燃烧产生膨胀气体做功。其主要优点是热效率较高，一般达35%~37%；可直接与往复压缩机连接且调速方便;转速可变,驱动压缩机时,调速方便。其主要缺点是结构复杂、机器笨重、安装和维修费用高、振动和噪声大、单机功率较小,不宜与离心式压缩机直接联接。

电动机:电动机具有结构紧凑、规格齐全、操作简便、运行平稳、易于实现自动控制和远动操作、效率高(一般为95%左右)、可靠性高、寿命长、投资小、安装维护费用低等优点。一般来说,如果不需专门建新的长距离输电线路,则采用电动机的初始投资要低于其他原动机。例如,对于一个压缩机组装机容量一定的压气站,如果采用电动机作为压缩机组的原动机,则其总投资通常只相当于装备燃气轮机的压气站的1/2~2/3。由于转速不匹配,在输气管道上一般不采用电动机作为往复压缩机的原动机。在输气管道上与离心压缩机配套的电动机一般为鼠笼式异步电动机,其主要缺点是调速困难,一般采用变频实现电动机无级变速或增设调速器,但这些措施的代价较高,而且其中大多数都存在局限性。

2) 阀门

阀门是管道上可使流体转向、开启、闭合、调节的各种类型和结构的装置,在管线上被广泛应用。阀门主要由执行机构和阀体组成。按其执行机构的工作能源,阀可分为电动阀、气动阀、液动阀;按阀门的工作特性,阀门可分为调节阀、开关阀等。调节阀是一种可变阻力的节流元件,通过控制信号指挥执行机构改变阀门开度大小,从而达到改变管道中流量和压力的目的。当控制信号消失时,阀门按初始设计移向开启或关闭位置。

3) 清管设备

清管设备的作用是清理管道以提高效率;测量和检查管道周向变形;从内部检查管道金属的所有损伤,如腐蚀等;对新建管道在进行严密性试验后,清除积液和杂质。清管器主要有清管球、皮碗清管器等。清管球是由氯丁橡胶制成的,呈球状,耐磨耐油。皮碗清管器由刚性骨架、皮碗、压板、导向器等组成,工作时,其皮碗将与管道紧紧贴合,气体在前后产生压差,从而推动清管器的运动,并把污物清出管外。皮碗清管器还能清除固体阻塞物。同时,由于皮碗清管器保持固定的方向运动,所以它还能作为基体携带各种检测仪器。

6.3.3 长距离输气管道的运行管理

输气管道运行管理的目标是尽可能保证按质、按量、按时间向用户供气,同时做到安全、可靠、高效运行,以使得输气企业获得最佳经济效益与社会效益。要实现这些目标,首先应该根据管道沿线气源的供气能力及用户要求的用气流量确定技术上可行、经济合理的工艺运行方案;其次在实施该方案的过程中要根据管道的实际运行状态进行合理的控制与调节。

1) 压气站与管路的匹配

压气站与管路匹配就是压气站与其站间管路联合工作。从物理本质上看,匹配反映了输气管道系统的能量守恒规律,即压气站提供的能量刚好等于气体在管路中流动的能量损失加上气体本身增加的能量。假设一条输气管道处于稳态工况,且其每个压气站的压缩机开机方案及调节方案是确定的,则管道的输气流量将随之确定。一条输气管道的具体匹配情况可以用其全线各压气站的工艺运行参数来描述,它取决于全线每个压气站及每段管路的工艺特性。压气站的工艺特性取决于其运行压缩机组合及该组合中每台压缩机的特性。压缩机的工艺特性包括压比－流量特性(或排出压力-流量特性)、压头-流量特性、效率－流量特性和功率－流量特性,最常用的是前者。往复压缩机的排出压力－流量特性比较简单,其排出压力－流量特性可描述为:在吸入状态下的体积流量取决于转速,排出压力取决于其出口处管道的背压。离心压缩机的压比－流量特性常用下式表示:

$$\varepsilon^2 = a - b_0 \cdot Q_1^2 \tag{6-8}$$

式中:ε 为压缩机的压比;Q_1 为压缩机进入状态下的体积流量;a、b_0 为与压缩机有关的系数。为了计算方便,在匹配计算中常用排出压力－流量特性方程取代上述压比－流量特性方程:

$$p_2^2 = a \cdot p_1^2 - b \cdot Q^2 \tag{6-9}$$

式中:p_1、p_2 为压缩机的吸入压力与排出压力;Q 为通过压缩机的标准体积流量;b 为与压缩机进口状态及 b_0 有关。

压气站的工艺特性是指将整个压气站作为一台等效压缩机看待时其所体现出的压比－流量特性。只要知道压气站的压缩机开机方案以及其中每台压缩机的排出压力－流量特性,就可以确定该站的排出压力－流量特性。管路的工艺特性包括水力特性和热力特性,与匹配有关的主要是水力特性。一段管路的水力特性是指该管路两端的压力与管路流量之间的关系。根据输气管段的基本流量公式,管路水力特性可用下式描述:

$$p_Q^2 - p_z^2 = C \cdot L \cdot Q^2 \tag{6-10}$$

式中:p_Q、p_z 为管段起、终点压力;C 为综合系数,取决于管路直径、水力摩阻系数、所输气体的性质以及管路的平均输气温度。对输气管道的每个压气站和站间管段分别列出上述特性方程,然后联立求解就可以确定管道的稳态运行参数。

2) 干线输气管道的工况调节

由于用户用气流量的变化及其他原因,输气管道的工况经常需要调节,这种调节一般是在压气站上进行的。离心压气站常用的调节措施有以下几种:

(1) 改变压缩机转速。这是所有调节方法中最经济的,基本原理是通过改变转速来改变离心压缩机的排出压力-流量特性;

(2) 压气站出口节流。该方法操作简单,其物理本质是通过增大压气站出口调节阀的局部阻力损失来降低输气流量,故经济性差;

(3) 压气站进口节流调节。该方法简单易行,且经济上优于出口节流;

(4) 进口导叶角度调节。该方法要求在离心压缩机叶轮进口前设置一组气流导向叶片,因而使压缩机的内部结构复杂化,其调节范围取决于叶轮的内径与外径之比,该比值越小,调节范围就越小。其经济性仅次于调节压缩机转速;

(5)回流调节。该方法简单易行，但经济性最差，其基本原理是让压气站出口的一部分气体通过站内循环管道返回进口，从而减少该压气站的有效流量。

3)提高管道输送效率的措施

输气管道经一段时间运行后，由于管内积垢、积液和压气机磨损等，管道输送效率就会下降。为了测试管道输送效率，常以新投产时管道最佳工况的效率作为基准，进行管道效率校核。提高运行效率的基本措施有：

(1)在用气中心建储气库，减少终点用气对输气的影响，充分发挥管道的输气能力；

(2)选择排量、功率和压力调节范围宽的压气机组，保持设备高效率；

(3)采用内壁涂层，降低管内粗糙度，减小压力能损失；

(4)采用各种清管器消除管内锈屑和积液；

(5)降低输送温度，提高输气压力，顺序输送多种气体等。

6.3.4 供气调峰与储气设施

由于气源供气的相对平稳性与用气的不均匀性，天然气供气系统的供气量与用气量在时间分布上往往不平衡。为了最大限度地满足用气需求，必须采取各种措施强制性地维持供气量与用气量的动态平衡，这一过程称为供气调峰。在大多数供气系统的设计和运行管理中，调峰是一项必不可少的重要内容。

1)用气量的时间不均匀性

用气流量随时间的波动称为用气量的时间不均匀性。它分为月不均匀性、日不均匀性和时不均匀性。影响月不均匀性的主要因素是气候的季节性变化，用月不均匀系数表示，等于月平均日用气量与年平均日用气量之比。全年中月不均匀系数最大的月称为高峰月，该月的月不均匀系数称为月高峰系数。月中日用气量的不均匀性用日不均匀系数表示，等于每日的用气量与全月的平均日用气量之比。一月中平均日用气量最大的那一天称为高峰日，其日不均匀系数称为日高峰系数。一昼夜内用气量的波动用小时不均匀系数表示，等于每小时的用气量与全天的平均小时用气量之比，其最大值为小时高峰系数。

2)调峰的主要措施

调峰措施可从供气和用气两方面调节供气与用气的平衡。供气方调峰措施主要有：调整气田或人工燃气厂的产量；调整输气管道的工艺运行方案；调整输气管道末段储气，如储气库、储气罐或地下管束储气；引进液化天然气 LNG 或液化石油气 LPG 作为辅助气源等。用气方的调峰措施主要有：选择一些可切换多种燃料的大型工业企业作为缓冲用户；要求居民用户配置备用加热装置，如电炊具、电热水器等。

调峰方案的选择与调峰周期有关。调峰周期指调峰过程涉及的时间长度，可以是一年，一个季度、一个月、一周或一天，也可以是某一段特定时间。根据调峰周期长短，可以将调峰分为中长期调峰和短期调峰两类。一般调峰周期达到或超过一个月的为中长期调峰或季节性调峰，而一个月以下的为短期调峰。短期调峰最常用的是管道末段储气罐储气。国外经验表明：长输管道末段储气是最有效、最方便、最经济的短期调峰方式。中长期调峰主要采用地下储气库和各类 LNG 设施。必要时，这两种措施也可以用于短期调峰。

3）地下储气库

地下储气库是指在地下某些适宜的天然地质构造或人工构筑的洞穴中储存天然气。

(1) 地下储气库的作用：地下储气库具有容量大、吞吐量大、功能全、适应性强、经济性好、安全度高、占地面积少、环境影响小等一系列优点。地下储气库的主要作用有：调节供气不均匀性；提高供气的可靠性和连续性；能使输配气公司充分利用输配设施的能力，提高管线利用系数和输气效率；在新的石油和凝析油开采区，能保存暂时不可利用的石油气；对老采油区，有助于提高原油采收率；能为国家和石油公司提供原料和燃料的战略储备。

(2) 地下储气库的分类：地下储气库中可采出的那部分气体称为周转气，而滞留的那部分气体称为垫层气。地下储气库可容纳的最大周转气量称有效容量。

按有效容量划分：地下储气库根据周转气量的天数，可分为短期调峰型和季节型。短期调峰型一般为 5～25 d，季节型一般为 70～120 d。季节型储气库又称基本负荷型储气库。

按地质构造划分：地下储气库分为枯竭油气田型、含水层型、盐穴型、岩洞型及废弃矿井型。而所有这些类型又可归成孔隙型与洞穴型两大类：孔隙型包括枯竭油气田型和含水层型，其基本特征是储气区域为多孔岩层；洞穴型包括盐穴型、岩洞型和废弃矿井型，其基本特征是储气区域为各种形状的封闭洞穴。一般来说，孔隙型的储气容量大而单井产量低，主要用作季节性调峰；洞穴型的储气容量较小但单井产量高，特别适用于短期调峰。

4）利用 LNG 调峰

在没有条件建地下储气库的情况下，液化储存是值得考虑的储气和调峰方式。利用 LNG 调峰通常有两种方式：第一种是在干线输气管道末端附近建一个与该管道相连的调峰型 LNG 厂，当管道输气流量大于用气流量且管道本身不能容纳多余的气体时，这些气体可以在 LNG 厂液化后储存，当输气流量小于用气流量且管道本身不能弥补这个差异时，可以将储存的 LNG 再气化，然后补充到供气管网中；第二种是从其他地方将 LNG 运到靠近干线管道末端的 LNG 卫星站，当干线管道的输气流量不能满足用户需求时，将作为辅助气源的 LNG 再气化并输入管网中，这些 LNG 厂的生产规模远大于调峰型 LNG 厂，既可作为调峰辅助气源，也可作为供气系统的主气源。日本、韩国和我国台湾省就以 LNG 作为供气系统的主气源。

6.4 固体料浆的管道运输

固体料浆管道是 20 世纪 50 年代中期发展起来的，到 70 年代初已建成能输送大量煤炭料浆的管道。固体料浆的管道运输需要先将固体粉碎为细小颗粒，然后加入水或其他液体，制备成浆状流体（简称固体料浆）后进入管道输送。因此，固体物料浆体管道输送系统一般都有三大环节,即浆体制备系统、浆体输送系统和脱水系统。

6.4.1 固体料浆管道运输的基本原理

1) 固体料浆管道运输的基本原理

固体料浆的管道运输是将待输送的固体物料破碎成粉粒状,与适量的液体配制成可泵送的浆体,输送到目的地分离出水后再送给用户,浓煤浆也可直接作燃料燃烧。目前,浆体管道主要用于输送煤、铁矿石、磷矿石、铜矿石、铝矾土和石灰石等矿物。制浆液体大都用水,也有用燃料油配制成油煤浆。浆体管道输送系统的组成与被输送的物料及其最终用途有关,一般包括浆体的制备和调质设施、储存和监控设施、泵送和管输设施、终点接收和脱水及水处理设施,以及其他辅助设施等。

浆体制备和调质设施,对于输煤管道系统来说一般包括破碎、磨细、浓缩等工序,主要是制备出合适粒度和质量浓度的煤浆。对于大部分金属矿或非金属矿,选矿工艺本身需要破碎和磨矿,浆体制备和调质主要是浓缩和筛分,以保证合格的浆体浓度及粒度。

储存和监控设施,常以带搅拌器的钢槽(罐)作为动态储浆用,也有用静态储浆方式的。其作用是调节工序间的流量不平衡,同时也考虑作为安全储备用。监控设施主要有:安全测试环管,用于测定所制备的浆体在质量浓度、粒度、压差和腐蚀性等指标方面是否合格;数据采集和传输系统及其自控系统,用以监控整个输送系统的运行状态,保证系统的正常运行。

泵送和管输设施,包括起点泵站、中间加压泵站和管道及其他附属设施。浆体管道是固、液两相流,对其泵送设备的要求与一般的单相液体有所不同,除了工作可靠、效率高,还需要耐磨性能好。浆体管道用泵主要有离心泵、往复泵、浆体不接触泵体的隔离式泵等。两者都接触浆体经不起磨损。为此,又研发了几种非接触式的隔离式泵,包括隔膜泵、油隔离泵和水隔离泵等,其共同点是将浆体隔离在泵体之外,因而延长了泵的使用寿命。

终点接收和脱水及水处理设施,主要有终点储槽、脱水设施和污水处理设施等。

2) 长距离浆体管道输送系统

浆体管道输送系统一般都包括三大环节(或系统),即浆体制备系统(前处理)、浆体输送系统(泵站和管道)和脱水系统(后处理)。根据输送距离的长短和输送工艺的繁简,同一环节的内涵也不相同。

(1)浆体制备系统:浆体制备系统的作用是制备适宜于浆体管道输送的浆体,使之具备合格的质量浓度、粒度、浆体pH值和除去浆体中多余的氧。主要制浆设备为破碎磨矿、筛分、浓缩、贮浆、pH调整、除氧、监测设施等。

(2)浆体输送系统:浆体输送系统主要是泵站和输送管道,它是整个浆体管道输送系统的核心,其功用是将已制备合格的浆体输送到预定的目的地。浆体输送系统包括喂料泵、主泵、阀门、输送管道、管道清洗设施、清管器的投加与回收设施、管道消能减压设施、中间贮浆和浓缩设施、数据传输和监控设施、输送管道阴极保护设施等。根据输送管道的长短,输送的物料和管道经过的地形条件可适当增减。

(3) 浆体脱水系统：浆体中的水只是载体随物料输送，到达终点后要进行脱水。脱水后物料的含水量要满足用户直接使用或储存要求。脱出的污水通常含有悬浮物、油类等，pH 值偏高及含其他有害成分，如向外排放必须经过处理，使其满足地方或国家的排放标准要求。

图 6-14 所示是典型的长距离煤浆管道输送流程。对于煤浆管道，输送前的浆体制备与输送后的浆体脱水是两个重要的环节，常常影响工程成败。制浆流程包括固体的破碎、筛分、磨细、质量控制和浆体储存等，一般集中在管道起点的制浆厂内进行。煤浆脱水在管道的终端进行，浆体在浓缩池使固体颗粒在池中靠重力下沉称为稠化，是脱水的头道工序，然后采用离心分离器或过滤器和用热空气烘干，进一步脱水才能使用。在水泥工业中，浆体直接送入窑内燃烧，所含水分在窑内蒸发，不需要中间脱水环节。

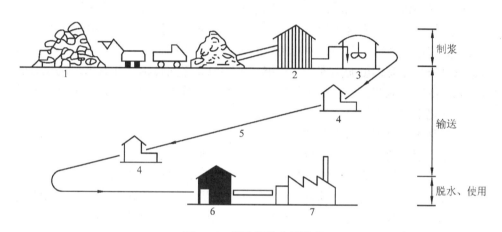

图 6-14 煤浆管道典型流程
1. 矿区 2. 破碎、制浆 3. 存储 4. 泵站 5. 管道 6. 稠化、脱水 7. 用户

3) 固体料浆管道运输在综合运输体系中的作用

与石油、天然气不同，管道运输不是固体物料运输的主要方式。但是，它可以作为其他运输方式有益的补充。煤炭在我国一次能源结构中约占 70%，产地主要集中在北方地区和西部地区，其中山西、陕西、内蒙古三个省（自治区）煤炭产量约占全国的 60%。煤炭产销的格局是北煤南运、西煤东调。我国煤炭产量的约 70% 依靠铁路外运。2011 年全国铁路货运量约 40 亿 t，其中煤炭铁路运量约 22.3 亿 t，约占铁路货运量的 55.6%，加剧了我国铁路运力不足的矛盾。因此，发展管道输煤，与其他运输方式协调配合，是缓解铁路运输紧张局面，解决能源运输问题的可探讨途径。此外，我国金属与非金属矿产资源大多分布在交通不便的山区，离运输干线较远。新建铁路、公路等运输干线往往投资较大，建设周期长，而且要占用日益珍贵的土地资源，增加对环境的压力。因此，发展固体物料浆体的管道运输，作为对现有运输体系的补充，有重要的现实意义。

6.4.2 浆体管道运输的主要工艺技术问题

固体料浆比原油和成品油密度大很多，固体颗粒飘浮在液态载体中容易沉降，所以，根据浆体管道的流态特性，浆体管道运输有很多工艺技术问题需要研究。

1) 浆体管道的流态特性

浆体是固液两相的混合物，由于浆体中固体密度一般大于液体，固体颗粒趋于沉降，所以，浆体管道必须在一定的流速下运行，以保持固体颗粒处于悬浮状态。在不同的流速下，浆体管道可能出现以下三种流态：一是均质流，固体颗粒全部处于悬浮状态，在管道横截面上颗粒浓度相同，这种流态都发生在浆体流速较高、固体颗粒的粒径较小和固液两相密度差较小的场合；二是半均质流，固体颗粒处于悬浮状态，但管道横截面上的颗粒浓度分布不均，管截面下部大颗粒多，固体浓度大，上部固体浓度小，但颗粒不沉积，在相同流速下，固液两相密度差较大时容易出现这种流态，对于一定的浆体，流速降低也可导致这种流态；三是非均质流，整个管截面上浓度分布很不均匀，出现固体颗粒沉淀，并可能在管道底部出现沉积层。同一种浆体当流速变化时，以上三种流态都可能出现，并可能在三种流态之间转化。开始出现沉积时的流速称为浆体的临界流速，它也是半均质流和非均质流分界的参数。浆体管道的流速应在临界流速之上，在半均质流态下输送较为适宜。

2) 浆体管道固液两相流的阻力特性

浆体管道固液两相流的阻力特性与单相液体管道有显著的不同，在一定管径、一定浓度时，固液两相流管道的阻力特性如图 6-15 所示。图中纵坐标 i 是单位管长的压降，以浆体液柱高度表示；横坐标 Q 是管道的流量。在一定条件下，固液两相流管道的阻力特性曲线分为五个阶段。当流量增大到 Q_c 时，固体颗粒处于完全悬浮状态，阻力随流量的增加而增大，如图 6-15 中 4~5 段所示。可见点 4 是一个临界状态点，对应的流量是 Q_c，点 3 是阻力最小点，对应的流量是 Q_c'。设计浆体管道时，常取其操作流速为临界流速的 1.1~1.2 倍(煤浆管道一般为 1.5~2.0 m/s)，以保持在半均质流或均质流的状态下运行。我国拟建的山西盂县—潍坊—青岛煤浆管道盂县—潍坊段临界流速为 1.62 m/s，输送流速 1.77 m/s；潍坊—青岛段临界流速为 1.54 m/s，输送流速 1.68 m/s。

3) 颗粒大小和级配的选择

浆体输送中固体颗粒的大小是影响流动的稳定性、运行的安全性与经济性的重要因素，因而是浆体管道输送技术的关键之一。煤浆管道的实验表明，当直径小于 0.045 mm 的颗粒含量少于 14% 时，在一般的运行流速下会形成非均质流，当上述细颗粒的含量超过 18% 时，才能保证稳定的悬浮状态，并容易在管道停输后实现再启动。但当上述细粉的含量超过 20% 时，再脱水就出现困难。所以，对颗粒的最大直径需要有一定的限制。在一般的流速下，粒径大于 1.2 mm 的颗粒不能均匀地悬浮起来，有滞留在管底的危险。故就煤浆管道而言，合适的煤颗粒级配一般应在 0~1.2 mm 之间，要有足够数量的细煤粉，以保证较大的颗粒能悬浮流动。一般来说，砂为 1.0 mm，石灰石为 0.3 mm，磷灰石为 0.3 mm，铜精矿为 0.2 mm，铁精矿为

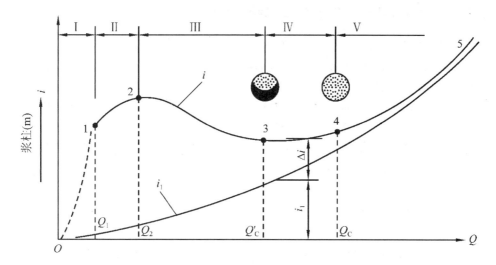

图 6-15 固液两相流管道阻力特性示意图

0.15 mm。我国拟建的山西盂县—潍坊—青岛煤浆管道设计的最大粒径为 1.25 mm，平均粒径为 0.34 mm。

4) 浆体浓度的选择

浆体中固体浓度较低时，颗粒的沉降速度增大，易形成非均质流而使管道工作不稳定，但浆体中的固体浓度太高时，浆体的黏度增大，使摩阻损失加大，也使每吨公里的输送能耗上升。因此，存在一个输送能耗最小的最佳浆体浓度。国外文献建议，当煤的相对密度为 1.4 时，长输煤浆管道的最佳浆体含煤量为 45% ~ 55%。美国俄亥俄州和黑迈萨两条输煤管道所选的浆体含煤量为 50%，我国拟建的山西盂县—潍坊—青岛煤浆管道的设计浆体含煤量为 53%。但巴西萨马科铁矿浆管道的浆体含矿量为 66%。

5) 浆体管道的敷设坡度

为了避免在管道停运时管底沉留的固体粒子下滑到管道最低处而形成堵塞，对浆体管道的敷设坡度有严格限制。这是浆体管道与油气管道的又一显著区别。对于磁铁精矿管道，此坡度不宜大于 10% ~ 15%，赤铁精矿浆体管道为 15%，铜精矿为 12% ~ 18%，煤浆为 16%。

6) 浆体管道的腐蚀与磨蚀

浆体管道除了要遭受水的内腐蚀外，还要经受固体颗粒对内壁的磨蚀。故确定壁厚时，要留适当的腐蚀和磨蚀余量。当固体物料的比重大(如铁矿浆)、粒径又大时，磨蚀就较严重。流速高时磨蚀也加剧，故必须控制一定的流速。一般情况下，煤的硬度较小，故磨蚀较轻。根据黑迈萨管道的实测资料，运行 10 年内的平均年磨蚀量为 0.088 9 mm，并且管道周围磨蚀均匀。对用水作载体的浆体管道，为减少水对管内壁的腐蚀，要严格控制水质，并常往水中注入缓蚀剂。

6.4.3 长距离浆体管道的主要技术经济特性

固体物料的浆体输送作为一种新的运输方式,虽然在技术上已经成熟,但其优越性及其发展前景还要取决于经济上是否合理。浆体管道的经济性与运量大小,运输距离的长短,沿线的地形、地质和气候条件,附近区域已有的其他运输设施等具体条件有很大关系,需要针对具体情况进行技术、经济和环境方面的分析论证和评价。

1) 长距离浆体管道的主要技术经济特性

管道输送系统的投资及运行费用包括实现这种运输方式的所有环节。例如,对于煤浆管道,应包括制浆和脱水等生产环节,而对某些矿浆管道(如铁精矿、铜精矿、石灰石等),因无论采用管道输送与否,都包括制浆、脱水环节,故其费用不应计入管道输送的运行费用中。

就输煤管道而言,制浆与脱水环节的费用在所占比例相当,与管道输送的经济性关系较大。制浆与脱水环节的费用与运输距离的长短基本无关,因此,对于一定输量的管道,运距越长,每吨公里运输成本越低。单位运量的前后处理费用随处理量的增大而下降,而每吨公里运输成本则随运量增加而明显下降,故浆体管道的运输成本随运量的增大而明显下降。

图 6-16 所示为美国资料介绍的煤浆管道的规模与吨煤运费的关系。虽然定量数据与特定条件有关,但其定性趋势反映了煤浆管道的经济规律。由图 6-16 中可知:当年输量 $2\,500 \times 10^4$ t 时,运距为 1 000 mile(英里,1 mile = 1 609.344 m)的管道,每吨煤运费的组成是供水 4%、制浆 12%、脱水 20%、管道 64%,供水及前后处理费用共占 36%;运距为 500 mile 时,供水及前后处理费用上升至 53%。对于 1 000 mile 的管道,年输煤量由 1 000 万 t 上升至 2 500 万 t 时,则吨煤运费可减少 30%。

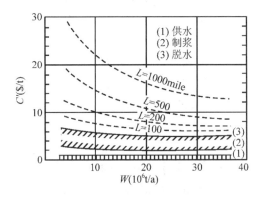

图 6-16 煤浆管道吨煤运费与运量及运距的关系

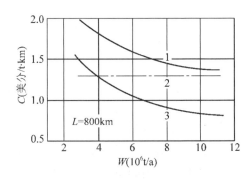

图 6-17 三种能源运输方式成本的比较
1.380kV 输电 2. 铁路运输 3. 管道运输

2) 煤的不同运输方式的成本比较

煤可以制成煤浆,通过管道运输到电厂发电;也可以通过铁路运输到同一电厂;还可以将电厂建在煤炭产地(坑口电厂),另建高压输电线路,将电送到消费地。美国 Bechtel 公司对管道输煤的经济效益进行研究后得出如下结论:采用管道大运量远距离输送煤浆,不仅比铁路运输有利,且比坑口建电厂发电后再高压线输电还合算,如图6-17所示。以运距800 km为例,管道输送在年运量超过 380×10^4 t时,运输成本低于铁路;而用380 kV远程输电方式,在任何输量范围内,成本均高于管道运输。与铁路运输相比,管道输煤还有一个优点,就是物价上涨对运输成本的影响较小。这是因为管道运费可变成本含量较小;铁路运费则受可变成本影响大,故受物价上涨率影响较大。

6.5 城镇燃气管道

城镇燃气管道用于供给城镇或居住区内,用于生产、生活等用途的气体燃料,与城镇人的生产和生活密切相关,是城镇燃气设施的主体部分,也是重要的市政工程。城镇燃气的输配系统是现代城镇不可缺少的内容,标志着一个国家现代化建设的水平,是发展经济、全面建设小康社会的需要,关系到国民经济的可持续发展、资源和能源的合理利用,环境保护和生态平衡,在国民经济和城乡建设中占有重要的地位。

6.5.1 城镇燃气管道系统

城镇燃气管道系统主要是由管道、门站、高压站、调压装置及管道上的附属设备等组成管网体系,它的任务是从城市门站接收天然气,并将其输送、分配到每个用户。

1) 城市燃气的种类

城镇燃气是从城市、乡镇或居民点中的地区性气源点,通过输配系统供给居民生活,商业和工业企业的生产、采暖和空调等各类用户公用性质的,且符合燃气质量要求的可燃气体,一般包括天然气、液化石油气和人工燃气。

(1) 天然气:天然气的主要成分是可燃的烃类气体,一般包括甲烷、乙烷、丙烷、丁烷等,其中甲烷的比例远远高于其他烃类气体。在物理标准状态下(温度为0℃,压力为101.325 kPa),甲烷至丁烷为气态,而戊烷以上为液态。根据天然气的来源可分为:气田气、石油伴生气、凝析气田气和煤层气。

天然气的质量要求:为了保证输气系统及用气设施安全、高效运行,同时使天然气燃烧产物满足环保要求,对进入干线输气管道的气质有较高要求。城镇燃气应符合国家标准《城镇燃气设计规范》(GB 50028—2006)规定:一类、二类天然气发热量(热值)都不低于 31.4 MJ/m^3;硫化氢的含量分别小于 6 mg/m^3 和 20 mg/m^3;总硫含量分别不超过 100 mg/m^3 和 200 mg/m^3;二氧化碳含量(体积分数)不超过 3%;在天然气交接点的压力和温度条件下,水露点温度应比最低环境温度低5℃。

(2) 人工燃气:根据制作原料和工艺,人工燃气分为固体燃料干馏煤气、固体燃料气化煤气、油制气、高炉煤气四种类型。从发展趋势看,传统意义上的煤制气在城市燃气中的比例将越来越小。固体燃料干馏煤气是指利用焦炉、连续式直立炭化炉或立箱炉等对煤进行干馏所获得的煤气,其甲烷和氢含量较高,低发热量(热值)约为 16.7 MJ/m^3。固体燃料气化煤气包括压力气化煤气、水煤气、发生炉煤气等,在2~

3 MPa压力下，以纯氧或水蒸气作为气化剂将煤气化可获得压力气化煤气，其主要成分是氢和甲烷，其发热值约为 15.1 MJ/m³。

人工燃气的质量要求：①焦油与灰尘，GB 50028—2006 中规定，城市燃气的焦油和灰尘含量不得超过 10 mg/m³。②萘，人工煤气特别是干馏煤气中含萘较多，GB 50028—2006 中规定，对于低压输送（压力不超过 500 mmH₂O，1 mmH₂O = 9.80665 Pa）的城市燃气，冬季的含萘量不得超过 50 mg/m³，夏季的含萘量不得超过 100 mg/m³，对于中压以上（压力高于 500 mm 水柱）的燃气管道，冬季的含萘量不得超过 50 mg/m³，夏季的含萘量不得超过 100 mg/m³；③硫化物，GB 50028—2006 中规定人工燃气中硫化氢的含量不得超过 20 mg/m³；④氨，GB 50028—2006 中规定人工燃气中氨的含量不得高于 50 mg/m³；⑤一氧化碳，一氧化碳是无色、无味、有剧毒的可燃气体，是城市燃气中毒性最强的可燃成分，一般要求城市燃气中其含量不超过 10%。

(3) 液化石油气：液化石油气(LPG)是石油开采和炼制过程的副产品。目前我国的 LPG 主要来自炼厂的催化裂化装置，这种装置的液化石油气产率为 7%~8%。此外，油气田的原油稳定和轻烃回收装置也提供一定数量的 LPG。LPG 的主要成分是丙烷和丁烷，它在常温常压下呈气态，但当压力升高或温度降低时很容易转化为液态，其液态体积约为气态的 1/250。液化石油气(气态)的发热值为 92.1~121.4 MJ/m³，折算液态为 45.2~46.1 MJ/kg。

液化石油气的质量要求：①硫，一般要求气态 LPG 中硫化氢的含量不高于 50 mg/m³，液态 LPG 中总硫的质量分数不超过 0.015%~0.02%，②水，通常要求将 LPG 的水分尽可能脱除干净；③从炼油厂获得的 LPG 可能含有二烯烃，一般要求 LPG 中丁二烯的摩尔分数不高于 2%；④乙烷和乙烯，由于乙烷和乙烯的饱和蒸汽压高于丙烷和丙烯的饱和蒸汽压，而 LPG 的储运设备大多是按纯丙烷设计的，故乙烷和乙烯含量过高容易发生事故。一般要求作为燃气的 LPG 中乙烷和乙烯的质量分数不超过 6%；⑤残液，储气容器中的剩余液态 LPG 为残液，一般要求在 20℃ 条件下残液的体积分数不超过 2%。

2) 城市燃气输配管道的分类

城市燃气输配管道一般按管道的功能、敷设方式、燃气压力和管材分类。

(1) 按管道功能分为：分配管道；用户引入管道；室内管道和工业企业管道。

(2) 按管道敷设方式分为：埋地管道和架空管道。埋地管道在城市中最常用。

(3) 按燃气压力分为：GB 50028—2006 中规定，城镇燃气管道按燃气设计压力 P 分为七个压力等级，如表 6-4 所示。

(4) 按管道管材分为：钢管；铸铁管；塑料管和有色金属管。钢管具有强度高、管壁薄、可塑性好等优点，特别适合于压力较高的管道，缺点是防腐成本高。铸铁管的优点是投资省、耐腐蚀性能好，缺点是抗拉强度、抗弯曲能力、抗冲击能力及焊接性能等不如钢管好。塑料管具有耐腐蚀、质量轻、柔性好、流动阻力小、施工简便等优点，但承压能力远远低于钢材，在同样设计压力下，塑料管的厚度比钢管大得多。国外有些小口径燃气管道(如室内管道)采用有色金属管材，如铜管和铝管。有色金属管的优点是耐腐蚀性好，缺点是造价高。

表 6-4 城镇燃气设计压力(表压)分级

名 称		压力/MPa
高压燃气管道	A	$2.5 < P \leq 4.0$
	B	$1.6 < P \leq 2.5$
次高压燃气管道	A	$0.8 < P \leq 1.6$
	B	$0.4 < P \leq 0.8$
中压燃气管道	A	$0.2 < P \leq 0.4$
	B	$0.01 < P \leq 0.2$
低压燃气管道		$P \leq 0.01$

3) 城市燃气输配管网的结构

管网结构是指其组成及各部分之间的联接关系。现代城市燃气输配管网一般由以下几部分构成：各种压力等级的燃气管道；各种用途的气站(燃气分配站)、压气站、调压计量站、调压室；储气站；计算机监控系统等。

根据管网压力的分级情况，城市燃气输配管网分为一级系统、两级系统、三级系统和多级系统。一级系统只有低压管网，一般只适用于小城镇。两级系统由低压和中压(A 级或 B 级)两级管网构成。中压管道和低压管网中的主干线一般建成环状，而其他低压管道一般建成树枝状结构。在中压管网和低压管网之间必须设调压室。调压室的主要设备是调压器，其功能是降低燃气压力，并维持调压室出口压力稳定。三级系统由低压、中压和高压管网组成，其气源一般是来自长距离输气管道的天然气，在少数情况下也可以是高压人工燃气。这种系统的高压、中压管道多采用环状结构，低压管网结构与两级系统相同。在不同压力等级的管网间必须设调压室。多级系统由低压、中压、高压和超高压管网组成，一般适用于特大型城市，其气源一般是来自长距离输气管道的天然气。

6.5.2 城镇燃气管道安全管理

城镇燃气输配系统运行工况直接关系到用户用气可靠性、安全性，与居民的生活和生命财产密切相关。由于城市燃气管网属隐蔽工程以及载体介质本身易燃易爆，并处于一定的压力状态，具有较大的危险性。城市燃气供应系统事故中，运输环节特别是管道的事故频率较高，因此加强城镇燃气管道的安全管理十分必要。

1) 城镇燃气的安全管理

城镇燃气虽是一种优质燃料，但由于其易燃、易爆甚至具有一氧化碳等有毒成分，若管理和使用不当，极易引发爆炸、火灾和中毒死亡事故。为了加强城镇燃气管理，保障燃气供应，防止和减少燃气安全事故，保障公民生命、财产安全和公共安全，维护燃气经营者和燃气用户的合法权益，促进燃气事业健康发展，我国国务院制定了《城镇燃气管理条例》，并于 2011 年 3 月 1 日起施行。本条例对城镇燃气发展规划与应急保障、燃气经营与服务、燃气使用、燃气设施保护、燃气安全事故预防与处理及相关管理活动等内容作了相应的规定。

2) 城镇燃气管网安全管理的操作要求和维护保养

地下敷设管道属隐蔽工程，载体介质本身易燃易爆，并处于一定的压力状态，随着时间推移地壳的变化，管道的老化与腐蚀，建设施工的挖掘与碾压，以及其他不可预见的原因等，都可能造成管道损坏，燃气泄漏，引起火灾和中毒事件。因此，加强城镇燃气管网的管理与日常维护以及建立健全相应的安全管理制度尤为重要。

(1) 燃气管网的操作要求：必须强调管道工艺指标控制和岗位责任制。

工艺指标控制：主要包括流量、压力和温度的控制；交变载荷和腐蚀性介质含量控制。使用压力和使用温度是管道设计、选材、制造和安装的依据。只有严格按照安全操作规程中规定的控制操作压力和操作温度运行，尽量避免不必要的频繁加压、泄压和过大的温度波动，并防止产生腐蚀介质超标，才能保证管道的使用安全。

岗位责任制：要求操作人员熟悉本岗位燃气管道的技术特性、系统结构、工艺流程、工艺指标、可能发生的事故和应采取的措施。操作人员必须经过安全技术和岗位操作法的学习培训，经考试合格后才能上岗独立进行操作。

(2) 燃气管网的维护保养：维护保养工作是延长燃气管道使用寿命的基础，其主要内容就是做好巡回检查、日常保养和及时修理。巡回检查：燃气使用单位应根据城镇燃气工艺流程和管网分布情况，明确职责，制定严格的燃气管道巡回检查制度；检查制度要明确检查人员、检查时间、检查部门、应检查的项目，操作人员和维修人员均要按照各自的责任和要求定期按巡回检查路线完成每个部位、每个项目的检查，并做好巡回检查记录；检查中发现的异常情况应及时汇报和处理。

3) 燃气管网的安全管理制度

燃气管网的安全管理制度主要包括主管单位管理制度、使用单位管理制度和操作管理制度。同时，燃气管道管理还要制定工作标准及有关经济责任制和考核办法，做到人人有专责、事事有人管、工作有标准，并且检查与考核工作到位。

(1) 主管单位管理制度：必须根据城镇实际情况，建立一套科学的管理制度，并在贯彻过程中不断地加以完善，其主要内容应该包括：各有关部门及人员的职责范围、工作程序和工作标准；燃气管道维护、检修、改造、变更、报废等技术审查和报批制度；操作、检验、焊接及管理人员的技术培训和考核制度；燃气管道隐患查找、登记，事故报告及整改处理制度；压力管道使用中出现紧急情况的处理规定；接受当地质量技术监督行政部门对在用燃气管道现场安全监察的规定等制度。

(2) 使用单位管理制度：应根据生产工艺要求和燃气管道技术性能，制订燃气管道安全操作规程，应包括：操作工艺控制指标；岗位操作法，开停车的操作程序和有关注意事项；运行中应重点检查的部位和项目；运行中可能出现的异常现象的判断、处理方法、报告程序和防范措施；使用时的封闭和保养方法；确保安全附件灵敏可靠的要求。

(3) 操作管理制度：燃气管道的操作人员应熟悉操作工艺流程，严格遵守安全操作规程和岗位责任制，在运行中发现操作条件异常时应及时进行调整。遇管道及管件异常，安全保护装置失效，阀门及监控装置失灵等情况时，应立即采取紧急措施并及时报告有关部门和人员。

小结

本章以管道运输为研究对象,主要内容包括管道运输概述、长距离输油管道、长距离输气管道、固体料浆的管道运输、城镇燃气管道共 5 节。其中:管道运输概述主要介绍了管道运输的作用、地位和特点,历史、现状及发展趋势;长距离输油管道主要介绍了长距离输油管道的组成、主要设备、运行控制、多种油品的顺序输送和易凝高黏原油的输送工艺;长距离输气管道主要介绍了输气管道的组成及设计、主要设备、运行管理、供气调峰与储气设施;固体料浆的管道运输主要介绍了固体料浆管道运输的基本原理、主要工艺技术问题及主要技术经济特性;城镇燃气管道主要介绍了城镇燃气管道系统和安全管理。各种输送管道的组成部分及主要设备是管道运输的基础设施;城镇燃气管道属于城市居民用气的范畴,其安全管理直接关系到用户用气可靠性、安全性,与居民的生活和生命财产密切相关。本章重点是管道运输基础设施,难点是管道运输的设计规范。

思考题

1. 管道运输有哪些特点及主要的经济特征?
2. 长距离输油管道有哪几部分组成?各有哪些功能?
3. 长距离输油管道的有哪些主要设备?
4. 输油泵的原动机有几种类型?各有什么特点?
5. 提高输油管道输量的措施有哪些?
6. 多种油品顺序输送有哪些特点?
7. 长距离输气管道有哪几部分组成?各有哪些功能?
8. 天然气供气调峰的主要措施有哪些?
9. 长距离浆体管道输送系统包括哪几个环节?各有哪些设备?
10. 浆体管道输送的主要工艺技术问题有哪些?
11. 城市燃气的质量要求有哪些?
12. 城市配气管网有哪几部分的组成?各有哪些任务?

推荐阅读书目

1. 交通运输工程学(第 2 版). 沈志云,邓学钧. 人民交通出版社,2008.
2. 输油管道设计与管理. 杨筱蘅. 中国石油大学出版社. 2006.
3. 天然气管道输送. 李长俊. 石油工业出版社. 2008.
4. 天然气输送与城镇燃气. 陆忠. 中国石油大学出版社. 2008.
5. 粒状物料的浆体管道输送. 王绍周. 海洋出版社. 1998.

第7章
物流工程概述

[本章提要]

本章主要介绍物流工程的基本概念与知识，内容包括物流与物流工程、物流系统规划与设计、物流工程设施与设备、物流信息系统与技术共4个部分。物流工程是以物流系统为研究对象，研究物流系统的资源配置、物流运作过程的控制、经营和管理的工程领域。随着全球经济一体化和计算机通讯技术的广泛应用，极大地促进了物流业的发展，使物流业迅速成为在全球具有巨大潜力和发展空间的新兴服务产业，并成为衡量一个国家或地区经济发展水平、产业发展环境、企业竞争力的重要标志之一。通过本章的学习，希望能对物流工程的体系结构有整体认识，了解物流工程的相关概念，了解物流工程在实际生活中的作用，并掌握物流系统规划与设计的方法，具备物流设施规划与系统设计的能力。

物流是一门综合性学科，是现代技术科学、经济科学与管理科学完美结合的产物。它涉及仓储、流通、环境、运输、搬运、资源配置、管理、运筹、财会、计算机、系统工程、项目管理等诸多学科。现代物流充分运用了各学科已取得的众多科技成果，并且将会在应用中同时促进各学科的发展。

目前，在许多发达国家，现代物流不仅拥有成熟的理论，而且在实践中也得到了广泛的应用。以美、日、欧等为代表的发达国家和地区已经形成了由完善的物流基础设施、高效的物流信息平台和比较发达的第三方物流企业组成的社会化物流服务体系。现代物流产业对社会经济发展的贡献越来越大，并形成了巨大的商业市场。

中国对物流的研究比较早，但物流产业起步较晚，目前处于发展阶段。进入 21 世纪后，在全球经济一体化的影响下：中国物流行业已纳入国家十大振兴产业之一；物流企业也日益与国际接轨；物流业发展速度很快，发展空间巨大，成为极具市场前景的新兴产业。

随着信息技术的快速发展、理论界对物流的深入探讨和相关企业的物流实践，人们对物流的认识不只停留在理论研究和运输配送上，而是深入到具体的决策管理。交通运输网络构成现代物流网络的基本平台，是物流系统的核心。因此，交通运输工程与现代物流工程的融合，能更好地实现现代经济社会的创新与发展。

7.1 物流与物流工程

物流（logistics）属于供应链活动的一部分，是为了满足客户需要而对商品、服务以及相关信息从产地到消费地的高效、低成本流动和储存进行的规划、实施与控制的过程。

物流工程（logistics engineering）是以物流系统为研究对象，研究物流系统的规划设计与资源优化配置、物流运作过程的计划与控制以及经营管理的工程领域，并注重信息流在物流系统中的作用，达到系统整体最优的效益。

物流工程学是以物流工程系统理论、物流工程实践活动和物流工程相关领域为研究对象的新型学科，主要内容包括物流工程学概述、物流工程技术、物流工程规划、物流工程管理与评价以及物流工程案例分析等。它是管理与技术的交叉学科，与交通运输工程、管理科学与工程、工业工程、计算机技术、机械工程、环境工程、建筑与土木工程等领域密切相关。

7.1.1 物流的概念与意义

对于物流的概念与意义，不同国家、不同机构、不同时期对其有不同的认识和理解。物流活动的最早文献记载是在英国。1918 年，英国犹尼利弗的哈姆勋爵成立了"即时送货股份有限公司"，目的是在全国范围内把商品及时送到批发商、零售商和用户手中。二战期间，美国从军事需要出发，在对军火进行战时供应时，首先采用了"物流管理"（logistics management）这一词，并对军火的运输、补给、屯驻等进行全面管理。二战后，"物流"一词被美国人借用到企业管理中，被称作"企业物流（business logistics)"。企业物流是指对企业的供销、运输、存储等活动进行综合管理,是为了计划、执行和控制原材料在制品库存及制成品从起源地到消费地的有效的流动而进行的两种或多种活动的集成。后被日本引进,日本结合当时的经济建设和管理而逐步发展,将"物流"解释为"物的流通",延伸到流通领域。我国最早的物流概念的是由孙中山在1894年提出的"货畅其流",正式采用的物流概念是20世纪80年代初从日本引进的,随着仓储和实物配送的发展,同时物流理论的实践在不同行业也得以加强。

1) 物流的概念

随着社会经济和科学技术的迅速发展,物流的概念逐步国际化,物流的含义有了新的发展,不同的国家对物流概念的理解有所不同。

在日本综合研究所编著的《物流手册》中对物流定义为:物流是物资资料从供给者向需求者的物理性移动,是创造时间性、场所性价值的经济活动。

1985年美国的物流管理协会对物流定义为:物流是对货物、服务及相关信息从起源地到消费地有效率、有效益的流动和储存进行计划、执行和控制,以满足顾客要求的过程。

1994年欧洲物流协会对物流定义为:物流是在一个系统内对人员及商品的运输、安排及与此相关的支持活动的计划、执行与控制,以达到特定的目的。

我国国家标准GB/T18354—2006《物流术语》中的物流定义为:物流是物品从供应地向接收地的实体流动过程。根据实际需要,将运输、储存、装卸、搬运、包装、流通加工、配送、信息处理等功能有机结合,来实现用户需求。

可以看出,虽然有关物流的定义表述不一,但是人们对其基本认识是一致的。即现代物流是指:利用现代信息技术和设备,将物品从供应地向接收地准确的、及时的、安全的、保质保量的、门到门的合理化服务模式和先进的服务流程。它包括运输、搬运、储存、保管、包装、装卸、流通加工和物流信息处理等基本功能的活动,它是由供应地流向接受地以满足社会需求的活动,是一种经济活动。它随商品生产的出现而出现,随商品生产的发展而发展。它不仅是一种古老的传统经济活动,而且已经形成一种现代新兴产业。

所以,物流是为了使物质资料从供应地向接收地有计划的实体流动而进行的相关作业活动的全过程,是创造时间和空间价值的经济活动。现代物流的发展如图7-1所示。

2) 物流的意义

现代物流过程,从原材料流入企业制造设施中,再通过营销把产品送到顾客手中,即资源从供应地最终到达消费者,要经过一系列的有关选址、运输和库存等业务活动的优化过程。因此,从物流活动的范围可以看出,物流关系到产品的成本、产品的质量和产品的交货期。随着电子化、信息化时代的到来,自动化、柔性化技术正在进入企业,物流信息系统、ERP等的出现,提高了企业竞争的能力。随着市场竞争的加剧,在原材料、设备和劳动力成本降低趋于饱和后,对成本的控制转向物流领域。美国的经营学家彼·特拉卡指出:物流是"降低成本的最后边界"。物流是生产过程的必要条件,能保证社会产品的提供并创造国民收入,创造了产品的时间价值及

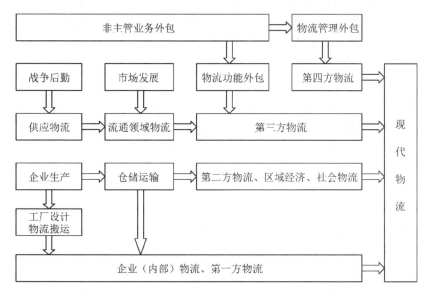

图 7-1 现代物流的发展

场所性价值；同时不创造新物质，不增加产品的总数量，但使产品增值。物流是现代经济的第三利润源泉，物流确保了社会正常的生活和工作秩序。

物流在国民经济中占有重要的地位，物流的发展是提高经济效益的重要源泉。日本早稻田大学教授西泽修在《流通费用》中提出："物流是第三利润源"；通过降低物流费用增加的利润；有效的控制物流的各个环节，大幅度的降低流通费用，在一定程度上弥补了由于原材料、燃料、人工费用上涨而减少的利润。

物流是国民经济的动脉，是联结社会生产各个组成部分成为一个有机整体的纽带；是生产过程有效进行的前提，是保证商流顺畅进行，实现商品价值和使用价值的物质基础。物流技术的进步与发展，决定着国民经济的生产规模和产业结构变化，从根本上改变着产品的生产和消费条件，为社会经济的发展提供了重要前提。

7.1.2 物流的分类

根据物流的需求及其在社会再生产过程中的地位与作用的不同，可以将物流进行分类，常见的分类方式有：

1）按物流的活动范畴分类

物流可以分为宏观物流和微观物流。一般地，在大空间范畴内发生的物流活动，往往带有宏观性，属于宏观物流；在小空间范畴内发生的物流活动，往往带有微观性，属于微观物流。

（1）宏观物流：是指社会再生产总体的物流活动。物流的业务活动是以社会为活动范围，面向社会，也称为社会物流或大物流。它是由若干个微观物流网点构成的有机物流系统。其主要特点是综观性和全局性，主要研究内容包括物流总体构成，物流与经济发展的相互关系等。

(2)微观物流：是指消费者和生产者所从事的具体的物流活动。其主要特点是具体性和局部性。微观物流的研究内容贴近企业经营管理的实际，包括生产物流、供应物流、销售物流、回收物流及废弃物物流等。

2) 按物流层次和作用分类

物流可以分为社会物流、行业物流和企业物流。

(1)社会物流：社会物流是物流的主要研究对象。社会物流是指以全社会为范畴、面向广大用户的超越一家一户的物流。社会物流涉及在商品的流通领域所发生的所有物流活动，因此带有宏观性和广泛性，所以也称之为大物流或宏观物流。伴随商业活动的发生、物流过程通过商品的转移，实现商品的所有权转移，这是社会物流的标志。

(2)行业物流：行业物流是指在一个行业内部发生的物流活动。在一般情况下，同一行业的各个企业往往在经营上是竞争对手，但为了共同的利益，在物流领域中却又常常互相协作，共同促进物流系统的合理化。行业物流系统化的结果使行业内的各个企业都得到相应的利益。

(3)企业物流：企业物流(Internal logistics)是指企业内部的物品实体流动。它从企业角度上研究与之有关的物流活动，是具体的、微观的物流活动的典型领域。企业物流又可分为以下几种具体物流活动：供应物流、生产物流、销售物流、回收物流、废弃物物流等。

①供应物流是提供原材料、半成品或成品时所发生的物流活动。供应物流的作用是保证生产、流通或消费过程连续。不仅要保证供应，而且要以最低的成本、最高效的供应完成物流活动。企业的流动资金大部分被采购的物资材料及半成品占用，因此，严格管理和合理化的物流供应对于减少企业的生产经营成本有重要的作用。

②生产物流是指在生产过程中，从原材料采购到在制品、半成品等各道生产程序的加工，直至制成品进入仓库全过程的物流活动。生产物流和生产流程同步，是从原材料购进开始直到生产成品发送为止的全过程的物流活动。原材料、半成品等按照工艺流程在各个加工点之间不停顿地移动、转移，形成了生产物流。它是制造产品的生产企业所特有的活动，如果生产中断了，生产物流也就随之中断了。生产物流的发展历经了人工→机械化→自动化→集成化→智能化五个阶段。

③销售物流是指生产企业、流通企业出售商品时，物品在供方与需方之间的实体流动。

④回收物流是针对在生产、供应和销售过程中产生的各种边角余料、废料、残损品的处理等发生的物流活动。对回收物料如果处理不当会造成资源浪费或环境污染。

⑤废弃物物流是指将经济活动中失去原有使用价值的物品，根据实际需要进行收集、分类、包装、搬运、储存等，并分别送到专门处理场所时所形成的物品实体流动。它主要从环境保护的角度出发，不管对象物有没有价值或利用价值，都将其妥善处理，以免造成环境污染。

3) 按照物流活动的空间范围分类

物流可以分为农村物流、城市物流、区域物流、国内物流和国际物流。

(1)农村物流:是指在农村内部、农村与城市之间,物品由生产者所在地向需求者所在地的物流活动。

(2)城市物流:是指在城市范围内、城市之间,物品由生产者所在地向需求者所在地的物流活动。

(3)区域物流:是指物流活动在区域范围内或区域之间的表现形态。

(4)国内物流:是指为国家的整体利益服务,在国家自己的领域内开展的物流活动。

(5)国际物流:是指物品超越国境,从供给国向需求国在空间、时间上的物理性的实体流动。国际物流是现代物流系统中的重要领域,也是一种新的物流形态。

4) 根据作用领域的不同分类

物流分为生产领域的物流和流通领域的物流。

(1)生产领域的物流:是指贯穿整个生产过程的物流。生产的全过程从原材料的采购开始,便要求有相应的供应物流活动,即采购生产所需的材料;在生产的各工艺流程之间,需要原材料、半成品的物流过程,即所谓的生产物流;部分边角余料、可重复利用的物资的回收,就是所谓的回收物流;报废物品的处理则需要废弃物物流。

(2)流通领域的物流:主要是指销售物流。在当今买方市场条件下,销售物流活动带有极强的服务性,以满足买方的需求,最终实现销售。在这种市场前提下,销售往往以送达用户并经过售后服务才算终止,因此企业销售物流的特点便是通过包装、送货、配送等一系列物流实现销售。

5) 按照从事物流的主体分类

物流可分为第一方物流、第二方物流、第三方物流、第四方物流。

(1)第一方物流:是指需求方(生产企业或流通企业)为满足自己企业在物流方面的需求,由自己完成或运作的物流业务。

(2)第二方物流:是指供应方(生产厂家或原材料供应商)专业物流企业,提供运输、仓储等单一或多种物流服务的物流业务。

(3)第三方物流(Third Party logistics 缩写 TPL):是指由物流的供应方与需求方以外的物流企业提供的物流服务。即由第三方专业物流企业以签订合同的方式为其委托人提供所有的或一部分的物流服务。所以第三方物流也称之为合同制物流。

(4)第四方物流(Fourth party logistics):是一个供应链的集成商,是供需双方及第三方的领导力量。它不是物流的利益方,而是通过拥有的信息技术、整合能力以及其他资源提供一套完整的供应链解决方案,以此获取一定的利润。它是帮助企业实现降低成本和有效整合资源,并且依靠优秀的第三方物流供应商、技术供应商、管理咨询以及其他增值服务商,为客户提供独特的和广泛的供应链解决方案。

7.1.3 物流的功能

物流是根据用户的要求将物质资料按质、按量、及时、齐备、均衡的供应给消费者的全过程,其主要功能有:

1) 运输功能

运输是物流各环节中最主要的部分，是物流的关键，物流的其他许多功能是伴随着运输功能而存在的，比如装卸搬运功能。运输的作用是使物资流体发生空间上的转移，因为生产、流通和消费活动需要使物品发生空间转移。没有运输，物品只能有存在价值，没有使用价值，即生产出来的产品，如果不通过运输，送至消费者进行消费，等于该产品没有被利用，因而也就没有产生使用价值。没有运输连接生产和消费，生产也就失去意义。运输创造了空间效益的活动。

2) 储存(保管)功能

储存同样是物流活动各大环节中十分重要的组成部分，产品离开生产线后到最终消费之前，一般都要有一个存放、保养、维护和管理的过程，也是克服季节性、时间性间隔，创造时间效益的活动。虽然人们希望产品生产出来后能马上使用，使物流的时间距离，即存放、保管的时间接近"零"，但这几乎不可能。既便从生产厂到用户的直达运输，在用户那里也要有一段时间的存放过程，因此保管的功能不仅不可缺少，而且很有必要。为了防止自然灾害、战争、地震、海啸等人类不可抗拒事件的发生，还需要进行战略性储备。

3) 包装功能

商品在生产、流通过程中，因为以下目的而需要包装，进而表现为下列集中效应的包装形式：一类是工业包装，或叫运输包装、大包装；另一类是商业包装，或叫销售包装、小包装。工业包装的对象有煤炭、矿石、棉花、粮食等。工业包装的原则是在物流作业过程中的运输、装卸、堆码、发货、收货、保管，能保质、保量、促销。工业发达的国家，在产品设计阶段还考虑包装的合理性、搬运装卸和运输效率性以及尊重搬运工的能力性等。商业包装的目的主要是促进销售，包装精细、考究，以利于宣传、吸引消费者购买。

4) 装卸搬运功能

为了衔接储存和运输等物流作业活动，需要将物品从载体上卸下，或者从发货地装上载体，有时还需要进行很短距离的搬运作业，分为装、卸和搬运三种业务。在实际操作中，装卸与搬运是密不可分的，两者是伴随在一起发生的。在物流作业活动中，装卸搬运活动是不断出现和反复进行的，它出现的频率高于其他各项物流作业活动，每次装卸搬运活动都要花费很长时间，所以往往成为决定物流速度的关键。因此，物流系统一般都需要配备一定的装卸搬运设备来进行大量重复性的装卸搬运作业，以提高劳动生产率，降低商品损耗。

5) 流通加工功能

流通加工是指在物品从生产领域向消费领域流动的过程中，为了方便流通、运输、储存、销售、用户使用以及物品的充分利用、综合利用而进行的加工活动。流通加工一般与生产加工在加工方法、加工组织、生产管理方面并无显著差别，但在加工对象、加工内容、加工目的以及加工所处的领域等方面有较大差别。在流通过程中对物品进行的加工实际上是生产过程在流通过程的延续。目前，流动加工对于销售来说越来越重要了。

6) 配送功能

配送是指在经济合理区域范围内，根据客户要求，对物品进行拣选、加工、包装、分割、组配等作业，并按时送达指定地点的物流活动。配送是物流中一种特殊的、综合的活动形式，是商流与物流的紧密结合，它既包含了商流活动和物流活动，也包含了物流中若干功能要素。从物流来讲，配送几乎包括了所有的物流功能要素，是物流的一个缩影或在某个小范围内全部物流活动的体现。一般的配送集装卸、包装、保管、运输于一身，通过这一系列活动完成将货物送达的目的。特殊的配送则还要以加工活动为支撑，所以包括的方面更广。但是，配送的主体活动与一般物流却有不同，一般物流是运输及保管，而配送则是运输及分拣配货，分拣配货是配送的独特要求，也是配送中有特点的活动，以送货为目的的运输则是最后实现配送的主要手段，从这一主要手段出发，常常将配送简单地看成运输中的一种。

7) 信息处理功能

物流信息是连接运输、保管、装卸、包装各环节的纽带，没有各物流环节信息的通畅和及时供给，就没有物流活动的时间效率和管理效率，也就失去了物流的整体效果。产品从生产到消费过程中的运输数量和品种、库存数量和品种、装卸质量和速度、包装形态和破损率等信息都是物流活动质量和效率的保证，是搞好物流管理的先决条件。不断地收集、筛选、加工、研究、分析各类信息，并以此为依据判断生产和销售方向，制定企业经营战略，在国外已经不是新鲜经验。因此，物流信息功能是物流活动顺畅进行的保障，是物流活动取得高效益的前提，是企业管理和经营决策的依据。充分掌握物流信息，能使企业减少浪费、节约费用、降低成本、提高服务质量，确保企业在激烈的市场竞争中立于不败之地。

7.1.4 物流工程的研究对象

从物流系统的范围来看，一般将社会物资的物资调配、港口运输等系统区域活动称为大物流，由工厂布置和物料搬运等企业内活动发展而来的物流系统称为小物流。它们共同构成物流工程的研究对象。

任何一个系统，比如生产系统、服务系统或管理系统，都可以视为一个物流系统，物流工程主要解决物流系统的五类问题：一是物流系统的规划与设计；二是物流设施规划与设计；三是物料搬运系统设计；四是企业内部物流运输与储存的控制和管理；五是运输与搬运设备、容器与包装的设计和管理。

1) 物流系统规划与设计

物流系统规划设计，是一个复杂的社会经济系统，是指在一定区域范围内物资流通设施的布点网络问题。科学的物流系统规划与设计是物流合理化的基础；做好物流系统规划，重点是要做好区域物流系统规划、物流网络规划和物流运输系统规划；对规划结果做出科学地评价，可以借助广泛采用的可视化物流系统仿真技术。

不同层次的物流系统规划与设计的内容不同，对于生产系统，规划设计的核心是工厂、车间和仓库内部的设计与平面布置、设备的布局，以求路线系统的合理化。通过改变和调整平面布置调整物流，使整个生产系统的经济效益得到提高。

2) 物流设施规划与设计

物流设施设计是物流工程学的重要内容之一。设施设计起源于工厂设计,是生产设计的重要组成部分。近年来,设施设计发展很快,已成为一个重要的独立科研方向和技术体系,被认为是物流科学管理的开端。设施设计对系统能否取得预想的经济效益和社会效益起着决定性作用。

设施规划与设计是根据系统(如工厂、学校、医院、办公楼、商店等)应完成的功能(提供产品或服务),对系统各项设施(如设备、土地、建筑物、公用工程)、人员、投资等进行系统的规划和设计。设施是指生产系统或服务系统运行所需的有形固定资产。

物流系统的设施主要包括实体建筑、机械设备、物品物料和工作人员等部分,设施规划是在企业经营策略的指导下,针对企业个体中的生产或服务系统的生产或转换活动,从投入到产出的全部过程中,对设施设备做最有效的组合与规划,并与其他相关设施协调,以期获得安全有效又经济的操作,满足企业经营需求,同时进一步对企业长期的组织功能和发展产生更积极的影响和效益。

3) 物料搬运系统设计

物料搬运是物流系统的一部分。它是在已经设计和建立的物流系统条件下,使系统中的物料按照生产工艺及服务的要求运动,以实现系统设计提出的目标,因而它也是物流系统的控制与管理活动。物料搬运系统是一系列的相关设备和装置,用于一个过程或逻辑动作系统中,协调、合理的将物料进行移动、储存或控制。物料搬运系统设计是对物料搬运的设备、路线、运量、搬运方法及储存场地等做出的合理安排。

4) 内部物流运输与储存的控制和管理

当内部物流网络布局形成时,须采用物流管理手段,优化和控制物流流程,主要包括运输、搬运和储存,使企业内部物流实现低成本、快速度、准确无误的作业过程,达到规划阶段所设定的目标。其中包括以下几方面的内容:生产批量最优化,工位储备与仓库储存,在制品的管理,搬运车辆的计划与组织方法,信息流的组织方法,信息流对物流的作用问题等。

5) 运输与搬运设备、容器与包装的设计和管理

通过改进搬运设备,改进流动器具来提高物流效益、产品质量等;如社会物流中的集装箱、罐、散料包装,工厂企业中的工位器具、料箱、料架以及搬运设备的选择与管理等。主要包括以下内容:仓库及仓库搬运设备,各种搬运车辆和设备,流动和搬运器具等。

7.1.5 物流工程的作用和意义

物流工程是从系统的整体出发,将各组成部分按照预期目标有机的组合,并互相配合,探索出一个最好的整体方案,系统各组成部分之间有着联系和制约的关系。物流系统涉及面广,不但有技术因素还有经济和社会因素,是以最少的人力、物力和财力消耗,在最短时间里,获得最大效益。所以,物流工程学科具备自然科学与社会科学相互交叉的边缘学科的特征。物流工程学科的研究方法,不仅要运用自然科学中常用的科学逻辑推理和逻辑计算,同时,也常采用对系统进行模型化、仿真与分析的方法,研究中常采用定量计算与定性分析相结合的综合研究方法。

1) 物流工程的作用

现代物流系统着重将物流与供应链的其他环节进行集成,包括物流渠道与商流渠道的集成、物流环节与制造环节的集成等。物流系统的竞争优势主要取决于它的功能整合与集成程度。在规划阶段物流工程可以运用"统一规划法"描述物流系统中的相互关系。物流工程可以用于解决生产制造中,企业的物流系统规划设计、控制与管理。其理论与技术应用范围广泛。国内外生产实践充分表明,物流工程的研究对优化企业管理、促进生产系统发挥全部生产能力、提高经济效益起到极其重要的作用。

(1) 规划设计是物流工程的灵魂:对物流系统整个寿命周期的总成本起着决定性作用。一个工程项目,资源利用是否合理、布置设计是否得当、设施设备是否先进、能否取得好的生产效果、能否为企业创造经济效益和产生社会效益,规划设计起着决定性的作用。一个工程项目的设计,所需要的费用一般只占总投资的 2% ~10%,但企业投产后会带来重大效益。规划设计决定物流系统运作的好坏。场地的选址,平面布置决定物流的路线、距离甚至搬运设备的选用,因此合理的规划设计是物流系统的基础。

(2) 提高物流管理水平,可实现生产管理现代化从而提高物流系统的信息化:网络的广泛应用以及自动化、柔性化、信息化的管理是提高企业竞争力的技术关键,只有提高物流系统的现代化管理水平,才能实现生产管理现代化。高水平的生产系统都具有高水平的设施设计和物流系统的自动化、柔性化、信息化的条件作保障。

(3) 物流工程为物流系统提供软件和硬件平台:一个好的物流系统不仅仅停留在规划与设计阶段,还需要通过具体的工程建设来实现。物流工程的实施过程就是完成整个物流系统的硬件设计、制造、安装、调试等过程。同时也需要规划软件的功能。

2) 物流工程的意义

因为物流工程以物流系统为研究对象,研究物流系统的规划设计与资源优化配置、物流运作过程的计划与控制以及经营管理的工程领域。随着世界经济一体化的发展,以新型流通方式为代表的连锁经营、物流配送、电子商务等发展迅速,各大企业对物流人才的需求急剧上升,物流业作为"第三利润源泉"已经成为经济发展的新增长点。其重要意义表现在以下几个方面:

(1) 减少生产中的工作数量和减轻工人的劳动强度:在大量生产的机械制造企业中,加工 1 吨产品平均搬运量为 60 吨次以上,一般工厂从事搬运储存的工作人员占全部工人的 15% ~20%。所以合理布置、设计物流系统,对企业关系重大。

(2) 缩短生产周期和加速资金周转:过去,设计人员在设计生产系统时,往往只注意到先进的制造工艺对提高生产率、降低成本所起到的作用,缺乏对整个物流系统的分析。经统计和分析表明,在工厂的生产活动中,从原材料进厂到成品出厂,物料真正处于加工等纯工艺的时间只占生产周期的 5% ~10%,而 90% ~95% 的时间都处于停滞和搬运状态。所以减少物流时间,可缩短生产周期和交货期,提高资金周转能力,增强企业竞争能力。

(3) 降低物流费用、节约生产成本、增加企业利润、提高经济效益：有资料表明，在制造业中，总经营费用中20%～50%是搬运费用，在矿业生产中物流所占用的资金、人员、产品的成本均在50%左右，而优良的物流系统设计可使这一费用减少到10%～30%。人们把物流降低的费用比作"冰山一角"，可见的部分很少，还有大部分是不可见的效益。在工业发达国家，除了营销、降低原材料和能源消耗外，已把改造物流搬运、改善工厂中物流组织看作是减少和节省开支以获取利润的"第三源泉"。

(4) 提高产品质量：产品在搬运、储存过程中，若搬运手段不善，造成磕、碰、伤，从而影响产品质量的现象非常严重，而企业的管理者往往忽视这个问题。

(5) 促进技术改造和为企业发展提出新的要求：新工艺、新设备的采用，往往可以缩短物流过程；反之，物流过程的改造更要求采用新工艺、新设备。

(6) 实现文明生产和安全操作：物流系统合理化有利于改善环境和生产组织管理，提高安全生产水平。

7.2 物流系统规划与设计

物流系统作为一个时域和地域跨度很大的系统，涉及众多领域，是包括诸多要素在内的复杂系统。随着物流实践的不断深入，物流系统在各个领域的作用越来越突出。物流系统要有效地、低成本地为用户提供高效服务，必须将现有资源进行有效整合，且有赖于科学合理的规划与设计。

7.2.1 物流系统的概念

物流系统是指在一定的时间和空间里，由所需位移的物资、包装设备、装卸搬运机械、运输工具、仓储设施、人员和通信联系等若干相互制约的动态要素所构成的具有特定功能的有机整体。其目的是完成物流服务，实现物资的空间效益和时间效益，在保证社会再生产顺利进行的前提下，实现各物流环节的合理衔接，获得最大的经济效益。

物流系统是社会经济大系统的一个子系统或组成部分，是由人、财、物、设备、信息和任务目标等要素组成的有机整体。它通过输入和输出使系统与社会环境进行交换，并与环境相依存。物流系统的环境、输入、转换、输出及反馈等方面构成如图7-2所示。

物流系统包括运输系统、储存保管系统、装卸搬运、流通加工系统、物流信息系统等子系统，通过构成系统的各个元素及元素的相互作用来提高系统的运营效率及效益。物流系统的构成元素与生产系统相同，离不开人、机、料、法、环、策等相互作用。物流分析研究的目的就是要使构成系统的这些元素合理、高效地组合与协调运作。

环境是物流系统所处的更大范围的系统，包括系统的不可控的外部环境和可控的内部环境。外部环境包括用户需求、观念及价格等因素。内部环境包括物流系统的人、财、物的规模与结构,以及系统的管理模式、策略、方法等。输入原材料、设备、劳力、能源等,就是通过提供资源、能源、设备、人力等对某系统发生作用,统称外部环境对物流系统的输入。

转换是指物流本身的转化过程。从输入到输出之间所进行的生产、供应、销售、服务等活动中的物流业务活动称为物流系统的处理或转化。具体内容有:物流设施设备的建设;物流业务活动,如运输、储存、包装、装卸、搬运等;信息处理及管理工作。

输出是指物流系统与其本身所具有的各种手段和功能,对环境输入进行各种处理后所提供的物流服务。具体内容有产品位置与场所的转移,各种劳务与合同的履行及其他服务等。

物流系统在把输入转化为输出的过程中,由于受系统各种因素的限制,不能按原计划实现,需要把输出结果返回给输入,进行调整,即使按原计划实现,也要把信息返回,从而对工作做出评价,这称为信息反馈。信息反馈的活动包括:各种物流活动分析报告、各种统计报告数据、典型调查、国内外市场信息与有关动态等。

从物流的概念可以看出,物流既包括生产过程的物流活动,又包括流通过程中的物流活动。所以,物流系统的范围是很广阔的,它始于生产企业的原材料购进,经过生产过程形成可供销售的半成品、成品,并运送至成品库,经过包装后分送到各流通中心,再转销给消费者,或从成品库直接运送给消费者,止于生活消费或生产消费。可见,物流系统的范围横跨生产、流通和消费三个领域。建立物流系统的目的主要是实现了物流系统合理化,获得宏观和微观两个效益,进行物流系统管理。

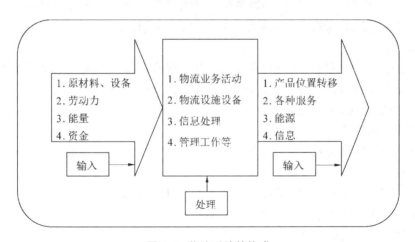

图 7-2 物流系统的构成

1) 物流系统的特点

物流系统具有整体性、相关性、目的性和环境适应性,具有规模庞大、结构复杂、目标众多等大系统所具有的特征。

(1) 物流系统是一个"人-机系统":是由人和形成劳动手段的设备、工具所组成。研究物流系统各方面的问题时,必须把人和物有机地结合起来,作为一个不可分割的整体加以考察和分析。并始终把如何发挥人的主观能动性放在首位，即人是系统的主体。

（2）物流系统是一个大跨度系统：一是地域跨度大，二是时间跨度大。在现代经济社会中，企业间的物流经常会跨越不同地域；国际物流跨越不同国家，地域跨度更大。通常采用储存的方式解决产需之间的时间矛盾，从而产生时间跨度。大跨度系统决定物流系统管理难度较大，对信息的依赖程度也较高。

（3）物流系统是一个可分解系统：大物流系统通常可分解为若干个相互联系的子系统。子系统的多少和层次的阶数随着人们对物流的认识和研究的深入而不断扩大。系统与子系统之间，子系统与子系统之间，存在着时间和空间上及资源利用方面的联系，并在总体目标、费用及运行结果等方面相互联系。

（4）物流系统是一个动态系统：是一个具有满足社会需要、适应环境能力的动态系统，受社会生产和社会需求的广泛制约。为适应经常变化的社会环境，必须对物流系统的各组成部分经常进行修改、完善，要求物流系统具有足够的灵活性和可改变性。

（5）物流系统是一个复杂系统：物流系统的运行对象是物，其具有品种繁多、数量庞大、物流经营网点极广，从事物流活动的人员队伍庞大，整个物流活动占用着大量的流动资金等特点。这些人力、物力、财力资源的组织和合理利用，是一个非常复杂的问题。物流活动始终贯穿着大量的物流信息，如何把信息收集全面、处理好并使之指导物流活动，也是非常复杂的事情。物流系统边界广阔，范围横跨生产、流通、消费三大领域，亦给物流系统的组织带来很大的困难。

（6）物流系统是一个多目标函数系统：物流系统的总目标是实现宏观和微观的经济效益。要使物流系统的诸方面满足人们的要求，需建立多目标函数，并在多目标中求得最佳效果。

（7）物流系统的结构要素间有非常强的背反现象：物流系统的复杂性使系统结构要素间有非常强的"背反"现象，常称之为"交替损益"或"效益背反"现象，处理时稍有不慎就会出现系统总体恶化的结果。

2）物流系统的目标

在设计和管理物流大系统时，要以宏观效益和微观效益为目的。具体应实现以下几个方面的目标：

（1）服务性（service）：物流系统的本质要以用户为中心，竖立用户至上的观念。服务性主要表现在物流系统送货和配送业务。在为用户服务方面要求做到无缺货、无货物损伤和丢失等现象，且费用要少。在技术方面，服务性表现在"JIT"、"柔性供货方式"等方面。

（2）快捷性、及时性（speed）：这是服务的延伸，既是用户的要求，也是社会发展进步的要求。要求把货物按照用户指定的地点和时间迅速送到。

（3）有效地利用面积和空间（space saving）：货物的存放和装卸运输设备的安置都需要大量仓库及场地，特别是对城市市区和车站港口面积的有效利用必须加以充分考虑，应逐步发展立体设施和有关物流机械，求得空间的有效利用。

(4) 规模优化(scale optimization)：即以物流规模作为物流系统的目标，追求规模效益。应考虑物流设施集中与分散是否适当，机械化与自动化程度如何合理利用，情报系统要求计算机等设备的利用等。研究物流集约化的程度，就是体现规模优化这一目标。

(5) 库存控制(stock control)：是及时性的延伸，也是物流系统本身的要求，涉及物流系统的效益。物流系统是通过本身的库存，起到对其他生产企业和消费者的需求保证作用，从而创造一个良好的社会外部环境。库存过多则需要更多的保管场所，而且会产生库存资金积压，造成浪费。因此，必须按照生产与流通的需求变化对库存进行控制。实现合理的库存控制首先须正确确定库存方式、库存数量、库存结构和库存分布。

上述物流系统化的内容简称为"5S"，要发挥以上物流系统化的效果，就要把从生产到消费过程的货物量作为一贯流动的物流量看待，依靠缩短物流路线，使物流作业合理化、现代化，从而降低其总成本。以尽可能低的物流总成本支出来满足既定的客户服务水平，在提高效率的同时也提高企业的效率。

7.2.2 物流系统的规划

物流系统规划是指确定物流系统发展目标和设计达到目标的策略与行动，对拟建的物流系统作出总体的发展计划与蓝图。它是对物流战略层面的计划与决策，是指导物流系统布局和具体设计的基本方针，也是物流业科学合理发展的重要保障，体现在如何对物流系统中的资源做最有效的配置，使系统整体达到最佳的绩效。物流系统是一个涉及领域非常广泛的综合系统，涉及交通运输、货运代理、仓储管理、流通加工、配送、信息服务、营销策划等领域。其规划的内容主要有发展规划、布局规划、工程规划三个方面。在物流系统规划中，应考虑其影响因素、具体内容和层次。

1) 物流系统规划的影响因素

影响物流系统规划的因素主要有以下几个方面：

(1) 物流服务需求：是指一定时期内社会经济活动对生产、流通、消费领域的原材料、成品和半成品、商品以及废旧物品、废旧材料等的配置作用而产生的对物在空间、时间和效率方面的要求，涉及运输、库存、包装、装卸搬运、流通加工、配送以及与之相关的信息需求等物流活动的诸多方面。物流需求是一种派生需求。物流服务需求是社会经济生活在物质资料空间位移、时间效用等物流服务方面的有支付能力的需要。全面认识物流系统，对于物流企业正确的预测物流服务需求发展趋势，制定相应对策措施具有重要的意义。

(2) 行业竞争力：物流企业在同行业发展中存在竞争，为了在物流发展中处于领先地位，物流系统的规划要体现其优势或创新，需考虑的因素有全球知名度、品牌效应、资金、人才优势、经验、客户群和建立完善的物流信息管理系统。

(3) 地区市场差异：区域经济的专业化分工和协作必然会增强不同区域间的经济社会联系，极大地增加区域间商品、中间产品和生产要素的转移与流动，从而拉动物流需求的快速增长，区位优势反映该地区与其他区域经济合作情况。交通运力、港口吞吐能力等反映物流基础设施状况及通行能力。具有区域优势的地区的物流需求将大大增加。

(4) 物流技术和经济发展：物流技术是推进科技进步，加快物流现代化的重要环节，其水平的高低直接关系到企业物流活动各项功能的有效实现，决定着企业物流系统的技术含量。物流技术是物流系统现代化的重要标志。物流系统规划要根据区域经济的发展而设计，满足顾客的需求。

(5) 流通渠道的结构：商品的流通渠道系统有两种形式：直接渠道和间接渠道。直接渠道是生产者—消费者，对于物流系统规划来讲较简单，商品交换没有中间介入，产销结合在一起。间接渠道是商品交换以商业为媒介进行，形成产销分离。具体形式：一是生产者—零售商—消费者；二是生产者—批发商—零售商—消费者；三是生产者—产地采购批发商—中转批发商—销地批发商—零售商—消费者。这几种渠道同时并存，正常运转，是市场经济健康发展的条件，流通渠道结构是否复杂对物流系统的设计产生一定的影响。

2) 物流系统规划的具体内容

物流系统规划的具体内容主要有以下几个方面：

(1) 客户服务目标：企业提供的客户服务水平对物流系统的设计影响较大。服务水平较低，可以在较少的存储地点集中存货，利用较廉价的运输方式。服务水平高则相反。但服务水平接近上限时，物流成本的上升比服务水平上升更快。物流系统规划的首要任务是确定适当的客户服务水平。

(2) 设施选址：储存点及供货点的地理分布构成物流系统规划的基本框架。内容包括：设施的数量、地理位置、规模，并分配各设施所服务的市场范围，从而确定了产品到市场之间的线路。设施选址应考虑所有产品的位移及相关的成本。通过不同的渠道来满足客户需求，寻求成本最低的需求方案或利润最高的需求方案是选址的核心。

(3) 库存规划与管理：库存管理分为将存货分配到需求点的推动式库存管理战略和通过补货自发拉动库存的拉动式库存管理。库存规划的主要内容有：仓库内部的布局设计、安全库存水平的设定、订货批量的确定以及供应商的选择等等。

(4) 运输网络规划与设计：物流系统上的各个节点主要是通过运输连接起来的，运输规划设计主要包括：运输方式、运输批量的选择，以及运输时间和运输路线的确定等。这些决策受仓库与客户以及仓库与工厂之间距离的影响，同时也会影响仓库选址决策。库存水平也会通过影响运输批量影响运输决策。

(5) 物流信息平台：物流信息平台是物流高级化发展的重要技术支持，可以从宏观和微观两个层次进行考察和规划，微观信息平台与企业特别是第四方物流经营主体及其业务有密切的联系。第四方物流是物流网络化、系统化、集成化发展的主体力量，必须有信息技术进行业务支撑，因为信息技术应用水平反映了其资源整合能力和监控能力。

3) 物流系统规划的层次

物流系统规划一般有战略层面、策略层面和运作层面三个层次。

(1) 战略层次规划：从时间上看属于长期规划，超过一年，主要工作包括设施的数量、规模、位置、运输方式的选择。战略层次的规划侧重于宏观控制，解决的是影响企业长远发展的战略决策等问题，在各种规划层级中是最高的，时间也是最长的，内容是在战略层次上的引导，所考虑的是企业的目标、总体服务需求以及管理者通过何种方式来实现这些目标。

(2) 策略层次规划：从时间上看属于中期规划，短于一年，主要工作有库存定位、物流节点内部布局、物流作业流程。策略层次规划是在战略规划框架下更为细致的指导性规划，通常是一个中期的计划，它在内容上比战略计划更为具体，可以包括：配送策略规划、供给策略规划、国际物流策略、减少物流时间的策略规划、提高资本生产率的物流策略规划等等。

(3) 运作层次规划：从时间上看属于短期规划，时间较短，每一小时需要确定发出订单时间、确定补货时间、确定发货时间。运作层次规划是在操作层次上的计划，是企业物流规划与设计的最后一层。详细的操作计划是用来指导每时每刻的物流活动的。它所包括的内容比较繁杂，所涉及的领域也极为广泛，比如：建立合理的流程计划、车辆调度方案的确定、简化环节和合理的资源整合以及 IT 系统的构建等等。

7.2.3 物流系统的分析

物流系统分析是指从对象系统整体最优出发，在优先系统目标、确定系统准则的基础上，根据物流的目标要求，分析构成系统各级子系统的功能和相互关系，以及系统同环境的相互影响，寻求实现系统目标的最佳途径。

物流系统分析时要运用科学的分析工具和计算方法，对系统的目的、功能、结构、环境、费用和效益等，进行充分、细致的调查研究，收集、比较、分析和处理有关数据，建立若干个拟定方案，比较和评价物流结果，寻求系统整体效益最佳和有限资源配备最佳的方案，为决策者最后抉择提供科学依据。

物流系统分析的目的在于通过分析，比较各种拟定方案的功能、费用、效益和可靠习惯等各项技术、经济指标，向决策者提供可做出正确决策的资料和信息。所以，物流系统分析实际上就是在明确目的的前提下，来分析和确定系统所应具备的功能和相应的环境条件。

根据系统分析的基本含义，物流系统分析的主要内容有系统目标、系统结构、替代方案、费用和效益、系统模型、系统优化、系统的评价基准及评价等。

1) 物流系统分析的方法

物流系统分析常用的理论及方法主要有以下几种：

(1) 运筹学：这是一种对系统进行统筹规划，寻求最优方案的数学方法。其具体理论与方法包括线性规划、动态规划、整数规划、排队规划和库存论等。这些理论和方法都是用来解决物流系统中物流设施选址、物流作业的资源配置、货物配载、物料储存的时间与数量等问题的。

(2) 网络计划技术：常称统筹法，是指运用网络来统筹安排，合理规划系统的各个环节。它用网络图来描述活动流程的线路，把事件作为结点，在保证关键线路的前提下安排其他活动，调整相互关系，以保证按期完成整个计划。该项技术可用于物流作业的合理安排。

（3）系统优化法：是在一定约束条件下，求出使目标函数最优的解。物流系统包括许多参数，这些参数相互制约，互为条件，同时受外界环境的影响。系统优化研究，就是在不可控参数变化时，根据系统的目标，如何来确定可控参数的值，以使系统达到最优状况。

（4）系统仿真：是利用计算机建立模型对实际系统进行仿真实验研究。

上述不同的方法各有特点，在实际中都得到广泛地应用，其中系统仿真技术目前应用最为普遍。系统仿真技术的发展及应用依赖于计算机软件技术。随着计算机科学与技术的不断快速发展，系统仿真技术的研究也不断完善，应用范围不断扩大。

2）物流系统分析应用范围

物流系统分析贯穿于从系统构思、技术开发到制造安装、运输的全过程，其重点在物流系统发展规划和系统设计阶段。具体包括：制定系统规划方案；生产布局，厂址和库址选择，物流网点和交通运输网络设置；工厂内（或库内、货场内）的合理布局；库存管理，原材料、在制品、产成品的数量控制，成本（费用）控制等。

3）物流系统分析的步骤

系统分析在整体系统建立过程中处于非常重要的地位，它起到承上启下的作用，特别当系统中存在着不确定因素或相互矛盾的因素时更需要通过系统分析来保证，只有这样，才能避免技术上的大量返工和经济上的重大损失。物流系统分析的步骤首先要对现有系统进行详细调查，包括调查现有系统的工作方法、业务流程、信息数量和频率、各业务部门之间的相互联系，再对现有系统从时间和空间上对信息的状态作详细调查，分析现有系统的有缺点，并了解其功能。一般来说，对物流系统进行分析需要回答以下几个问题：①项目的对象是什么（what）？②为什么做这个项目（why）？③什么时候做项目（when）？④在什么场所做（where）？⑤谁来做（who）？⑥怎样做（how）？以上可以总结为"5WH"，要解决这些问题，需有一定的逻辑推理步骤。系统分析方法的具体步骤包括：限定问题、确定目标、调查研究收集数据、提出备选方案和评价标准、备选方案评估和提出最可行方案。

（1）限定问题：所谓限定问题，是现实情况与计划目标或理想状态之间的差距。系统分析的核心内容有两个：其一是进行"诊断"，即找出问题是及其原因；其二是"开处方"，即提出解决问题的最可行方案。所谓限定问题，就是要明确问题的本质或特性、问题存在范围和影响程度、问题产生的时间和环境、问题的症状和原因等。限定问题是系统分析中关键的一步，因为如果"诊断"出错，以后开的"处方"就不可能对症下药。在限定问题时，要注意区别症状和问题，探讨问题原因不能先入为主，同时要判别哪些是局部问题，哪些是整体问题，问题的最后确定应该在调查研究之后。

（2）确定目标：系统分析目标应该根据客户的要求和对需要解决的问题的理解加以确定，如有可能应尽量使用指标表示，以便进行定量分析。对不能定量描述的目标也应该尽量用文字说明清楚，以便进行定性分析和评价系统分析的成效。

(3) 调查研究，收集数据：调查研究和收集数据应该围绕问题起因进行，一方面要验证由限定问题阶段形成的假设，另一方面要探讨产生问题的根本原因，为下一步提出解决问题的备选方案做准备。调查研究常用有四种方式：阅读文件资料、访谈、观察和调查。收集的数据和信息包括事实(facts)、见解(opinions)和态度(attitudes)。要对数据和信息去伪存真，交叉核实，保证真实性和准确性。

(4) 提出备选方案和评价标准：通过深入调查研究，使真正有待解决的问题得以最终确定，使产生问题的主要原因得到明确，在此基础上就可以有针对性地提出解决问题的备选方案。备选方案是解决问题和达到咨询目标可供选择的建议或设计，应提出两种以上的备选方案，以便提供进一步评估和筛选。为了对备选方案进行评估，要根据问题的性质和客户具备的条件，提出约束条件或评价标准，供下一步使用。

(5) 备选方案评估：根据上述约束条件或评价标准，对解决问题备选方案进行评估。评估应该是综合性的，既要考虑技术因素，也要考虑社会经济等因素。评估小组的成员应该有代表性，除咨询项目组成员外，也要吸收客户组织代表参加。根据评估结果确定最佳方案。

(6) 提交最可行方案：最可行方案虽不一定是最佳方案，但它是在约束条件之内，根据评价标准筛选出的最现实可行的方案。如果客户满意，则系统分析达到目标。如果客户不满意，则要与客户协商调整约束条件或评价标准，甚至重新限定问题，开始新一轮系统分析，直到客户满意为止。

7.2.4 物流系统的设计

物流系统设计(logistics system design)是指经过系统分析，研究物流过程中相互联系的各部分的问题和需求，确立解决它们的方法步骤，完成物流系统硬件结构和软件结构体系的构想，形成物流系统组织设计和技术方案，然后评价物流运作成果的系统计划的过程。物流系统组织设计是技术设计的前提，它确定了技术设计的纲领和基本要求，通过对系统物流、人流、信息流进行分析，对建筑物、机器、设备、运输渠道和场地作出有机的组合与合理配置，达到系统设计的最优化。在物流系统设计中，应划分设计阶段，掌握系统控制的类型和基本内容。

1) 物流系统的设计阶段

物流系统设计可分为总体设计和具体设计两个阶段。

(1) 总体设计阶段：是指物流系统研究、设备选型及场地选址的关键阶段。特别是货物运输和库存模型及组成，必须以较高的技术水平去优化整合，按照货物的运作特性和数据特点选择最适合的设备。进行多种方案整合，选择最优，并对其进行经济评估，分析方案对客户服务、物流效率和成本等产生的影响。

(2) 具体设计阶段：是指物流系统的详细设计阶段要详细描述每一个物流过程的物料和信息，详细的空间布局和平面布局，从而协调整个物流系统及技术结构。

2) 物流系统控制的分类

目前激励控制理论发展的主要领域是空间工程和受控机器、人以及大规模的柔性生产系统。这些系统复杂，受控对象做大范围运动属本质非线性，系统已无法用常系数线性系统的模式,而且系统本身以及系统所处的环境多变要求有相应的适应性能等问题,既决定了控制在物流系统中的重要性,又说明控制问题与运筹问题分不开。因此,分类时的要求为:一把物流活动的内部结构及运行机制和它的功能视为一个系统进行研究;二把物流视作一个调节和控制的过程;三把物流决策进行优化。在物流系统中,如何进行最优控制,将研究的物流系统作为被控对象,然后研究它的输入与输出以及通过反馈使被控对象(系统)达到人们所期望的最佳物流效益。物流系统控制通常分为以下三类,如图7-3所示。

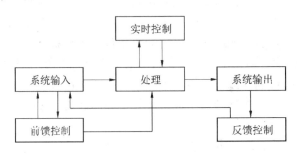

图7-3 物流系统中控制的分类

(1)反馈控制:是一种常见的管理控制,其特征是通过运行过程输出的检测,并将检测结果反馈送回运行过程中去,将纠正措施输入该运行过程中,以获得预期的输出。因此这种反馈控制表现为时间的滞后,也称事后控制。如成本分析,质量检查,财务分析等。

(2)超前控制:也称前馈控制,是一种更为复杂的控制,其特点是通过对运行过程输入的监视,以确定它是否符合标准要求。不符合时,为实现输出预期目标就要改变运行过程。前馈控制是在输出结果受到影响之前就作出纠正,因此这种反馈更为有效。超前控制在物流控制中应用较为广泛,生产经营活动要达到超前控制的目的,主要有以下几个表现方面:

①用人的超前控制:按岗位已定的职务要求选拔合格人才。

②存贮超前控制:根据存贮规律,按照建立的存贮模型,实施超前仓库存贮工作。

③投资超前控制:用投资回收期法或投资效率数学模型,对扩大企业再生产能力以及更新设备实行超前控制。

④财政预算超前控制:如物价涨落,市场变化,投资规模调整等都会影响财政预算。要想保证财政预算的可行性或随机调整,必需要有适时控制措施。

(3)非预算性控制:指生产经营活动中,预算外的临时矫正行为。主要有以下几种方式:

①物流批量控制法:是指利用库存费和订购费的边际点原理对仓库管理进行优化控制。

②盈亏平衡控制法:是指利用盈亏平衡点分析的方法对企业行为进行控制的方法。

③专家控制:是指靠有经验的专业人员、专家对企业行为提出建议进行控制。

3) 物流系统控制的基本内容

物流系统控制的基本内容包括库存控制、产品成本控制、工序质量控制、人员素质控制以及产品进度的控制四方面，具体如表7-1所示。

表7-1 物流系统控制基本内容

控制项目	控制标准	信息	手段	校正方法
物料库存	订购量与储备量	物料订购单和领料单	库存模型	修正采购计划
产品成本	目标成本	费用结算及报表	费用及效益分析	费用降低措施
产品质量	产品技术条件	成品试验及检查记录	统计图、抽样统计法	调整生产线和有关技术措施
生产进度	网络或期量标准	生产报表等反馈信息	网络图及甘特图	调度措施
工序质量	精确度和粗糙度	检测结果	控制图及散布图	检修调整设备和工装

(1) 库存控制：是企业系统运行中对大量原材料、零部件、外协购件等物料的控制。

(2) 产品成本控制：包含对原材料消耗及动力、厂房和设备的折旧费用的有效控制。

(3) 工序质量的控制：主要指产品在各关键工序的质量控制和成品的质量控制。

(4) 人员素质控制以及产品进度的控制：主要指对物流系统的相关人员素质的要求和物流系统中产品生产、流通过程中工序的控制。

7.3 物流工程的设施与设备

物流机械设备是现代物流企业的主要作业工具之一，是合理组织物流批量生产和机械化流水作业的基础。对第三方物流企业来说，物流设备又是组织物流活动的物质技术基础，体现着企业的物流能力大小。物流设备是物流系统中的物质基础，伴随着物流的发展与进步，物流设备不断得到提升与发展，许多新的设备不断涌现，极大地减轻了人们的劳动强度，提高了物流运作效率和服务质量，降低了物流成本，极大的促进了物流的快速发展。

7.3.1 物流设施与设备的种类

物流设施与设备是直接应用于物流活动，改进并提高其工作效率的各种装置、机械和器具的总称。物流设施与设备按使用功能一般包括：以仓库为核心的存储系统的设施与设备，包括容器设施、存储设备、货架、堆垛机等；以装卸搬运为核心的装卸系统的设施与设备，包括起重输送机械、自行车作业机械、叉车等；以流通和加工为核心的运输系统的设施与设备，包括集装箱设备、印刷条码标签设备、计重计量设备等。物流设施与设备的配备是否合理将直接影响物流配送作业的效率和服务水平。在进行系统规划过程中，应对物流设施与设备选择适当的规划与布置方案。现代物流设施与设备门类齐全，型号规格多样，品种复杂，一般以设备所完成的物流作业任务为标准，主要可分为以下种类：

1) 物流包装设备

是指用于完成全部或部分包装作业过程，使产品包装实现机械化、半自动化、自动化的机器设备,主要包括填充设备、罐装设备、封口设备、裹包设备、贴标设备、清洗设备、干燥设备、杀菌设备等。包装机械按操作方法分,有填充机械、罐装机械、捆扎机械、裹包机械、贴标机械、封口机械、清洗机械、真空包装机械、多功能包装机械等。此外还有干燥机、上蜡机、包装组合机、上塞机、旋盖机等。图7-4所示为盒装容器全自动灌装封口机;图7-5所示为顶底部贴标机。

图7-4　盒装容器全自动灌装封口机　　　　图7-5　顶底部贴标机

2) 物流仓储设备

是指在仓储过程中用于完成物料的堆垛、存取和分拣等作业,用以组成自动化、半自动化和机械化商业仓库的设备,主要包括站台、货架、堆垛机、室内搬运车、出入境输送设备、装卸搬运系统、分拣设备、自动导航车、提升机、自动化控制系统以及计算机管理和监控系统等。图7-6所示为重型横梁式货架;图7-7所示为全电动托盘堆垛机。

图7-6　重型横梁式货架　　　　图7-7　全电动托盘堆垛机

3) 装卸搬运设备

是指在货物仓储和运输中用来搬移、升降、装卸和短距离输送物的设备。在物流工程中,一般人工装卸搬运距离限于200m以内;机械装卸搬运距离限于400m以内;在此距离以上为运输。装卸搬运设备从用途和结构特征来看,主要包括起重设备、连续运输设备、装卸搬运车辆、专用装卸搬运设备等，按结构特点可分为起重机械、输送机械、工业车辆和专用机械四大类。在整个物流工程中，装卸搬运出现的频率高于其他各种物流活动，且占用的时间和消耗的劳动都很多。因此，装卸搬运是影响物流速度和物流费用高低的重要因素。图 7-8 所示为双小车岸边集装箱起重机；图 7-9 所示为柴油叉车。

图 7-8　双小车岸边集装箱起重机

图 7-9　柴油叉车

4) 流通加工设备

是指流通加工式物品从生产地到使用地的过程中，根据需要施以包装、分割、计量、分拣、贴标签、组装等简单加工作业时所使用的设备。流通领域中的流通加工，主要着眼于满足客户的需要，提高服务功能。其作用主要有：提高产品档次，增加经济效益；符合运输方式组合；提高材料利用率；减少设备的重复设置等。按照加工的方式不同，流通加工设备大致可分为包装机械、切割机械、印贴标记条形码设备、拆箱设备、称重设备等。图 7-10 所示为线性切割机，图 7-11 所示为全自动不干胶圆瓶贴标签机。

图 7-10　线性切割机

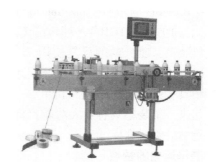

图 7-11　全自动不干胶圆瓶贴标签机

5) 运输设备

是指物流工程中的各种载运工具。根据现代运输方式不同，运输设备可分为道路运输方式的载货汽车、铁路运输方式的铁道货车、水路运输方式的货船、航空运输方式的飞机和管道运输方式的管道设备等。运输在物流中的独特地位对运输设备提出了更高的要求，要求运输设备具有高速化、智能化、通用化、大型化和安全可靠的特性，以提高运输的作业效率，降低运输成本，并使运输设备达到最优化利用。对于第三方物流公司而言，一般只拥有一定数量的载货汽车，而其他的运输设备就直接利用社会的公用运输设备。主要有集装箱、托盘、周转箱和其他集装单元器具。图 7-12 所示为集装箱运输船，图 7-13 所示为箱式半挂汽车列车。

图 7-12　集装箱运输船

图 7-13　箱式半挂汽车列车

7.3.2　货物集装箱

集装箱是物流工程中一种重要的运输设备。货物的集装箱运输是交通运输现代化的重要组成部分。它能实现装卸、运输的机械化和标准化，是传统运输方式上的一项重大改革。它是一种可将品种众多、形状各异、大小不等的货物在运输前装入标准尺寸的特制箱内以便于水、陆、空联运的运输方式。这种用以装运货物的特制箱子就是集装箱。专门用来运输集装箱的汽车就是集装箱运输车。专门用来运输集装箱的轮船就是集装箱运输船。

1) 集装箱的定义和功能

集装箱是指具有一定强度、刚度和规格专供运输周转使用的大型装货容器。国际标准化组织(International Organization for Standardization)第 104 技术委员会(集装箱技术委员会)，简称 ISO/TC104，对其定义是，凡具有以下 5 项条件的大型运输容器都可称之为集装箱：能长期的反复使用，具有足够的强度；途中转运不用移动箱内货物，就可以直接换装；可以进行快速装卸，并可从一种运输工具直接方便地换装到另一种运输工具；便于货物的装满和卸空；具有 $1m^3$（即 $35.32ft^3$）或以上的容积。

归纳起来，集装箱具有 4 大功能：货运的聚集单位；车辆的活动车厢；货物的外部包装；货站的临时仓库。

2) 集装箱运输的特点

集装箱运输是一种成组运输。它可以将零散货物聚集在一个标准化的大箱子里来进行运输，在更换运输工具时，箱内的货物不需倒装，而只需将装集装箱从一种运输工具挪到另一种运输工具上，实现了货物的"门到门"运输（图 7-14）。因此，它是公路、铁路、水路和航空等运输方式联运的良好工具。与一般运输方式相比，集装箱运输有以下四大优点：

(1)简化了装卸作业：集装箱运输装卸货物时无需清点，大大简化了托运和收货手续，减少了装卸和转运作业；便于实现装卸机械化，减轻了装卸劳动强度，缩短了装卸时间，加快了货物和运输工具的周转速度。

(2)节省了包装费用：由于货物直接装在集装箱内，无需倒装。因而，不需对货物另行运输包装，节省了包装费用。

(3)减少了货损与货差：由于在整个运输过程中，只有起始运输和最终运输才打开集装箱装卸货物，其中间环节集装箱的货物无需倒装，所以货物不易损坏和丢失。

(4)降低了整个运输成本：集装箱不仅节约了运输时间，提高了运输生产效率，还全面保证了运输质量，大大降低了整个运输成本。据统计，集装箱运输比普通运输的全过程可降低运费 40%~60%。

3)集装箱的标准化

国际间开展集装箱运输以来，各个地区，各个国家，甚至各个生产厂家制造的集装箱在其结构、规格和强度等方面差异很大，种类繁多，严重地影响着集装箱在国际上的流通和集装箱运输业的发展。为了有效地开展国际集装箱多式联运，必须强化集装箱标准化，进一步做好集装箱标准化工作。集装箱标准按使用范围分，有国际标准、国家标准、地区标准和公司标准四种。

(1)国际标准集装箱：是指根据国际标准化组织集装箱技术委员会(ISO/TC104)制订的国际标准来建造和使用的国际通用的标准集装箱。ISO/TC104 自 1961 年成立以来，对集装箱国际标准作过多次补充、增减和修改。到目前为止，国际标准集装箱共有 13 种规格，其宽度均一样(2438mm)、高度有 4 种(2896mm、2591mm、2438mm、2438mm)、长度有 4 种(A 型 12192mm、B 型 9125mm、C 型 6058mm、D 型 2991mm)，其长度比例如图 7-15 所示，为了充分利用各种运输工具的装载面积和港口码头的堆放空间，各型箱的长度之和应少于 12192mm(40ft)，而且小箱长度之和与相应的大箱均少 76mm(3in)，即箱间均有 76mm 的空隙。现行的集装箱国际标准《系列 1 集装箱 分类、尺寸和额定质量》(ISO 668：1995)是由 ISO/TC104 负责起草的，其部分有关技术指标可参见表 7-2。

图 7-14 集装箱装卸车

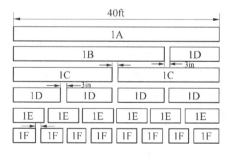

图 7-15 国际标准集装箱长度比例示意图

国际标准化组织(ISO)是一个非政府机构，所定标准均以建议方式提出，并无强制性。但各国常自愿参照 ISO 标准，要求相互承认，以便开展国际间集装箱联运。

我国原交通部 1992 年 6 月 9 日发布《中华人民共和国海上国际集装箱运输管理规

定实施细则》，第十四条规定："海上国际集装箱应当符合国际标准化组织（ISO）规定的技术标准和国际集装箱安全公约（CSC）、国际集装箱关务公约（CCC）等有关国际公约的规定。"

（2）国家标准集装箱：是指各国政府参照国际标准并考虑本国的具体情况，而制订本国的集装箱标准。我国现行的国家标准是《系列1集装箱 分类、尺寸和额定质量》（GB/T 1413—2008）。该标准采用了ISO/TC104制订的集装箱国际标准（ISO 668：1995），包括其修正案ISO 668：1995/Amd1：2005和ISO 668：1995/Amd2：2005，对GB/T 1413—1985和GB/T 1413—1998进行了补充、增减和修改，其有关技术指标见表7-2。

表7-2 系列1集装箱外部尺寸、允许公差和额定质量（国家标准GB/T 1413—2008）

箱型	高度 H		偏差/mm		宽度 W		偏差/mm		长度 L		偏差/mm		额定质量 R
	mm	ft	上	下	mm	ft	上	下	mm	ft	上	下	（总质量/kg）（总英磅/lb）
1EEE	2 896	9.5	0	-5	2 438	8	0	-5	13 716 (13.716)	45 (45)	0	-10	30 480 (67 200)
1EE	2 591	8.5	0	-5									
1AAA	2 896	9.5	0	-5	2 438	8	0	-5	12 192 (12)	40 (40)	0	-10	30 480 (67 200)
1AA	2 591	8.5	0	-5									
1A	2 438	8	0	-5									
1AX	< 2 438	< 8											
1BBB	2 896	9.5	0	-5	2438	8	0	-5	9125 (9)	29.94 (30)	0	-10	30 480 (67 200)
1BB	2 591	8.5	0	-5									
1B	2 438	8	0	-5									
1BX	< 2 438	< 8											
1CC	2 591	8.5	0	-5	2438	8	0	-5	6058 (6)	19.87 (20)	0	-6	30 480 (67 200)
1C	2 438	8	0	-5									
1CX	< 2 438	< 8											
1D	2438	8	0	-5	2438	8	0	-5	2991 (3)	9.81 (10)	0	-5	10160 (22 400)
1DX	< 2 438	< 8											

（3）地区标准集装箱：是指由地区组织根据该地区的特殊情况制订的集装箱标准，此类集装箱仅适用于该地区。如根据欧洲国际铁路联盟（VIC）所制订的集装箱标准而建造的集装箱。

（4）公司标准集装箱：是指由某些大型集装箱船公司，根据本公司的具体情况和条件而制订的集装箱船公司标准，这类集装箱主要在该公司运输范围内使用。如美国海陆公司的35ft集装箱。

4）集装箱的分类

集装箱按用途可分为通用、冷藏保温、开顶、散货、框架及罐状等多种类型。

（1）通用集装箱：又称干货集装箱。它以装运日杂百货为主，除了在运输和保管过程中有特殊要求外，绝大部分日杂百货，如文化用品、日用百货、医药食用、纺织化工、五金交电等货物,均可使用该种集装箱。它占集装箱总数的70%~80%。

(2)开顶集装箱:是指箱顶可以很方便地取下来,成为顶部敞开的集装箱。这种集装箱有硬顶和软顶两种。硬顶一般用钢板制成,软顶多用帆布制作。这种集装箱可以利用起重机从箱顶装卸,适于装运玻璃板、钢制品、机械类等重货。

(3)框架类集装箱:是指只有箱形六面体的框架和底板,只靠箱底和角柱来承受载荷的集装箱。它适于装载长大、超重和轻泡货物,如重型机械、钢材、木材等。

(4)冷藏保温类集装箱:实际上是一个便于装卸的活动冷库,近几年发展较快。它是专门为易腐货物的运输而设计的,一般由隔热结构的集装箱和制冷装置构成。它的特点是能隔热保温或制冷制热,并可利用回程空箱装运一般货物。

(5)散货类集装箱:是指用以装载粮食、水泥、化工原材料等各种散装的粉粒状货物的集装箱。与袋装或桶装相比,它能节约包装费用,提高装卸效率。如散装水泥集装箱由框架、箱体、储卸装置等几部分组成。

(6)罐状集装箱:是用框架将罐体固定起来,其外部尺寸按集装箱标准制作。它主要用来装运液态货物。

5)集装箱的统计计算

(1)国际标准箱:目前20ft(C型)和40ft(A型)长的两种集装箱应用最为广泛。为使集装箱箱数计算统一化,通常使用国际标准箱TEU(英文Twenty Equivalent Unit的缩写),作为计算箱数的换算单位。国际标准箱TEU把20ft集装箱作为一个计算单位,40ft集装箱作为两个计算单位,以利统一计算集装箱的营运量,统一表示船舶装载集装箱的能力以及港口吞吐集装箱的数量。

(2)自然箱:也称"实物箱",是在装卸和统计集装箱数量时使用的术语。自然箱是不进行换算的实物箱,即不论是40ft集装箱,30ft集装箱,20ft集装箱或10ft集装箱均作为一个集装箱统计。

集装箱港口和集装箱码头见图7-16和图7-17。

图7-16 集装箱港口

图 7-17 集装箱码头

7.3.3 物流设施和设备的特点及选择原则

1) 物流设施和设备的特点

物流设施和设备是物流技术水平高低的主要标志,现代物流设施和设备体现了现代物流技术的发展。我国近年来的物流设施和设备现代化、自动化程度不断提高,主要特点表现在:

(1) 信息化:现代物流是商流和信息流的统一,实现物流与信息流的高度集成,或实现物流设施和设备的信息化,是所有物流企业及相关企业的目标。所以,现代物流设施和设备的社会化程度越来越高,结构越来越复杂,并且从研究、设计到生产直至报废的各环节之间相互依赖,相互制约。

(2) 标准化与个性化:标准化包括硬件设备的标准化与软件接口的标准化。标准化可以实现不同物流系统的对接,使客户对系统同时有多种选择和便利。在标准化的同时,物流设施设备供应商,也将对不同行业、不同地区、不同规模的客户提供个性化的物流系统产品和服务。设备出现了连续化、大型化、高速化、电子化"四化"趋势,提高了生产率。

(3) 环保与节能化:能源密集型的设备居多,能源消耗大;同时现代设备投资和使用费用十分昂贵,是资金密集型的,因而提高管理的经济效益对物流企业来说非常重要。企业对于物流设施设备的选择更关注环保与节能,将环保与节能作为提高其产品和服务竞争力的手段。

2) 物流设施和设备的选择原则

选择物流设备,一般应做到要技术上先进、经济上合理、生产作业上安全适用、无污染,并具体遵循以下原则:

(1) 适用性原则:这是针对物流设备是否具有运送货物的能力而言,包括适应性和实用性。物流企业在选择运输设备时,要充分考虑到物流作业的实际需要,所选设备要符合货物的特性和货运量的大小,能够在不同的作业条件下灵活方便地操作。实用性就涉及到恰当选择设备功能的问题。物流设备并不是功能越多越好,因为在实际作业中,并不需要太多的功能,如果设备不能被充分利用,则造成资源和资金的浪费。同样,功能太少也会导致物流企业的低效率。因此要根据实际情况,正确选择设备功能。

(2)先进性原则:这里的先进性主要是指设备技术的先进性,主要体现在自动化程度、环境保护、操作条件等方面。但是先进性必须服务于适用性,尤其是要有实用性,来取得经济效益的最大化。

(3)最小成本原则:这主要指的是设备的使用费用低,整个寿命周期的成本低。有时候,先进性和低成本会发生冲突,这就需要物流企业在充分考虑适用性的基础上,进行权衡,做出合理选择。

(4)可靠性和安全性原则:可靠性和安全性日益成为选择设备、衡量设备好坏的主要因素。可靠性是指设备按要求完成规定功能的能力,是设备功能在时间上的稳定性和保持性。但是可靠性不是越高越好,必须考虑到成本问题。安全性要求设备在使用过程中保证人身及货物的安全,并且尽可能地不危害到环境(符合环保要求,噪音少,污染小)。

7.4 物流信息系统与技术

现代物流系统一般包括运输系统、储存保管系统、装卸搬运、流通加工系统、物流信息系统等多方面的子系统或组成部分,其中物流信息系统是高层次的活动,是物流系统中最重要的方面之一,涉及到运作体制、标准化、电子化及自动化等方面的问题。随着物流供应链管理的不断发展,各种物流信息的复杂化,经济社会迫切要求物流信息化,并对物流信息的技术手段提出了新的要求,对物流信息的技术设备和工具提出了新的需求。现代计算机及计算机网络的广泛应用,使物流信息系统的发展有了坚实的基础。计算机技术、网络技术及相关的关系型数据库、条码技术、EDI等技术,以及条码和扫描设备、射频识别等设备为代表的物流信息技术和设备的应用,给物流信息化提供了技术上的支持,使得物流活动中的人工、重复劳动及错误发生率减少,效率增加,信息流转加速,使物流管理发生了巨大变化。

7.4.1 物流信息系统的组成

物流信息系统(logistics information system,LIS)是指由人员、设备和程序组成的、为物流管理者执行计划、实施、控制等职能提供信息的交互系统,它与物流作业系统一样都是物流系统的子系统。

物流信息系统是建立在物流信息的基础上的,只有具备了大量的物流信息,物流信息系统才能发挥作用。在物流管理中,人们要寻找最经济、最有效的方法来克服生产和消费之间的时间距离和空间距离,就必须传递和处理各种与物流相关的情报,这种情报就是物流信息。物流信息系统是利用信息技术,通过信息流,将各种物流活动与某个一体化过程连接在一起的通道。物流系统中的相互衔接通过信息流得以沟通，基本资源的调度通过信息共享来实现。它与物流过程中的订货、收货、库存管理、发货、配送及回收等职能有机地联系在一起，为了保证整个物流活动顺利而有规律的进行，必须保证物流信息畅通。物流信息的网络化就是将物流信息通过现代信息技术使其在企业内、企业间甚至全球达到共享的一种方式。

在企业的整个生产经营活动中，物流信息系统与各种物流作业活动密切相关，具有有效管理物流作业系统的职能。它有两个主要作用：一是随时把握商品流动所带来的商品量的变化；二是提高各种有关物流业务的作业效率。

物流信息系统根据不同企业的需要可以有不同层次、不同程度的应用和由不同子系统组成。例如，有的企业由于规模小、业务少，可能使用的仅仅是单机系统或单功能系统，而另一些企业可能就使用功能强大的多功能系统。一般来说，一个完整、典型的物流信息系统可由作业信息处理系统、控制信息处理系统、决策支持系统三个子系统组成。

1) 作业信息处理系统

作业信息处理系统一般由电子自动订货系统(EOS)、销售时点信息系统(POS)、智能运输系统等类型。

电子自动订货系统是指企业利用通讯网络(VAN或互联网)和终端设备以在线连接方式进行订货作业和订单信息交换的系统。电子订货系统按应用范围可分为企业内的EOS(如连锁经营企业各连锁分店与总部之间建立的EOS)；零售商与批发商之间EOS以及零售商、批发商与生产商之间的EOS等。及时准确地处理订单是EOS的重要职能。其中的订单处理子系统为企业与客户之间接受、传递、处理订单服务。订单处理子系统是面向于整个订货周期的系统，即企业从发出订单到收到货物的期间。在这一期间内，要相继完成四项重要活动：订单传递、订单处理、订货准备、订货运输。其中实物流动由前向后，信息流动由后向前。订货周期中的任何一个环节缩短了时间，都可以为其他环节争取时间或者缩短订货周期，从而保证了客户服务水平的提高。因为从客户的角度来看，评价企业对客户需求的反应灵敏程度，是通过分析企业的订货周期的长短和稳定性来实现的。

销售时点信息系统(POS)是指通过自动读取设备在销售商品时直接读取商品销售信息，如商品名、单价、销售数量、销售时间、购买顾客等，并通过通讯网络和计算机系统传送至有关部门进行商品库存的数量分析、指定货位和调整库存以提高经营效率的系统。

智能运输系统(ITS)是典型的发货和配送系统，它将信息技术贯穿于发货和配送的全过程，能够快捷准确的将货物运达目的地。

2) 控制信息处理系统

控制信息处理系统主要包括库存管理系统和配送管理系统。

库存管理系统负责利用收集到的物流信息，制定出最优库存方式、库存量、库存品种以及安全防范措施等。

配送系统则将商品按配送方向、配送要求分类，制定科学、合理、经济的运输工具调配计划和配送路线计划等。

3) 决策支持系统

物流决策支持系统(LDSS)是为管理层提供的信息系统资源，是给决策过程提供所需要的信息、数据支持、方案选择支持。一般应用于非常规、非结构化问题的决策。但是决策支持系统只是一套计算机化的工具，可以帮助管理者更好的决策，但不能代替管理者决策。

7.4.2 物流信息系统的功能

物流信息系统是物流系统的神经中枢，它作为整个物流系统的指挥和控制系统，可以分为多种子系统或者多种基本功能。物流信息系统的开发和维护需要一定的成本，这些成本最好的回报就是物流信息系统在物流工程中体现的功能。通常，可以将其基本功能归纳为以下几个方面：

1) 数据的实时收集和输入

物流信息系统借助于条码技术(Bar code)、射频识别技术(RFID)、地理信息系统技术(GIS)、全球定位系统技术(GPS)等，对物流活动进行准确实时的信息收集。物流数据的收集首先是将数据通过收集子系统从系统内部或者外部收集到预处理系统中，并整理成为系统要求的格式和形式，然后再通过输入子系统输入到物流信息系统中。这一过程是其他功能发挥作用的前提和基础，在衡量一个信息系统性能时，应注意它收集数据的完善性、准确性，以及校验能力和预防和抵抗破坏能力等。

2) 数据的存储

物流数据经过收集和输入阶段后，必须在系统中存储下来。物流信息系统的存储功能就是要保证已得到的物流信息不丢失、不走样、不外泄、整理得当、随时可用。同时考虑到存储量、信息格式、存储方式、使用方式、存储时间、安全保密等问题。保证这些问题得到妥善的解决，信息系统才能正常投入使用。存储与输入直接相关，又与输入紧密相联，决定输出内容和形式。

3) 数据的传输

物流信息在物流系统中，一定要准确、及时地传输到各个职能环节，否则信息就会失去其使用价值了。这就需要物流信息系统通过网络快速方便的将数据传输，具有克服空间障碍的功能。物流信息系统在实际运行前，必须要充分考虑所要传递的信息种类、数量、频率、可靠性要求等因素。只有这些因素符合物流系统的实际需要时，物流信息系统才是有实际使用价值的。信息能在不同系统间传输得到自动处理，避免人为干扰，极大的提高了数据传输的效率。

4) 数据的处理

物流信息系统能够对数据进行处理，从中发现规律，对物流活动进行预测和决策。除统计分析外，物流信息系统还将各种最新的信息技术集成，如数据仓库、联机分析、专家系统等。

5) 数据的输出

数据的输出必须采用便于人或计算机理解的形式，在输出形式上力求易读易懂，直观醒目。为用户提供友好的数据输出界面,如文字、表格、图形、声音等。

6) 控制功能

物流信息系统的控制体现在:一对构成系统的硬件、软件、人员、管理思想等进行控制和管理;二对数据输入、存储、传输、处理、输出五个环节进行控制和管理。为了实现有效控制,系统需时刻掌握预期目标和实际的状态,并通过反馈来调整相应的参数和程序,保证物流系统处于最佳运行状态。

这六项功能是物流信息系统的基本功能,缺一不可。每个过程都要求准确,最后得到的物流信息才具有实际使用价值。

7.4.3 物流信息技术

物流信息技术(logistics information technology)是运用于物流各环节中的信息技术。根据物流的功能以及特点,物流信息技术包括计算机技术、网络技术、信息分类编码技术、条码技术、射频识别技术、电子数据交换技术、全球定位系统(GPS)、地理信息系统(GIS)等。还有一些专门针对物流活动特点设计的物流配送管理系统,综合运用地理信息系统、配送优化调度技术、动态监控技术、智能交通技术、仓储优化配置技术,实现了对物流配送过程数据的全面管理和分析挖掘,优化了配送运作流程和配送体系结构,实现了客户资源管理、配送调度优化、配送作业监控、库存及财务管理、企业绩效管理等功能。物流信息技术目前主要由以下几个部分组成:

1) 条码技术

条码是由宽窄不同,反射率不同的条、空按照一定的编码规则组合起来的一种信息符号。条码技术是在计算机的应用实践中产生和发展起来的一种自动数据采集技术,是集条码理论、光电技术、计算机技术、通信技术、条码印刷技术于一体的综合性技术。为我们提供了一种对物流中的货物进行标识和描述的方法。条码是实现 POS 系统、EDI、电子商务、供应链管理的技术基础,是物流管理现代化、提高企业管理水平和竞争能力的重要技术手段。

2) EDI 技术

EDI(electronic data interchange)是指商业贸易伙伴之间,通过电子方式,采用标准、协议规范和格式化的信息,利用计算机网络进行结构化数据的传输、自动交换和处理。构成 EDI 系统的三个要素是 EDI 软硬件、通信网络以及数据标准化。EDI 技术主要目标是要以最少的人力介入,实现贸易循环,尤其是重复交换中文件的自动处理,从而减少管理实务和管理费用,提高管理效率。被广泛的应用于汽车生产、零售、公司设施、政府采购等领域。

3) 射频技术

射频识别技术(RFID)是一种非接触式的自动识别技术,它通过射频信号自动识别目标对象来获取相关数据。识别工作无须人工干预,可工作于各种恶劣环境。广泛应用于物料跟踪、车辆识别、生产过程控制领域。射频识别系统(RFID)通常由标签、识读器和计算机网络系统组成。短距离射频产品不怕油渍、灰尘污染等恶劣的环境,可以替代条码,例如用在工厂的流水线上跟踪物体。长距射频产品多用于交通上,识别距离可达几十米，如自动收费或识别车辆身份等。

4) GIS 技术

GIS(geographical information system，地理信息系统)是多种学科交叉的产物，它以地理空间数据为基础，采用地理模型分析方法，适时地提供多种空间的和动态的地理信息，是一种为地理研究和地理决策服务的计算机技术系统。其基本功能是将表格型数据转换为地理图形显示，然后对显示结果浏览、操作和分析。其显示范围可以从洲际地图到非常详细的街区地图，显示对象包括人口、销售情况、运输线路和其他内容。利用 GIS 工具软件进行物流分析，可实现物流和配送中心的优化选址、运输和配送车辆的路线优化，多个仓库或配送中心的货物优化配送，分销网络的优化配送等。

5) GPS 技术

GPS(global positioning system，全球定位系统)是利用通信卫星、地面控制部分和信号接收对象进行动态空间信息的获取，快速、准确、不受天气和时间限制的反馈空间信息。GPS 系统主要特点是实时、全天候、全球性和高精度等，有地面控制部分、空间部分和用户装置部分组成。具有在海、陆、空进行全方位实时三维导航与定位能力。不仅在测量、导航、测速、测时等方面有广泛的应用，在物流领域的应用也越来越广，如物流过程中跟踪监控、运载工具的动态调度、汽车自定位，同时也可用于铁路运输管理，用于军事物流等。

6) 数据库技术

数据库技术将信息系统中大量的数据按一定的结构组织起来，提供存储、维护、查询的功能。将物流系统的数据库建成一个物流系统或供应链的公共数据平台，可以为数据采集、数据更新和数据交换提供方便。结合数据仓库技术和数据挖掘技术，对原始信息进行系统的加工、汇总和整理，提取隐含的、从前未知的、潜在的有用信息和关系，满足物流过程智能化管理的需要。

7) 管理软件

主要包括运输管理系统(TMS)、仓储管理系统(WMS)、货代管理系统(FMS)、供应链管理系统(SCM)、订单管理系统(OMS)和服务管理系统(SMS)等。

(1) 运输管理系统(TMS)：是一种"供应链"分组下的(基于网络的)操作软件。它能通过多种方法和其他相关的操作一起提高物流的管理能力；包括管理装运单位，指定企业内、国内和国外的发货计划，管理运输模型、基准和费用，维护运输数据，生成提单，优化运输计划，选择承运人及服务方式，招标和投标，审计和支付货运账单，处理货损索赔，安排劳力和场所，管理文件(当国际运输时)和管理第三方物流。系统包括调度管理、车辆管理、配件管理、油耗管理、费用结算、人员管理、资源管理、财务核算、绩效考核、车辆跟踪、业务跟踪、业务统计、账单查询等。

(2) 仓储管理系统(WMS)：是一个实时的计算机软件系统，它能够按照运作的业务规则和运算法则(algorithms)，对信息、资源、行为、存货和分销运作进行更完美地管理，使其最大化满足有效产出和精确性的要求。

(3) 货代管理系统：简称 FMS(freight management system)，是针对货代行业所特有的业务规范和管理流程，利用现代信息技术以及信息化的理论和方法，开发出的能够对货代企业的操作层、管理层和战略决策层提供有效支持与帮助的管理系统。目前现代货代企业已经超越了传统的业务范畴，逐步从单一的货运代理向综合物流服务延伸，更加关注建立综合型的货代服务模式，关注与客户、供应商、海外代理等合作伙伴之间的资源整合和应用集成。其主要的功能有帮助集团化企业实现集中化管理、专业的业务处理及支持个性化的操作模式，实现与海外代理集中对账，缩短应收款周期，规范财务处理流程，保障财务管理及时、准确，提高协作能力，建立了稳固、双赢的协作网络。

(4) 供应链管理系统(SCM)：是指对整个供应链系统进行计划、协调、操作、控制和优化的各种活动和过程，其目标是要将顾客所需的正确的产品(right product)能够在正确的时间(right time)、按照正确的数量(right quantity)、正确的质量(right quality)和正确的状态(right status)送到正确的地点(right place)，并使总成本达到最佳化。供应链管理的最终目是使企业能提升客户的满意度，降低公司的成本，使企业整体"流程品质"最优化。SCM 是一种集成的管理思想和方法，它执行供应链中从供应商到最终用户的物流的计划和控制等职能，如图 7-18 所示。从单一的企业角度来看，是指企业通过改善上、下游供应链关系，整合和优化供应链中的信息流、物流、资金流，以获得企业的竞争优势。

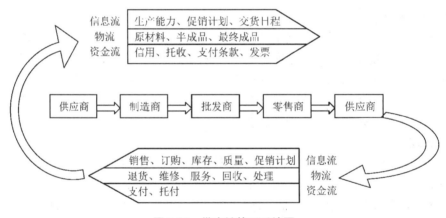

图 7-18 供应链管理系统图

(5) 订单管理系统(OMS)：是接受客户订单信息，以及仓储管理系统发来的库存信息，然后按客户和紧要程度给订单归类，对不同仓储地点的库存进行配置，并确定交付日期，这样的一个系统称为订单管理系统。作为物流管理系统的一部分，订单管理系统通过对客户下达的订单进行管理及跟踪，动态掌握订单的进展和完成情况，提升物流过程中的作业效率，从而节省运作时间和作业成本，提高物流企业的市场竞争力。

订单管理系统的主要功能是通过统一订单提供用户整合的一站式供应链服务。订单管理以及订单跟踪管理能够使用户的物流服务得到全程的满足。订单管理系统是物流管理链条中的不可或缺的部分，通过对订单的管理和分配，使仓储管理和运输管理有机的结合，稳定有效地使物流管理中的各个环节充分发挥作用，使仓储、运输、订单成为一个有机整体，满足物流系统信息化的需求。

(6)服务管理系统(SMS)：与以上系统不同的是，SMS是基于物流系统具有峰值服务量并发的基础上提出的，其功能就是通过对服务进行地区、时间分类和分析，平衡作业资源，使现有服务资源能够承受更大的业务挑战。

7.4.4 物流信息技术的应用

物流信息技术是物流各个环节、各个领域的信息处理与信息加工技术的总合，是物流现代化的重要标志，也是物流技术中发展最快的领域。物流信息技术伴随着信息技术及现代物流的生产与发展，得到了广泛应用，从数据采集的条形码系统，到办公自动化系统中的微机、互联网，各种终端设备等硬件以及计算机软件都在日新月异地发展。同时，随着物流信息技术的不断发展，产生了一系列新的物流理念和新的物流经营方式，推进了物流的变革。在供应链管理方面，物流信息技术的发展也改变了企业应用供应链管理获得竞争优势的局面。成功的企业通过应用信息技术来支持它的经营战略并选择它的经营业务，通过利用信息技术来提高供应链活动的效率，增强整个供应链的经营决策能力。

1) 物流信息系统规划

建立物流信息系统，不是单项数据处理的简单组合，必须要有系统规划。因为它涉及到传统管理思想的转变、管理基础工作的整顿提高，以及现代化物流管理方法的应用等许多方面，是一项范围广、协调性强，人机紧密结合的系统工程。

物流信息系统规划是系统开发最重要的阶段，一旦有了好的系统规划，就可以按照数据处理系统的分析和设计持续进行工作。物流信息系统的总体规划一般分为四个基本步骤。

第一步，定义管理目标。确立各级管理的统一目标，局部目标要服从总体目标。

第二步，定义管理功能。确定管理过程中的主要活动和决策。

第三步，定义数据分类。在定义管理功能的基础上，把数据按管理功能分类。

第四步，定义信息结构。确定信息系统各个部分及其数据之间的相互关系，导出各个独立性较强的模块，确定模块实现的优先关系，即划分子系统。

2) 物流信息系统的开发过程

有了系统规划以后，还要进行以下复杂的开发过程。

(1)系统分析：主要对现行系统和管理方法以及信息流程等有关情况进行现场调查，给出有关的调研图表，提出信息系统设计的目标以及达到此目标的可能性。

(2)系统逻辑设计：在系统调研的基础上，从整体上构造出物流信息系统的逻辑模型，对各种模型进行选优，确定出最终的方案。

(3)系统的物理设计：以逻辑模型为框架，利用各种编程方法，实现逻辑模型中的各个功能块，如确定并实现系统的输入、输出、存储及处理方法。此阶段的重要工作是程序设计。

(4)系统实施：将系统的各个功能模块进行单独调试和联合调试，对其进行修改和完善，最后得到符合要求的物流信息系统软件。

(5) 系统维护与评价：在信息系统试运行一段时间以后，根据现场要求与变化，对系统做一些必要的修改，进一步完善系统，最后和用户一起对系统的功能、效益做出评价。

3) 物流信息技术

物流信息技术在国内已经广泛应用于物流活动的各个环节，对社会和企业的物流活动产生了深远的影响。

(1) 物流自动化设备技术的应用：物流自动化设备技术的集成和应用的热门环节是配送中心。其特点是每天需要拣选的物品品种多，批次多、数量大，因此在超市、医药、邮包等行业的配送中心通常应用物品自动化拣选设备，动态地提示被拣选的物品和数量，指导工作人员的拣选操作，提高了货物拣选的准确性和速度。物品拣选后应用自动化分拣设备，用条码或电子标签附在被识别的物体上，由传送带送入分拣口，然后由装有识读设备的分拣机分拣物品，使物品进入各自的组货通道，完成物品的自动分拣。立体仓库和与之配合的巷道堆垛机在国内发展迅速，在机械制造、汽车、纺织、铁路、卷烟等行业都有应用。近年来，国产堆垛机在行走速度、噪音、定位精度等技术指标上有了很大的改进，运行也比较稳定。

(2) 物流设备跟踪和控制技术的应用：目前，物流设备跟踪主要是指对物流的运输载体及物流活动中涉及到的物品所在地进行跟踪。物流设备跟踪的手段有多种，可以用传统的通信手段如电话等进行被动跟踪，可以用 RFID 手段进行阶段性的跟踪，但目前国内用的最多的还是利用 GPS 技术跟踪。GPS 技术跟踪是利用 GPS 物流监控管理系统，主要跟踪货运车辆与货物的运输情况，使货主及车主随时了解车辆与货物的位置与状态，保障整个物流过程的有效监控与快速运转。物流 GPS 监控管理系统的构成主要包括运输工具上的 GPS 定位设备、跟踪服务平台(含地理信息系统和相应的软件)、信息通信机制和其他设备(如货物上的电子标签或条码、报警装置等)。

(3) 物流动态信息采集技术的应用：企业竞争的全球化发展、产品生命周期的缩短和用户交货期的缩短等都对物流服务的可得性与可控性提出了更高的要求，实时物流理念也由此诞生。如何保证对物流过程的完全掌控，物流动态信息采集应用技术是必需的要素。动态的货物或移动载体本身具有很多有用的信息，例如货物的名称，数量、重量、质量、出产地或者移动载体(如车辆、轮船等)的名称、牌号、位置、状态等一系列信息。这些信息可能在物流中反复的使用，因此，正确、快速读取动态货物或载体的信息并加以利用可以明显地提高物流的效率。在目前流行的物流动态信息采集技术应用中，一、二维条码技术应用范围最广，其次还有磁条(卡)、语音识别、便携式数据终端、射频识别(RFID)等技术。

(4) 射频识别技术在军事物流配送中的应用：目前，射频识别技术在军事物流领域的应用主要集中在运输途中对装备物资位置、状态的监控、仓储管理以及特定物品查找、分发等方面。主要有以下几项功能：实现了军械物资信息化管理；实现了仓库库存实时化管理，使管理人员和相关部门可以实时、准确地掌握军械配送中心仓库的库存情况；实现了军械物资的全寿命跟踪，随时随地对任何批次的任意物资进行使用情况了解，及时对物资进行维护和修改调度；优化业务流程，提高工作效率，在很大程度上优化了军械物资配送的业务流程,减少了军械物资的搬运次数和破损机率。

小结

本章主要介绍了物流与物流工程、物流系统规划与设计、物流工程设施与设备、物流信息系统与技术等内容。物流工程是以物流系统及其有关活动为对象,研究物流系统的规划设计与资源优化配置、物流运作过程的计划与控制以及经营管理的工程领域,并注重信息流在物流系统中的作用,达到系统整体最优的效益。物流系统是一个涉及领域非常广泛的综合系统,它涉及交通运输、货运代理、仓储管理、流通加工、配送、信息服务、营销策划等领域。物流系统规划,是确定物流系统发展目标和达到设计目标的策略与行动的过程,实际就是对整个物流系统的计划。物流系统设计是指经过系统分析,研究物流过程中相互联系的各部分的问题和需求,确立解决它们的方法步骤,完成物流系统硬件结构和软件结构体系的构想,形成物流系统组织设计和技术方案,然后评价物流运作成果的系统计划的过程。物流机械设备是现代化企业的主要作业工具之一,是合理组织批量生产和机械化流水作业的基础。物流设备是物流系统中的物质基础,伴随着物流的发展与进步,物流设备不断得到提升与发展。物流信息系统建立在物流信息的基础上,利用信息技术,通过信息流,将各种物流活动与某个一体化过程连接在一起的通道。本章重点是物流系统规划与设计和物流信息系统与技术,难点是物流系统规划与设计。

思考题

1. 物流的功能是什么?
2. 物流工程的研究对象是什么?
3. 什么是物流系统?
4. 物流工程在物流系统中有什么作用?
5. 物流系统规划的内容是什么?
6. 物流系统分析与设计的涵义?
7. 常见的物流工程设施和设备有哪些?
8. 物流信息系统的功能是什么?
9. 举例说明常见的物流信息技术有哪些?并阐述其在物流工程中的作用。

推荐阅读书目

1. 物流信息技术. 李素彩. 高等教育出版社,2005.
2. 物流系统工程. 王转. 高等教育出版社,2004.
3. 物流系统设计与分析. 平海. 清华大学出版社、北京交通大学出版社,2010.
4. 物流工程学. 董千里. 人民交通出版社,2005.
5. 物流工程. 陈焕江,高利. 人民交通出版社,2007.
6. 物流系统工程. 吴清一. 中国物资出版社,2006.

参 考 文 献

陈焕江，高利. 物流工程[M]. 北京：人民交通出版社，2007.
陈小雄. 铁道工程概论[M]. 北京：人民交通出版社，2009.
董千里. 物流工程学[M]. 北京：人民交通出版，2005.
飞机设计手册总编委会. 飞机设计手册[M]. 北京：航空工业出版社，2000.
费祥俊. 浆体与粒状物料输送水力学[M]. 北京：清华大学出版社，1994.
公安部. 机动车驾驶证申领和使用规定[M]. 北京：中国法制出版社，2006.
龚少军. 船舶定位与导航[M]. 哈尔滨：哈尔滨工程大学出版社，2009.
顾其行. 国际航空运输管理[M]. 北京：知识出版社，1987.
郭晓汾，王国林. 交通运输工程学[M]. 北京：人民交通出版社，2006.
国务院. 车辆购置税暂行条例[M]. 北京：中国法制出版社，2000.
国务院. 道路运输条例[M]. 北京：中国法制出版社，2004.
国务院. 收费公路管理条例[M]. 北京：中国法制出版社，2004.
洪承礼. 港口规划与布置[M]. 北京：人民交通出版社，1988.
黄春芳. 天然气管道输送技术[M]. 北京：中国石化出版社，2009.
黄方林，马国龙. 现代铁路运输设备[M]. 成都：西南交通大学出版社，2003.
黄世玲. 交通运输学[M]. 北京：人民交通出版社，1988.
建设部行业标准. 城市道路设计规范（CJJ 37—1990）[S]. 北京：中国建筑工业出版社，1991.
交通部. 超限运输车辆行驶公路管理规定[M]. 北京：中国法制出版社，2000.
交通部. 道路货物运输及站场管理规定[M]. 北京：中国法制出版社，2005.
交通部. 道路旅客运输及客运站管理规定[M]. 北京：中国法制出版社，2005.
交通部. 道路危险货物运输管理规定[M]. 北京：中国法制出版社，2005.
交通部. 机动车驾驶员培训管理规定[M]. 北京：中国法制出版社，2006.
交通部. 路政管理规定[M]. 北京：中国法制出版社，2003.
交通部行业标准. 公路工程技术标准（JTG B01—2003）[S]. 北京：人民交通出版社，2004.
交通部行业标准. 公路路线设计规范（JTJ O14—1994）[S]. 北京：人民交通出版社，2004.
黎德扬. 社会交通与社会发展[M]. 北京：人民交通出版社，2001.
李长俊. 天然气管道输送[M]. 北京：石油工业出版社，2008.
李苪，安琪，王华. 高速动车组概论[M]. 成都：西南交通大学出版社，2008.
李素彩. 物流信息技术[M]. 北京：高等教育出版社，2005.
李作敏，李忠奎. 现代交通新科技[M]. 北京：人民交通出版社，2004.
陆忠. 天然气输送与城镇燃气[M]. 东营：中国石油大学出版社，2008.
平海. 物流系统设计与分析[M]. 北京：清华大学出版社、北京交通大学出版社，2010.
蒲明. 中国油气管道发展现状及展望[J]. 国际石油经济，2009(3)：40-47.
戚爱华. 综合运输体系中管道运输的发展状况[J]. 综合运输，2010(6)：17-20.
全国人大常委会. 道路交通安全法(第二次修正)[M]. 北京：中国法制出版社，2008.
全国人大常委会. 公路法(第二次修正)[M]. 北京：中国法制出版社，2004.

沈志云，邓学钧．交通运输工程学[M].2版．北京：人民交通出版社，2008.

施华等．水运实用知识[M].湖北：武汉辞书出版社，2003.

税务总局．车辆购置税征收管理办法[M].北京：中国法制出版社，2005.

孙忠国．铁路运输节能减排技术[M].北京：化学工业出版社，2009.

陶梅贞．现代飞机结构设计[M].西安：西北工业大学出版社，2001.

王润琪，袁开愚，朱世杰．道路交通行政管理学[M].北京：人民交通出版社，2009.

王绍周．粒状物料的浆体管道输送[M].北京：海洋出版社，1998.

王志瑾，姚卫星．飞机结构设计[M].北京：国防工业出版社，2007.

吴芳．铁路运输设备[M].北京：中国铁道出版社，2007.

吴清一．物流系统工程[M].北京：中国物资出版社，2006.

谢新连．船舶运输管理与经营[M].大连：大连海事大学出版社，1997.

杨广治．GMDSS船用通信设备[M].大连：大连海事大学出版社，1997.

杨少伟．道路勘测设计[M].2版．北京：人民交通出版社，2007.

杨筱蘅．输油管道设计与管理[M].东营：中国石油大学出版社，2006.

姚祖康，顾保南．交通运输工程导论[M].北京：人民交通出版社，2001.

余佑权，徐大振，吴皋．水运概论[M].北京：人民交通出版社，1997.

中华人民共和国国家标准．道路交通标志和标线（GB 5768—2009）[S].北京：中国标准出版社，2009.

周盛．航空螺旋桨与桨扇[M].北京：国防工业出版社，1994.